温州大學中文學科建設叢書

冷的光

林斤澜逝世十年纪念文集

孙良好　程绍国　主编

ZHEJIANG UNIVERSITY PRESS
浙江大学出版社

林斤澜

　　1923年出生于浙江省温州市，原名林庆澜，曾用名林杰、鲁林杰。1950年到北京市文联工作，任文学创作组成员，创作小说、剧本等多种，曾参加全国第一次青年作家代表大会，参与北京作家协会的筹建工作。"文革"后任北京作家协会驻会作家，北京作家协会副主席、名誉副主席，《北京文学》主编，中国作家协会理事，中国作家协会名誉全委等职。2007年获北京作家协会"终身成就奖"。

　　林斤澜一生经历丰富，创作颇丰，被誉为"短篇圣手"，与汪曾祺并称"文坛双璧"。出版小说集《满城飞花》《林斤澜小说选》《矮凳桥风情》《十年十癔》，文论集《小说说小》，散文集《舞伎》等。

　　2009年4月11日在北京去世。

　　2016年，人民文学出版社出版《林斤澜文集》。

主编简介

孙良好　1972年4月生。中国文艺评论家协会会员，浙江省中国当代文学研究会副会长。现为温州大学人文学院院长，教授。曾在《文学评论》《中国作家》《中国现代文学研究丛刊》《中国比较文学》《新文学史料》《鲁迅研究月刊》《文艺争鸣》《当代作家评论》《诗探索》《名作欣赏》等刊物发表学术论文60多篇。已出版专著《建筑·抒情·栖居大地——20世纪中国文学研究的三维世界》《文学的温州——温籍现当代作家作品研究》等。

程绍国　1960年1月生。中国作家协会会员，浙江省作家协会主席团委员。1983年开始文学写作。已出版长篇小说《九间的歌》，散文集《双溪》《暮春集》《跋涉集》，散文体长篇传记《林斤澜说》。1993年《逝者如斯》获《中国作家》"1991—1993年度优秀短篇小说奖"。2004年获中国作家协会"首届郭沫若散文随笔奖·编辑奖"。

1988年夏《中国时报》宴请在京作家
前排左起：莫昭平、谢冕、汪曾祺、史铁生、林斤澜；后排左起：陈平原、李陀、陈建功、黄子平、乌日尔图、郑万隆。（黄子平提供）

1995年，在北京西便门居所，和夫人女儿外孙

得失　　　　林斤澜

"得到的和失去的"是北京青年王纯成，参加
函授学习中的一篇习作。约四千字。

写了五个中学同学，好朋友。其中一男一
女结了婚，一起上"北大"，艰苦奋斗了三年，因
故又退，成为同学中"文化最高，生活最低"的
一对。另外三个都是男青年，或做"倒爷"或做
私活或出国，都混到了几"大件"多少"腿"的，吸
"大重九"，喝"五粮液"。

五个人。两条路。时间是三年。各有所得
，各有所失。什么是得，什么是失。人生的得
失怎么看待……这么许多放在一个短篇里，
不大好办。既然是短篇的写法，哪一个人身
上抻也抻不出一万两万。可是这一篇，只四千。

中间　　　　林斤澜

大院里有老人，但退休的还只一个。那
年头还不兴"一刀切"，刮了年纪不爱下来的大揽大
揽占着位子。这一位退的时候都说到年纪，单
位里那年恰好有人退休，动员他退，他就退了
。因此，大院里挫骨伤，害疏，害病死背后，叫
他老退，退老，退休佬，挨骂意思似的。

临老成了"脱生之物"也是平生第一遭。

大院里有小楼有平房。小楼里铺得很宽的吊灯
地板地，管道煤气，老退住平房，一个套间
外屋里屋小。外屋走没有顶棚，挨着挂层
楼子。里屋一床一桌就占了，外屋就担不来科
用场。

好在退佬的一儿一女，都在外省外地工作

序言

　　享有"短篇小说圣手"之誉的温籍著名作家林斤澜先生于 2009 年 4 月 11 日辞世,距今已有十年。为追思、缅怀可敬可爱的林斤澜先生,特出版本书,以作纪念。

　　本书的编选思路是"评说追思,承前启后"。林斤澜先生去世前后一段时间,学界文坛有不少评说和追思文章。我们在现有林斤澜研究的基础上进行梳理、拓展,既编选了 2009 年以前评议先生创作的重要学术文章,又在之后十年的评说文章中选取有代表性的佳作以作补充。与此同时,特别制作了研究资料索引,尽可能完整地收录发表在报刊、网站上的相关文章标题及出处,便于研究者查阅使用。

　　本书不仅在林斤澜研究方面承前启后,更加入了迄今为止四届"林斤澜短篇小说奖"所有获奖者的授奖词,以展现林斤澜短篇小说艺术的传承与发展。除了评说文章、著作年表、研究资料索引和"林斤澜短篇小说奖"授奖词,本书还收录了亲友、同事、后辈、学生的追思纪念文章。这些文章,不拘体例,不为文体而废内容,既表现了众人对先生的深切怀念,又提供了有助于评论研究的回忆材料,有利于读者、研究者从更多角度全面地认识林斤澜先生其人其文。这种不追求成书工整简洁、只在乎文章意味的编选思路,合乎先生的"怪味"。

　　本书的编选得到林斤澜先生家属的鼎力支持,先生的手稿、生活照片均由其爱女林布谷女士提供。追思文章、著作年表、"林斤澜短篇小说奖"

授奖词均由温州市作家协会主席程绍国先生、副主席哲贵先生及温州市文联整理提供。温州大学人文学院院长孙良好教授和郭垚博士组织其他部分的编选工作，并负责统稿。编者未能尽数联系到本书所收录文章的全部作者，请相关作者看到此书后与温州大学人文学院联系。为完善本书的编选，温州大学人文学院和温州市作家协会于 2019 年 10 月 19 日召开了"林斤澜先生辞世十周年纪念会"，邀请相关专家参与修订工作。我们希望通过本书，让更多人认识林斤澜先生独特精妙的创作以及他美好、高尚的灵魂。

　　林斤澜先生的文字和思想有一种独特而璀璨的光芒，是热的，更是冷的。斯人远去，但远去者未曾远离！

2019 年 10 月

目录

评说

追 思

评

说

采石者的欣慰

——论林斤澜的创作

谢 冕 陈素琰

一

在寂寞的时候，这个老石匠使我的心血温暖起来。

——《石火》前记

在北京作家群中，他仍然被认为是中年作家，尽管他自己已在追寻那莫名其妙地丢失了的创作生涯的"中段"。禀性乐观的林斤澜，即使在说一件沉重的事物，也断不了那种满不在乎的诙谐。当他回顾那被剥夺了创作权利的日子时，说了如下一段话：

> 这十二年，正是我的壮年时期。我家门口菜市场里卖鱼，有切段卖的。到了傍晚，往往只剩下头尾。有的顾客爱打听：
> "中段呢？"
> 可以得到不同的回答。
> "这鱼没长中段。"
> 显然是谎言。
> "中段叫猫叼了。"
> 大概就是报纸上常说的"灾难性"吧。
> "明儿有。"
> 这好。这豁亮。这有浪漫主义的气息。
>
> ——《林斤澜小说选·前记》

事实是"中段叫猫叼了"，但他宁肯相信"明儿有"，这就是我们所认识的仍然不失"浪漫主义气息"的林斤澜。向后看，他已走了许多路程，但无疑的，不曾走过的路将更长。而且，在这路上人们会发现：经过锲而不舍的探求，他那独立的和独特的艺术个性，将得到更为完整的显示。

时代的际遇对于作家的成长实在是太重要了。公平地说，林斤澜所属的时代恩惠于他的，仍然要比失去的多。但无可讳言，在他所生活的环境中，他的寂寞感是漫长的。对于他的作品，有时，表现为不被理解，更多的时候，则表现为难耐的冷漠。权威性理论的影响，造就了中国文学的特殊现象：在特定的时期，我们的鉴赏者和批评者往往只习惯自己所能习惯的艺术品。个人风格不被重视，创作和欣赏趋向于单调的一致。只要对当代文学的发展加以宏观的考察，我们就会理解包围着林斤澜的冷漠产生的根由。一位在艺术上矜持自重而又不肯随俗（当然，某些时刻他也未能免俗）的作家，在那样气氛中所能得到的令人不悦的回音是必然的。

他写过《石匠》，在那里，不论作为作品主人公的石匠，还是石匠口述故事里的石匠（其中有一位石匠，他在昆明西山龙门的千丈悬崖上辛勤雕琢二十年，最后因魁星手中的朱笔凿断，愤而投身滇池），都有一种执着于自己事业的韧性。这使我们联想起它的作者来，站在我们面前的，也是这样一位石匠，一位为了独特的艺术创造而甘于寂寞的石匠。林斤澜在给小说集《石火》拟名时，无意中碰到一个"石"字，他由此想起前辈作家的一段文字："……在深山老峪，有时会遇到一处小小的采石场。一个老石匠在那里默默地工作着，火花在他身边放射，锤子和凿子的声音，传送在山谷里，是很少有人听到的……"引用这段话之后，林斤澜说：

> 在寂寞的时候，这个老石匠使我的心血温暖起来。他是真正的师傅，我不过是个匠人。锤子、凿子敲打出来的匠气，就是明证。但我的心血温暖起来了。

寂寞中的欣慰！他不是不知道山外有热闹的世界，但他不追求那种人们都向往的繁华，他甘于这种深山中采石者的寂寞。这是这位作家为自己的艺术创造而选择的岗位——一个小小的采石场，这里的锤子和凿子所发出的响声很少为人所知，但在他的身边，的确飞进着火花。正如小说《石匠》的主人公说的："正经石匠，个个都是这样的，越是年纪大了，越要拼一身的本事，拼一身的气力，凿出个什么来，留给后人。"

一个健全的社会和这个社会的健全的艺术，应当允许并鼓励各种各样的艺术的创造，尤其应当尊重那种不趋时的甘于寂寞的严肃的艺术家的探求。林斤澜谦虚地承认自己只是"匠人"，但他的确有自己一以贯之的追求。这种追求是不受时尚的影响的。尤其当强大的潮流极大地影响了文学的创造时，这种执着于自己的初衷，钉子一般地站在自己选择的位置上默默工作的精神，更显得可贵。我们当然不愿意把我们研究的对象说得不切实际地完美：他不愿随俗，但有时又不免随俗；他有独特的追求，但这种追求不能不受到时代潮流的制约。林斤澜也时常沉浸在对于创作的反思之中。"重理旧业，不光是生疏，还觉得堵塞。仿佛有些沉重的东西，搬也搬不走，烧化又烧化不掉"，他把这种"沉重的东西"的"堵塞"，归纳在《两个再认识》中：对生活，过去"往往受当时潮流的影响，有时偏差不小"；对写作，"过去往往因当时的需要从概念出发，又归宿到概念上。貌似反映了现实，实际又不是生活的真实反映"①。这些话，林斤澜是针对自己以往创作的偏差而言的。他并不把自己看得完美，他承认自己在"大起大落"的"文字的'行情'"面前，也有"随大流"的时候。但他的确神往于那些不受潮流左右的"真正的艺术家"：

> 波涛狂暴时，那样的声音当然淹没了。间隙时，随波逐流的去远了，那声音却老是清亮，叫人暗暗警觉出来，欢腾的欢腾的生命力。
>
> ——《林斤澜小说选·前记》

也许他并不承认自己是这样的艺术家，但他倾心于此。《头像》与其说是他的自况，不如说是他对理想的艺术境界真诚的讴歌。美术家麦通交了好运，因为作品符合潮流而三年连续得奖，眼下忙于"三来"：来信、来访、来约稿。形成对照的是他的老朋友梅大厦，孑然一身，身居陋巷，只守着满屋满书架不趋时的艺术品。现在，他从事着"一般人是看不懂的"、"眼前是无名无利"的艺术探求，他为自己的创造所陶然，全然记不起还要迎合什么潮流。他想的是"不定几十年百年之后，会有人研究，中国有这么个人，做了这么一些东西"。就是这些话，他也只能在深夜里，对着一个邻居——

① 《人民文学》1982 年第 5 期。

一个疼爱他又不理解他的老太太说。他是寂寞的，然而，不管寂寞多么漫长，那寂寞中击发出来的火光，将温暖人们的心血，"人不在了国家在，民族在"，这是《头像》的主人公的信念。这是一种为创造久远价值的自甘寂寞的艺术家的心中的火花。梅大厦并不就是林斤澜，无疑，林斤澜是为他心折的。

二

> 只守着真情实感，只用自己的嗓音歌唱。
>
> ——《林斤澜小说选·前记》

当文学不是由它自身的规律，而是由规律而外的潮流导引的时候，梅大厦难免会感到寂寞。在那样的历史年代，人们可以理解一般，但不能理解个别。但是，梅大厦之所以是门庭冷落的梅大厦，而不是春风得意的麦通，区别仅仅在于在总的潮流中，前者总不肯轻易改变自己的信念与追求。梅大厦在邻居好心的老太太眼中是一位神经不正常的人，她认为"再让他敲敲打打，非出大事不可"。当梅说"人不在了国家在，民族在"时，她总"瞅着他那眼神不对"——"一下子贼亮贼亮，仿佛打个电闪"，在不免有点落拓地过着灰暗生活的艺术家那里，伴他的只有这种深夜里偶尔亮起的电闪。这个电闪的光，正是深山采石者锤子凿子下面迸射出来的光。

现在我们回到林斤澜的创作上来。这是一位长期辛勤劳作却很少被人谈论的作家，他身上不缺少梅大厦那种坚韧的追求精神。他并不为自己的不被理解而不安，他仍然以平静的口气转述朋友对他作品的评语："这些东西，好比蔬菜里的芹菜香菜，喜欢的人就是喜欢这个味道，不喜欢的人也就是不喜欢这个味道。"芹菜香菜的味道，不喜欢的人往往视之为"怪味"，特别是一般的菜蔬把大家的口味都磨炼得只能适应那一般的"味"的时候。然而，无论喜欢这种味的人多或是少，林斤澜一直在追求自己作品独有的"味"。而且，他刻意不使自己的味混同于一般作品的味。这大概也经历了一番过程。在林斤澜早期引人注意的《台湾姑娘》中，并没有这种"怪味"，他沿用了当时流行的写实主义的方法。

《山里红》的背景是热烈进行"挑战应战"的"大跃进"，那里的几个羊倌，都是竞赛场上的英雄，无疑都是那时提倡的新人物。但是，他不编排惊天动地的故事，也不让他的人物头上放出灵光，在那人们免不了总有点狂热的年代，他笔下的人物，大体上都保持了浓郁的土气，他只是如话家常般地把几个人物串在一起，写他们平平常常的劳动和平平常常的感情。他依然固守着不使自己的作品过多地成为某种精神和概念的图解。他对文学的图解充满了警惕，曾经检讨说："我们这些人以往在这上头走的冤枉路多了，吃的亏大了，不免多操一份心。"① 他依然"只守着真情实感"。而且竭力实行"只用自己的嗓音歌唱"。这恰好印证了左拉的话："没有任何东西可以代替真实感和个性表现。如果作家缺少了这两种物质，那么，与其写小说，不如去卖蜡烛。"② 即使在那样的年代他对此也是信誓旦旦。《山里红》的人物，除模范羊倌张春发有点过于"神"外，性格粗豪的老羊倌陈双喜，寡言少语而心眼多的大羊倌李有本，以及"笑起来都没有声音"的小羊倌王金明都是泥土里爬滚的人物。尽管整个作品被当时的"跃进"气氛笼罩着，但作家始终坚持用自己的嗓音来歌唱这些人物和人物的环境。

从这时开始，他已经在描写北京地区山乡习俗景致方面寻觅着和创造着自己特有的"味道"。他能够把北京的土味与现代抒情散文特点融汇一致地表达出来。这里是《山里红》的结束一段，大羊倌和老羊倌摸黑走山路回家——

> "你有完没有？糟老头子，你倒是要往哪儿去呀！"
> "啊！"老羊倌这才明白，早就错过了岔路口。连忙叫了声"回见"，撤身往回走，忙中有错，这瘦长个子撞在一棵山里红上了。树上的红果，劈头打脑掉了下来。老羊倌管自走路，独自眉开眼笑。他踩着墨般黑，迈过发白的黑，推开挤开发紫发蓝的黑。一边伸手到衣领里、怀里，摸出一个个山里红，往嘴里扔。这种红艳艳的果子，不等吃，只要一看见，一摸着，就让人觉着甜酸，酸甜。觉得漫坡野岭，都是有滋有味的了。

没有当日那种喧嚣的呼喊，也没有那种夸张的形容，有的只是对于华北

---

① 林斤澜：《送下乡》。
② 左拉：《论小说》。

山区生活的真实的体验，人物和环境溶浸在那一片发黑、发白、发紫、发蓝的夜色之中，那"劈头打脑"掉下来，掉到衣领里、怀中，含到嘴里"甜酸、酸甜"的山里红，既为作品回环往复的主题作结，又是此时两个羊倌喜洋洋乐滋滋心理的抒情描写。

在林斤澜的创作思想中，"真情实感"是支柱。他重视短篇小说的构思艺术，但他小说的一切构思和一切语言的追求"都是为了表现好真情实感的魂"。他的名篇《新生》，在题材和主题的开掘上并无太多新意，无非是说，在急难中，处处闪现出好心肠的人，赋予一个难产婴儿的新生以深刻的象征意味。值得注意的倒是，当社会思潮中酝酿并涌现出"阶级斗争"的喊声时，《新生》对此漠然。那里的一切，只有同情帮助和无言的支持，那里依然是一个桃源世界。从这点看，林斤澜的不随俗中，倒显示出作家的某种勇气来。当然，那个时代有它自身的矛盾，而在《新生》中全然不见，他是把生活叫诗意融化了。

《新生》的创作从大的方面讲，它也受着时代潮流的影响，写所谓共产主义萌芽之类；从小的方面讲，作家则专注地雕塑他的艺术品。这仍然体现了作家的个性化追求。即以构思一端为例，那时流行的办法是不论何事何物从头写起，他偏不；当大家似乎都不太重视艺术的切磋的时候，他给自己"出难题"，在艺术上提出新的要求。他也有意地疏远那些惊险的情节，以及克服困难的过程，特别是，他对笔下那些善良的人的心境几乎不做直接的说明。他只是让他的人物行动。当描写这些行动时，他用的笔墨不是当时习见的那种浓重的写实色彩，他写得飘忽，有意地和生活的原样保持一种距离。这是真实的，却又不是那么写实的。尽管他承认"喜欢现实主义写法"，但他很早就追求"不完全那么写实"的写法，这在《新生》有了明显的表露。这就是作品中平添了那股似真非真、说假不假的情趣，这确比那种描摹实际的笔墨，显得活脱多了。

表现的是作者对于新生活和新人物的"真情实感"，用的却是"不那么写实"的"自己的嗓音"。当文学趋向用共有的嗓音歌唱的时刻，林斤澜"不合常规"的追求，难免会招来惊异的目光。《新生》还只是露出的一个尖刺，到了《惭愧》，却形成了明显的倾向。因而《惭愧》受到的非议也多。从《新生》到《惭愧》，可以看出林斤澜在竭力从文学图解生活的束缚中挣扎出来所进行的努力。与此同时，他在冲破作品走向模式化的思潮中闯荡。当全社会都倾注于"思想性"（此处指那种刻板的概念的图解），他却像《头像》中的梅大厦那样，忘我地创造着一件又一件真正的艺术品。

对《惭愧》来说，认为它在主题上是对于所谓不能写中间人物或转变人物的冲破已经不够了。它在手法上更富变化，完全打破了那种常见的叙述方式，他有意打破时序，有意地把环境写得虚虚实实。在这样的氛围中通过会计小康泰把眼前景和往日景叠合在一起，造出了扑朔迷离的印象，用这突出老长泰为自己的过去而惭愧的心境。《惭愧》对于自己的主题不置一词，它完全让读者自己去领略、去归纳，而且，不仅《惭愧》，还有《新生》，他在尝试一种对于单调的主题表述的冲破，他寻求一种更为复杂的主题结构，使一种并行的和复合的主题展现在一个作品之中。由于他不重视事件的说明和叙述的顺序，因此，它不易被领会。像这段文字：

> 只见老饲养员闭着眼，斜靠在槽头柱子上，难道头晕了吗？
> 又只见那打包起皱的老眼，忽然一睁，灯光映着红红的眼睛，竟闪出十分的光彩。这时听见嗡嗡的叹了一声：
> "惭愧！"

惭愧什么？是谁，因为什么？作者全不告诉你，让你通过全部作品反复思考而得到领悟。这样的文字，当然显得艰涩，它必须咀嚼方知真味，而与那种一读就懂的文字判然有别。当大家都把情节写得很完整的时候，他忽视它；当大家把内容弄得一目了然的时候，他隐藏它。《惭愧》是深刻的，但又不那么明晰。当那种风格大体近似的小说风行于世时，林斤澜的试验却蕴含了明显的挑战意味。

当前，文学风格的多样化已经不再是新鲜的题目了，但是，在林斤澜最感寂寞的年代，这种钟情于独特艺术个性的追求，却要付出沉重的代价。不论人们对林斤澜的探求作何种估价，毫无疑问的是，这种探求不仅将丰富文学而且也将直接地对文学的发展起促进的作用。卢卡契在论及毕生寂寂无闻的卡夫卡时作过如下的评语："恐怕很少有作家在他的作品中，在把握世界和再现世界的时候，能把原本的东西和基本的东西，能把对世界上从未出现过的事情的惊异，像他的作品中那样表现得如此强烈。在今天，在那种实验性的或千篇一律的技巧掌握着多数作者与读者的时候，这种突出的个性必定给人留下难忘的印象。"① 林斤澜当然不是卢卡契此处所评论的那样的作家，但当很多人只用一种嗓音歌唱的时候，他坚持基于自己的真情实感而用自己的嗓音歌唱，这一点，却是相似的。从我国当代文学的发展加以考察，"千篇一律的技巧掌握着多数作者与读者"的时候不仅有过，而且统治了相当长的时间，在这种环境中，像梅大厦那样自甘寂寞地塑造着他的头像的人，可以说，是体现了真正严肃的艺术家品质的人。

三

> 这是什么样的人？只能说是很不正常的生活里，活出来的一个很正常的人。
>
> ——《肋巴条》

在林斤澜的创作历程中，动乱的"文革"时期是一段空白，以此为界，大体上可以勾勒出风格演进的前后轨迹。在此之前，他的创作活动仍然打上了当代任何作家几乎都无法避免的时代性的烙印——属于作家自己的思考不多，作家的思考往往只在他的时代潮流规定之内进行。但即便在此时，林斤澜也始终坚持着自己艺术个性的创立和维护。我们从他的创作活动的整体加以考察，便会发现他几乎在和平庸和一般化搏斗中生活。"他和所有的一切搏斗过，甚至也和风格搏斗过"，仅仅为了避开众人的熟路，他拣生僻的路子走，而不管这路上有多少同伴以及是否长满了荆棘。《惭愧》和《新生》都不是新颖的题目，但林斤澜却在这些众人也做的题目中留下了自己的艺术性格。"他在每一部小说中，都把自己的风格加以揉捏，重新熔炼和再造……他挥臂锤炼他的文句，直到刻上他自己的标记。"②

漫长的动乱的年代结束以后，林斤澜在探求的道路上开始了一个属于自己的时代。他未改初衷。不同的是，他有了新的醒悟。他回顾说："过去认

---

① 转引自《文艺研究》1982 年第 6 期。

② 左拉：《论小说》。

为参加农村工作队，参加那里的运动，就是深入了生活，就得到源泉了。现在看来'源泉'不那么简单，要有自己的头脑……"①引人注意的是他在讲源泉时突出说明"要有自己的头脑"，他知道至关重要的是要用自己的头脑思考生活。

为此，他让梅大厦雕了一个头像。这是一个少妇的头像，一个不合比例的变形雕塑品。作家告诉我们：

> 这是一个沉思的面容。没有这样的脑门和这样长长的眼皮，仿佛思索盘旋不开。森林里常有苍老的大树，重重叠叠的枝叶挂下来，伞盖一般笼罩下来，老树笼罩在沉思之中。这个少妇头像，是沉思的老树的精灵。

由一个少妇的头像的造型而产生了一个奇异的联想：森林中的苍老的大树笼罩在沉思中。林斤澜发现：少妇的头像中活着"沉思的老树的精灵"。我们由他的这个发现而发现了林斤澜这一时期创作思想演进的轨迹。他在外在的不谐和甚而是矛盾对立的物象之中（例如少妇与老树）寻求某种统一，这种统一是由对于历史和现实的沉思而统驭的。他赋予一切他所表现的对象以沉思的头脑，不论其为男为女，为老为少，他们都有了一个"沉思的老树的精灵"。

一个混合着写实主义和非写实主义不同创作思想的变形的"头像"，一个是外表活跃的少妇而内心却是一个沉思的老树的奇怪的精灵，为我们提供了开启林斤澜近年创作奥秘的钥匙。可以说，从"石"（《石匠》）到"火"（《火葬场的哥们》）（这是林斤澜《石火》一集题名的由来），他完成了他的创作主题的基本转移。要是再往前推，这种转移的迹象也更为明显："春雷"萌动时节那种欢跃明快、经过生活的磨炼而成熟的心灵迸发出来的"惭愧"的叹喟；到饱经人生沧桑的"辘轳井"旁搅拌着苍凉与失而复得的生活权利的庆幸的情味。可以说，林斤澜的确开始逐渐以新的创作思想（20 世纪 80 年代创作思想）替代（当然包含着合理的继承）那种正面的歌颂新的人和新的人与人关系的单纯的主题（基本上是 20 世纪 50 年代的创作思想）。而这些新的作品中，大体上都活跃着一个沉思的老树的精灵，这个精灵，也许存

① 《北京文学》1982 年第 5 期。

在于一个少妇的"头像"中，也许存在于有点玩世不恭的"火葬场的哥们"身上，也许存在于那些犯了"神经病"的人们身上。

一个动乱的时代造就了千万颗沉思的心灵。这个时代意外地给了整整几代文学工作者以特殊的宠惠：他们有可能从历史的沉思中获得正常生活所不能给予的创作灵感。那个善恶易位，正误互乖，热情与疯狂为邻，卑鄙被视为神圣的颠颠倒倒的错乱生活，不能不启迪着人们的智慧。这种时代给予的机缘，在别的作家那里，也许体现为对于伤痕的披露，也许表现为对社会弊端的思考与砭正，也许表现为饱经离乱之后对于美好生活的眷顾与畅思。林斤澜面临这个新的时代，犹如在往昔的文学大潮中他寻求用自己的嗓音歌唱一样，他迅速地完成了创作重心的基本转移。他寻求属于他自己的重新再现生活的独特方式。

这种转移是基本的，但并非全方位的。这是一位艺术涵养十分丰富的作家，他不会轻易地抛弃自己实践中获得的多方面的经验。他宁肯使自己拥有更多的方式，而绝不会使自己陷于艺术的单一。因此，一方面是正面的面对生活，讲那些代表希望与新生的事物的美好，如《竹》《悼》《杜爷爷》《肋巴条》等，基本是《春雷》《飞筐》《山里红》主题和方式的延续。但无可讳言，这些作品的成就正在被更富有魅力的作品所超越。老树的沉思具有更为鲜明的时代特色，他从生活的变态和颠倒中，概括出那个时代本质的一个侧面。邪魔，这是他的小说的一个篇名。在那篇小说中，一个正常的因"眼前黑，想亮光"而搞发明的人，被认为是"走了邪"。各种各样的人从各种各样的角度，对他喊出了一个声音："邪魔！邪魔！"这是一篇有着深刻象征意味的作品：愚昧和贪心把创造和追求诬为邪魔，而真正中了邪魔的却是那些裁定别人为邪魔的人。这无意中概括了林斤澜对于动乱的时代以及它所造成的后果沉思而得出的结论，从而形成了他近年创作不断探求的主题。他说着一个又一个荒诞到几乎不可信的故事，以他特有的方式：黠智的诙谐，有些滑稽的文风和类似讽刺杂文的叙述方式，往往造成令人忍俊不禁的效果，紧接着引你陷入痛苦的沉思。他以特有的"轻松的严峻"的方式取代了他所擅长描绘北京乡俗景物的抒情笔调。

林斤澜试图证明，在那个年代里，一个个正常的人曾经被如何地指控为、歪曲为不正常的人。《阳台》中的"我"认定那个关在牢里还写书的"红点子"

教授是"疯子"，应该送精神病院检查，而这个"我"恰恰是一个动乱年代培育出来的无知愚昧的变态的人。《记录》是一篇以私设公堂的"提审记录"形式写成的小说。它的"犯人"曾一同，仅仅因为某个档案材料中有"徐尤英梅石菊曾一同填表参加复社"一语而无辜身陷囹圄。这原是一个绝大的荒唐。文章的结语是这样的：

> 曾：（忽然狂笑不止）哈哈哈……（目露狂光，口出狂言）曾一同不是我，曾一同不是人，曾一同是徐尤英梅石菊两人曾经一同……
>
> 建议：送精神病院检查。
>
> 医生提问：谁是病号呀？

医生的提问无疑是作家的提问，他把答案留给了读者。他的整个思考在于说明，由于一个可笑的癫狂，把正常的人当成了犯人和精神病患者，而无知、愚昧和野蛮，却是变态的生活投给那些真正的时代狂人的心灵阴影。他极少选择正面揭示的方式做文章，他选择了这种具有浓郁的揶揄意味的方式，当然，这也许更能切近于那个离了常轨生活形态的方式。

这种邪的人物和故事奇迹般地集中到了作家的艺术构思中。《一字师》中的那位严格、认真而很有学问的老师，一再被逼迫，直到做了"看门人"。而他的念了错别字的学生以及念了更多错别字的学生的儿子却代替了他的位置。更具讽刺意味的是这位本名应为吴白亭的人，他的退休证上却赫然地写了一个白字：吴白丁。《法币》的主人公，一个旧社会可怜的穷学生，仅仅因为自传上"家境贫寒，上学时常找外活来做，月入约法币百元"中的"法币"一词受尽磨难。通篇小说是以"我的交代"、"补充交代"、"交代罪行"、"认罪书"、"报告"、"保证书"的形式分段构成。我们从这个直到最后才明白缘由的无辜的受害者茫然无所适从的不断的认罪和辱骂自己中，感到了疯狂年代中小人物的沉哀。

另一篇《绝句》，确是一曲悲哀的绝句。"右派"，"脱帽右派"，过了十年再揪出来的陈新，一个因残酷的历史误会而弄得妻离子散的陈新，犯了急性阑尾炎，右腹部疼痛。忙于夺权的医生们，却在他的左边开了刀。作家写这个痛苦的故事时，用的是让人笑更让人哭的笔墨：

> 老陈新觉得刀尖碰着了他的小腹，刀尖划拉着，不痛。好比是铅笔在皮肤上划一道线。可是右边怎么还有拳头顶着拱着？啊，刀子划的是左边。老陈新没有说过一句话，这时挣开粘住了的嘴唇，说了一个字：
> "右，右。"
> "知道你右！"

就这样，他糊里糊涂地送了命。这位连个遗言也无对象可留的人，最后还唱了四句对生活充满希望的"绝句"。这真是"中了邪"的年代。我们从这些漫画式的貌似夸张却是高度真实的文字中，看到了曾经有过的生活。这里，我们看到了类似契诃夫的方式："在契诃夫笔下，样样东西真实到虚幻的地步，他的小说给人留下'立体平面镜'的印象。他似随手把文字丢来丢去，结果却像印象派画家似的，他的涂抹却有了极妙的成就。"[①] 当林斤澜写这些痛苦故事时，他的确想到了契诃夫，他甚至把这个时代的生活和契诃夫作品的环境作了比较。作家有《问号》中提出一个大大的问号。那个穿绿衣的红脸汉子，他在一批专政对象面前的表演，使人不能不想起那位艺术大师的《变色龙》。但《问号》绝不是《变色龙》的模仿，它是中国那个特殊年代的龌龊的土壤中培育的特殊菌类，它是中国式的变色龙。正如那位"眼神里透出凄凉来"的"黑帮"想到了变色龙又立即改正自己的看法一样——"他忽然手颤，一个思想颤颤地钻了出来：'不对，不像，那个死洋人《变色龙》那里，没有最最最革命，因此没有最最最恐怖……'"

林斤澜就是这样，以一个个癫狂的和邪魔的主题对那个变态的年代的失去常轨的生活进行批判。在这个主题的完成中，他提出了作为觉醒的中国人的要求。这种邪魔主题，也许让人联想到西方现代派文学中的梦魇意识，梦魇意识基于对资本主义社会生活的挣扎和抗议，表现了那些对于社会灾难无能为力和不能理解的绝望情绪，这种绝望情绪是长久的、不可克服的。而我们此刻谈论的林斤澜的邪魔的主题，是在一个曾经是健全的和良好的社会中，由于人为的原因而引起特定时期的剧烈的动乱。这种生活的变态不会是生活

[①] 托尔斯泰：《论契诃夫》。

的常态，当然也不是永恒，它们之中有着质的区别。但是，就对生活变态的抗议而言，它们却极其相似。试看那个有口难辩的"曾一同"，那个因写了"法币"而历尽磨难的小人物，那个让人随意切割而丧命的阑尾炎患者，他们不也是一个个梦魇者？

"从着魔状态中解脱出来而不再抱有幻想，而在颓废和消沉的情绪中，现代派一般仍然深沉地保持着期待使个人和人性得到某种正常发展的愿望，在痛苦中发出了希望世界有一点人性的呼声"，[①] 那些生活在畸形社会中的人们，他们感到了梦魇的痛苦也仍然不是完全的幻灭。我们此刻接触的邪魔主题当然与之更有质的区别：我们依然可以从那怪异的魔影后面，看到闪动着的作家的理想之光。不仅是渺茫的期待，而是对于理解生活的创造和希求，这导致作家有可能对生活持积极的批判态度。这种批判甚至是极为鲜明的，例如前面提到的《问号》中对于喊"最最最革命"的那种邪魔势力的批判即是。不仅是《问号》，他的每一篇这类作品的背面，几乎都可以让人窥见那黑夜里闪烁的光点。《阳台》这篇小说，也许能说明更为丰富的问题。在那里，它刻画了"我"从"革命"捞到好处之后那种变态的心理。但它不限于这个"我"的批判，而且写他的醒悟：不是专政者的"我"，而是被"我"专政的人，是神经健全的强者。他们的位置不觉间进行了互换。而且他们终于在对于活泼人性的窒息的不满中，找到了"共同语言"——"窗外是阳台"。在这里，作家对愚昧无知的"我"，也寄托了可以改正的转机。在《神经病》中，张三、李四、王五都有不同程度的神经质，但他们仍然是健全的人，只是那种变态的生活迫使他们失去了常态而显得卑琐可笑。他们——这里指的是那些被认为"疯子"、"神经病者"，以及"口发狂言"如喊"曾一同不是人"的曾一同等——是什么人？他们是正常人，只不过他们生活的环境失去了正常，因而在不正常人眼里他们失去了正常的形象。

林斤澜在表现这些否定或肯定意义的"中了邪"、"发了疯"的反常生活的反常的形象时，采取的也是反常的艺术手段。前面我们曾经提及。在创作的这个阶段，林斤澜那种带着浓郁"京味"的抒情笔墨变得稀少了，他也很少采用传统的那种正面表现的方式。这个原先就声称"自己的东西不完全那么写实"的作家，现在面对着他自己选择的癫狂的和邪魔的主题时，不能

---

① 陈焜：《西方现代派文学和梦魇》。

不考虑采取与之相适应的艺术手法。这就是我们再一次想起《头像》来。《头像》的基本方式是忠实于生活的又对之实行有意的形象扭曲，这是一个变形的头像：尖尖的脑门占全脸三分之一，从眉毛到眼睛竟有一个鼻子的长度，她的眼皮长得令人吃惊。他不仅用这种明显的夸张和比例失调来写人物的外形，而且还用奇诞荒唐的方式组织他的故事。《微笑》是在一个"提审"黑帮的场所，一个被打成黑帮的声乐专家巧遇专政队里的他的崇拜者和知音，专政者与被专政者谈得投机，居然面对面半跪着练起嗓子来。待到提审黑帮一声令下，那位原来专政队员居然自动地挂上了黑帮牌子，微笑地代他去受审。这些荒诞不经的处理无疑会引起笑声，但笑声过后又给人以严峻的痛苦的沉思。林斤澜在小说《卷柏》中曾经写了一句话："都是偶然，细想起来又都不偶然。"这种有意的形象扭曲，环境扭曲，看似荒唐，实是妙不可言地再现了那个本来就显得滑稽可笑的人生世相——它本身就是一个扭曲的怪物！

也许更为本质的是内心世界和精神的扭曲，这点，林斤澜的笔墨更为辛辣无情。《火葬场的哥们》那个"黑旋风"一般的小伙子，他的外形和喜欢恶作剧的癖性，在一般人看来，不免有点特别，而那个被"黑旋风"叫作"貂"的女干部，却楚楚可人，她会适时地对人发出笑容（作家两处写这种笑容"一、二、三、四、五，数到五字，嫣然一笑"），这个外形并不扭曲的人的内心却是扭曲的。如那个"黑旋风"谈完工作，下意识地对着自己鼻子打了个榧子，她以为是对着她打的，心中恨恨，随手便在表格上写下一句"天书"："本人谈话志愿火葬场为要。"轻轻一笔便把"黑旋风"发配到了火葬场。当然，后来"黑旋风"巧遇女干部，向她索取了一条花手绢，便把她引到停尸间，也是一种极度夸张的生活的变形。然而，这也是"细想起来又都不偶然"的。

开头的时候，我们论及林斤澜的寂寞感，因为他有时不易为人所理解。到了他的创作的现阶段，手法更多样也更新颖，用传统现实主义眼光分析他的作品已不够用。这种对于表现对象的有意的异动，的确令人目眩。但只要我们放开固定的尺度，例如，换一个类似观看毕加索的画或卡夫卡的小说那样的角度，林斤澜的许多艺术都变得浅显而易懂了。据说在布拉格第一届立体派画展期间，卡夫卡的朋友认为"毕加索是有意的歪曲者"。卡夫卡不同意，他认为"他只是记下来还没有渗入我们意识的现实而已。艺术是一面镜子，它有时像表一样'走得快'"。艺术允许离开正常的速度而"走得快"，这原是常识。文学或艺术上的有意进行形象的悖谬，是文学艺术反映生活多种方式中的一种。林斤澜在这类涉及癫狂和邪魔主题的作品，他以他原有的诙谐与讽刺的艺术个性为基色，对现实生活进行了变形的调整。他讲述了一系列令人发笑又令人瞠目的怪异的故事，他刻画了一系列变态"中了邪"的形象，在近年小说中，他甚至不重视传统的短篇小说格局，把鲁迅杂文的方式引进到小说创作中来而增添了"随意性"。这只能说明这位深山采石者并不就是他自己认为的"工匠"，他的确像梅大厦那样的富有勇气的寻求。《酒言》是一个酒汉的独白；《记录》是对话体的"提审记录"；《法币》的分段则是灾难性岁月中常用文体大全；《火葬场的哥们》于文本之外，外加"糖里拌蜜"、"节外生枝"、"画蛇添足"三小段为附文。在林斤澜那里，小说的形态也有了不拘一格的开拓。语言上的变形则更为大胆和明显，有时，他笔下的主人公用的是一些文理不通的、文风恶劣的语言，这些都增强了他艺术变形的魅力。忠于艺术的探险精神，使林斤澜在寂寞的探求中，完成了自己的艺术个性。如今，他已是一个不加署名也可以认出他的作品的风格独特的作家。深山大谷中默默的采石者，应当为此欣慰。

四

一个低着头，笑眯眯地管自走路的人……

——《林斤澜小说选》扉页题词

这是林斤澜转述别人问起他的作品意义、构思和特色，而他自己往往答非所问之后，说的一句话。他，就是这样一个不论别人对他的理解如何，总是"笑眯眯"地低着头坚持走自己的艺术道路的人。理解这样一个明知可能寂寞而甘于寂寞、却一贯地执着于自己追求的作家，对于读者和批评者都是困难的。原因在于我们的文学有历史形成的远的和近的背景，我们的读者和批评家的批评和欣赏标准都趋于定型。我们往往不能理解和容忍作家有异常的独特的多方面的追求。

这种追求在林斤澜的近期创作中尤为明显。如上所述，他从噩梦般的灾难岁月中醒来，以他特有的讽刺的笑揭示那个畸形的生活，他的笔墨关注于批判的主题。即使在这一点上，他也是"笑眯眯"的，虽然没有沉溺于痛苦，却也没有故作豁达。但我们却从他那描写的浓重的黯黑中，依稀地看到了星星点点的光明。他有太多的让人痛苦的笑、笑后的痛苦，但是却在那让人感到难于生存下去的境遇中，让石与铁撞击而迸射出火来！《神经病》中那个最后也害了"神经病"的连长，他把无言的温暖给予那些在生活中颠沛困顿乃至陷于绝境的"神经病人"，他巧妙地保护了他们，使之免受更多的灾难。须知，他自己也同样生活在一个艰难的年代，难怪作者在小说结束时说："要以为我们听见神经病就难受，那也是一种'历史的误会'。在那酸甜苦辣咸——五味俱全的时候，'神经病'属于酸甜酸甜味儿。"这也是《山里红》的味道，记得在《山里红》的开头和结束时，他都指出那让周围一切都变得"有滋有味"的"甜酸酸甜"的味道。难得的是，他竟然在灾难性的充满了苦味的年月中发现被掩盖的令人心醉的"酸甜味"。对于逆境，他不哀叹，而且他能异乎寻常地在受到了可怕扭曲的场合中，发掘出充满人性温暖的"微笑"。在《微笑》的结束，那位专政队员主动地挂上"残渣鱼儿"的牌子插进了鱼贯的队伍，而把真正的"残渣鱼儿"愣在尾中。这时，真假"残渣鱼儿"的脸上都有个微笑，作者说：

> 这是个微笑是无可怀疑的，只是长久没见了。早在还有家庭生活的时候，灯下，床上，甜甜睡着的孩子，灯花婆婆教他笑出来这样的微笑。

他就是这样"笑眯眯"地走他的路，他总是发现并再现生活的微笑，不论这生活是多么艰难。

这是一位严肃的作家，尽管有时我们从他那有意的逗乐中觉得他喜欢说些玩笑话，那是他的苦中作乐，苦中寻乐。奇怪的是，当他面对现实的生活，那种"嬉皮笑脸"的味儿却消失了，给人感到特有的严峻。《腾身》是一个新的主题。它表现的是中国农村社会长期的封闭，以及这种封闭的解体，新的生活带来人与人关系的重新调整，老爷子周玉堂为了社会公益事务而想从那种大家庭的纠纷中"腾出干净身子""利利落落地蹚烂泥塘"。而他的子女却从各自的角度不让他"腾身"。不论赞成还是不赞成老爷子的出山，他们彼此指责对方"中了魔"。当周玉堂真的"腾"出"身"来了，他们又一拥而上利用他的尚未获得的职务开出一系列要求来。周玉堂代表真正的进步力量，也就是我们看到的深山石匠心中的火花。他给他的那股借他的腾身以求各自"腾身"的子女以严拒："跟公社说说，要让我当大队长，给挪挪窝子上别处当去。烂摊子也不光咱们这儿啊。"注意精心构思的林斤澜，紧紧地咬住了"题目"，峰回路转，他最后给《腾身》以一个突如其来的新意。

引起争论的《辘轳井》，是一篇概括了多变生活的富有历史感的小说。它似乎是一曲挽歌，但却展示了辘轳井的再生。在这里，他对癫狂的主题作了历史的延伸。同时，他表现了魔影的消失。历史走了一个大的弯曲，如今转到了原先的辘轳井旁，那山羊般白狗的悲号和它的尸骨，那瘦个子摄影师和短矬摄影师在不同年代的出现，那最后一个单干户的"消灭"和第一个个体户的诞生，富有历史的讽喻意义的对比，让我们体味出总体的悲凉。作者变得异常的肃穆，也消泯了最后一丝微笑。生活翻到了新的一页，人们不会再回到往昔去，但作品却留下了令人怅惘的余音。也许有人会责备因过多的失落而产生的淡淡的哀愁。然而，这却是久经沧桑的老树在作沉思的显现，无疑浸透了对于新生活的执着，也可以说是执着的爱和信念。

我们面对的是一位很丰富，同时也很复杂的作家，他的确是不易为人理解的。作家无意中借笔下一个人物的形象，让我们看到他的自我造型：

> 那"螺丝转"般的皱纹里，喜、怒、哀、乐都很难说。皱纹本身也像是自然形成，和风吹雨打没有关系。他那眼神里的透心的冷静，把玩笑、正经、撒谎、诚实，一概冻在里头了。
>
> （《肋巴条》）

那"螺丝转"的皱纹，原本是沉思老树斑驳的皮层，他沉思时，脸上的皱纹尤为明显。要是我们能够通过那样大大咧咧的"玩笑"和"撒谎"看到他的"正经"和"诚实"，通过他的冷静，看到深山采石者寂寞工作中迸发出来的火星和无限的热，那么，我们就算是理解了这位"低着头，笑眯眯地管自走路的人"了！

（原载《钟山》1983 年第 3 期）

林斤澜的矮凳桥

汪曾祺

林斤澜回温州住了一段，回到北京，写出了一系列关于矮凳桥的小说。他回温州，回北京，都是回。这些小说陆续发表后，有些篇我读过。读得漫不经心。我觉得不大看得明白，也没有读出好来。去年十月，我下决心，推开别的事，集中精力，读斤澜的小说，读了四天。苏东坡说他读贾岛的诗，"初如食小鱼，所得不偿劳"。读斤澜的小说，有点像这样：费事。读到第四天，我好像有点明白了。而且也读出好来了。不过叫我写评论，还是没有把握。我很佩服评论家，觉得他们都是胆子很大的人。他们能把一个作家的作品分析得头头是道，说得作家自己目瞪口呆。我有时有点怀疑。子非鱼，安知鱼之乐。你没有钻到人家肚子里去，怎么知道人家的作品就是怎么怎么回事呢？我看只能抓到一点，就说一点。言谈微中，就算不错。

林斤澜的桥

矮凳桥到底是什么样子？搞不清楚。苏南有些地方把小板凳叫作矮凳。我的家乡有烧火凳，是简陋的长凳而矮脚的。我觉得矮凳桥大概像烧火凳。然而是砖桥还是石桥，不清楚。——不会是木板桥，因为桥旁可以刻字。这都没有关系。

舍渥德·安德生写了一系列关于温涅斯堡的小说。据说温涅斯堡是没有的，这是安德生自己想出来的，造出来的。林斤澜的矮凳桥也有点是这样。矮凳桥可能有这么一个地方，有一点影子，但未必像斤澜所写的一样。斤澜把他自己的生活阅历倾入了这个地方，造了一座桥，一个小镇。斤澜在北京住了三十多年，对北京，特别是北京郊区相当熟悉。"文化大革命"以前他写过不少表现"社会主义新人"的小说，红了一阵。但是我总觉得那个时候，相当多的作家，都有点像是说着别人的话，用别人也用的方法写作。斤澜只是写得新鲜一点，聪明一点，俏皮一点。我们都好像在"为人作客"。这回，我觉得斤澜找到了老家。林斤澜有了自己的思想，自己的感情，自己的语言，自己的叙述方式，于是有了真正的林斤澜的小说。每一个作家都应当找到自己的老家，有自己的矮凳桥。

斤澜的老家在温州，他写的是温州。但是他写的不是乡土文学。乡土文学是一个恍恍惚惚的概念。但是目前某些标榜乡土文学的同志，他们在心目中排斥的实际上是两种东西，一是哲学意蕴，一是现代意识。林斤澜不是这样。

林斤澜对他想出来的矮凳桥是很熟悉的。过去、现在都很熟悉。他没有写一部矮凳桥的编年史。他把矮凳桥零切了。这样的写法有它的方便处。他可以从不同角度来审视。横写、竖写都行。他对矮凳桥的男女老少可以呼之即来，挥之则去。需要有人写几个字，随时拉出了袁相舟；需要来一碗鱼丸面，就把溪鳗提了出来。而且这个矮凳桥是活的。矮凳桥还会存在下去，笑翼、笑耳、笑杉都会有他们的未来。官不知会"娶"进一个什么样的后生。这样，林斤澜的矮凳桥可以源源不竭地写下去。这是个巧法子。

幔

"世界好比叫幔幔着，千奇百怪，你当是看清了，其实雾腾腾……"（《小贩们》）。

幔就是雾。温州人叫"幔"，贵州人叫"罩子"——"今天下罩子"，意思都差不多。北京人说人说话东一句西一句，摸不清头绪，云里雾里的，写成文章，说是"云山雾沼"。照我看，其实应该写成"云苫雾罩"。林斤澜的小说正是这样：云苫雾罩。看不明白。

看不明白的有两方面的原因。

一个是作者自己就不明白。斤澜在南京曾说："我自己都不明白，怎么能让你明白呢？"斤澜说："比如李地，她的一生，她一生的意义，我就不明白。"我当时在旁边，说："我倒明白。这就是一个人不明白的一生。"有的作家自以为对生活已经吃透，什么事都明白，他可以把一个人的一生，来龙去脉，前因后果，原原本本地告诉读者，而且还能清清楚楚地告诉你一大篇生活的道理。其实人为什么活着，是怎么活过来的，真不是那样容易明白的。"君子于其所不知，盖阙如也"，只能是这样。这是老实态度。不明白，想弄明白。作者在想，读者也随之而在想。这个作品就有点想头。

另一方面，是作者故意不让读者明白。作者写的是什么，他心里是明白的，但是说得闪烁其词。含糊其辞，扑朔迷离，云苫雾罩。比如《溪鳗》，还有《李地》里的《爱》，到底说的是什么？

在林斤澜作品讨论会上，有两位青年评论家指出：这里写的是性。我完全同意他们的说法。

写性，有几种方法。一种是赤裸裸地描写性行为，往丑里写。一种办法是避开正面描写，用隐喻，目的是引起读者对于性行为的诗意的、美的联想。孙犁写的一个碧绿的蝈蝈爬在白色的瓠子花上，就用的是这种办法。还有一种办法，就是林斤澜所用的办法，是把性象征化起来。他写得好像全然与性无关，但读起来又会引起读者隐隐约约的生理感觉。

林斤澜屡次写鱼，鳗、泥鳅。闻一多先生曾著文指出：中国从《诗经》到现代民歌里的"鱼"都是"廋辞"。"鱼水交欢"嘛。不但是鱼，水，也是性的廋辞。

"袁相舟端着杯子，转脸去看窗外，那汪汪溪水漾漾流过晒烫了的石头滩，好像抚摸亲人的热身子。到了吊脚楼下边，再过去一点，进了桥洞。在桥洞那里不老实起来，撒点娇，抱点怨，发点梦吃似的呜噜呜噜……"（《溪鳗》）。这写的是什么？

《爱》写得更为露骨：

> 三更半夜糊里糊涂，有一个什么——说不清是什么压到身上，想叫，叫不出声音。觉着滑溜溜的在身上又扭又裹裹的，手脚也动不得。仿佛"裹"到自己身体里去了，自己的身体也滑溜了，接着，软瘫热化了。

《溪鳗》最后写那个男人瘫痪了，这说的是什么？这说的是性的枯萎。

《溪鳗》的情况更复杂一些。这篇小说同时存在两个主题，性主题和道德主题。溪鳗最后把一个瘫痪男人养在家里，伺候他，这是一种心甘情愿也心安理得的牺牲，一种东方式的道德的自我完成。既是高贵的，又是悲剧性的。这两个主题交织在一起。性和道德的关系，这是一个既复杂而又深邃的问题。

这个问题还很少有作家碰过。

这个问题林斤澜也还没有弄明白，他也还在想。弄明白了，就没有什么意思了。有意思的不是明白，是想。弄明白，是心理学家的事；想，是作家的事。

斤澜的小说一下子看不明白，让人觉得陌生。这是他有意为之的。他就是要叫读者陌生，不希望似曾相识。这种做法不但是出于苦心，而且确实是"孤诣"。

使读者陌生，很大程度上和他的叙述方法有关系。有些篇写得比较平实，近乎常规；有些篇则是反众人之道而行之。他常常是虚则实之，实则虚之；无话则长，有话则短。一般该实写的地方，只是虚虚写过；似该虚写处，又往往写得很翔实。人都是有话则长，无话则短。斤澜常于无话处死乞白咧地说，说了许多闲篇，许多废话；而到了有话（有事，有情节）的地方，三言两语。比如《溪鳗》，"有话"处只在溪鳗收留照料了一个瘫子，但是着墨不多，连溪鳗和这个男人究竟有过什么事都不让人明白（其实稍想一下还不明白么）；但是前面好几页说了鳗鱼的种类，鱼丸面的做法，袁相舟的诗兴大发，怎么想出"鱼非鱼小酒家"的店名……比如《小贩们》，"事儿"只是几个孩子比别的钮扣小贩抢先了一步，在船不靠码头的情况下跳到水里上岸，赶到电镀厂去镀了钮扣；但是前面写了一大堆这几个小贩子和女舵工之间的漫谈，写了鳗，写了"火雾"（对于火雾的描写来自斤澜和我们同到吐鲁番看火焰山的印象，这一点我知道），写了三兄弟往北走的故事，写了北方撒尿用棍子敲、打豆浆往绳子上一浇就拎回家去了……这么写，不是喧宾夺主？不。读完全篇，再回过头来看看，就会觉得前面的闲文都是必要的，有用的。《溪鳗》没有那些云苫雾罩的、不着边际的闲文，就无法知道这篇小说究竟说的是什么。花非花，鱼非鱼，人非人，性非性。或者可以反过来，人是人，性是性。袁相舟的诗"今日春梦非春时"，实在是点了这篇小说的题。《小贩们》如果不写这几个孩子的闲谈，不写出他们的活跃的想象，他们对于生活的充满青春气息的情趣，就无法了解他们脱了鞋袜跳到冰冷的水里的劲儿是从哪里来的，他们就成了心灵手快的名副其实的小商贩，他们就俗了，不可爱了。

"无话则长，有话则短"，这个话我当面跟斤澜说过。他承认了。拆穿了西洋景，有点煞风景，他倒还没有不高兴。他说："有话的地方，大家都可以说，我就少说一点；没有话的地方，别人不说，我就多说说。"

斤澜是很讲究结构的。我曾在一篇文章里写过：小说结构的特点是"随便"。斤澜很不以为然。后来我在前面加了一句状语——苦心经营的随便，他算是拟予同意了。其实林斤澜的小说结构的精义，我看也只有一句：打破结构的常规。

斤澜近年小说还有一个特点，是搞文字游戏。"文字游戏"大家都以为是一个贬词。为什么是贬词呢？没有道理。斤澜常常凭借语言来构思。一句什么好的话，在他琢磨一团生活的时候，老是在他的思维里闪动，这句话推动着他，怂恿着他，蛊惑着他，他就由着这句话把自己飘浮起来，一篇小说终于受孕、成形了。蚱蜢舟、蚱蜢周、做蚱蜢舟的木匠姓周、老蚱蜢周、小蚱蜢周，李清照的"只恐双溪舴艋舟，载不动许多愁……"这许多音同形似的字儿老是在他面前晃，于是这篇小说就有了一种特殊的音响和色调。他构思的契机，我看很可能就是李清照的词。《溪鳗》的契机大概就是白居易的诗：花非花，雾非雾。这篇小说写得特别迷离，整个调子就是受了白居易的诗的暗示。白居易的"花非花，雾非雾"是一个到现在还没有解破的谜，《溪鳗》也好像是一个谜。

林斤澜把小说语言的作用提到很多人所未意识到的高度。写小说，就是写语言。

人

我这样说，不是说林斤澜是一个形式主义者。矮凳桥系列小说有没有一个贯串性的主题？我以为是有的。那就是："人"。或者：人的价值。这其实是一个大家都用的，并不新鲜的主题。不过林斤澜把它具体到一点："皮实"。什么是"皮实"？斤澜解释得清楚，就是生命的韧性。

"石头缝里钻出一点绿来，那里有土吗？只能说落下点灰尘。有水吗？下雨湿一湿，风吹吹就干了。谁也不相信，谁也不知觉，这样的不幸，怎么会钻出一片两片绿叶，又钻出花苞，又钻出紫色的又朴素又新鲜的花朵。人惊叫道：'皮市'。单单活着不算数，还活出花来叫世界看看，这是'皮市'

的极致。"——《舴艋舟》。

他们当中有人意识到，并且努力要证实自己的存在的价值。车钻冒着危险"破"掉矮凳桥下"碧沃"两个字，"什么也不为，就为叫大家晓得晓得我"。笑杉在坎肩上钉了大家都没有的古式的铜扣子，徜徉过市，又要一锤砸毁了，也是"我什么也不为，就为叫你们晓得晓得我"。有些人并不那样意识到自己的价值，但是她们各各儿用自己的所作所为证实了自己的价值，如溪鳗，如李地。

李地是一位母亲的形象。《惊》是一篇带有寓言性质的小说。很平淡，但是发人深思。当一群人因为莫须有的尾巴无故自惊、炸了营的时候，李地能够比较镇静。她并没有泰然自若，极其理智，但是她慌乱得不那么厉害，清醒得比较早。她所以能这样，是因为她经历的忧患较多，有一点曾经沧海了。这点相对的镇静是美丽的。长期的动乱，造就了这样一位沉着的母亲。李地到供销社卖了一个鸡蛋，六分钱。她胸有成竹地花了这六分钱：两分盐；两分线——一分黑线一分白线；一分石笔；一分冰糖（冰糖是给笑翼买的）。这本是很悲惨的事（林斤澜在小说一开头就提明这是 60 年代初期的故事，我们都是从 60 年代初期活过来的人，知道那年代是怎么回事），但是林斤澜没有把这件事写得很悲惨，李地也没有觉得悲惨。她计划着这六分钱，似乎觉得很有意思。这一分冰糖让她快乐。这就是"皮实"。能够度过困苦的、卑微的生活，这还不算；能于困苦卑微的生活觉得快乐，在没有意思的生活中觉得生活的意思，这才是真正的"皮实"，这才是生命的韧性。矮凳桥是不幸的。中国是不幸的。但是林斤澜并没有用一种悲怆的或是嘲弄的感情来看矮凳桥，我们时时从林斤澜的眼睛里看到一点温暖的微笑。林斤澜你笑什么？因为他看到绿叶，看到一朵一朵朴素的紫色小花，看到了"皮实"，看到了生命的韧性。"皮实"是我们这个民族的普遍的品德。林斤澜对我们的民族是肯定的，有信心的。因此我说：《矮凳桥》是爱国主义的作品。——爱国主义不等于就是打鬼子！

林斤澜写人，已经超越了"性格"。他不大写一般意义上的、外部的性格。他甚至连人的外貌都写得很少，几笔。他写的是人的内在的东西，人的气质，人的"品"。得其精而遗其粗。他不是写人，写的是一首一首的诗。溪鳗、李地、笑翼、笑耳、笑杉……都是诗。朴素无华的，淡紫色的诗。

涩

斤澜的语言原来并不是这样的。他的语言原来以北京话为基础（写的是京郊），流畅，轻快，跳跃，有点法国式的俏皮。我觉得他不但受了老舍，还受了李健吾的影响。后来他改了，变得涩起来的，大概是觉得北京话用得太多，有点"贫"。《矮凳桥》则是基本上用了温州方言。这是很自然的，因为写的是温州的事。斤澜有一个很大的优势，他一直能说很地道的温州话。一个人的"母舌"总会或多或少地存在在他的作品里。在方言的基础上调理自己的文学语言，是80年代相当多的作家清楚地意识到的。语言是一种文化现象。语言的背景是文化。一个作家对传统文化和某一特定地区的文化了解得愈深切，他的语言便愈有特点。所谓语言有味、无味，其实是说这种语言有没有文化（这跟读书多少没有直接的关系。有人读书甚多，条理清楚，仍然一辈子语言无味）。每一种方言都有特殊的表现力，特殊的美。这种美不是另一种方言所能代替，更不是"普通话"所能代替的。"普通话"是语言的最大公约数，是没有性格的。斤澜不但能说温州话，且能深知温州话的美。他把温州话融入文学语言，我以为是成功的。但也带来一定的麻烦，即一般读者读起来费事。斤澜的语言越来越涩了。我觉得斤澜不妨把他的语言稍为往回拉一点，更顺一点。这样会使读者觉得更亲切。顺和涩我觉得是可以统一起来的。斤澜有意使读者陌生，但还不是拒人于千里之外。陌生与亲切也是可以统一起来的。让读者觉得更亲切一些，不好吗？

董解元云："冷淡清虚最难做"。斤澜珍重！

（原载《文汇报》1987 年 1 月 31 日）

此地无声胜有声

——读林斤澜短篇近作的印象

程德培

一

在当今作家中，林斤澜是独特的。他的独特并不表现为惊人，倒是有点默默无闻，有点冷冷清清。他的口味有点像契诃夫、像鲁迅，不喜欢吃甜食。

随着年龄的增长，作者常常思念起家乡的盆景。他"不喜欢那种全景式的盆景，山重水复，亭台楼阁，……随处都是讲不尽的故事"。[①] 因之创作几十年，总不见他有惊人的长篇巨作。而始终在短篇小说这块园地中辛勤耕耘，时而也写过一些剧本。

作为一个作家，林斤澜最大的本事是"忍耐"。他自己曾用这两个字来称赞一位盆景的作者。他回忆起这样一个花圃，说给他"最深刻的印象是'寂寞'"。[②] 如果说在60年代他的作品还曾引起人们讨论的话，那么，他这几年写的近三十篇短篇，似乎并没有得到评论界应有的重视。和其他年龄相近、创作上同样有一定成就的作家相比，林斤澜是冷清的。

作者面对着近于无声的反应，并无抱怨而表现出创作上的焦躁。即使有过那么一点，可能也很快消失了。他的作品给我的印象是：作者还是那么一种顽强、执着的追求。这么一股子劲，使得作者在"寂寞"面前显得非常"冷静"，也使得作者的作品还是那么一种味，而且味越来越浓了。

作者有过一篇小说《头像》（《北京文学》1981/7），写了两位美术家：梅大厦和麦通。其中一位是寂寞的雕塑家，一位是唱时调的"画家"。两位亲如兄弟的同学，却是走了两条相反的艺术之道。

梅大厦并不走运，他从事雕塑几十年，住在杂院的破南屋里，像个老泥瓦匠似的，身体衰弱，生活上还是个老光棍……人们似乎并不注意他，他可

---

① 《盆景》，《上海文学》1980年第4期。
② 《盆景》，《上海文学》1980年第4期。

是在寂寞之中，竭尽生命的最后力量，专注于艺术的进取与发展。作者写这位雕塑头像的艺术家，无意之中也为梅大厦雕塑了头像，其中也倾注了林斤澜作为一个作家的生命之泉。

把林斤澜的小说归结为一个"冷"字，不仅是指他小说的艺术特色，同时也反映了作家本人的性格、思想方法和生活态度。

当人们都在热衷于谈论主题、思想、倾向等问题的时候，林斤澜的发言常是爆点"冷门"，爱谈点艺术、艺术规律。我看这不是作者看轻前者，而是反映了作者的思想方法、观察能力的特点——能经常注意容易被人们忽略的问题。

他给人一种印象，似乎更多具有医生的观察能力，医生的不动声色，他的笔就像医生手中的解剖刀。有些作者很喜欢重复契诃夫的《万尼亚舅舅》中阿斯特罗夫医生在谈到教授妻子叶莲娜·安德烈叶夫娜的时候说的一句话："人应当一切都美：容貌、衣服、心灵、思想……"但他们恰恰忘记了，正是这位医生接下来的话就是谈论内在的美比外在的美更为重要，只有内在的美才是真正的美，正是这位医生鞭笞了叶莲娜·安德烈叶夫娜徒有外表的假美。有些作品片面地去写人物的外在的时髦美，在这种"时风"面前，林斤澜始终有着极其冷静且清醒的头脑，他能透过人物并不美的外表，开拓其内心的美。《肋巴条》（《北京文学》1980/8）写的老农民"鼓眼泡，眼珠深藏。……没有丝毫活跃的表情……"；《青石桥》（《上海文学》1981/10）中那几位小客店主人，老的"两眼混沌沌的，原来双目失明了"，中年汉子则"左脚甩甩的残废了"……作者常常把他心爱的人物放在初看并不能提高他们，反倒有损于他们的地位。但正是作者冷静且锐利的艺术眼光接通了他们内心美的电源，使其放射出纯朴的光亮来。

林斤澜的冷静是和他作为一个作家的谦逊精神分不开的。这种谦逊也决定了他笔下的"世界"。他忌讳在自己的作品中激昂慷慨、锋芒毕露和言过其实。他写他熟悉的东西，如他自己所说"我的秉性不合此道"（指戏剧之道），"所写七、八是北京的农村，也有知识分子生活。"[1]

小说《一字师》[2]写"我"重见与自己阔别多年的老师时，吴老师那"笑

---

[1] 《林斤澜小说选》，北京出版社1980年。

[2] 《林斤澜小说选》，北京出版社1980年。

眯眯的，不显得冷淡，可是也不特别热情"，引起了"我"的想法："……
这才想起他的学生这么多，要是和每个人见面时都要使出久别重逢的情分，
岂不是非得掺点假才行？"

这想法，倒是写出了我作为读者对林斤澜的印象：他的作品是真正做到
宁肯淡一点、冷一点，也不掺点假的。这种一贯的创作态度，甚至影响了作
者笔下的形象。

林斤澜描写的人物性格，大都具有遇事冷静、沉思、内向、坚韧、忍耐
的特征，就是处于逆境，也从来没有剧烈的言谈举止。《辘轳井》（《人民
文学》1981/9）中的那个老农民面临着合作化的冒进，安宁的生活被破坏了，
他只流露出那"寒光一闪的一眼"，"两手飘飘地摇摆"，眼睛"怪异的微
笑"；《绝句》（《十月》1980/1）干脆就是写一位知识分子在动乱中，经
受巨大磨难时那种特殊的忍受痛苦的绝招：默不出声做绝句。连同《问号》
《阳台》《记录》这些反映十年动乱的作品，作者描写的知识分子形象，都
是通过外表沉默、寡言来表现出内在的清醒、愤怒和抗议的……通过这些形
象的性格特征，自然地使我们联想到作者，联想到作者的禀赋与气度。

二

林斤澜的小说在描写艺术上的一个显著特征就是"距离"。读他的小说，
不会马上就使你有一种亲近的、舒畅的感觉。作者似乎故意使读者与作品保
持着一定的距离。

在《阳台》这篇小说中有一段描写造反派对教授的审讯，这是在一连串
高压、大棒式审问没有奏效的情况下采用的"攻心战术"。作者先是写那位
教授由"不动声色"到"眼皮弹了一下，复归半睡眠状态"，接着又是"刀
缝眼里，汪汪闪现水光"，又是"坐在那里晃悠起来，含着眼泪晃悠晃悠，
咬着牙关晃悠"；最后是"在椅子上晃悠得像是挣扎，就像有条绳子把他绑
在椅子背上，挣扎着一下子挣开了，一下子蹿了起来，一下子跨出光圈，站
倒灯影里。随着却又老实下来，两手垂直，低头望住地面，一动不动……"。
这里没有对人物内心的心理活动、情绪变化的直接描写，可是教授的内心却
是经历了一场惊心动魄的搏斗。教授也没有一言一语来倾诉自己的内心痛苦、

愤懑和对妻子儿女的深情。作者只是让我们的视线始终专注于一点，看着人物的举止，并通过它来窥视其内心的世界。

我们还可以进一步将刚才对"红点子"教授的描写和大家都比较熟悉的冯骥才创作的《啊》相比较。两者所写的时代背景，人物的身份、处境、遭际，环境的氛围都有很多相似之处，但是在对作品的艺术处理和表现上，是倾向于客观还是主观，是保持一定的距离还是深入其中，是"冷"处理还是"热"处理，却是全然不同的。林斤澜只是选择一个好的角度，找到一个最适宜的地方，通过极其迅速的描写，把这样一个题材准确、简洁地写成几百字的短篇：冯骥才则能细腻、酣畅、淋漓尽致地把类似的题材写成一个中篇。这里我们不必区分两者的高低优劣，却能看出它们在艺术表现上鲜明的不同。像冯骥才这种处理小说的方法，在"伤痕文学""问题小说"盛行的时候是很普遍的，因为它比较容易把人民群众较长时间里受压抑而又急需呼喊出来的心情表达出来。在这样的情况下，林斤澜小说所遇到的"寂寞"是可以理解的。

林斤澜所特有的"自制力"，使得我们在他的作品中，看不出作者任何主观情绪的直接迸发。就是连《肋巴条》《青石桥》这种用第一人称叙述的和《竹》《酒言》这种全部用书信体，酒后醉言写成的小说亦都是如此。从艺术表现上倾向于客观，排斥直接抒发这一点看，林斤澜的小说是"无声的"小说，但作者是真正做到"此地无声胜有声"的。作者所表达的真情实感是那样的含蓄、藏而不露，这也就是为什么读林斤澜的小说，总像品茶一般，要读上几遍才能品出点味来。

说林斤澜的小说是"冷色小说"，这并不是说作者采取旁观的、超然的、冷漠的态度来看待社会现实。恰恰相反，他的作品正是倾注了作者的深厚感情，正如作者在许多场合反复强调过的，艺术规律就是"真情实感"。问题在于作者并没有将自己的主观倾向强加于读者，而只是让读者看到像生活本身一样的客观现实。像鲁迅一样，他写的人物基本上也是农民和知识分子两种类型。在作者的眼中，那些个"早起坐在沙发上撕油饼吃（而那沙发的钢管不知从什么地方来的）"，在那里议论中国农民的"落后、愚昧、野蛮、没有前途……"的清谈家远远要比农民低下得多。《肋巴条》塑造了一个老农民的形象，这是一位貌不出众、外表冰冷的老队长，他虽然不能给人以一见如故、可近可亲的印象。但他在艰难岁月里所默默挑起的一副重担，所献出的一切正显示出"中国脊梁"所特有光辉，给人留下一种实在的感觉。

作者也写知识分子，这和作者的经历是分不开的，特别是知识分子在四害猖獗的年代里的遭际，作者更有着切身的体会。像《问号》（《北京文艺》1979/9）和《绝句》《阳台》这些作品都集中了作者在那段时间里曾经有过的愤懑、痛苦和渴望的种种心情。在这些人物形象里，我国知识分子性格中那种含蓄、隐藏的力量和美，都是作者几十年走过的创作道路所追求的。

当然，比较1966年以前，林斤澜近几年的创作确实是"冷"多了。我们读以前的作品，处处能从中体验出作者的喜悦的心情，特别是像《赶摆》这样的作品，专注描写一种"快乐之中，又有点不安，稍稍让人起急"的情绪。这种情绪在作者近几年的创作中确实不见了。这种变化究竟是因为作者随着年岁的增长，风格日益趋于"冷峻"呢；还是由于特定历史生活的巨大动荡将更多的不快乐、痛苦的一面呈现给了作者呢？应该说两者是兼而有之的。

林斤澜的全部创作反映出，他在美学追求上的一个重要特点，就是善于从"冷"中找出"热"来，找出不为人所注意的、日常的甚至容易被人忽略的美。林斤澜小说的"冷"之所以美，正是因为"它"作为"冷"，而发出经久的"光热"来。他的小说，并非冷酷无情的，而是"像秋天的太阳一样，以无情的光亮给人带来寒气中的温暖"。

三

林斤澜总能在短篇的格局里，容纳极为广阔的内涵。几十年的变化，两代人的相承，几代人的变迁。但在运用短篇的结构艺术上自有独到之处。他构思谋篇，不管内容如何开阔，时间经历如何漫长，总能精心选择一个最漂亮的场面，并将它写得极有光彩，而其余则熔于一炉。像《竹》中那片竹林、《青石桥》那小店、《膏药医生》（《十月》1979/2）那电视屏幕、《辘轳井》那一亩菜地……作者曾在一次谈苏州园林观赏时讲道：选择游廊这个最好的一角，"从这里往园子里看，山石、树林、亭台相互掩映，层次最多，变化最巧"。选择最适宜的亭子或花厅，"可以看见园子的全貌"。[①] 这不正道出了林斤澜小说结构艺术的好处吗？

---

① 《笔谈会》，《钟山》1980年第1期。

　　林斤澜的艺术风格是独特的，但他并不是一位为风格而去斧凿生活的工匠；相反，他是一位忠实于生活，对创作抱有真情实感的作家。他作品的数量虽不能算多，但形式是极其多样的。他的小说总是从内容出发选择最适宜表达自己感情的形式，我们甚至很难将他的小说形式归类。作者又极善于给不同形式的小说制造一种寂静的气氛。作者曾在《拳头》中有过一段对于桃园的描写。他神往那"小枝好像一支支搭在弓上的箭，松一松手，立刻就会暴雨般射出去了"的神态；他也神往那"大枝小枝上的花芽"，像"一粒粒说开花就开花的弹药"的境界。作者认为这桃园寂静的美正是表现出"又严峻又饱满，仿佛粮富弹足，整装待发，静候一声号令的刹那间"。这种静态是飞动前的一刹那，这刹那间所蕴含着的美质也可以说是构成林斤澜小说"冷色"的一个因素，是林斤澜小说独具的神韵。这样一种静态甚至给读者也是一种强烈的制约，要读林斤澜的小说，读者似乎要忘却其他的东西，全神贯注才行。

　　曾有人预言：待若干年后人们冷静地回过头来，重新评价这段文学史时，林斤澜的小说将会受到重视。这有点"浪漫主义"。可林斤澜并不是预言家，他写小说是立足于现实的，他的作品也是努力反映现实生活的。这一点与作者独特的风格同样重要。甚至更重要。他的不多的小说，虽不是长篇史诗巨著，但是我们社会主义祖国所走过的每一段历程在他的创作中都有所反映，不论是胜利还是曲折，作者总是努力去反映的。这也是作者创造自己独特风格取之不尽的源泉。但如同生活本身不可能尽善尽美一样，我们反复读林斤澜的小说，就不能不感觉到，作者在创作上过分追求"客观"，多少使作品的调子显得冷涩。这可能是作者独特风格所带来的限制，我们甚至不能轻易地写上一句："这是不难改变的"。

　　老作家孙犁在谈到林斤澜小说创作时曾这样写道："他的作品，如果放在大观园里，它不是怡红院，更不是梨香院，而是栊翠庵，有点冷冷清清的味道，但这里确确实实储藏了不少真正的艺术品。"这大概是对林斤澜创作特色的最中肯的评价了。

（原载《上海文学》1982 年第 6 期）

"沉思的老树的精灵"
——林斤澜近年小说初探

黄子平

> ……也还有少数真正的艺术家，飞翔在高天之下，波涛之上。只守着真情实感，只用自己的嗓音歌唱。波涛狂暴时，那样的声音当然淹没了。间隙时，随波逐流的去远了，那声音却老是清亮，叫人暗暗警觉出来，欢腾的欢腾的生命力。
>
> ——《林斤澜小说选·前记》

在当代作家中，再没有一个比林斤澜更让评论界既困惑又着迷的了。早在 60 年代初，他的小说就以独特的成熟的风格，引起过人们褒贬不一的争论。中断写作 12 年之后，近年来他写了三十余篇短篇小说，一篇一篇的有味儿，一篇一篇的让人捉摸不透。把他"前后分作两截的作品，放在一起来看，可真是两截呀，有着明显的变化"①。这一批数量、质量都相当可观的作品（在与他同年龄的作家中是首屈一指的），似乎没有引起应有的重视。思想的深邃和独到，艺术探索的多样和奇特，这一切成就几乎都是在评论界小心翼翼的沉默中取得的。打破沉默的评论家（往往是最有见地的），对他的作品却读得不细，论述是印象式的，学术性不强。林斤澜寂寞地，以惊人的耐心开辟着一条荆棘丛生的路。喜爱他的作品的人，也以同样惊人的耐心寄希望于未来。"时间，将助他一臂之力！"②"待若干年后人们冷静地回过头来，重新评价这段文学史时，林斤澜的小说将会受到重视。"③是的，相信时间的公正的人，都具有双重的信心——对于社会审美水平的发展，对于作品本身的艺术生命力。用林斤澜自己的话说："这好。这豁亮。这有浪漫主义的气息。"④

然而林斤澜是为现时代写作的作家。他的小说不仅取材于当代现实生活，

---

① 《山村寄语——代序言》，《〈北京文学〉短篇小说选 1980》。
② 《时间，将助他一臂之力》，《〈文学评论〉丛刊》第十辑。
③ 《此地无声胜有声》，《上海文学》1982 年第 6 期。
④ 《林斤澜小说选·前记》。

贴近着现实生活，而且熔铸了与同时代人相通的真情实感。说到底，他那独特的艺术风格，也不完全是由作家本人的主观体验决定的，仍然是此时此地现实生活的产物。对于真正的作家，新形式只能是新的生活内容的必然结果。因此，一个扎根于现实生活的作家，他的艺术独特性是不容漠视的。如果同时代人不能阐明这一独特性，那就不仅表明，某种理解生活的角度、方式被忽略，同时也说明，进入作家独特的艺术视野的这一部分现实，却是我们的盲点。时间会给有生命力的艺术品以应有的报偿，时间却不会原谅买椟还珠，错失良机的人，他们不善于及时地珍视寂寞的探索者的劳动，把成败得失的点滴经验吸收到同时代人的文学发展中来。

他能等待，我们能么？

真情实感中提炼出来的魂儿

林斤澜是一个极其尊重艺术规律，不倦探讨艺术规律的作家。在一次讨论青年作家的小说的座谈会上，他说："艺术的内部规律中要有一个魂儿，这个魂是什么呢？我请教过很多老前辈，有一次我请教一位教授，他讲了一句话：叫真情实感。……真情实感是内部规律中的魂，真情实感是从你的社会生活里来的，也是从你的政治生活里感受到的，它又是内部规律联系外部规律的东西。……一切的结构，一切的语言，我们都是为了表现由真情实感提炼出来的魂。光有真情实感，没有提炼，就会焦点模糊。焦点两个字，我是从托尔斯泰那里搬来的。他说艺术作品中最重要的东西，是应当有一个焦点。又说所有的光集中在这一点上，或者从这一点射出去。又说这个焦点不可以用言语完全表达出来。它们完整的内容只能由艺术作品本身表现出来。"①

这段话很关键。对于我们理解林斤澜的创作实践，有方法论意义上的重要性。首先，我们必须通过细心捉摸作家的每一篇小说，从总体上有机地把握他的全部作品，去找到他从真情实感中提炼出来的"魂"，那个最重要的焦点。其次，我们又不可满足于这个抽象出来的"魂"，还要按照马克思的"从抽象上升到具体"的方法，考察这个"魂"是怎样渗透到他的选材、结构、人物、情节和语言中去的。同时，我们又不可过于生硬地坚执这个抽象的"魂"，

---

① 《小说构思随想（之二）》，《北京文学》1981 年第 3 期。

去肢解作品的艺术整体，使它的丰富性具体性化为简单的概念，片面的规定。

这里涉及了近年来争论不休的一个问题：文学创作中的"主题"。争论不休的原因在于我们多多少少都把艺术创造的复杂过程简单化了。反映本质就得把偶然性冲洗得一干二净，为了主题鲜明就让每一个细节都成为它的对应符号，反对概念化就提倡无主题，强调形象思维就排除理性，"主题先行"还是"生活先行"竟也成了问题，仿佛创作过程可以从作家的生活实践中毫不粘连地剥离出来，仿佛主题的酝酿和成熟不是贯穿于生活和创作的无尽环节之中。"主题"这个术语被我们弄得如此枯燥，如此僵硬，因此林斤澜用"魂儿"这个词，就亲切，水灵，有生气，是有血有肉的整体里跳动着、喧嚷着的东西了。林斤澜把这个"魂"又叫作小说的"内里面"的东西，"有没有'内里面'，就分出了高低"。而这个"内里面"，是从生活的"内里面"来的，是扎在生活里，含辛茹苦，蒸酒酿蜜得来的，决不能"凭空而来"、"传染而来"、"偷盗而来"、"耳提面命而来"①。他强调了"魂"所必备的两个特点：它应是作家自己的、独特的；它应是从生活中来的。

真情实感怎样提炼出一个魂儿呢？林斤澜举契诃夫为例："契诃夫对当时小市民的生活有很多真情实感，他把它提炼到一块时就是庸俗。有人说他的小说主题都反庸俗，反庸俗就是他小说的'魂'"②。我们必须把他提到的这个例子放到更广阔的背景下来理解。高尔基在谈到十九世纪的俄罗斯文学时讲过："在俄国，每个作家都真是独树了一帜，可是有一种倔强的志向把他们团结起来，——那就是去认识、体会和猜测祖国的前途、人民的命运，以及祖国在世界上的使命。"因此，他认为，俄罗斯文学最可宝贵的主题是在于提出了"怎么办？"以及"谁之罪？"这一类重大的问题。作家的总主题总是在一时代民族的总主题制约下展开的，这一点具有普遍意义。我认为"五四"以来六十年的中国现当代文学，它的总主题是"中国向何处去？"。每一个作家自己的总主题都是在这一时代的总主题制约下展开的。其中十年浩劫是烙在中国人民心灵深处，至今仍在现实生活中起作用的一段历史。经磨历劫的人们对我们的民族性格、社会心理、国家前途、人民命运，认识都在深化。对于"文化大革命"后从事写作的作家，无论他写的是什么题材，

---

① 《山村寄语——代序言》，《〈北京文学〉短篇小说选 1980》。
② 《小说构思随想（之二）》，《北京文学》1981 年第 3 期。

他对这一段历史的理解都必然影响他的全部创作，从思想内容到艺术风格，都将由于这一体验的深刻与否，独到与否，而分出高低。

林斤澜近年小说中，有一半是写十年浩劫中知识分子和农民的生活的。其余作品，或者历史跨度更大一些，写到了战争年代，或者只写这几年的现实生活，也无不与作家对浩劫的思考熔铸在一起。他说："浩劫过去以后，我算算日子，整整十二年没有写作了。重理旧业，不光是生疏，还觉得堵塞。仿佛有些沉重的东西，搬也搬不走，烧化又烧化不掉。"[1] 我觉得，这些"沉重的东西"，正是使作家的艺术风格发生极大变异的原因。重要的是，他从这些沉重的东西里，提炼出什么样的"魂儿"呢？

在本节开头所引的那次谈话里，林斤澜讲道："有位前辈作家说，'文化大革命'感受很多，要写好，得先提炼出一个意念（和这里说的魂差不多吧），他提炼的结果是一个字——'变'，有人把十年浩劫的感受提炼为'疯狂'。"[2] 我们不妨大胆揣测，他所说的"有人"，就是林斤澜本人。

有作品为证。题为《神经病》《邪魔》这样的小说不用说了。《卷柏》写了一个精神病顽症病人。《肋巴条》里老队长的老伴在那年月里气疯了。《阳台》《一字师》的主人公都有着不合时宜的怪癖。《腾身》里的老太太动辄发神经。《记录》的结尾是这么两句："建议：送精神病院检查。医生提问：谁是病号呀？"林斤澜围绕着这么个独到的"魂儿"，写了一系列的小说。真好像他笔下那个《肋巴条》里的老队长，当人们问起他的老伴的病怎么得的，他冷静地，简简单单地答道："感冒。"

> ……"感冒"两个字，是他沙里淘金般淘出来，又经过千锤百炼，这是精华。他再不给多添一点废物，也不给减掉一点光彩。只是变着法儿，对付不同的惊讶疑问，一会儿是一叠连声：
>
> "感冒感冒感冒……"
>
> 或是拉长语尾：
>
> "感冒——。"
>
> 也有一字一顿的时候：

---

[1] 《两个再认识》，《人民文学》1982 年第 5 期。

[2] 《小说构思随想（之二）》，《北京文学》1981 年第 3 期。

"感，冒。"

"疯狂"主题在林斤澜笔下，以冷峻、严厉、深沉、尖刻、嘲讽、诡奇的笔调，得到了反复多样、丰富具体的变奏，写出那个颠三倒四的年代里，可悲可怕可笑的疯狂气息，塑造出一批"很不正常的生活里，活出来的很正常的人"。林斤澜不写悲欢离合，哀婉感伤，却专注于发掘表面冻结了的心灵深处，生命与人性的尊严，自由与责任的分量。他不写血淋淋的专横残暴，阴险毒辣，却勾勒带疯狂气息的思想、理论和举动，揭示其必然灭亡的历史特征。

这是思考的文学，有着与当代文学相通的思考和理性的特征。这个深刻独到的"魂"，使他的思考具有独树一帜的光彩。他不像刘心武那样夹叙夹议，呼唤着给被污染的灵魂金色的"立体交叉桥"；他也不像王蒙那样，裹着大量的回忆、俏皮话和新鲜感受的生活之流，咏唱失而复得的新中国的青春。他的思考完全渗透到艺术形式里去了，产生了一系列艺术变形的特点：奇特夸张的人物形象，突兀跌宕的情节，客观、冷静、非严格写实的手法，浓缩到了不能再浓缩的结构，简洁冷峻的白描语言，甚至某些细节的不真实和非逻辑性。这一切都是为了把那些沉重的东西，"搬也搬不走，烧化又烧化不掉"的东西，搁到读者心里去。让同时代人都来咀嚼民族的苦果，思索时代的总主题。

正是在这一点上，林斤澜的小说接通了中国现代文学的伟大源头之鲁迅的《狂人日记》。鲁迅，作为中国文学史上崛起的高峰，他的光辉照耀着半个多世纪以来中国新文学的发展。我们读高晓声时想到《阿Q正传》，读张洁时想到《伤逝》，读湖南作家群时想起了《故乡》《风波》，读王蒙时想起了鲁迅的杂文。鲁迅开辟了中国现代小说的多种源头，无论主题的延续，人物典型的积累，艺术样式的丰富，风格的熏陶，都可以在他那里找到永不衰竭的生命之泉。而《狂人日记》，则是对古老中国发出的第一声彻底的不妥协的抗议，那"忧愤深广"的声音透过六十年烟云仍响在我们耳边。鲁迅一气儿写了三个各具特色的神经病：《狂人日记》里的狂人，《长明灯》里的疯子，《白光》里的陈士成。他对这一特殊性质的艺术形象的关注，不能仅仅用先生精深的病理学知识和对俄罗斯文学（果戈理，安特莱夫）的爱好来解释。这只能是鲁迅对中国社会历史独到深邃的理解和洞察的产物。"狂人"主题在现当代文学史上的延续演变是一个很大的题目，这里只需指出如下一点也就够了：如果说，鲁迅经过了辛亥革命的失败深刻体验了中国封建主义的顽强性，那么，经过十年浩劫的当代人，更体验到了这一顽强性的可怕！这一体验从内容形式两方面都得到了深化。因此，林斤澜的小说不仅师承了先生忧愤深广的思想主题，而且从艺术上延续了"表现的深切和格式的特别"，也就是顺理成章的了。

很不正常的生活里，活出来的很正常的人

人物形象往往是作家思想艺术的结晶。林斤澜笔下的人物大都有着几分奇特。不是像铁铸一般冷静而沉默，就是飘飘摆摆，眼睛闪着怪异的微笑。倘若我们以为从"疯狂"主题出发，作家写的必然都是狂人，那就大错特错。恰恰相反，林斤澜笔下的主人公大都是很清醒的正常人（《卷柏》除外，这一篇在后边还要谈及）。一个中学语文教师，对错别字有职业性的敏感，看见了就一定要改过来。这是再正常不过了。可是他改到革命小将的大字报上去了，于是被当场揪住（《一字师》）。一位历史学教授，念念不忘他那本未完稿的关于反法西斯的书，并且积极申请入党。这也正常得很。然而这一切都发生在"牛棚"里，怎不令人大为错愕（《阳台》）。一个翻译工作者会好几国外语，经常口中念念有词，手下书空划字，也是正常现象，可是在干校里就被视为神经病（《神经病》）。一位歌唱家，忘情地唱出那动人的旋律"啊——啊——啊"，不会有人认为反常。可这事发生在挂着黑牌听候批斗的当儿，就未免让人感到不对劲（《微笑》）。显然，不对劲的是那个年月，疯狂的是那个时代！林斤澜在这里仿佛只用了最简单的艺术手法——人物和环境的强烈对比，就达到了一种震撼性的艺术效果。

细捉摸，就不那么简单。人和环境的不协调，可以是人不正常，也可以是环境不正常。一般的心理，认为环境是死的，人是活的，人不能适应环境是自个儿出了错。用《阳台》里的话说，是"不合身份，不合时宜，不知好歹，不知死活"。不少读者觉得林斤澜的人物不太真实，原因就在这里。有一位老师说："看见学生的大字报错字连篇，自然很痛心，但那时决不会去改它

的。"这也不无道理。这就用得着作家提炼的那个"魂"了，否则我们无法理解他的匠心所在。在那不正常的年月里，可以挨批挨斗挨打，受尽各种各样的折磨，却有一种禀性，一样品格，一种信念像真金火烧不化，永难磨灭，不屈不挠。那必定是一种非常强烈，非常固执，与生命熔铸在一起的东西。林斤澜把它提炼出来，作为人物性格中的主导特征，加以夸张、廓大、渲染，以至成为一种怪癖，一种无意识的举动，一种永恒不变的品性。这就是林斤澜小说人物中最具"林斤澜特色"的东西。

但是这样写要冒双重风险。首先，环境与人物的不协调，很可能破坏其中之一的真实感。倘人物是真实的，环境就像插在人物背后的风景画片。倘环境是真实的，人物就像皮影戏。显然，十年浩劫记忆犹新，作家略略几笔就能勾出真实的环境气氛，于是人物的真实性就很可怀疑了。其次，夸大人物性格的主要特征，是写实小说的大忌。有一个现成的贬词叫作"类型化"。这种人物表现一种单一的思想或品质，在小说里从头到尾其性格是不发展的，一出场我们就认得他们，合上书他们也跑不掉。

正是在这里，表现了作家"一意孤行"的艺术胆识。

首先，林斤澜坚持他的人物是正常人，这从他对"神经病"这一称呼所采取的嘲讽口吻就可以知道。我们也同意，并且争辩说："如果是在正常的年月里……"作家会打断我们说，在他看来，正常的就是真实的。在不正常里活出来的正常，比我们通常理解的真实还要真实，是深一层的真实。既然如此，那个很不正常的环境就不真实，从长远来看，只是一场疯疯癫癫的噩梦罢了。

其次，林斤澜正是要写出瞬息万变的政治风云里始终不变的品格，突出那一点貌似平常却是民族性格里永难磨灭的可贵之处。为了强调这一点，他笔下的人物甚至连外貌也几十年没有丝毫的改变。《一字师》里，语文老师吴白亭，几十年都是那么个小老头，胖胖的白里透红的指头，点到错字上，落下星星点点的粉笔灰。《肋巴条》里的老队长，"他脸上一道道皱纹，横的竖的能连成圈儿，一圈一圈好像那叫作'螺丝转儿'的烧饼。多少年来就是这个样子，仿佛十五岁上就这样，现在五十了也还这样，他没少也没老"，这些人物使我们想起大地上的山峰，铁铸一般沉默、坚定，多少风雨过去了，还是耸立着，"天欲堕，赖以拄其间"。这就是中国的知识分子，中国的农民，中国默默无闻的脊梁。

再次，由于正常的人物与不正常的环境之间的这种微妙的对比，人物单一的性格特征也呈现某种复杂性，显示了"正常中的不正常"和"不正常中的正常"。像《阳台》里的"红点子"教授："他不但眼神，连身上都有一种奇异的光彩，……断不定是疯狂的邪光，还是创造发明的光芒。这两样好像是有不容易区别的时候，试看弹钢琴的，弹到手舞足蹈的刹那间……""要说红点子的神经是正常的，怎么连几岁的小学生都不如？有专政队里发展党员的吗？要说他的神经是不正常的，他怎么不胡说别的呢？"这就使得人物性格多了一层因素，微微隆起，向立体化过渡了。

真正的艺术家从来不照着"文学概论"写作。他们往往"冲破一切传统思想和手法"，自铸伟辞。我们最常犯的错误之一就是，完全忽视短篇小说这一体裁的艺术特性，把主要是根据长篇小说创作实践归纳出来的艺术准则，变成一种"学究式的尺度"，来硬套在短篇小说上。短篇小说可以完全不描写环境。人物必须鲜明有力，一出场就抓住读者，却不一定要展开他的性格。即使是长篇小说里，有许多"类型化"的人物，如狄更斯的匹克威克，《三国演义》里的莽张飞，也一直活在世代相传的人们脑海里。这种经过夸张、渲染的性格，能包含的内容比一般批评家所想象的要丰富，其生命力也不比那些离开了他的环境、出身和成长的全部细节就说不清的复杂性格弱。林斤澜笔下的人物，鲜明有力，易记，但又大都具有冷静、寡言、深沉、内向、坚韧的特征。这种性格不那么表面化，不那么单一。作家又用自己强大的思想力量和感情力量使他们"抖动"起来，使你并不发觉他们的"单薄"。但是，这种经过夸张的、不发展的性格，必须是喜剧性人物才是最成功的。如果是正剧或悲剧性人物，每次上场都高喊"我要复仇"或"我痛苦死了"，读者就受不了。这就是《一字师》里的吴白亭比《阳台》里的红点子更可亲可信的缘故。

这里论及的只是与林斤澜的那个"魂儿"有最直接关系的那些人物形象，远远不能概括他的小说人物的全部丰富性。为了把握线索，我们必须同时看到许许多多线索以外的东西，但是在叙述时只能专注于与线索有关的部分。以上我们论述了作家独到深邃的"魂"渗透到人物形象时产生的特点，这就接触到了林斤澜最重要的艺术手法——艺术变形的规律。

我自己的东西不完全那么写实

人物性格的夸张是一种艺术变形，它的生命在于真实。既是客观真实的扩大，同时也是主观真实（真情实感）的灌注。从根本上说，等同于生活真实的艺术是不存在的。艺术（广义地说）就是变形。用文字来固定"流动着的现实"就是一种变形。用短篇小说的有限篇幅来"舀取"广阔的生活之流就是一种变形。但是我们这里讲的是狭义的、与"写实"相对而言的艺术变形，包括夸张、扭曲、抽象、幻化、写意等等艺术技巧和手法，可以在中国古典画论和戏曲表现中找到它们的美学渊源。如果我们不认为文学只是现实的抄袭，就应该重视艺术变形的规律。因为作家的艺术个性和艺术创造的主观能动性，作家的思想感情力量和主观倾向，无不与这一规律有关。而自觉地运用艺术变形规律的作家，更能达到现实生活内在的真实。

林斤澜的《头像》（获 1981 年全国优秀短篇小说奖）对于研究者来说是一篇很值得重视的小说。他写了一个默默无闻的雕塑家梅大厦，住在大杂院上，像个老泥瓦匠，生活上还是个老光棍，身衰体弱却有一双"皮肤紧绷，肌肉鼓胀，伸缩灵活的年轻的手"。这双年轻的手在寂寞中固执地追求着艺术的创造。"在着力民族传统之后，追求了现代表现之后，探索着一个新的境界。"林斤澜精心描绘了梅大厦创作的一个木雕头像：

> 这是一块黄杨树顶，上尖下圆。留着原树皮，只上尖下圆地开出一张脸来。原树皮就像头发，也可以说是头巾从额上分两边披散下来。这脸是少妇型的长脸。……那比例是不写实的。头发或者头巾下边露出来的尖尖脑门，占全脸的三分之一。弯弯的眉毛，从眉毛到下边的眼睛，竟有一个鼻子的长度。我的天，这么长这么长的眼皮呀。眼睛是半闭的。这以下是写实的端正的鼻子，写实的紧闭的嘴唇。这是一个沉思的面容。没有这样的脑门和这样长长的眼皮，仿佛思索盘旋不开。森林里常有苍老的大树，重重叠叠的枝叶挂下来，伞盖一般笼罩下来，老树笼罩在沉思之中。这个少妇头像，是沉思的老树的精灵。

　　这个头像如果不能概括林斤澜自己全部作品的艺术特征，也相当凝练地表达了他所刻意追求的艺术境界。作品的"内里面"的东西，生活的底蕴，作家的匠心独运，不在写实的鼻子和写实的嘴唇那儿，而在那长长的眼皮，那半闭的眼睛，在那长长的眼皮的后面。你不由得相信，这沉思的眼皮一抬起来，就会"好像打个电闪，真伪好丑立刻分明……"。而所有那些非写实的部分，都建立在写实的基础上。如果说纯熟精到的写实部分构成了有生活实感的基本层次，那么非写实的部分就凸出了作品的思想层次或哲学层次。

　　小小说《卷柏》篇幅最短，结构也相当单纯，最能说明上述特点。写的是一个顽症精神病人，含冤坐了十年牢的厨师。在医院里，经常蹲在墙根里，屈膝贴胸，下颏搁在膝盖上，双手放在脚面上，一言不发。这一症状的描写具有病理学意义上的严格真实。这是所谓"胎儿姿态"，是一种对外界一切都持警惕的自我保护姿态，是精神病里的危症。作家却从这里生发出一个寓意，一个象征："我是卷柏"。卷柏是厨师家乡山岩上的一种蕨类植物，在大旱之年蜷曲着灰蓬蓬的叶子，待到有了水分，便又舒枝展叶，活过来了。人变卷柏，卷柏变人。这里与卡夫卡《变形记》里小资产阶级卑微恐惧的心理异化不同，歌颂的是顽强的生命力。着眼点不仅在控诉封建法西斯造成的人性异化，而且在探索正常人性复归的现实可能性。以实出虚，化实为虚，虚实相生。多了一个象征的层次，便大大加深了作品的思想容量。这种手法运用得好，比平庸的写实更能鲜明有力地说明内在的真实。在《斩凌剑》里，卢沟桥的十一个桥墩也构成一个象征，却由于虚大于实，没有取得应有的效果。

　　艺术的变形，常常带某种必要的抽象。无论小说家如何标榜作品直接符合生活真实，他也不可能把繁复的生活拖泥带水地移到纸面。他必须剪裁、删除、选择、集中。文学概论告诉我们这是形象思维的典型概括过程，不同于逻辑思维的抽象。在这种典型概括中，艺术家对事物的普遍本质的认识是与对事物的丰富个性特征的直接把握联系在一起的，忌讳任何苍白、稀薄的抽象化思考。然而，有时候，在保持所有这些鲜枝嫩叶的生动性的同时，却有必要来一点去除水分的蒸馏，一点艺术的抽象，取共性而撇去任何个性。例如《阳台》的开头，讲到为迫害红点子教授卖过力气的人有十来个，但多数是好人。"真把张三李四一个个写上去，那多不合适。就写一个我吧，打人是我，骂人是我，折磨人是我，种种坏事，都是我干的得了。可巧有的坏事，一个人三头六臂也拿不下来，这可怎么办？索性写'又一个我'，'另外一个我'，'两三个我'，'十几个我'。"地点呢？"还是商量商量，先不提南方北方好不好？不说是学校还是机关怎么样？"就像《阿Q正传》开头那貌似"开心话"却大有深意的"考证"，最后只剩下一个"阿"字准确无误，这里唯有小说的主角，红点子教授决不含糊。

在这里把张三李四等等抽象为"十几个我"，把具体地点也一概略去，就把特定的"这一个"，变成了具有普遍性的"一般"。艺术的抽象把人物和情节从特定的地点和狭窄的"真实"里解放出来，使红点子的遭遇带有几分那一年代里所有正直的知识分子普遍的性质。同样，在《记录》里，时间、地点、肖像描写、动作都全部略去了，只剩下一个无名无姓、盛气凌人、愚昧狂妄的审问者，和一个名叫曾一同的受审问的知识分子。这一可悲可笑可怖的审问就超越了具体的时空，而获得了更加广泛的真实性。在《神经病》里作家用张三李四王五来命名他的人物，也是有同样的用意的。

林斤澜说："我自己的东西不完全那么写实，但我喜欢写实主义的写法。"[①]岂止是喜欢而已，林斤澜能够纯熟地写出严格的写实主义小说，像《膏药医生》《开锅饼》《头像》《肋巴条》都塑造了栩栩如生的有个性的人物。有过素描写生的严格训练的画家，画起写意画来也许更能挥洒自如。非写实的成分也是建立在坚实的基石上，是现实生活的升华、结晶，并不显得虚玄、缥缈、神秘。即使像《火葬场的哥们》这样的情节离奇的"口头文学"，林斤澜也能点铁成金，通过特定环境中人物性格、心理的逻辑，铺垫得合情合理，有根有据。因而艺术变形是为了追求艺术真实，内在的真实，是符合作家严峻的现实主义精神的。

与此相关的是作品中的主观客观问题。老作家孙犁在《读作品记》里写道："在谈话时，斤澜曾提出创作时，是倾向客观呢，还是倾向主观？当时我贸然回答，两者是统一的。看过他一些作品，我了解到斤澜是要求倾向客观的，他有意排除作品中的作家主观倾向。他愿意如实地、客观地把生活细节展露在读者面前，甚至作品中的一些关键问题，也要留给读者去自己理解，自己

---

① 《小说构思随想（之二）》，《北京文学》1981 年第 3 期。

回答。"① 表面看来，林斤澜是一个冷静的、不动声色的作家，他的笔更像医生的解剖刀。其实，他的主观倾向相当强烈，只不过是用冰一般的冷峻包裹着罢了。这一倾向不是通过直抒胸臆，而更多的是从选材、夸张、集中——艺术变形中表现出来。艺术家是一面凸透镜，事物比例的变形标明了他的"折射角度"——他的主观倾向。这一倾向直接的"可见因素"就在于他的语言风格，他的"语气"。

作品的"语气"表明作家对笔下人物、事件、气氛的评价，标出作家与作品之间的距离，同时也就确定着读者与作品之间的距离。林斤澜以冷峻、嘲讽、诡奇的笔调，有意使读者与作品保持一定的距离。他希望读者以挑剔的，紧张思索的目光，注视他笔下展开的一切。小说里所讲的，读者也完全应该参加进来，用自己的想象加以补充，改造、重新组合。就像《膏药医生》里听故事的青年人那样，不必执着于"非是非不是"。林斤澜的嘲讽语气又是他对历史的理性思索的产物，是对疯狂和荒诞的蔑视。无论《法币》里的反语，《问号》里的冷嘲，《神经病》里的幽默，都蕴含相当深刻的思想力量。虽然林斤澜说，"这一段生活甜酸苦辣咸——五味俱全，也因此给描写带来了困难，好比这五味，以哪一味为主呢？不好调配"，但他还是着力去写出五味俱全中那难得的"酸甜酸甜味儿"②。因此，他的小说，冷峻中有暖色，压抑中有力量感，经看，耐嚼。

小说原是有各种各样的

林斤澜小说的独特风格，他的艺术追求和创新，产生于对"图解文学"的深刻反思和再认识之中。

"图解文学"是违反艺术规律的产物，是经济主观主义和哲学唯意志论在文学上的对应物。早在 50 年代，林斤澜就记取一位前辈作家的告诫，晓得"他们那时搞写作，是从生活中自己去摸索、分析，评价才得出结论的。……只有你从生活中找到了最感动你的东西，才能表达出你对生活的感受，对人

---

① 《读作品记》，《北京文学》1981 年第 2 期。

② 《神经病》，《北方文学》1979 年第 11 期。

生、对社会的看法"①。十年浩劫过后，他又语重心长，多次讲道："我们又往往不容易摆脱'图解'二字，图解思想，图解主题，图解政策，图解工作过程，图解长官意志……"② 到了 1980 年，他在积极深入农村生活，写他熟悉的农村题材的同时，又不无先见之明地提醒人们注意："'图解'这位神通，可不可以唤它回来？""我们这些人以往在这上头走的冤枉路多了，吃的亏大了，不免多操一份心，怕它唤之即来，挥之不去。实际在有些地方，它现在也还直撅撅地戳着呢。"③

在当代作家中，像林斤澜这样郑重、严肃地总结"图解文学"的全部教训，对之保持高度警惕的，恐怕还不多。事实证明林斤澜的担心并不是多余的。可以说，摆脱"图解文学"，是社会主义文学在现实主义道路上发展的必要前提。"图解文学"的根本要害，在于作家没有自己的"魂儿"。它带来艺术内容的苍白和抽象。它更带来对短篇小说艺术形式的直接危害：由于素材缺乏内在联系，结构必然松散无力；人物是政策条令的化身，人物关系既臃肿又单调；情节被冗长的过程取代，细节则琐碎地组成一幅黯淡的画面。多年来人们对于"短篇不短"的责备，对于公式化概念化的不满，只能是"图解文学"的直接后果。

回顾林斤澜写于五六十年代，至今还有生命力的那些成功之作，再考察他近年来的艺术探索，他对"图解文学"再认识的意义就更清楚了。与"图解文学"的千篇一律相反，林斤澜的小说几乎一篇有一篇的形式，我们很难将他的小说形式归类。他的小说总是从内容出发选择最适宜表现自己感情的形式。在这里，我们涉及了一个至今极少为人们所注意的题目，即短篇小说艺术形式在中国现当代文学史上的发展。在本文范围内我们不能对此做出哪怕很有限的说明，我想仅仅指出这样一点：林斤澜小说艺术探索的一方面意义，就在于延续了鲁迅所开辟的现代小说绚烂多彩的艺术道路，探求多种多样的途径，以发挥短篇小说的艺术特长，来容纳日趋复杂多变的当代现实。

我们知道，短篇小说在西方是史诗和戏剧等宏大形式之后才兴起的体裁，在中国却是长篇小说等宏大形式的先驱。中国古典的长篇小说一直保留着"短篇连缀"式的结构，短篇小说则一直延续着有头有尾讲故事的程式。现代意

① 《漫谈小说创作》，《芙蓉》1981 年第 1 期。
② 《短简》，《北京文艺》1979 年第 4 期。
③ 《送下乡》，《文艺报》1980 年第 5 期。

义上的短篇小说起于并成熟于鲁迅的《呐喊》《彷徨》。鲁迅的二十余篇小说，几乎每一篇都创造了一个新形式。如此短制，却能表现如此深刻的思想内容，容纳如此广阔的时代画面，又无不具有完整、和谐、统一的形式美。中国古典的短篇小说的美学形式解体了。在鲁迅那里，有的是横断面，有的是纵切面，有的只是一个场景。有的多用对话，有的近乎速写。有的采用由主人公自述的日记、手记体，有的采用由见证人回述的第一人称。有的则用作者客观描绘的第一人称。有的抒情味极浓，有的却是强烈的讽刺。有的专析心理，有的带明显的思辨色彩。写实为主，又兼容浪漫和象征手法。

当今作家的任务不仅在于复苏鲁迅的多样化的现实主义传统。就短篇小说而言，它的作者正经受着越来越严峻的考验。相对凝练单纯的体裁与繁复庞杂的现实之间，存在越来越尖锐的矛盾。在浩劫过后从事写作的新老作家，他们对生活的整体性认识尚未达到长篇小说所能容纳的高度，而巨大的历史内容和丰富的心理内容，用短篇小说来驾驭又有极大的难度。这就产生了两种趋向：一种是中篇小说的崛起，一种是短篇小说的"置之死地而后生"。固守短篇小说的陈旧程式，就要冒把新的生活内容陈旧化、简单化的危险。为新的生活内容寻找适合作家艺术个性的新形式，就必须冒失败的风险，顽强地探索前进。由此产生了短篇小说领域内颇具规模的"风格搏斗"。王蒙是能够写"典型的"短篇小说的作家，50年代的《冬雨》，复出之后的《最宝贵的》，都是短小精练的佳作。但是在这场"风格搏斗"中，他却另辟蹊径，倾向于写"那种虽写断面，却能纵横挥洒，尽情铺染，刻画入微的长而不冗，长得'过瘾'，长得有分量的'长短篇'"[①]。他的探索取得了一定的成功。林斤澜坚持的却是另一条，也许是难度更大，成功的"保险系数"更小的道路。那就是，在剪裁提炼当代现实、容纳更多的历史内容、心理内容的同时，坚守短篇小说简洁有力的艺术风格。

简洁，是林斤澜艺术风格中最基本的要素，又是他三十年小说创作中贯穿始终的风格特点，更是他立足于民族传统来吸收现代表现的一个标记。在本文前几节中，我们已经看到这一要素在主题锤炼、人物刻画、环境描写、表现手法等方面所起的作用，一种熔铸性作用：凝练到可用一个词概括却又无法用文字说尽的主题；用写意的白描手法夸张了性格特点的人物；省到了

---

① 《〈北京文艺〉短篇小说选 1979·序》。

无法再省以至在抽象中"消失"了的环境描写。我们还会发现"简洁"在他的结构和语言方面所起的更明显的风格作用。简洁可以说是短篇小说理所当然的风格要求，但林斤澜对它的坚执固守却到了几乎是苛刻的程度。我们读他的小说时感觉到的某些冷涩、晦暗、糅合不匀净之处，就是这一"风格搏斗"的痕迹。是那大容量的当代现实在简洁的外壳中挣扎、沸腾、咆哮。是短篇小说的艺术特长在新的蜕皮中产生的疼痛和不安。

但是，林斤澜不是一个为风格而风格的作家。一方面，风格是"一种逐渐形成习惯的对于题材的内在要求的适应"。[①] 另一方面，风格"只不过是思想的最准确最清楚的表现"。[②] 写于 1978 年的《小店姑娘》《悼》《竹》《开锅饼》《膏药先生》，既是五六十年代风格的延续，又是新的艺术探索的开始。但作家对现实生活的理解、提炼尚未达到新的高度。其中《竹》的字数将近三万，反映的生活跨度长达半个世纪，采用书信体双线结构，实写了革命斗争历史，虚写了"文化大革命"，人物和事件有传奇色彩，也有抒情性浓郁的象征。诗意化的双线结构说明了对十年浩劫的某种简单化理解，即"革命斗争历史在新形势下的重演"。思考的深化是在 1979 年。《法币》《问号》《记录》《绝句》《微笑》五个短篇都只有四千字左右，却结构完整，内容充实，入木三分，正是作家独到的魂儿已提炼出来的标志。如《问号》只是一个场面，却写出了"最最最革命"中的"最最最恐怖"。《法币》和《记录》，形式本身就是"文化大革命"。一篇是几份"认罪检查"的连缀，几乎每一份都以"最高指示"开头；另一篇是所谓"审问记录"，由审问者与"特嫌"的一问一答构成。形式与内容的直接合一，透露出浩劫的全部疯狂气息，堪称是写这一段历史的短篇佳作。1980、1981 两年，形式更加多样化，视野更加开阔，探索更加多方面。《语言》借老队长酒酣耳热中一席肺腑之言，叙农村二三十年沧桑多变，是近年来描写农村变化的小说最短又最独具一格的一篇。写变化的同时又不回避新问题新矛盾，包含的思想内容相当丰富。《辘轳井》分上下两篇，一亩菜园子里透出来无限绿意，二十多年世事浮沉中断而又续，小说不重情节也不重在人物刻画，却着力在抒情、意境上下功夫。《寻》也是一篇历史跨度二十余年的小说，像电影里的回闪镜头，山雨

---

① 吕莫尔：《意大利研究》。
② 左拉：《实验小说》。

中一双粉红的雨靴，引出悲欢难诉的往事与严峻的现实相糅合，紧凑的对白里压缩了多少历史的心理的内容，你很难相信能为一篇五千字的小说所容纳。1982 年的创作又有新的特点，《邪魔》《腾身》都把多种矛盾集中于一时一地，愚昧迷信、派性残余和新的唯利是图，旧矛盾新问题纠结着难解难分，展开富于心理深度的冲突，却把最有光彩的场面放到结尾，让不动声色、永难磨灭的崇高品性脱颖而出。"戏剧、小说"式的艺术结构，精彩的对白、独白、潜台词构成小说内在的紧张和美，无疑是林斤澜对当前艰难地腾身起飞的现实复杂性，有进一步深刻理解的艺术体现。

从上面相当简略匆促的论述中也可以看出，林斤澜小说形式的变化极其多样，而且发展并不是直线式的，但共同的特点就是力求最大限度的简洁和集中。简洁要求结构上高度紧凑，不是全景的浓缩，而是一个角度的透视，一个片段的截取，简洁要求精练的对话。林斤澜是从戏剧开始他的创作生涯的，这方面的经验于他大有帮助。他尤其喜欢把往事、回忆用精练的对白或独白道出，历史内容在口语中产生逼真的现实感。活在眼前人物口中的历史，因而也就是在现实中仍然发生作用的历史，简洁要求省去一切可有可无的细节、铺垫、过渡，有时在我们看来必不可少的环节也被略去了，猝然的中止常常使人摸不着头脑。简洁要求一以当十的细节，组成一个有机的整体，拿掉其中一个就会显得不完整。但细节的多重暗示性常使我们感到小说内部过分拥挤。简洁要求重视小说的开头和结尾，使之鲜明有力，耐人寻味。林斤澜认为短篇小说要像体操运动员的表演，在三五分钟里"一下子抓住人，最后给人一个印象"[1]，因而要抓好两头。但有的结尾未免过于雕琢。

老舍说过："短篇想要见好，非拼命去作不可。"[2] 林斤澜的短篇是拼了命来作的，他的努力证明了：艺术地表现我们时代的复杂内容，表现我们当代人的性格心理，仍然可以做到短而充实，短而有力；在那些最见功力的篇什里，也能做到短而自然。唯一的办法就是发挥短篇小说的艺术特长，适应生活丰富多彩的侧面，适应作家的艺术个性，去写多种多样的小说。林斤澜说："小说原是有各种各样的，我的意见是各路都可以产生杰出的作品。"[3]
"拿来主义好不好？好。翻箱底思想好不好？好。尖锐，厚道。清淡，浓重。

---

① 《小说构思随感》，《北京文学》1980 年第 11 期。
② 老舍：《我怎样写短篇小说》，《老舍论创作》。
③ 《漫谈小说创作》，《芙蓉》1981 年第 1 期。

热情奔放，冷静含蓄。大刀阔斧，小家碧玉。变幻莫测，一条道走到黑……都好都好，都不容易……"①

林斤澜的艺术发展可能还会是"变幻莫测"的，他的艺术探索却不会停止。"有好心人规劝探索者，不如回头走先前的道路。否，这是生活的'内里面'决定的，也是艺术的'内里面'决定的。如果停止探索，还叫什么创作呢？老是轻车熟路，对作家来说，他的创作生命也只是'夕阳无限好'了，或者'停车坐爱枫林晚'了。"②寂寞的探索者在写作时处境比一般人想象的更困难，他缺少同伴的竞赛、切磋和反驳，他可能走冤枉路，从一个点岔出去很远又绕回来，他难免煮夹生饭，对作品的成功抱着相当固执却又不太有把握的愿望。然而，探索的路仍在延伸，延伸——探索者，青春常在！

（原载《文学评论》1983 年第 2 期 ）

① 《写在读〈蒲柳人家〉之后》，《文艺报》1981 年第 10 期。
② 《山村寄语——代序言》，《〈北京文学〉短篇小说选 1980》。

汪曾祺林斤澜论小说

黄子平

20 世纪 80 年代，汪曾祺和林斤澜跟文学青年一起聊小说，问起小说的结构，汪曾祺答曰："结构的原则：随便。"啊哈，林斤澜心想我讲了一辈子的结构，岂不是白讲？就追问了一句："随便？"汪曾祺于是从容补充："苦心经营的随便。"林斤澜不再追问，显然对这个机智的、辩证的、悖论般的补充颇为满意。

苦心经营的随便

在我看来，这正是汪、林两位短篇小说名家的小说观的汇聚之处，同时也是其分驰之处。"结构"并非小说的全部，却最能见出作家对小说的基本看法。既然小说的诸要素是结构化地组织、表达和呈现的，那么小说家对结构的"经营"就灌注了他对小说的完整理解。问题在于，"随便"和"苦心经营的随便"到底是什么意思呢？这得联系作家的创作实践，以及 80 年代那个劫后余生的创作环境，才能说得清楚。

1985 年年底，汪曾祺写了《桥边小说三篇》，"后记"里说：

> 这三篇也是短小说。《詹大胖子》和《茶干》有人物无故事，《幽冥钟》则几乎连人物也没有，只有一点感情。这样的小说打破了小说和散文的界限，简直近似随笔。结构尤其随便，想到什么写什么，想怎么写就怎么写。我这样做是有意的（也是经过苦心经营的）。我要对"小说"这个概念进行一次冲决：小说是谈生活，不是编故事；小说要真诚，不能耍花招。小说当然要讲技巧，但是：修辞立其诚。

林斤澜看了，说这"冲决"二字，对于汪曾祺来说，有点非同小可，按常规，怎么也得是"冲淡"才对。

用了"冲决"这词，显然是一种宣示，一种宣言，却放在"后记"里说，前边还轻描淡写，说了些"蒲黄榆"这地名的来由，桥边的桥为何之类，到了卒章才显其志亮出来，貌似也是苦心经营出来的随便了：

其一，冲决文学体裁之间的区别（打破小说和散文、随笔的界限）；

其二，小说不是编故事，未必有人物，只要有"一点感情"（当时有评者说这是倡言"写意小说"的主张了）；

其三，小说当然讲技巧，却不要花招，修辞立其诚（这一点如何跟"苦心经营"区别，其实很难）。

以上几点，林斤澜都拍手点赞，他对小说的思考，有很多跟汪曾祺相通相同，但也有他自己的表述。汪曾祺的重点在"随便"，林斤澜的重点却在"苦心经营"。

跟"随便"相关的一个词，是"随意"或"淡"。汪曾祺不同意大家说他搞"淡化"，说他的经历，他的生活，本来就这么"平平常常"，无须淡化。林斤澜说这里必须跟汪"抬杠"。跟几十万人一道戴冠蒙难，怎么也没法说是"平平常常"。忽然又从牛棚上了观礼台，忽然又变成"余孽"接受了"劫后之劫"，写出来云淡风轻，谁都能读出心里头的"浓"来吧。

汪曾祺多次说到不希望年轻人学他的"平淡"："我希望青年作家在起步的时候写得新一点，怪一点，朦胧一点，荒诞一点，狂妄一点，不要过早地归于平淡。三四十岁就写得很淡，那，到我这样的年龄，怕就什么也没有了。"他甚至希望年轻人从山水般平淡的生活中看出"严重的悲剧性"，"在平静的叙述中也不妨有一两声沉重的喊叫"，在小说里"注入更多的悲悯、更多的忧愤"。

宋人追摹王孟诗风，却早已不再有那个语境，他们的"平淡"是"造"出来的（梅尧臣："作诗无古今，唯造平淡难"）。这跟"苦心经营的随便"相通，"随便"是刻意追求的效果。但林斤澜跟汪有所不同，他觉得苦心经营就苦心经营，小说家的匠心，匠意，涩、冷、僻、怪，也应该是一种读者会接受的效果。汪曾祺引苏东坡，"吾文如万斛泉源，不择地而出。在平地滔滔汩汩，虽一日千里无难。及其与山石曲折，随物赋形而不可知也。所可知者，常行于所当行，常止于不可不止，如是而已矣"，说是"虽不能至，心向往之"。论到林斤澜的小说，他又引苏东坡对好友黄庭坚的批评，说是"鲁直诗文，如蝤蛑、江瑶柱，格韵高绝，盘飧尽废。然不可多食，多食则发风动气", 用了饮食修辞, 说读林的小说是"鲥鱼味美而多刺", ——都是知己知彼之言。

汪曾祺曾经这样概括林斤澜小说的特征: "虚则实之, 实则虚之; 无话则长, 有话则短。一般该实写的地方, 只是虚虚写过; 似该虚写处, 又往往写得很翔实……林斤澜把小说语言的作用提到很多人所未意识到的高度。"这几句话总结了林斤澜的短篇小说在主题、选材、美学形态方面的特征。而林斤澜自己也说: "后来多写些短篇小说, 知道了这一门学问, 讲究的是'借一斑略知全豹, 以一目尽传精神'。怎样'借'得来, 又如何'以'得劲? 恐怕要'借以'结构, 寻着了合适的结构, 仿佛找准了穴位。"他把这叫作"中断的艺术": "读好的小说, 叫人叹服的, 先是'断'得好, 从绵长的万里来, 从千丝万缕的网络里, '中断'出来这么一块精华来, 不带皮, 不带零碎骨头, 又从这断处可以感觉到, 可以梦想, 可以生发出好大一片空旷, 或叫人豁然开朗……"

小说是写回忆

汪曾祺说小说是写回忆, 写回忆里无法忘掉的东西 (说白了就是"赶不了任务"), 须是沉淀了, 变成自己有血有肉的情感体验, 方能写成小说。

林斤澜记起主张"小说就是写记忆"的汪的老师沈从文, 60年代居然也来参加过一次北京作协的会议, 听青年作家讲下乡下厂体验生活的报告。沈老居然也有机会发言, 发言呢就是翻来覆去地感叹"我已经不会写小说了"。体验个十天半个月, 赶一篇新鲜热辣的小说出来, 林斤澜借沈老的感慨指出, 此乃郑重的作家所不能为, 不屑为。

赶任务, 延伸为80年代之后的"赶潮流", 汪曾祺承认照样干不来。都知道汪曾祺写小说是烂熟于心, 一气呵成, 唯有《寂寞与温暖》三易其稿, 反复修改。只因子女们都说你在口外也受过这么多苦, 怎么就写不出伤痕呢? 苦苦地三易其稿, 还是挤不进"伤痕文学", 只是多了一点点"寂寞", 通篇还是那么"温暖"。

汪曾祺参加过样板团, 曾经奉命到内蒙古"深入生活", 瞎编草原抗日神剧。套路是日本鬼子勾结王爷, 如何追剿游击队。草原上的老革命乌兰夫告诉他们，日寇压根儿没进内蒙古，团结王爷抗日，反而是革命党人的战略。回来汇报给文化部领导，领导很高兴地说，这就更好了，你们更可以"天马行空"地编了。

汪曾祺深知"赶任务"的根本要害，是创作原则出了毛病。"领导出思想，群众出生活，作家出技巧"，美其名曰"三结合"，其实概括了其中的"知识—权力"关系。林斤澜则用"图解"二字来总结那些年的写作："图解思想，图解主题，图解政策，图解工作过程，图解长官意志"（"主旋律""正能量"是后来的发明）。摆脱这种创作陋习的办法何在？林斤澜独拈出"真情实感中提炼的魂儿"一说，反复跟80年代的青年作者讨论。理论界则用"文学主体性"这样的命题来申说，那是犯了大忌。

作为新艺术的短篇小说

两位作家都不写长篇小说，专写短篇。其实汪曾祺早年有写长篇的计划：历史小说《汉武帝》（他觉得汉武帝精神有毛病）；一直到《七十书怀》，"假我十年闲粥饭"，还没放下；却是酝酿到"只写三件事"了，甚至成熟到"只写三个场面"了，到了也没动笔。这让人想起鲁迅的《杨贵妃》，越酝酿越是动不了笔。或许李长之的判断是对的：这些骨子里是诗人的小说家，都钟情于短篇小说，或者说，只能写短篇小说。

林斤澜有《小说说小》，汪曾祺有《说短》，所论非常精辟。其实汪在40年代天津的《益世报》上就发表过一篇具有宣言性质的长文，《短篇小说的本质》：

> 一个短篇小说，是一种思索方式，一种情感形态，是人类智慧的一种模样。我们设想将来有一种新艺术，能够包融一切，但不复是一切本来形象，又与电影全然不同的，那东西的名字是短篇小说。这不知什么时候才办得到，也许永远办不到。至少我们希望短篇小说能够吸收诗、戏剧、散文一切长处，而仍旧是一个它应当是的东西、一个短篇小说。

这种新艺术，体现的是跟读者的新型关系：

> 如果长篇小说的作者与读者的地位是前后，中篇小说是对面，则短篇小说的作者是请他的读者并排着起坐行走的……短篇小说的作者是假设他的读者都是短篇小说家的……他明白，他必须找到自己的方法，必须用他自己的方法来写，他才站得住，他得在浩如烟海的文学作品，在一样浩如烟海的短篇小说之中，为他自己的篇什觅一个位置。

林斤澜在《汪曾祺全集·出版前言》里，大段摘引这篇文章，指出：汪的老师沈从文先生，抗日时期，在西南联大开课讲短篇小说，从"官面价值""市面价值"分析出来短篇"无出路"。就因"无出路"，写短篇的就和长篇中篇作家不一样了，只能贴近艺术，献身艺术。汪曾祺顺着这条思路，"以年青的嗓音呼唤新的艺术"。

到了晚年，汪曾祺不再高屋建瓴地谈论作为"新艺术"的"短篇小说"，而是回到自己的"气质"来检讨：

> 我没有对失去的时间感到痛惜。我知道，即使我有那么多时间，我也写不出多少作品，写不出大作品，写不出有份量、有气魄、雄辩、华丽的论文。这是我的气质所决定的。一个人的气质，不管是由先天或后天形成，一旦形成，就不易改变。人要有一点自知。我的气质，大概是一个通俗抒情诗人。我永远只是一个小品作家。我写的一切，都是小品。就像画画，一个册页、一个小条幅，我还可以对付；给我一张丈二匹，我就毫无办法。

这是作家的自知之明，同时也看清楚了青年时代的艺术理想的幻灭："短篇小说"终于无法撼动既有的现代文学体裁结构。在一个支离破碎的时代，却人人追逐梦幻般的宏大叙事，这真是莫大的讽刺。然而碎片化的写作，不见得就真的放弃了对"总体"的追求。台湾作家张大春曾说："某些小说家提供了我遥不可及的典范，他们之中的一个是契诃夫，另一群则是像郑仲夔一样的笔记作家们，如果要举出一个现当代的名字，我愿意先提到汪曾祺。对于这些作家而言，每一则人生的片段都可能大于人生的总体，百年曾不能以一瞬。"寻找一种穿透"现代性"碎片化的表面的方式，去把握"人生的总体"，仍然是小说家不懈努力的目标吧，尽管说出来是如此谦虚谦逊谦和。

写小说就是写语言

汪曾祺说："语言的粗俗就是思想的粗俗，语言的鄙陋就是内容的鄙陋。想得好，才写得好。闻一多先生在《庄子》一文中说过：他的文字不仅是表现思想的工具，似乎也是一种目的。我把它发展了一下：写小说就是写语言。"——除了结构，两位作家谈论得最多的就是语言。

汪曾祺对只谈"内容"和"主题"的文学评论很不满，那是根本没摸着边："什么是接近一个作家的可靠的途径？——语言。"了解作家的人格，必须了解他的语言："小说作者的语言是他的人格的一部分。语言体现小说作者对生活的基本的态度。"掌握"叙述语调"是首要之事："探索一个作家作品的思想内涵，观察他的倾向性，首先必须掌握他的叙述的语调。"必须"玩味"作者的语言："一个作品吸引读者（评论者），使读者产生同感的，首先是作者的语言。研究创作的内部规律，探索作者的思维方式、心理结构，不能不玩味作者的语言。是的，'玩味'。"

这两位都是江浙人，在北京生活了几十年。方言问题常常是他们思考小说语言的重心。一般北京作家身处京畿之地，直接把北京方言当普通话用，对别处尤其是南方的方言基本没感觉。王朔瞧不起金庸的小说语言，说"老金也是无奈，无论是浙江话还是广东话都入不了文字，只好使死文字做文章，这就限制了他的语言资源，说是白话文，其实等同于文言文"。金庸急了，列出十几二十位浙江籍的现代大家，证明他们并未被"语言资源"所限制，只是没把汪曾祺、林斤澜搬出来。久居北京的这两位反而最能体会出"南腔北调"的优胜之处。汪曾祺的《安乐居》里写了一位久居北京的上海老头，非常精彩：

上海老头久住北京，但是口音未变。他的话很特别，在地道的上海话里往往掺杂一些北京语汇："没门儿！"、"敢情！"，甚至用一些北京的歇后语："那末好！武大郎盘杠子——上下够不着！"他把这些北京语汇、歇后语一律上海话化了，北京字眼，上海语音，挺绝。

"您大概又是在别处已经喝了吧？"

"啊！我们吃酒格人，好比天上飞格一只鸟（读如"屌"），格小酒馆，好比地上一棵树。鸟飞在天上，看到树，总要落一落格。"如此妙喻，我未之前闻，真是长了见识！

这只鸟喝完酒，收好筷子，盖好米饭盒，拎起提包，要飞了："晏歇会！——明儿见！"

现代以来一直有一种"纯洁化"的语言要求。"纯洁"的标准各异：或把文言文叫"死文字"，或嫌写欧化文体的人"鼻子不够高，皮肤不够白"，或者把五四新文体叫作不能普及的"新八股"。唯一的共同点是非常霸道横蛮，绝对排他。其实语言的多元化、杂糅，正如现代社会的五方杂处，生机勃勃。问题在于如何融会贯通，如周作人所说："以口语（官话）为基本，再加上欧化语、古文、方言等分子，杂糅调和，适宜地或吝啬地安排起来。"林斤澜读鲁迅的《呐喊》《彷徨》《野草》《故事新编》，读出其中的词汇丰富，北京话、方言、文言、日本词都相安无事，突然出现一个"趄"字非常兴奋，想不出有别的字可以替代。

林斤澜为乡人沈克成父子的《温州话》写序，用的是温州话：

我"岁少时节"，晓得把家乡语言看作小溪，也就是看作生命。因为生命离不开水，看作溪是"看要紧显要紧"。加个"小"字是因为还有长江大河在那里。这条水古老又总带着点凄凉味道。这条水走过"荒滩破坦"，"荒滩"日夜"叮铃"，口传心授历史。"破坦"早晚潮湿，浸烂泡苏地理。

这种"晓得"，还因为我"岁少时节"未离家乡。

我未离家乡，就晓得家乡语言是远近闻名的"听不懂"。因为听不懂叫人比作鸟语，也因为这一个"鸟"字透出原始的气息，叫人想象残存人间的绝唱。

　　林斤澜曾尝试用温州方言写小说，非常困难，说即使引起争议，也值得试一下。他的小说集《矮凳桥风情》里的"涩"，正与大量使用温州方言相关。汪曾祺对高邮方言的运用就非常慎重了，总要加上"我们那里如何如何"之类的注释。

　　80年代，两位"老"作家都是以花甲之年重新写小说，汪曾祺自喻为"枇杷晚翠"，林斤澜则感叹道："腰腿手脚都还灵便，还觉悟着心灵的自由。说是觉悟，可见先前的懵懂……现在我有心灵的自由吗？反正现在显出来是一生最自由的时候了。"三十年后重温，汪曾祺和林斤澜在八九十年代讨论小说，提供了亲历者的经验和反思，佐以他们自己的小说实践，是一笔值得重视的文论遗产。即使在这个狭小的领域，其实当代的遗忘机制一直在运作。——此时正是重提他们的反思的必要时刻。

（原载《上海文化》2019 年第 5 期，收入本书为 2019 年 7 月 24 日作者修改稿）

短篇小说自有"短"的规律

——论林斤澜短篇小说的结构艺术

姜嘉镳

一

茅盾早在 20 世纪 40 年代就批评过写得过长的短篇"似长篇之缩写，又如短篇之拉长"，①可是事隔四十年，还是老样子。据《北京文学》副主编陈世崇统计，1979 年至 1984 年，六届全国优秀短篇小说奖，评出优秀之作达一百三十余篇，而其中四五千字的作品仅有屈指可数的几篇，大部分则逾万言，甚至数万言。②症结在哪里呢？恐怕就是未能充分认识短篇小说结构形态的实质性特点，未能从这一特点出发去结构小说的缘故。茅盾曾指出"短篇小说似乎自有其法规。当然世界上决无一成不变的法规，也没万全的'放之四海而皆准，俟之百世而不惑'的什么法规，但我们总得承认是有法规的"。③这个法规是什么呢？其实有成就的短篇小说作家，都在创作过程中探索着短篇小说的规律。陆文夫说："短篇小说就是那么一榔头，能砸出火花便可以，不能把许多东西都写得清清楚楚的。短篇小说是写出来的少，没有写出来的要比写出来的多几十倍，所谓小中见大，那个大不是可以看见的，而是可以想见的。"④短篇巨擘孙犁也谈到了类似问题："要看一个事物的最重要的部分，最特殊的部分，和整个故事内容、故事发生最有关的部分，强调它，突出它，更多地提出它，用重笔调写它，使它鲜明起来，凸现出来，发射光亮，照人眼目。……即使它写的只是生活中一个小小环节，但是读者也可以通过这样一个鲜亮的环节，抓住整条链条，看到全面的生活。"⑤美国当代短篇小说大师海明威在宣传他的"冰山结构"时，也是这样强调的："关于

① 《茅盾论创作》，上海文艺出版社 1980 年，第 542 页。
② 《〈人民文学〉等刊从"我"做起力戒短篇小说长风》，《文艺报》1986 年 10 月 11 日。
③ 《茅盾论创作》，上海文艺出版社 1980 年，第 539、562 页。
④ 《短篇小议》，《文艺报》1984 年第 5 期。
⑤ 《人道主义、创作、流派》，《文汇》1982 年第 2 期，第 63 页。

显现出来的每一部分，八分之七是在水面以下的。你可以略去你所知道的任何东西，这只会使你的冰山深厚起来。"① 从这些作家的灼见来考察，结构短篇小说时要领恐怕就是"以小见大"。这绝非仅仅是一个提炼生活的问题，更突出的应该是结构形态上的独特规律。

李清泉指出："既然是作为一种艺术形式的短篇小说，仅仅从数字上区别长短是很不够的，还是要从这一特定形式所积累的艺术经验入手，掌握其规律，才能达到短的目的。"② 如果一个短篇小说作家能在这方面下功夫，那么短篇小说的结构的独特性会被认识，短篇小说顽固的"长风"问题，自然会迎刃而解。

林斤澜是一位致力于短篇小说创作三十几年而有独特成就的作家。他像种试验田一样，对各种短篇样式都进行了摸索，黄子平认为"几乎一篇有一篇的形式，我们很难将他的小说形式归类"③。经过仔细考察，其实作品还是有类可归的。根据作者对作品不同艺术效果的追求，大致可分为三大类。第一，致力于人物塑造的短篇。这些短篇有两个分支，一是着力刻画人物性格的作品，如《小店姑娘》《开锅饼》《问号》《神经病》《肋巴条》《头像》《卷柏》《朝天椒》《记录》《拳头》《微笑》《姐弟》《表妹》《同学》等；二是叙述人物命运的作品，如《悼》《一字师》《阳台》《寻》《玻璃房梦》《乡音》《邪魔》《丫头她妈》《溪鳗》《章范和章小范》等。第二，致力于故事创作的短篇，如《新生》《默契》《膏药医生》《甘蔗田》《火葬场的哥们》等。第三，致力于意境创造的短篇。这类小说也可分两支：意境小说，如《赶摆》《辘轳井》《青石桥》等；心绪小说，如《石匠》《绝句》《斩凌剑》等。下面就这三类小说不同结构特色，来谈谈林斤澜是如何遵循"以小见大"的规律，去探索短篇小说的艺术"幽径"的。

二

林斤澜认为，"短篇小说有它的个性特征，我的体会是最好很快地把人

① 董衡巽：《海明威谈创作》，生活·读书·新知三联书店 1985 年，第 50 页。
② 《汤勺乎？水瓢乎？》，《人民文学》1983 年第 9 期。
③ 《"沉思的老树的精灵"——林斤澜近年小说初探》，《文学评论》1983 年第 2 期。

带入必要场面——最高潮的地方，这是短篇小说的特征之一"。① 他的不少刻画人物性格的小说就是在场面上下功夫的。尤其是仅三四千字的精品，往往只在单独场面里完成人物性格的刻画；《记录》《微笑》《拳头》《问号》都是这一类。以单独场面写人物的小说，契诃夫早期的作品就是典范，当然林斤澜对他有所效法，但绝不是模仿，而有自己良苦的用心。首先，在场面里不像契诃夫那样，单纯以漫画式的笔调勾画人物，而是采用戏剧冲突的手法，将人物之间的矛盾迅速展开、迅速推向高潮，然后戛然而止。构成冲突的手法靠的是人物对话。林斤澜 50 年代初在北京人艺专事话剧创作，对这一招运用自如。他不需要过多的插说，让人物自己说话，就能巧妙地交代人物身份，暴露矛盾，表现性格。4000 字的《记录》，除了 50 字的"前言"，几乎是两个对立人物对话到底，一个气势汹汹、步步紧逼，一个沉静镇定、迂回应对，言简意赅，波澜起伏，引人入胜。另外，为在有限的篇幅中取得更加鲜明的艺术效果，在矛盾迅速发展的同时，让人物进行多角度的对比。《问号》里，"精瘦黑帮"那凝重神态的微妙变化和"红脸汉子"大幅度的脸色变化，对比度极其强烈，充分表现了深沉冷静和色厉内荏的性格。再如《姐弟》《表妹》《同学》等都是以或"刚"和"柔"，或"冷"和"热"，或"张"和"弛"的对比取得艺术效果的。

遇到单独场面不足以完美表现人物时，则采用叙述和场面描写相结合的方法。《头像》叙述了老麦通和梅大厦的各自经历，但用笔经济，又穿插在场面之中，布局匀称，错落有致。有些短篇，叙述所占比重较大，那是为了铺垫，而高潮定是处在场面之中，如《卷柏》《朝天椒》《神经病》以及《开锅饼》等便是。

林斤澜的性格小说之所以那么精粹，还有情节裁剪方面的绝招。他的情节设置，常常使人意想不到，往往在读者跟踪情节，估计下文将出现一场风波时，作品却来了一个"峰回路转"，把你带入另一个境界。《开锅饼》写新媳妇叶文锦在队里饲养室账目非常混乱的情况下，去接替目不识丁的老饲养员工作的故事。正当叶文锦与老饲养员查对账目，准备交接时，叶文锦家的肥猪突然被人毒死了。这猪是谁毒死的，又是怎样作案的，一般说，读者是喜欢追根究底的，但奇怪的是作者很吝啬，没有铺叙，偏偏来了个急转弯，

---

① 《小说说小》，春风文艺出版社 1985 年，第 127 页。

写叶文锦卷起铺盖住饲养室去了：

> 第二天早上，广播喇叭放开音乐，叫着上工。只见叶文锦悠悠地走到街上，挟着个崭新的铺盖卷。上工的人们，全把目光投在她身上。不知几张嘴问道：
>
> "你们家的猪……"
>
> "百来斤儿了吧，……"
>
> "谁造的孽啊……"
>
> 叶文锦只用一声声"是呀！""可不是嘛。""真是的！"回答了人家，不往下说，也不停步。别人想帮她诉诉苦，生生气，也不能够。
>
> 几个妇女迎上前去，细看她的脸，琢磨着急了没有？哭过了吧？只见她的短头发，纹丝不乱，再搭上微微笑着，找不着一点点烦恼的样子。
>
> 几个老太太盯着铺盖卷儿，心想：跟婆婆吵了吧？住娘家去了吧？叶文锦笑笑，说：
>
> "跟大咧就伴儿去。"
>
> "嚯！"
>
> 众人都是意外。叶文锦只管一步步往猪场去了。

　　作品虽然砍去那些完全可以设计得生动引人的情节，但略略补上这一节侧面描写，叶文锦迎着困难而上的精神世界就豁然开朗，结构也更加紧凑。至于那个毒猪的情节，读者完全可以根据作品的多处伏笔去推想。林斤澜就是这么主张的："留得好的'空白'，留给读者的是想象。白纸黑字触发了感情，把感情引到一个缺口，缺口外边是空白。到此什么也不管了，任凭读者去海阔天空，鱼跃鸟飞。"①

　　"缺口外边"的"空白"，不仅留在情节删削处，也还安置在小说的结尾。这类小说的结尾，并不像美国作家欧·亨利那样来一个"情理之中，意料之外"的突变，而是情节推向高潮煞车后的袅袅余音；潜伏着情节拓展开

---

① 《谈"叙述"》，《文艺研究》1986 年第 3 期。

来的深深寓意。《微笑》《神经病》《问号》以及《记录》都有一个催人思索的好结尾。《微笑》里的一位"专政队"在赶"残渣余孽"们上台批斗时，发现了一位自己平常崇拜的歌唱家，于是就将他的牌子挂在自己的脖子上，"插进了鱼贯队伍"，替他挨斗去。小说的结局就是在两人替换时：

> 两个人脸上都有个微笑。这个微笑是无可怀疑的，只是长久没见了。早在还有家庭生活的时候，灯下，床上，甜甜睡着的孩子，灯花婆婆教他笑出来这样的微笑。

这"长久没见了"的"微笑"，不是可以勾起读者的深思吗？绝灭人性的"文革"浩劫是何等的残酷，在嚣张的背后又是何等的冷漠。而造成人为对立的人们又多么渴望着人与人之间的真诚，人与人之间的相通，人与人之间的和睦啊！

这个结尾的余音，的确把读者从小故事里引出来，带进鸟瞰"文革"全景的旷野。

写人物命运，较之专事刻画人物性格，当然在时间和空间方面都要有所延伸和拓展，这样，在短篇小说的篇幅和内容之间就会出现一对尖锐的矛盾。一些短篇小说作者常常把人物的经历作为情节来铺叙，下笔一泻千里，发而不可收。作者，洋洋数万字还嫌不过瘾，而读者，自然会以欣赏中长篇的审美习惯去欣赏这种"压缩饼干"而感到乏味。林斤澜却找到了处理这对矛盾的特殊方法。他对小说中的人物的坎坷经历，只作蜻蜓点水般的交代，而在主人公的感情波澜上下重笔，抓住人物心灵上最大的"冲击波"给以描绘。至于具体经历，读者仍可在小说所渲染的典型环境中去联想。仅六千多字的《乡音》，写了一个人一生的命运。"饭铲头"是一位受尽冤屈，过了十五年劳改、十五年留场生活的老头。在一班少年时同学的退休老人宴会上，大家要他讲自己经历的故事，他却不开言，只是以狼吞虎咽地吃菜来掩饰自己的激动。那三十年的生涯，作品没有提及，只插写了他在劳改场看到一个错案旁证材料时的心情：

> 晚上睡到半夜，忽然心痛，惊醒过来，听着自己嘴里念道："此

事当时没有证据"。第二天，"饭铲头"照样把十个阿拉伯数字，绣花一样写在细格子里，横着竖着看，都一般整齐。忽然心痛，细格子里出现"此事当时没有证据"。阿拉伯数字写不下去了，合上账本，锁好袖屉，走出屋子，直往沙荒里走。

一阵风起，黄沙滚浪，天和地的分界线模糊了，世界混混沌沌了。太阳像个白忽忽的气球，在混混沌沌里飘浮。人也晕晕糊糊，头重脚轻，身体要飘起来，心却往下沉，往下沉，"饭铲头"跌坐在黄沙上，想大喊，声音好像给闷在罐子里，喊不出来；想大哭，眼睛好像是人家的，出不来眼泪。……

在"饭铲头"平反有了希望时，完全可以用大篇幅展开三十年生涯的回顾，但作者并没"落套"，而是抓住这位性格内向的老头的心理状态，把积压三十年的痛苦，来一个总的爆发。这就引起读者心灵更大的震颤。这样结构命运小说应该是短篇小说有别于中长篇所特有的。

除了写心灵震颤之外，也还时常采取人物的某些固有的举止或神态，重复多次地出现在一生经历中，作为命运历程的闪光点，给读者留下深刻印象。《一字师》仅以七千字写了吴白亭呕心沥血当教师的一生。吴白亭的命运是紧紧围绕他那根"不依不饶"、专挑学生语病的"胖指头"而展开的。解放初，"我"当学生时，吴老师置被土匪打伤的儿子而不顾，坚持上课，"一根胖指头过来"，订正病句；"我"从部队复员，带着儿子到学校插班填表格时，吴白亭又是"一根指头伸过来了，还那么胖，那么白里透红"，指出残废的"废"字偏旁外多了两点成"疒"壳，"文化大革命"开始，吴白亭竟敢去涂改大字报标题上的错别字，被揪了出来；"斗、批、改"那阵子，吴老师被迫退休坐传达室，还是"背地里做贼似的，非要教那一个字不可"。这种以人物的"癖性"为着眼点，带出坎坷命运的写法，可谓"在单纯之中见丰富"了；吴白亭的一生尽管写到的东西很少，但"可以想见的东西"就多了。

这类短篇不仅写了一代人的命运，而且还写了两代人的命运，自然，浓缩的程度就更高了。《玻璃房梦》，写两代农民与土地的相依为命，仅九千多字；《章范和章小范》，写被农村政策和运动所左右的两代人不同命运；仅六千字；《小贩们》，写了从长辈的致富愿望到"小辈儿"成为实现的历程，仅九千字;《寻》写两代人受极左思潮冲击的境遇,仅六千字。两代人命运,如果按时间先后铺开来,篇幅就会拉长,这恐怕是短篇小说所不能容纳的。林斤澜采用"套插结构"的方式,解决了这个难题。他选取两代人命运中最精粹的情节,以其中一代人正面的活动为基点,通过回忆或对话等方式带出另一代人的境遇。为了避免结构的臃肿,两代人所涉及的内容又是"虚"和"实"组合,变化有致。《小贩们》写父辈的境遇,是通过"小辈儿"在行船上说梦幻故事一样叙述出来的。一个叫肚脐的说,他小叔叔在溪水边呕吐时,吐出的肉丸子变成金丸子,想去抓,栽到水里,第二天死了。一个叫憨憨的说他父亲带着装有两百元血本钱的皮包,在船上被劫,结果上岸时,皮包里竟然变出两千元。这些故事简直像屠格涅夫的《白净草原》里牧童说鬼神一样,充满着神秘、朦胧的色彩。其实这一虚笔,巧妙地把矮凳桥父辈致富的渴望淋漓尽致地表现出来。又如,《玻璃房梦》和《章范和章小范》也都是用传奇色彩的虚笔写父辈命运的。

三

对于以故事为框架的小说,王蒙曾经这样深刻地分析它的利弊:以故事为主传小说的好处,是它比较完整、比较单纯,容易被人接受。但是,它也有缺点和不足,就是把生活似乎是限制在比较窄的范围之内,它的内容和描写都要服从故事的需要,这使它带有一定的人为性和封闭性,而使人不能够从这种小说里得到更广阔的联想和更多的认识。[①] 林斤澜结构故事小说,就能摒弃王蒙所指出的"弊端"。一般故事小说都是以开头——发展——高潮——结局的连贯情节来结构的。林斤澜打破了这种结构的封闭性,把高潮或结局提到小说的开头,然后再根据深化主题的需要,选择几件事加以补叙,留下故事进行中的许多空间,让读者自己去补充,去完善。写在 20 世纪 60年代初的《新生》,已作过这种结构的尝试,并深得茅盾、老舍等前辈作家的好评。茅盾称赞它"紧张处如密锣急鼓,幽闲处如清风明月"。[②] 如果说这篇小说虽然打破了一般故事小说的封闭性,但还留有人为性的痕迹的话,

---

① 《王蒙谈创作》,中国文艺联合出版公司 1983 年,第 30 页。
② 《茅盾文艺评论集》,人民文学出版社 1978 年,第 440 页。

那么在20世纪80年代初写的《火葬场的哥们》里这种弊端就荡然无存了。这是一个六千字的短篇，写火葬场"黑小子"青年"报复"女干部的故事。小说先用一半的篇幅叙述黑小子作弄女干部的经历——给女干部修好半路"抛锚"的自行车，通报了姓名并要来女干部的手绢作"酬谢"；女干部了解到通报的姓名是一个死者，就到火葬场停尸房追根究底，结果发现自己的手绢盖在一个老头子死者的头上，当她离开停尸房拾级而上时，忽然发现台阶顶上站着给她修过车的黑小子；那黑小子打起梆子，如爆竹，吓得她两腿一软，跪在台阶上边。故事到这里戛然而止，而"谜底"并未揭开，按阅读故事小说的习惯，下文应该是交代来龙去脉的倒叙。可是作者别出心裁，只选三个小节给以补写。第一节叫作"糖里拌蜜"，以勾画貂的形象来影射女干部变幻莫测、看风使舵的本领，从"蹓腿干部"爬上"干部局坐藤椅子"。第二节叫"节外生枝"，描绘干部局接待室里安置工作的一个场面——技术员黑小子和研究遗传学的老家伙都受到那个女干部的刁难。第三节叫"画蛇添足"，是回应开头的。黑小子从"气得脑溢血而死"的老家伙家里出来，碰到女干部骑车"抛锚"，就布下"圈套"，谎报了老家伙的姓名。最后火葬场的哥儿们为黑小子的"成功"而痛饮，他们大谈有朝一日当上局长如何爱惜人才，荐举人才的"乌托邦"。小说对女干部如何糟蹋人才着墨并不多，只是提到老家伙气死，技术员成了火葬场工人，至于老家伙在遗传学上如何呕心沥血而不得起用以及黑小子如何丢掉技术而去当火葬场工人的痛苦都没提到。但是小说所揭露的在用人问题上所造成的严重恶果，已足以激起读者的愤恨。这种故事小说自然不仅不会"把生活似乎是限制在比较窄的范围之内"而且能够"得到更广阔的联想和更多的认识"了。

另一种故事小说，虽然也照故事发展的顺序来结构，但紧紧抓住场面，大刀阔斧地砍削情节的进程。《膏药医生》从抗日战争写到粉碎"四人帮"，其实只有四个场面：膏药医生给宣传抗日救亡的学生看病；抗战胜利后，膏药医生在国民党的监狱里给小孩看病；新中国成立后，膏药医生的儿子当了医院办公室主任，却以勤杂工的面貌出现在病员之中；"文革"时，膏药医生的儿子躲在看自行车的木板小房里给人看病。抓了场面描写之后，故事的情节如何连贯呢？这里，林斤澜有独特的创造。他结构小说主张"砍三刀四刀也可以，但端上来必须是一个完整的菜，要有串味的东西"。①《膏药医生》的故事是通过一起看电视的几个老街坊，在闲谈《李时珍》时引出来的。故事进行中，有街坊们的多次插话，结束时又归到老街坊的讨论上来。乍看这样的结构方式并不新鲜，托尔斯泰的《舞会以后》就已经运用过。但《膏药医生》的插说却有更多的内涵。它不仅为了串起故事，而且还有紧缩故事情节、交代来龙去脉的作用。现以两个场面之间的过渡为例，看看作者的独运的匠心：

> 听故事的那位青年，忍不住叫道：
> "什么时候？老医生不是给游击队看过病吗？老医生死在监狱里，家也抄得一干二净。儿子不是走人了吗？肯定他找游击队去了。"
> 不但这青年肯定，那几位姑娘也都说：
> "可能，肯定可能。干吗不找游击队去！"
> 白头发伯伯说：
> "我想不说可能，说合情合理吧。这样的时代，这样的人，相信他脚下会有广阔的道路。"
> "后来你为什么不打听打听呢？"
> "后来我调动了工作。"
> "对了，说这半宿，那老医生倒是姓什么呀？"
> ……
> "姓老。"
> 姑娘扭过身来，大叫："妈妈，他也姓老。"
> "谁呀？"大家都吃一惊。
> 坐在后面的，一位胖胖的妇女笑道：……

故事内容从老医生转到他儿子，叙述人也由"白头发伯伯"，让位给"一位胖胖的妇女"，这对于叙述一个时间跨度大、空间变化多的故事来说，真实感、可信性会强得多。作者处理这个转换非常自然。插说的内容，把老医生因替游击队治病遭迫害，迫使儿子参加游击队的情节删削后在这里作了交

---

① 《小说说小》，春风文艺出版社 198 5 年，第 120 页。

代，而且也为儿子成为打过游击的老干部作了伏笔。这种"有串味的东西"加进去之后，的确使小说成为"一个完整的菜"。

四

意境小说就是写人的情致。王蒙说："所谓情致就是一种情绪，一种情调，一种趣味……情致是一种内在的东西。它表现出来，作为小说的构造，往往成为一种意境。也就是说，把生活本身所具有的那种色彩、那种美丽、那种节奏，把生活的那种丰富、多变、交杂或者是单纯，或者是朴素；把生活本身的这种色彩、调子，再加上作家对它的理解和感受充分表现出来，使人看起来觉得创造了一个新的艺术世界。"① 创造这个"新的艺术世界"的关键，要把作者的感受融进生活中去；所指的生活，不是故事情节，往往是某种环境或生活场景。林斤澜的意境小说，一类是以环境为主体，写出环境给人的感受；一类是以心绪为主体，借环境表现人的心境。20 世纪 60 年代初，林斤澜曾创作了《赶摆》，一往情深地歌颂过傣族人民的生活。当时冯牧夸奖作品"相当准确地抓住了傣族兄弟的生活特点"，"是汉族作家反映兄弟民族生活比较准确、鲜明的作品之一"。② 作者以"我"的跟踪见闻为线索，贯穿全文，中间又以傣族男女青年的恋爱搭起小说的框架。小说最吸引人、最能体现傣族人民风情的是离开"框架"对"摆"的场景描写；可以看出这里是作者对少数民族生活，具有强烈感受所在。既然这样，作者为什么以恋爱故事为框架呢？大概想在反映民族风俗的同时，添加一点他们的精神面貌吧。这虽然是作者的意图，但毕竟不是作者从傣族生活区所强烈感受到的东西，所以两者还是不能糅合。这除了作者初写这类小说，在结构上有不够周密的地方之外，恐怕更主要的原因是出于 20 世纪 60 年代创作指导思想上的某种因素留下的痕迹吧。写在 1981 年的《青石桥》，就纯粹是对环境的感受，找不到一丝外加的意念。小说展现了东海边上的深山旮里极其宁静的环境，"说不清朝代的樟树，那乌绿乌绿的叶子，成阵扑过溪去……直扑到窗洞前边。房基的石条上一溜溜毛茸茸的青苔，房顶瓦背上一层乌绿乌绿和樟树叶子一

---

① 《王蒙谈创作》，中国文艺联合出版公司 1983 年，第 32 页。
② 《赞许、商讨、期望——林斤澜创作座谈会侧记》，《北京文艺》1962 年第 8 期。

色"。这是个没有一点当代人气息的环境，但就在这么个像寺院的青石桥小店里，祖孙三代却有着极不平静的命运历史。作者仅以三分之一篇幅（二千多字）叙述了这户人家破坏"人伦"，残害生命的惨剧，其结果呢？"溪水表面上像匹布，实际飞快像支箭，把所有的声音和痕迹都掩盖了。"故事叙述之后，作者又把我们带回宁静的现实环境之中，但就在此刻，小店里降生了小生命，开始有了"新生人的喧叫"。这篇小说到底是什么主题，的确很难概括；其实作者在下笔的时候，自己也觉得仅仅在写一种感受。我们觉得这篇浸透着作者感受的意境小说，虽然没有掺杂某种外加的意念，反而有更丰厚的历史感和现实感。至少可以让人体味出，一个封闭或宁静环境的构成，也只是一种动乱之后的暂时的统一，这个"封闭"，终究又会被某种新生力量所打破。对于这篇小说的结构，吴功正认为三代人的历史命运能浓缩在仅几千字的短篇之中，"一方面是中篇式的扩展，一方面是短篇式的压缩"[1]。其实作者并非在这个三代人的历史命运上"扩展"或"压缩"，而仅是将粗线条的"写意"作为那个宁静的湖面上掀起的浪花而已。

　　以环境为主体的意境小说，它的环境是一个单一的整体，因为作者的感受，是来自那个特定的环境。而以心绪为主体的意境小说，对于寄托心绪的环境，就不是那么单一了。人物的心绪远远大于从单一环境所得到的感受。必须展现好多场景才能足以表现。《石匠》里退休老石匠为造福后人的美好心愿，是通过对桂林独秀峰、漓江、桃花江以及七星洞等描绘得以抒发的。《斩凌剑》里小方子对革命暴力推翻四人帮的渴望，是面对卢沟桥的桥墩展开想象表达出来的；其中有义和团暴动，有抗战队伍的前仆后继，有"四五"运动的滚滚浪潮。其实这些场景都是象征手法的运用。《斩凌剑》里卢沟桥十一个桥墩，就是革命暴力的象征，"每当天下有紧急，国家有危险，民族有灾难，风萧萧，水漫漫，夜沉沉，十一把斩凌剑立地呜呜作响"。接着，带出波涛壮阔的革命画面。《石匠》里描写独秀峰，"这些峰都是平地突起，直上青天。又都是岩石做成，各有各的硬朗倔强的妙处。岩石缝里，又都生长着杂树，好像到处探头叫道：'我活着哩，我在长着哩，我这里有的是力气哩。'"这一切分明是老石匠的精神化身。作者曾说过"我自己的东西不完全那么写实"、这里正是采用虚笔来结构小说，其目的显然是为人物的心

[1] 《新时期小说形式美的演化》，《当代文艺探索》1986年第1期。

绪，得到更大幅度的抒发，扩大作品的思想容量。值得一提的是，《石匠》采用的是统体象征，而《斩凌剑》除了象征还有具体事件的记叙，作者企图用虚实交织的手法，把读者从"空灵"的境界带回到现实生活中来，以便取得更好的艺术真实的效果。遗憾的是，这篇小说未能取得成功。虚笔的境界非常宏伟壮阔，而写实部分显得单薄无力，似有虎头鼠尾之感。尽管这类小说还有不够完善之处，但作者以虚笔写心绪、淡化情节、诗化意境的尝试是很值得称道的，这应该说也是结构短篇小说的独特之处。

以上把林斤澜的小说结构艺术，归类为三个方面来考察，这三方面当然不是绝对割裂的，其中的许多手法的运用是相互渗透的。如象征手法，不只出现在意境小说里，《卷柏》《朝天椒》等性格小说也很出色；情节删削之后的"串味"，不只出现在故事小说，《玻璃房梦》《寻》等命运小说里也可"品味"到；"留得好的'空白'"，不仅出现在性格小说里，几乎所有的小说都可找到。总之，各种手法都是在"以小见大"的前提下的灵活运用。

（原载《温州师范学院学报（哲学社会科学版）》1987 年第 2 期）

一个不可多得的寓言
——《矮凳桥风情》试析

孟 悦

林斤澜的小说总是自成一世界，自成一不可摹拟、难以界定的世界。这世界游离于我们日常经验的边缘，似有情亦似无情，可理喻又不可深究，望似清晰实则暧昧，仿佛不动声色地表明或掩盖什么。是淡泊？是超脱？抑或游戏？我宁愿认为，一个饱领大半生社会沧桑的作家，一个在时代变幻中"写东西写老了"的人，势必会将他独有的那一份源自历史、源自人事浮沉、源自生命本身的彻悟与睿智、信念与希冀灌注在自己的作品里。我也因此相信，《矮凳桥风情》正在不仅以它明确说出的东西，而且以它未曾出口的东西，以它的全部存在，把作者半世思索感受的精华馈献于当今。

象喻化的时空

名为"系列小说"的《矮凳桥风情》，显然不同于诸如"红高粱家族"那样的系列。它不包含一个被拆开来讲的故事，允许你根据各篇之间互相叠套、互相诠释、互为谜面与谜底的情节接榫，把拆散的片段复原为整体；它也不提供一份像亲缘——家族那样网络严密的人物谱系，允许你从遥远的神一样的祖先那里，追索到人类某一群体共有的或特有的或曾经有过的精神品性。"矮凳桥系列"没有一个贯穿首尾的事件链条，矮凳桥的人物也各据情节，哪怕是邻里、同事、亲友或恋人。然而无可否认，十几篇矮凳桥故事之间，流动着一种不言自明的整一性，它们确乎不是任意堆砌的零散"风情"，而是一个完整的"系列"。

我认为这种浑然一体的整一性来源于一个共同的规定情境——矮凳桥的特定时空。一方面，在我们社会历史的语义关联域中，矮凳桥这个普通地名已经可以看作新型乡镇的代称，它暗示着一种别样的生产方式，别样的生活方式、人称关系和价值系统，一个别样的世界。所有的事件都因发生在这里而显得非同一般或见怪不怪，所有的人物都因这一地名而具有某种身份。它

（他）们彼此可以毫无关联，但却共同隶属于这一时空，共同充当着一个当代传说的组成部分。另一方面，从本文的内在语义结构来看，矮凳桥的特定时空又发挥着一种超常的作用，它不仅是一个现实意义上的自然地域，而且是一个象喻性的戏剧时空，空间各部分组合的结果不是构筑一个中性的框架，而是构筑一个"布置好"的舞台，构筑"剧情"本身。矮凳桥的时空以它象喻性的力量行使着情节的职能：将零散的事件和人物勾连整合为一个表意整体。

分析起来，这一时空是以它鲜明的视象——意象设计参与叙事的。自然视象看上去很简单，在几角锯齿山环绕的这块盆地里，主要的空间标记不过一道十字街，一座石头桥，一条时宽时窄的溪流。但显而易见，它们绝非单纯的自然景物，而是作者"设计"过的意象，发射着超乎其自然形态之外的、象喻性的信息。让我们逐一析之。

无须赘言，林斤澜笔下的溪流是一个象喻。首先，作为水的意象，它无形中具有文化传统所约定俗成规定下来的象征意义：时间（或者历史）。虽然不是大江大河，这条小溪却也令逝者如斯、淘尽风流，它像时间那样，只承诺最纯净精华的东西，"这一溪的水，好像是石头渗透出来的，好像是石头硬顶着风吹日晒，却把精华、把骨髓把灵魂汇集起来，流走下去"。其次，它还具有另一个与时间密切相关的寓意：生命。这是那种永恒的，延续人类的不屈不挠的生命力，"看见了溪，无异于看见了生机，看见了天无绝人之路，看见了人，人在太古的洪荒中活下来的可能性"。不妨说，溪水所象喻的时间不是客观时间，而是对人类而言至关重要的群体生命时间。与溪水相对的一个意象是矮凳桥的十字街。十字街或许称不上是历史悠久的现成象喻，但从上下文看，它绝非是一个不表意的空间形象。它是矮凳桥社会生活的中心场地，街景的萧条与繁荣密切应合着历史的逆转与前进，街景以它自身形态的变幻为国家社会的兴衰做着"实物招牌"。这无异于说，十字街喻示了自身之外的社会生活信息，它是对特定社会空间的一则象喻。

值得注意的是，这一对时空意象是用两种不同的笔法处理的，并因此被置于互不通融的对立位置上。对水景的描绘充满浓厚的象征色彩，而对街景的勾勒则采用了某种现实摹写方式。于是水景朦胧如梦，又绿又蓝，又不绿又不蓝，罩一层幔，街景则清晰具体，六百家商店三十家饭馆历历在目；水景是神异之景，仿佛有灵，屡有阴司的幽魂出没，环绕一串串的鬼话传说，街景则是人世一角，住着阳间的芸芸众生，生老病死悲欢离合，铺天盖地充斥商品，是一个"物"的化身；水景可是一个人格化的象喻，它是万物之源，是暮春三月的小母亲，带来春茶山笋石头桥和十字街，带来这个乡镇现有的文明，街景则永远是被动的"受事"方，它的面貌随社会和人事的更迭而变幻，仿佛溪流幻现的僵硬外形。最终，两套笔法使"溪"与"街"具有了两种对立的物质品性：一清一浊，一虚一实，一空灵一沉滞，一无形一有形。换言之，溪流与街景的对立十分近似于我国古典哲学本体论中的对立，即"无"与"有"、"道"与"万物"，或曰本体与表象对立。这是溪水与十字街这两个意象的又一象喻性内涵。这一内涵的重要性在于，它以一种有关世界本体的哲学思想解释了"溪"与"街"之间那种历史时间与社会空间的关系；"溪"作为历史维度的象喻，是如同"无"与"道"一样的本体，而"街"作为特定的社会生活形态，则相当于"有"，相当于"无"所化生的"表象"。

　　这一寓意可以由"桥"的意象进一步印证。在传统文化里，"桥"也算得上一个带有特定内涵的意象。它的特性既近于"土"——家园、现实、安定有根的一切，又不离"水"——不息不止的、"非常道"的、育化万物的一切。在矮凳桥世界中，桥西与街口相接，桥洞与溪水相涉，矮凳状的石桥无形中成了清者与浊者、虚者与实者、近无者与近有者最贴切最自然的连接点。或许正是在古代哲学本体论意义上，它被全镇人视为矮凳桥的"穴道、脉口、风水咽喉"。同时，"桥"作为是临于生命——时间之流上的一个定点，又势必象征着历史的中转，有如一个过去未来之交的特定标志，因而它又为共时态的街景与历时态的溪流建立了某种联系：以洞观过去与未来的历史视角为特定的社会生活形态提供某种区分"本体"与"表象"的观照。

　　桥、溪、街的意象组合构成了一个完整的、象喻性的世界，这世界本身已经是一个寓言。溪流说，作为历史和时间，我育化万相万物，是一切文明与物象的本源。但我是无形的、不言而逝的，凡有形者皆出于我又皆异于我，因我永无静止。十字街说，作为特定社会的具体场景，我生于历史且将葬于历史，一如生于无而归于无。但我以"果"的形式昭示"因"的存在，以"有"印证"无"。溪流说，在我无尽开放的时间流程中，任何具体的"现在"都只是一个移过性瞬间。十字街说，我是历史之流的一个特定制度，是此时此刻历史留下的唯一踪迹，因而也唯我能够证明已逝的时间……总而言之，矮凳桥世界中那几个具有表意功能的、几乎会说话的时空意象不难构成一个诸如此类的寓言。这一有关历史与现实的寓言犹如一个真正的情节那样，使矮凳桥的人事无形中变作大故事中包含的小故事，成为大故事的组成部分，成为"系列"和整体。

"幔式"情节结构

与这类有象喻性的时空意象相呼应，《矮凳桥风情》中的情节也不仅是中性表意手段，相反，情节以它自身的结构传达着某种意义。

《矮凳桥风情》中的情节大概要算当代那些最难解释、最难分门别类的情节之一。这里，各种事件，不论是一句话还是一个行为，都很少离奇之处，但它们的排列组合关系却模糊不清，至少不太合规矩。你无法从事件的相互关系中找出什么主导、核心、关键、深层结构或主题意义。确实，作者有意追求一种"有话可说时少写，没话可说时多写"的叙述方式，于是，事件被有意互相疏离，意义被有意离心，令人无法根据已有的叙事模式诸如因果或反因果、时序或无时序以及象征、魔幻、意识流等等确定自己的期待。或许，这便是你在《矮凳桥风情》中所能找到的唯一情节特点。

这里，情节—事件的排列组合与其说构筑某种意义，不如说拆毁意义，与其说揭示某一意义不如说遮蔽或模糊这一意义，似乎事件排列组合的目的就是为了自我否决。举《溪鳗》和《袁相舟》的情节为例。《溪鳗》颇有怪异色彩的情节中，有两处一望而知是有意遮掩的事件，一是用"光条条从溪滩上抱来"的传说模糊了现实层面上的事实——她的出生身世；一是以镇长某个傍晚在溪边幻觉般的恍惚经历遮掩了另一个事实——溪鳗"有没有作下传宗接代的事"。读者可以凭想象去填补这两处空白，但填补上的东西却不可能是被遮掩的事实本身。诸如此类的遮掩性叙述始终扩大着我们与溪鳗的距离，我们只看到环绕于她周围的气氛、色调、象喻，却看不清她本人。到头来，溪鳗也有几分像一个奇特的象喻了。

归结起来，这类小说的情节结构共有一种模糊乃至遮掩意义的功能，《溪鳗》以一种神异的事件遮掩了现实—事实，《袁相舟》则是以现实中的一些事件遮掩淡化了心理、历史、人生的另一些事件。《小贩们》在搭船运货的事件中装满了孩子们的信口开河，装满了"热"的故事、"冷"的故事、莫须有的和真实的故事，于是便瓦解了你期待的"意义中心"。《憨憨》从憨憨跑供销扯到空心大好佬讲黑胡须白胡须憨憨造楼的传说，其中还莫名其妙地跳出"农民某人"的"交代"，故事套故事，找不出个主线，《舴艋舟》中的新老传说与实人实事完全混在一起，使人几乎真伪莫辨，弄不清是传说造成了现实，还是现实带来了传说。

或许可以用矮凳桥世界特有的一个意象来概括这种模糊真相的情节结构：幔。《矮凳桥风情》的情节似有"幔"的形态："有的地方浓重发黑如铁，有的地方清浅如半透明的纱巾。"《矮凳桥风情》的情节更似有"幔"的品性：它横亘于视线与对象之间，它非"真"，也不充当"真"，但又是唯一可见的实在。幔式情节否定了绝对的、真理般明确的意义：现实、主题、因果、人物性格、主导或中心皆"不在现场"、无法确定，幔式情节也否定了自身，它可以是唯一可见的东西，但绝非"真"本身。

《矮凳桥风情》以否定并自我否定的"幔式"情节取代了线性的、意义自明的逼真情节，这本身就是一种表意行为。幔式情节不是要人相信真是真的或真是美的，而是以自身的结构喻示"真"的不可逼视。因此可以说，幔式情节结构讲述了一个寓言，一个花非花、雾非雾、鱼非鱼的寓言，这寓言包含着一种东方的、既古老又现代的感悟方式和哲理。《矮凳桥风情》的情节以它自身的认识论特征深化了时空意象的含义：像溪流一般不言而逝的历史本身是一种不可逼视之"真"，凡形于文字、固着于物象者，已是非也。唯有悟出鱼非鱼、花非花时，才可谓知真谛。这种寓言性的内涵为我们理解矮凳桥人提供了一个不可多得的视点。

"传说化"的叙述与仪式

《矮凳桥风情》的叙述结构令人联想起舍伍德·安德森一部优美动人的小说《小城畸人》：一座小城或一座乡镇，其中的人们过着相同的社会生活，是邻里、亲友或熟人，但每个人都有他自己的、别人不可替代甚至无从参与的故事。舍伍德·安德森笔下的人是普通人，互不相续的故事联系似乎体现了人性的一种必然形式：作为群体的人类必须孤寂地生和死。林斤澜笔下的人也是普通人，但却是社会身份更明显的普通人，他们除了体现生存的孤独之外，还以自己在社会中扮演的角色体现社会生活碎片化的、多元性的存在。安德森人物的孤独是人在情感和心灵上的孤独，林斤澜人物的孤独则似乎源自社会生存本身：各人所承受的生活现实、经历回忆、价值信念、表达方式之间的难以沟通。

值得注意的是，矮凳桥人的社会身份乃至个性特点是叙述话语所赋予的。安德森仿佛在描写一些"原来就有"的人，叙述语言是透明的，而林斤澜则用一连串副标题为每一人物都加上修饰，使之赫然成为"矮凳桥的"某一角色，仿佛有意提醒读者，这些人物并非"原来就有"，而是话语加工过的，是话语选择的，若没有话语的介绍作用，他们很可能就不为所知。

实际上，这关联到《矮凳桥风情》叙述方式的一个特点，这种叙述方式要给你一个已经变成话语的现实，一个话语中的"现实"，而不是透明窗外原封未动的现实。请看《溪鳗》《李地》《袁相舟》《车钻》《憨憨》都是怎样"入题"的。《溪鳗》开头是描述街景，但劈头一句却似讲个传说："自从矮凳桥兴起了钮扣市场"，"早年间"如何如何，及至写到鱼非鱼酒家时，又先垫话道："不免牵扯到旧人旧事，有些人事还扯不清楚"，然后方讲"店主人是个女人家"。这种叙述取的是民间说书讲古所惯用的修辞描述手法。《袁相舟》为写"第一个做钮扣的人"，先扯到"千里地外，知道矮凳桥有个钮扣市场……百里方圆，传说这个市场是两三年里发起来的"。《李地》每一小节第一句都是：这是一个××年代的故事，这些也类近传说故事的讲述模式。《车钻》从一个"可以说一袋烟工夫"的"典故"开始，《憨憨》从"老人亭"里交换时道、朝势、气血、命运的闲话道来，皆颇有口头文学的"讲本"之风。这种以说书式的、讲故事的、借典说今的、作家考证等等方式入题的叙述模式，与一系列"矮凳桥的"副标题同一功能，那就是将描述对象"传说化"，不求使人物毕肖于实物实人实事，但求使人物成为一个个因叙述才存在的、话语中的生命，不求传达客观之真，但求表现传说与话语的本来面目。无须赘言，这种叙述方式与矮凳桥的时空框架和情节结构同一寓意。

既然"矮凳桥人"皆是"传说化"了的人，那么他们构成的矮凳桥社会也势必是一个"传说化"的社会。因此，具有现实形态的故事和具有虚构形态的故事往往处于一种等值的位置，《小贩们》讲的真人实事与童话故事不妨混在一起，因为它们在孩子们的想象世界中或许原本就不可区分。"丫头她妈"的梦不妨看作是现实的预兆，传说"掉了头"的蚱蜢舟不妨被现实当即应验。现实与虚构的等值无非证明，矮凳桥的故事无论是否逼真，都不过是话语中的存在。矮凳桥的"发酵"、兴盛及钮扣市场，都不过是一个现代传说的组成部分，矮凳桥的一切都是我们社会语义关联域中已经形成或正在形成的"传说"，是为社会群体所首肯的那一历史流向的象征物，而非历史的真实本身。这样"传说化"的叙事方式从自身的角度为鱼非鱼的寓言提供了又一种解释。

仿佛是为了印证这传说、这世界那种"既是且非"的特点，"矮凳桥人"的正常行为往往具有一种超常的意味。"矮凳桥的造反派"曾冒生命危险去做一桩"破四旧"之举一敲掉石桥上的刻字，"矮凳桥的反对派"也冒大不韪对社会现实大加诋毁，这两则行为就其本身来看都算不得光彩，"造反"可以是某种愚蠢，"反对"可以是保守倒退。然而其动机却造成了强烈的反讽意义："为的是叫你们知道知道我！"这个超出历史规定情境的动机使行为本身成了两个青年的成人式，行为不过是借以成熟、借以避免默默无闻的外在手段。这一行为有如仪式：通过动作完成一个象征过程，一个实现某种愿望、剔除某种恐惧的过程。仪式性的行为在《章范和章小范》中更为明显，这里，谎言不是乱真，而是一种愿望的象征性满足。饥饿时便有吃羊肉的谎言，穷困潦倒时便穿上草绿上衣深蓝长裤和闪亮的黑皮鞋。谎言如同"挣扎出来的笑"，不仅是欺骗或自我欺骗，而且是绝望无以谋生时，精神自救的一种象征性仪式活动。同样，袁相舟的十八般手艺也不仅仅是变着法儿换饭吃的手段，而且也是活着、在太古洪荒的绝境中生存下去的一种证明。干什么或许无关紧要，重要的只是做本身——行动本身。行动作为生命的一种证明，是拒绝被宣判死亡的反抗仪式，也是延续并执着生命的一种自救仪式。最后，当然还有李地那样常年不离手的、清澈碧绿的云雾茶。喝茶是一套象征动作，为的是"看浮沉"清醒头脑，辨别真伪，为的是喝过茶后没有眼泪地走自己已经走着、并还要走下去的路。不言而喻，超越自身意义的行为本身，就体现了鱼非鱼的道理。这些仪式性行为有一个共同特点，它们都是一种求生的仪式。确实，在人类自远古便创造出来的仪式中，哪一种不是求生的仪式呢。

因此，这种仪式对人物和作者具有同样重大的意义。对人物而言，这是被压抑的生命力的反抗仪式；对作者而言，则是以文字形式对一度被剥夺的生机作某种拯救，对历史、对历史中的人性作某种拯救。而这种拯救之心，应该说只能出自一颗曾经被出卖、曾经被叛卖，然而却依然力图信赖生命并希冀明天的灵魂。

矮凳桥世界是一个寓言般的世界，它讲述着一个关于历史的过去与明天、关于认识过去与明天、关于拯救过去和走向明天的寓言。这一寓言中或许浸透着幽愤、浸透着无以填补的缺憾、浸透着不堪回首的记忆和埋葬在记忆中的刀光血痕、浸透着黑色幽默和不知是否仍然"天真"的童心，浸透着从这一切中升华而出的"混混沌沌"的清醒。但"有一条是千真万确的"；这里，"没有眼泪"。这或许便是历史和人生锤炼而成的超然与淡泊。

（原载《当代作家评论》1987 年第 6 期）

矮凳桥系列小说的叙事结构

罗强烈

系列小说《矮凳桥风情》的出现，构成了一个不大不小的独特而陌生的文学现象。这是一个诱惑，同时也是一个难题。不论是普通读者，还是职业读者，阅读林斤澜的小说，都不可能产生春江泛舟的轻松，反倒会有摸不着石头过河的吃力。

林斤澜的艺术世界既是那样幽微、独特和陌生，给读者的却又不是猎奇心理的满足，而是直逼"普遍问题"的联想思维的洞开。汪曾祺体会到：读林斤澜的小说，就像咂摸小鱼，要慢慢咀嚼才能品出味儿头。也许成功正是以局限为前提的；林斤澜的小说自然限制了他的读者，这不仅表现在数量上，而且更表现在层次上。——我只是想指出这样一个事实，而不做价值判断。所以，我在这里只是以"叙事结构"作为分析线索，提出自己对《矮凳桥风情》的一种理解。

以"神"为线的结构框架

要论述清楚这一点，还必须从林斤澜艺术地把握世界的独特方式入手。《林斤澜小说选·前记》中的这样一段话，对我们理解他艺术地把握世界的独特方式极有启迪意义："……也还有少数真正的艺术家，飞翔在高天之下，波涛之上。只守着真情实感，只用自己的嗓音歌唱。波涛狂暴时，那样的声音当然淹没了。间隙时，随波逐流的去远了，那声音却老是清亮，叫人暗暗警觉出来，欢腾欢腾的生命力。"我们完全有理由认为这是林斤澜对自己的艺术追求的自我描述，这其中透出寂寞的探索者的自信。虽然林斤澜再三强调"真情实感"，但是，我认为理解这段话，也即理解林斤澜艺术地把握世界的独特方式的关键，还在于"高天之下，波涛之上"所标示出来的艺术境界。"波涛"可以看成是生活海洋的真实，而"高天"则应为人类思维的极限，在这两者之间寻找到不同的联结点，便形成了不同的艺术形态。在这里，重要的既不在"真实"，也不在"本质"，而在于一种独特形态的确立，这才是艺术存在的第一个理由。

"真实"和"本质"都是相对于文学与外部世界的联系而言的概念。而作为文学本体的存在要求，就是形成独特的艺术形态；独特的艺术形态的出现，才能证明相对经验世界而同样具有生命的文学世界的诞生。林斤澜正是以一种独特的"神韵"来组织和提炼生活、题材、人物、情节和语言等文学元素，从而构成自己卓尔不群的艺术形态——这就是他艺术地把握世界的独特方式。

凭着一点理论素养，要理解这一点并不太难，但是，重要的是我们要在《矮凳桥风情》中感受到这一点——这正是批评作为"流动的思想"的性质所决定的。那么，我们就要具体地解剖《矮凳桥风情》的艺术结构框架。这里所说的艺术结构，不是指相对情节而言的结构，而是指艺术世界的形态结构。林斤澜是一位现实主义精神很强的作家，而且，他的《矮凳桥风情》又写的是他的家乡，并且还是在目前的时代中在痛苦和欢乐中喧哗与骚动的家乡，但是，从整体的艺术形态上来说，《矮凳桥风情》并不是一部纯粹用写实手法创作的小说。林斤澜基本不按"生活的本来面貌"描写生活，而是把现实生活改造成一种不同于现实生活本身的艺术形态。如果说生活是水的话，那么，林斤澜则在努力用艺术的阳光去蒸腾它，使之变成"幔"的形态。"有境界自成高格"，应该说，这正是具备了一种艺术的境界。我们分层次对这个结构框架进行阐述。

首先，我们分析题为《惊》的短章。小说涉及的是"割尾巴"运动，全文都在"尾巴"上做文章。"割尾巴"本来是一个比喻，是指我国农村在特定历史阶段所经历的一种实实在在的政治运动。而《惊》却在这种比喻中寻找到自己的艺术精灵。小说甚至连学习班上如何查尾巴、割尾巴的情景都避而不写（这又涉及林斤澜"有话则短，无话则长"的叙事艺术，以后将会论及），而是捕捉学习的前夜，那些聚集在"陈十四娘娘宫"的善良的人们的一种精神变异形态——在这里，描写对象的精神变异形态和创作主体的艺术思维形态是合二而一的。"同志哥对同志姐说：'脱下裤子，看看你的尾巴！'""同志嫂说同志哥的尾巴：'翘起来旗杆一样。'""这些话都火红滚烫，都是在战场般的会场上，子弹那样射出来。完全没有闲情杂念，神经都紧绷如弓弦、钢丝、缆绳，凡圆脸都拉成长脸，长脸都生毛如驴脸。"林斤澜把这种"炸营"写得"像真的一样"（这是作家的本事），不过，有经验的读者不难发觉，这是一种对人的文明的嘲弄，嘲弄的背后又包裹着作家的悲哀和愤怒。"尾巴！"梦中有人惊叫（林斤澜的小说中经常出现"梦"，这与他以"窝"为线的结构框架是一致的）。于是，学习尚未开始，这里已经草木皆兵，参加学习者的精神已经紧张到了临近崩溃的边缘。"挤挤撞撞的人们应声摸屁股后面，也有摸了前边的，也有摸着别人的，也有两只手都动不得只好干喊的……"精神活动受到外界的政治压力而变得畸形，无力摆脱厄运的痛苦在潜意识中变成了对自身再生尾巴的恐惧。本体变成了喻体，对喻体的描写因之也就变成了对本体的描写。把现实生活的本来面貌改造成一种艺术的变异形态，这就是林斤澜小说所追求的"神"，同时，这种变异的艺术形态也就成了《矮凳桥风情》的艺术结构框架。

《惊》是"矮凳桥的女镇长——"系列的一篇。现在我们就《惊》所处的这个系列来分析其结构框架。这个系列，包含着《惊》《蛋》《茶》《梦》《爱》这样五个既互相独立又互相联系的短篇。从第一个层面上看，正如标题所示，这一组短篇写的是"矮凳桥的女镇长李地"，而李地也确乎是贯穿于全组小说的人物。但是，如果我们在阅读中稍加仔细，我们就能看出，林斤澜的目的不在于塑造一个人物形象，他只是把李地作为这一系列的结构纽结，使之有一条清晰的线索。而这一组小说的深层结构框架，是以李地为圆点扇形展开去的一种精神形态和历史形态。人物只是一个次要的艺术层面，而勾画出一条哲学和历史的轨迹，才是这组小说的内在层面。林斤澜这样一种深沉老辣的创作追求，在这一组短篇中显得最为成功。《惊》写的是 20 世纪 50 年代的故事，实际上是"割尾巴"政治运动在矮凳桥引起的精神变异形态；《蛋》写的是 20 世纪 60 年代的故事，李地卖掉家中仅有的一个鸡蛋，价值六分，买回两分盐，一分白线，一分黑线，一分石笔，一分冰糖，一分钱不能买冰糖，幸亏售货员"高桩柿""秤杆稍微软一软"，将四厘升为五厘，又依照四舍五入的算法算成七分，李地才为笑翼买回一片"指甲盖般大，指甲盖般薄"的冰糖，这是一种简洁而惊心的特定社会时期农村濒临破产的历史聚光；《茶》的故事长一点，牵连几个年代，作者把一个较长时期的政治形态的风云变化折射在某种文化形态之中；《梦》触及到了矮凳桥的现实矛盾，属于 20 世纪 80 年代，而这种矛盾又是以梦境化的方式加以处理，使之显得尤为冷峻清晰。而《爱》则是一个不分年代的故事，写李地一生的性意识的变化。这样，李地系列各篇既相对独立完整，自成一个单元，而合在一个更高的层次上，又从不同年代、不同侧面、不同领域，有血有肉地构筑了一个充满哲理和历史意味的艺术世界。这种意蕴，正好构成这一组互相独立而又互相联系的小说的内在结构框架。

接下来，我们就应该对《矮凳桥风情》的整个结构框架进行考察和分析了。《矮凳桥风情》的缘起，是林斤澜回到家乡温州，被那里神奇的现实触动了，面对纷纭复杂的生活，人们的议论热火朝天，什么"路"，什么"模式"，什么"必由"不"必由"，各专家都在研究。林斤澜在《后记》中说："反正面临一场大改革，关系着民族的振兴。我也要研究研究……用不着等待什么'路'，什么'模式'讨论清楚，我只不过亲眼见到了些事情，发生了亲心的感想。另外，相信手里这支笔吧，相信会写下该我说的话，不会去写归别人管的事。"果然，林斤澜不是去摹写现实生活的面貌，而是有本事把这一切——"眼见的事情"和"亲心的感想"，创造成一个独立的艺术世界。他把矮凳桥创造成一个发展着的整体，在三十多年的时间结构中寻找着历史前进的内在的肯定和否定的魂灵（这一点以上的分析已经或多或少地涉及，下一节还将涉及，故从略）。正是这种魂灵，成为《矮凳桥风情》全书的艺术结构框架。历史的荒诞形态，就是历史本身对自己的否定，而历史对自己的肯定，导致不断前进的另一面，就是作为历史创造者的人的精神力量，这是《矮凳桥风情》的又一大魂灵。在整部小说中，存在着一个关于人的总主题，不论是好人，坏人，好人中的坏人，坏人中的好人，林斤澜基于对他们的深刻理解和同情，发掘出了一种人性中作为生命韧性的精神品格，用林斤澜的小说语言来说，就是人的"皮市"，正是这样一种生活的内在筋骨，使矮凳桥的历史得以延续和发展。袁相舟在任何环境中都能适应和生存，几乎是任何生活挑战，对他来说都是"眼活"（《袁相舟》）；供销员憨憨的那种生存和竞争精神，在北方之行中更是以一种灵魂出窍的形态显现出来（《憨憨》）；李地的韧性更是使人感到惊人……这样一种神魂式的结构框架，无疑使《矮凳桥风情》具备了一种少见的深度和厚度。

笔记和诗魂相融的小说文体

艺术作品是一个立体结构，艺术批评的分析，应该是在阅读过程中转动着它的不同侧面。这样，理论所建构的秩序才能与艺术作品的秩序相对应而成为两相参照的经验世界。——这一点也作为本文起承转合的交代。然后，接着上一节的逻辑顺序来分析。《矮凳桥风情》写了改革这样一个现实，林斤澜在《后语》中也说得清清楚楚。但是，《矮凳桥风情》比起当前许多以改革为宗旨的小说来，为什么会显得出类拔萃呢？我认为重要的一点是他在作品中筑起了一条历时的轴线，他把改革的现实作为历史发展的一个环节。换句话说，他致力写的是一个历史的过程，或者说是追求一种"史"的效果。

然而，这一节所要着重分析的，是林斤澜这种"史"的追求，如何体现在他的小说文体中。我认为，他在现代艺术的意义上，改造了传统笔记小说这种文体，吸取了有价值的艺术营养，形成了一种新的笔记小说的文体特点。

《历代小说笔记选·林序》中有这样一段界定笔记小说的话："小说始于汉，笔记始于唐，目录家皆列诸子部，其实皆史书之支流也。"我引用这段话的用意，是想点明笔记小说与"史"的关系。加之这实际上已经是一种历史地存在着的事实，所以也想在这方面节省笔墨。承认笔记小说是"史书之支流"，是论述现代笔记小说的逻辑起点。正是在这一点上，我认为《矮凳桥风情》从魂灵上是与笔记小说相通的。林斤澜之所以要把自己的家乡确定为小说蓝本，要把矮凳桥这个话语世界叙述出自己的生命，并把它放进一定的历史长度单位中加以展现，都可以看出与一种"野史"的趣味是紧密相连的。不过，在这种"史"的追求中，林斤澜的中心不在客观世界的物换星移，冷暖荣枯，他着力的是经验世界里的酸甜苦辣，世味人生，他想艺术地把握和创造的是一种"心史""精神史"，或者说是"人自身的变迁史"。正是这样一种艺术追求的显现，决定了林斤澜在小说的深层意义上选择一种形而上的神思作为叙事结构框架（这一点上一节已经论述）。也正因为这样一种艺术追求的显现，虽然林斤澜曾反复声明"我自己的东西不完全那么写实"，而人们却仍然认定他是一位现实主义精神很强的作家，同样的理由，林斤澜从艺术的性质出发对"野史"的认同和倾心，才造成他的小说在艺术形态上"不完全那么写实"的特征。

林斤澜是把矮凳桥作为一种历史话语创造的，在他的小说"文本"结构中，总是尽可能宽泛地体现出一种"历史语境"。这一特征体现在文体上，就是采用笔记小说对时空自由跨越的处理方法。从某种意义上说，历史的存在总是表现为一种时间形态。而时间的形态，正像索绪尔的语言学所揭示而又被人文学料普遍接受的那样，分为"历时"和"共时"两大类型；正是这样两种类型，交织而成历史的坐标。小说对时空采取自由跨越的处理方式，正是为了以"历时"和"共时"这样两种形式去捕捉历史的存在状态。

从"历时"的角度分析《矮凳桥风情》，我们可以看到林斤澜总是在有限篇幅内自由地切割和重组小说的时间，力图在一定的时间单位中体现出一种历史意识。这方面最有代表性的是《溪鳗》。小说以"性"的变迁的历史意识作为结构焦点，而小说的时间则围绕这一焦点自由切割和组合，表现出在一个以男性为中心的社会中，女性的艰难和变化，以及由此而派生的微妙的美好或不怎么美好的心态结构及其转化。《车钻》的车钻，在时间的第一个点上出现时，是一个刁钻古怪、心理变态的"造反派"青年。矮凳桥是矮凳桥镇的物化标志，桥上刻的"碧沃"两个字，是前清乾隆爷游江南时一位县太爷题写后又颠倒而成的。"文化大革命"来到矮凳桥，人们对这两个字也只是议论议论，因为"那悬空在水面上，谁来搭个脚手架呢！"而车钻却要冒这个险，仅仅为了让人"晓得晓得我"，非要铲掉这两个字不可。车钻这种刁钻古怪的心理，随着时间的推移，到了改革的年代，却又呈现出另一种形态。"矮凳桥的钮扣生意做开来了，不但街上摆满了摊子，常年有千把两千人冲州撞府推销扣子。"车钻便由给扣子照相做广告，到搜集编起成本的钮扣目录，成套的钮扣样品图片，成千封地往山南海北寄去，从中发了财。从前刁钻古怪的车钻，仍然显得刁钻古怪，干起了"矮凳桥历史上没有过"的生意。但是，随着历史时间的展开，一种刁钻古怪的心理也留下了自身的发展轨迹，并找到了与环境相适应的归宿。这时，我们从第一个时间点上对车钻的厌恶，转化为在整个时间过程中对车钻的理解和欣慰，这正体现了林斤澜的一种深沉的历史意识。

从"共时"的角度分析《矮凳桥风情》，就像说"祥子"不能不先说几句"骆驼"一样，要涉及作为长篇形式之一种的"系列小说"（下一节还要涉及，而且"系列小说"作为长篇体裁之一种，应该是另一篇文章的研究课题，所以，我只从与本文论题相联系的角度来涉及这个问题）。林斤澜在《后语》中是这样表述的："生活的迅速发展，事物的复杂变化，心态的冲决动荡，要求'体裁'的灵活。"所谓"系列小说"，其结构功能主要体现为"合之可至无穷之长，分之可成无数短篇"，"原是长篇，'体裁'中之一体"。我认为，从林斤澜自身的艺术长处来说，他选择"系列小说"这样一种体裁绝不是偶然的，具有作家自身的内在规定性。在这之前，林斤澜名世的作品重在短篇小说，他在短篇这种语言艺术方面的精湛造诣，在"系列小说"这种样式中仍然能得到很好的发挥。本节只分析这种体裁所体现出来的"共时"结构的文体特点。从时间的形式和意义上看，《矮凳桥风情》的每一个单元，都有其独立的结构功能，也就是说，在自身的层次上看，它已经组成了一个完整的"思想话语"，体现了各种生活形态和类型的相对独立性和完整性。然而，在各个单元层面之上，它们又能构成一个新的系统，在这个系统中，我们便能看到各个生活单元在相互独立的基础上，又构成了相互联系的"共时态结构"。这种生活的"共时态结构"，仍然体现为一种历史感。因为历史绝不只是指已经发生过的事实，同时还应该看到历史对当代生活的渗透和支配，"共时态结构"便是揭示这种"渗透和支配"的状态的一种艺术形式。我们在分析"李地系列"时，实际上已经触及了"历时"和"共时"的交错结构。《惊》《蛋》《梦》是一种"历时"结构，而这三个单元与《茶》和《爱》则又组成了一种"共时"结构，从《矮凳桥风情》的整体上看，《车钻》写"矮凳桥的一个造反派"，《溪鳗》写"矮凳桥的鱼非鱼小酒家"，《小贩们》写"矮凳桥的小字辈"，《笑杉》写"矮凳桥的反对派"，《方德贵》写"矮凳桥的顶头上司"……这些"历时"结构的各单元，都体现出各自的历史感，而当它们在一个大系统中组成新的"共时"结构时，历史的互相渗透和制约，换句话说，历史的复杂性和深刻性，就从另一个艺术视角上得到了揭示和艺术重建。

以上我们从"得其神"的角度分析了《矮凳桥风情》的文体与笔记小说的渊源关系。许多篇章的情感描写的态度，《茶》中对"×"字的描写与议论，

《憨憨》中采用憨憨的故事线与空心大好佬和空壳大佬倌的议论线（两位叙述者宛若历史的见证人）的从线结构，等等，都从细部形式上体现出笔记小说的特征。然而，我们指的林斤澜的这种文体特点，是现代笔记小说的文体特点。因为传统笔记小说毕竟"野史"的成分多于艺术的成分，寓言的理智多于情感的血液。而林斤澜的《矮凳桥风情》，却在笔记小说文体中注入了一种诗魂，使之充满了一种荡气回肠的艺术气势。既使人沉思，又使人动情，构成了小说艺术的特殊魅力。我们所指的《矮凳桥风情》的诗魂，当然并不只是指"溪水饱满坦荡，好像敞怀喂奶、奶水流淌的小母亲"这样的表层，而是指小说深层潜流着的那种富有魅力的艺术情感，是指那种时而严肃时而调侃，时而率真时而幽默的多重组合的情感基调。青年批评家黄子平在论及林斤澜《矮凳桥风情》之前的小说时所指出的这一特点，颇为接近我所说的诗魂："表面看来，林斤澜是一个冷静的、不动声色的作家，他的笔更像医生的解剖刀。其实，他的主观倾向相当强烈，只不过是用冰一般的冷峻包裹着罢了。这一倾向不是通过直抒胸臆，而更多的是从选材、夸张、集中——艺术变形中表现出来。艺术家是一面凸透镜，事物成比例的变形标明了他的'折射角度'——他的主观倾向。这一倾向直接的'可见因素'就在于他的语言风格，他的'语气'。"需要补充的一点是，黄子平所涉及的林斤澜小说，与现在的《矮凳桥风情》有所不同，后者由于触及的是作者的"归根之地"，而且又有激动人心的新现实，所以，他在保持自己原来的艺术风格的同时，增添了更多的温情与暖色调。这种诗魂，正是林斤澜作为一个作家的主体性的体现，而传统笔记小说恰恰缺乏的是作者的主体性。所以，我在本节开头就强调，林斤澜"在现代艺术的意义上，改造了传统笔记小说这种文体"，形成了《矮凳桥风情》这种笔记与诗魂相融的小说文体。

变幻多姿的叙事艺术

我想再一次提及本文第二节开头的那一句话："艺术作品是一个立体结构，艺术批评的分析，应该是在阅读过程中转动着它的不同侧面。"因为"变幻多姿的叙事艺术"，与"以'神'为线的结构框架"和"笔记与诗魂相融的小说文体"是不可分割的层面，我们甚至可以说是一个艺术内核的不同显现形态。当然，变幻多姿的叙事艺术，在林斤澜的小说中是不难看出的，有的批评家触及了他那种"雾非雾，花非花，藏头露尾，断断续续"的叙事特点。我敢说，在当代作家中间，很少有人像林斤澜这样，在小说创作中调动了那么多的艺术手段。所以，我们有必要对这一特点进行艺术分析。

如果让批评也选择象征的话，那么，我认为林斤澜笔下的矮凳桥，在某种程度上倒可以作为他的叙事艺术的象征。当然，矮凳桥本身就是由林斤澜那变幻多姿的叙事艺术所创造。那么，把矮凳桥作为他的叙事艺术的象征，也就不存在什么"象征的距离"了。比如，别人就不会也未必能像林斤澜这样奇诡瑰丽地来描写矮凳桥：

> 桥墩和桥面的石条缝里，长了绿茵茵的苔藓。溪水到了桥下边，也变了颜色，又像是绿，又像是蓝。本地人看来，闪闪着鬼气。本地有不少传说，把这条不起眼的桥，蒙上了神秘的烟雾。不过，现在，广阔的溪滩，坦荡的溪水，正像壮健的夏天和温柔的春天刚刚拥抱，又马上要分离的时候，无处不蒸发着体温。像雾不是雾，像烟云，像光影，又都不是，只是一片朦胧。

我们先从结构上来分析《矮凳桥风情》变幻多姿的叙事艺术。林斤澜之所以选择"系列小说"这种形式，他在《后语》中说过，关键在于这种形式能"在可合可分中，见出灵活来"。这一点既是他选择"系列小说"的原因，同时也已成为他所创造的"系列小说"所具备的效果。《矮凳桥风情》是由一系划短章所组成的，在这些章节的安排中，作者力求变化，灵活多样，既有《李地——矮凳桥的女镇长》和《袁相舟》（当然，全书各篇艺术水平也有高下之别，后者就逊色于前者）这样的中等篇幅，又有《姐弟》《表妹》《同学》等轻灵秀逸的艺术小品，篇章之间既有情节或人物的勾连（比如《袁相舟》中的袁相舟的面貌，就不同于《溪鳗》中袁相舟，《李地——矮凳桥的女镇长》中的李地，又在《袁相舟》中以别一种风采出现，表面上看是人物和事件在不同篇章中的勾连相发展，但从功能上看又实在不是为的塑造人物形象，袁相舟在《溪鳗》中的出现，完全是为了构成《溪鳗》的艺术内蕴，也就是说，这种相连之中又存在取舍、角度和功能的变化），又有从人和情节上完全没有联系的小品（如《姐弟》《表妹》《同学》等），起到调节结构节奏的作用。

虚实处理也体现出林斤澜多变的叙事艺术。林斤澜常常在极为写实的描写中，转而运用极为写意的方式聚光传神。《通用局长》采用第一人称的叙述，关于宴席的色香味附着唾沫星子的叙述语言，使一个"吃家"的嘴脸自行显现，然而，"通用局长"的概括，却是极为荒诞，原因是老局长什么局都干过，人们便从"全国通用粮票"那里借来"通用"的称呼。这一由实而虚的跳跃，顿时为我们颖悟作品的艺术内蕴传了神（林斤澜的小说总是独特的，就是比较一般的《通用局长》，也有别人不能代替的东西，这可以见出一个作家的成熟程度）。林斤澜还有一种"雾非雾"、"花非花"，似实而虚，似虚而实的艺术处理，这些艺术描写的虚实尺度，在他独特的"语境"中达到了"临界平衡"。也就是说，有些意象，在具体的"语境"中，既可以看成写实，又可以作为象征。比如《蛋》中队长放在秤盘上的那三个"娇小玲珑"有如鸽子蛋的鸡蛋和队长家那只"秀气的小母鸡"，既是与作品的艺术逻辑相一致的写实，又可以在读者的阅读心理中抽象为当时那种穷困倒退的农村生产状况的象征。《茶》中关于乌鲤的描写，作为李地的心理联想存在是写实的，但是，处在李地的遭遇及矮凳桥的动荡所构成的"语境"中，它自然也能成为那种"囫囵吞了同类做营养，养出来一身贼肉"的社会动物的象征。从上一节分析笔记文体可以看出，《矮凳桥风情》追求着一种写实效果，但是其中又有许多关于梦境的虚幻（梦成了林斤澜独特的表现方式），扩展了作品的艺术表现领域。《梦》中把矮凳桥的现实矛盾处理为方县长、通用局长和李地的一个梦中，别具一种艺术情趣。李地的遭遇是极为现实而严峻的，但是，生活安定了，尊严恢复了，由于缺乏性爱又不免感到空虚，不甚自觉便表现为潜意识的骚动，以至于李地在幻觉中将自己与当年在幻觉中实现性爱要求的"姨妈的姨妈"的形象迭合为一，这都是用极虚的笔墨揭开了人物一隅难于被人窥见的精神领域。

"有话则短，无话则长"，这是林斤澜叙事艺术中的一个独特而重要的现象。汪曾祺称之为"文字游戏"，相当于一种"有意味的形式"。林斤澜采用这种叙事处理方法，是为了追求一般阅读效果，而阅读效果就已经由形式转化成了内容。有两个考虑是影响林斤澜采用这种叙事方式的重要原因：

一个是把读者的阅读心理考虑到小说的创作过程中去，另一个是为了使艺术描写和自己的审美趣味相一致。比如关于爱情的描写，《矮凳桥风情》多处涉及，然而都是以含蓄简洁的方式处理。李地的爱情甚至只有"一吻"和一次"脸红"。这本来是可以放墨铺陈的内容，但是，由于作者考虑到读者不乏在这方面的想象和补充，另外，我以为也可能是在这个老领域中翻出"绝活"，所以，林斤澜进行了"长话短写"的艺术处理。同样的道理，"文化大革命"阶段的矮凳桥，作者几乎很少正面去铺展，就是在涉及最多的《车钻》中，那段历史也是忽隐忽现的。起码有两个理由使林斤澜这样处理：一、写"文化大革命"的作品已经不少，在读者的阅读经验中并不会陌生；二、林斤澜在这之前，也写过不少独特的反映"文化大革命"的优秀作品。所以，有的批评家指责《矮凳桥风情》对那一段历史的描写"似乎未能充分调动自己的艺术想象力"，显得一般化，我认为是没能体察到作家的艺术苦心。受自己的审美趣味决定，也使林斤澜在许多地方采用"长话短写"的处理方法。最明显的是小说中关于性的描写。《溪鳗》可以说是一篇"文眼"为"性"的小说，但却写得极为含蓄优美。古典文化中象征"性"的"鱼"，把性描写上升为一种境界。小说叙述袁相舟为溪鳗题写匾名的过程是"短话长写"，目的是造成一种充满实感的"语境"，然而，对袁相舟在酒后发生的对溪鳗的朦胧的性欲则极为简洁，借助拟人化的景物和含蓄的诗句来暗示。这样，就在艺术上给读者造了一种"悟"和"想"的效果。

叙述语态的变幻多姿，也是林斤澜叙事艺术的一大特色。而叙述语态的丰富和变化，最能体现出一个作家的艺术功力——这也是林斤澜之所以引人注目的重要支柱。早就有批评家说过，林斤澜的小说"冷峻中有暖色，压抑中有力量感，经看、耐嚼"。《矮凳桥风情》同样保持了这一艺术特色。他对痛苦的描写有负重若轻的叙述语态因而深沉却不显沉重；他对欢乐的描写又有不动声色的叙述语态，因而轻快却不显浅薄。《袁相舟》的故事线令人心酸，然而，由于作者"世事洞明"、"人情练达"的生活阅历，体现在叙述语态上便仍然流溢着一种幽默和温暖，显示出一种豁达与超脱。《姐弟》涉及一般作者会义愤填膺的"剥削"，而他却因宽厚和理解，而选择一种轻灵秀逸的叙述语态。在《矮凳桥风情》中，既有冷嘲语态，又有温暖语态，既有滞重语态，又有轻灵语态。而这些变幻多姿的叙述语态，都在作品的整个艺术内蕴和色调上得到统一。

在结束本文之际，我希望把《矮凳桥风情》还原成一个整体，把它交给读者去检验，同时也检验我的批评。

（原载《当代作家评论》1987 年第 6 期）

林斤澜小说文体描述

李国涛

林斤澜早在 20 世纪 60 年代已是独具风格的作家，在新时期里其小说文体还是沿着自辟的蹊径发展。《头像》一出，声名复振。后来评论家黄子平写了《"沉思的老树的精灵"——林斤澜近年小说初探》，论及他在 1978—1982 年以来的小说。评论写得精彩，独具慧眼，因此林斤澜小说的"怪"味也渐能为人领略，似乎渐有普及化的趋势。林斤澜年过花甲，文学创作已臻化境，且敏且勤，佳作迭出。1984 年以后他的《矮凳桥风情》系列小说以中篇和短篇的形式陆续发表，又赢得一片喝彩声。

林斤澜写作四十年，到《矮凳桥风情》文体一变。他的老朋友汪曾祺是从不轻易许人的，也写了一篇不算短的文章《林斤澜的矮凳桥》，纵意而谈，确是"言谈微中"，颇得故人之心。

汪曾祺的文章发表在年初的《文艺报》上。到年底，《当代作家评论》又发了一组五篇评论，集中探讨《矮凳桥风情》。可见这部《风情》确已引起了广泛的注意。

林斤澜小说已有众多名家评论在先，本文还有些什么话讲呢？我想，还是从小说文体的角度说一说，而且打算就整个新时期十年以来林氏小说文体的变化来说一说。

关于"土地土人的土话"

据我见到的若干篇评论《矮凳桥风情》的文章来说，除了汪曾祺的文章曾谈到林氏这个系列里的方言因素以外，其他文章多未道及，甚至专谈这部小说文体的文章也忽略了这一点。窃以为，在这部小说里使用方言是其文体的一大特色，也是一大变化，是值得一谈的。而且君不见林斤澜在小说的《后语》里不无得意，甚至可以说颇为得意地说到这一点。他说：

> 其中有些文字文体上的小事，倒固执了一下。有人劝我不要把

家乡土话搬上去，疙里疙瘩，别人也不好懂。我想若是疙瘩，是我把这团面没有揉匀，不是不应当揉进去。土地土人的土话，有的是不可代替的。

夫"文字文体"岂可谓"小事"乎？林氏是婉转而言也。他说这是"不可代替的"，才说出真意。他是下了决心要冒这个险的，而且他是要在这个路上寻找曾经失去的东西，形成自己的真正的文体。

我怕我把话说得太远了。

文言文、古文辞，在更早的时候似乎是有方言色彩的，楚辞对比着《诗经》便是一例，其他不必细论。后来方言的成分是越来越少了。"五四"以后的白话文原是以一个地域并不限于长江以北的广大地区的"官话"为基础的，因此，从诞生以来一直不免有方言气息。这并不坏。这往往表现出作家的生气和文章的生气。后来，出于普及的考虑，所有的文体一概向北方的更普通的话靠近，以至靠近到标准的舞台语或电影上的语言了，其实这仅仅是出于推广普通话的考虑，这方面的过于严格的标准倒是未必有利于小说文体。有的文学史研究说，"鲁迅及郁达夫早期作品之艰涩，因受浙江方言之限制，往往词不达意"，据说，这是由于"讲不好国语"造成的[①]。这一论断令人难以同意，因为鲁迅的小说文体不能以"艰涩"名之，郁达夫为文醋畅，更不能这样说。至于"词不达意"，则不知从何说起。不过提出鲁迅、郁达夫早期作品里有方言特色倒是不错的。这两位作家的小说文体当另作研究，但是某些方言的运用是无害而且有助于他们的文体。比如，八一嫂的"恨棒打人"，祥林嫂不说"灵魂"而谈"魂灵"，庄木三诉苦的话里有"总是不落局……"，这都是有方言色彩的。这里只是随手拣选几例，细查起来，是很多的。周作人在20年代就已说过："我觉得现在中国语体文的缺点在于语汇之太贫弱，而文法之不密还在其次，这个救济的方法当然有采用古文及外来语这两件事，但采用方言也是同样重要的事情。"[②] 而且他认为，所缺乏的以名物词为最显著。这些方言的表现力他是很为赞赏的，如称平地木为"老弗大"，杜鹃花曰"映山红"这些方面，大约从事写作的人都会有感觉的，否则为什么鲁

---

① 司马长风：《中国新文学史》，第61页。
② 周作人：《歌谣与方言调查》。

迅在译爱罗先珂的童话和剧本《桃色的云》时，在植物名称上要费那么多斟酌呢？汪曾祺写过《晚饭花》，那花名传达出一种情调。林斤澜的名堂更多一些了，矮凳桥这桥名大约北方就不见。何况"溪鳗"这名儿就带几分水气妖氛；昨艋舟非水乡而何有（且不说"载不动许多愁"的名句）；车钻、张谎儿都带出民间的机灵和俏皮。这些，似乎确如林斤澜所言，是"不可代替的"。

而且，方言之于作家非仅名物之用可增加文采。应当说还有更深一层的意义。从洪堡（Humboldt）以来许多现代语言学家关于人类思维和语言的关系都发表过不少议论，总的方面都认为民族精神和语言是同一的，语言不同，外部经验世界在思想中存在和表现的方式也不同。人类是用语言来思维的，当然，不是一般的语言而是一个人的母语。在文学活动中，这母语的成分里必然有方言的存在。方言其实是难以摆脱的，也不必强行摆脱。周作人在《〈绍兴儿歌述略〉序》里说过："我尝猜想一个人的文章往往暗中受他方言的支配，假如他不去模拟而真是诚实地表现自己。"而且他就承认，虽然学会了蓝青官话，"能自由运用的还只是绍兴话那一种罢了"。

自然，不是说当代小说要回到方言小说上去。但是，在语言里"揉"进一些方言是有益的。在当代小说里，北方一带的方言入小说者时常可见，而南方方言入小说者绝少。所以，这不免使操南方方言的小说家有点吃亏，而在汉族语言的大系统里也无端地少了一宗文学的财富。

林斤澜暂时摆脱了他已经十分熟练的北京话，并且遵循自己思维的方式，"揉"进了温州方言，应当说是一个大胆的试探。

我看这个试探不是冒失的，而是有准备、有启示的。在《矮凳桥风情》以前，他有一篇《乡音》，收在《满城飞花》这个集子里，那就是《风情》的先导。林斤澜小说文体的变化从外部条件说是故乡风情的蛊惑；从内部条件讲则是方言语感的复活。《乡音》是一则绝妙的短篇。它充满哲理气味，它甚至表述了一种语言哲学的思考。它写一个退休干部的一生，一半在劳改中度过的凄凉的人生。小说写这个人物对于"乡音"的留恋和省悟。乡音里的几句话构成他的一生，或许他的一生是在几句乡音中完成的。几句什么话？"人、人、人"——是北方话"劳驾"、"让一让"的意思。"人是'半貌'。"——人从动物变来，才只变了一半，还有一半没变过来。第三句是"倒变转"，意指返祖现象，或曰现了原形。小说里有一种说不清的神秘之感，有一种语言驱使人、支配人的味道。

《乡音》这篇小说，如果抛开其中详加解释的方言，恐怕就要失去它的最厚重的内容、最深邃的意蕴。几句方言乡音给这篇小说一种超越现实情节的力量。当然，林斤澜感到了，所以他对这个语言问题就大胆地"固执了一下"。

林斤澜在《风情》系列中容纳方言，或者也可以说是使方言文学化，有两个层面的意义。一个层面是表现浓厚的故乡风味。读者好像听到矮凳桥的居民用乡音向他交谈。但是绝不算难懂。"南蛮"和"北佬"都听得懂。其实呢，这并不是方言小说。只是小说里的语言极其谨慎地容纳某些易于理解的南方习语。很少，很活。比如，"有钞票把你"，这"把你"用过多次，是易懂的；"憨憨的供销生活，就这样起花了"，"起花"者，见文生义，是兴旺发展的意思吧；"你是盘不倒我的"，"盘"，盘问、驳难的意思；"有起，有落，有红势，有乌干"，这"红势"定是红火，"乌干"定是灰溜溜之意了。这是个别的词。另有习语，如"牛角上下雨牛尾巴上晒太阳的春天"，显然也是南国之春在温州的方言之中；在北方正应说"春雨贵似油"呢。

在另一个层次上，林斤澜选用的方言还表达着很深的微妙心理。其中的情趣，确是靠方言才表达得够味。

稍加注意便可以发现，这种使用有时是要费一点劲儿的，就是说，要有一点释义，要有一点翻译。《舴艋舟》里用"皮市"（"皮实"），《袁相舟》里称"眼活"，《茶》里的"静定"之心境，《小贩们》里漫论"幔"的境界，实际上都在说明着某种人生体验。这些方言超越了它的所指，充满了"意味"。

说说《溪鳗》吧。里面的对话有：

"为什么白鳗多？它过年还是过节？"

"白鳗肚子胀了，到下边去甩籽。"

镇长把红脸一扭："肚子胀了？"两眼不觉乜斜，"红鳗呢？"

溪鳗扭身走开，咬牙说道：

"疯狗拉痢，才是红的。"

怎么回事？怎么回事？——满是渔乡情调和语调。谁调戏了谁？哪句正经哪句不正经？语境提供了什么？语言的"张力"在何处？这都要到方言里去品呀。

再说说李地吧。

年轻时的李地多美丽。"多少英俊同学，糖一样饧过来，李地水一样化开去。"不错，这是个比喻，比喻用得好。但是"饧过来"大约是南方方言。我想大约是"凑"、"贴"、"靠"、"蹭"的意思。《红楼梦》里贾瑞见凤姐美色就"饧了眼"过来搭讪，情境若类，词意大约是有别的。又如《茶》这一篇里，写李地选茶叶先从名称着眼。茶叶名目如"毛尖"、"旗枪"、"龙珠"、"雀舌"虽然最早也是茶区方言，但现在已经失去方言的意义。然而写到小说里，林斤澜也能重视它们的方言色彩，甚至表明一种精神状态。

> "雨前"好，叫人想起江南早春，山上朦朦胧胧滴得下水来。"雀舌"那意思和"毛尖"也差不多，可是叫人觉得幼嫩，灵巧，新鲜。

其实，这使人由茶而思及选茶的人了。在这篇小说中，"云雾茶"也属南方名目。此外，"雀跃"的刁钻外号，"静定"的反复描述，还有"恶作"的评定：

> "……危险……会坍……"
>
> 李地一屁股坐在地上，这可不是恶作，是作恶了……

由"恶作"化为"作恶"，在那个时代是多么普通的小事呵！人变成毫无价值的东西：颠倒两字，令人战栗。

是的，这都是方言的文学化。这是有力的，成功的。不过林斤澜也说明：某些地方"只好请外地人望文生义，再稍加想象"。话说得有趣，也符合艺术欣赏的实际。"稍加想象"有何不可？也许是愉快的。

关于"听听话头话尾"

林斤澜在《后语》里说，回到温州故乡，虽阔别四十年，但一走动起来，"听听话头话尾，就好像这一家人的身世，全是心里有数的"。

我相信这话。不过我之所以相信是出于对一位小说家的相信。在实际生活中恐怕他也没有这么迅速的判断和反应。有"话头话尾",再加"好像",这话就说通了,而且说好了。

听听话头话尾而知其意,是小说家林斤澜的本领,而且,是林斤澜小说的读者也应具备的本领。否则,您怎么读《溪鳗》之类的小说呢?否则,林斤澜又怎么写这一类的作品而且相信读者"心里有数"呢?——须知,这在作家心里,或者在他的心理中,原是一个大问题。

但"话头话尾"确是有力的。

人们说林氏的小说是"有话则短,无话则长",其实就是这个道理。他老爱说话头话尾,由来已久矣。

《乡音》写一个人的悲惨的一生。但真正的悲惨处,"则短";旧友欢宴的细节却写了不少,"则长"。这都是"话头话尾"的写法。

我再举一篇《青石桥》。

这篇小说写了祖孙三代人的不平凡的经历。深山小店,宁静、清静、沉静到了极点。青石桥小店"浸"在水声叶声里。小说只告诉人们:"这里的宁静来自多么的不宁静。"所有的暴烈、激情、罪恶、流血都过去了,岁月淘净了一切。当年的公公同儿媳妇的不明不白(虽然儿子不是亲生的),粗心一些的读者也许就看不出来。本来,这在某些作家的手下是大可以"长"一下的内容,您看林斤澜是怎么写的:

> 挑水担柴,还得老人和儿媳妇。两人双双上山,一人肩膀上百多斤,颤悠悠的下山来。孙女跟着喘子爸爸守着青石桥,爸爸给她拿吃的,困了跟着爸爸睡。长到十来岁时,影影绰绰晓得妈妈在时,大家不声不响。背着妈妈,爷爷和爸爸会咬着牙吠起来……

话头话尾里只有两个词露出端倪。一是"双双",用得蹊跷,显出异常。一是"吠",露出兽性。如此而已。小说写得"长"的地方是当今的宁静,宁静中新一代人又诞生。人亡世易,爆炸后有沉寂,燃烧后有余温。

好一个"话头话尾"的小说艺术!

类似这种写法,题材都藏到背后了,主题都被遮掩了,读者见到的只是作者在叙述着一点点话头话尾。我曾大胆地想过，这等小说主题不如给它一个语言学上的概念：话题（topic）。是的，作家在叙述着一个话题。不一定句句扣题，只是必然"有关话题"。

到了《矮凳桥风情》，"话题"越来越活跃了。小说总要说点什么事，这就是话题。不是所有的话都在题上，然而最后总与题有关。说来散漫，一鳞一爪，云遮雾苫，似有似无。结果呢，出来了某种人物的神态、心态，或者某种情绪、气氛。话头话尾固然动听，但是没说出来的"中段"也引人遐思。比如《溪鳗》里那个倒霉的镇长，他什么地方吸住了溪鳗，他曾给予溪鳗一些什么，这些都要听凭看官去遐想或瞎想了。李地所嫁的丈夫是怎么回事，他是倒霉倒下去了，还是升腾升到不可见的位置，无一字道及；后来李地复为镇长，这丈夫也还是杳如黄鹤，也许他是死了吧？这也只好凭看官遐想或瞎想去。

不过，这些具体的人物关系之类留一点空白或不留，并没有什么大关系。要说咀嚼，也没有大嚼头。但是像《姐弟》《表妹》《同学》《父女》《酒友》这些篇，每篇三千字左右，人物关系是题目标明的，场景有一点，极简，大背景是明确的，其下笔处确确实实是在"话头话尾"上。两个人，而且仅仅两个人在谈话，隐隐约约，支支吾吾，恶声恶气，低声下气，都有。听听吧，您就了解了各种心态和世态。这里全是毫不含糊的话头话尾，却着实耐咀嚼。

《矮凳桥风情》一书里，除了《袁相舟》一篇完整地叙写一个人物的一生以外，写许多人都是从一个"话题"说开去。由于各篇都写一个人或两个人，所以话题还是较为集中的。《李地——矮凳桥的女镇长》那可真不过是一个个的话题而已。

第一篇《惊》，《惊》写了什么？《惊》写了"惊"的心态。走进那种环境，人的心态都变了。这是20世纪50年代思想改造运动里的一个小环境。故事其实是没有的，人和人之间还没有发生什么关系，也没有"交锋"。进到这个学习班的第一个晚上，什么事也没有。不过出现了一次"炸营"的事。这"炸营"就是《惊》的主要内容。旧时称为"鬼偷营"的事，现在不过只助谈笑。但在小说里，它是"惊"的产物，又助长了"惊"的氛围。不知道林斤澜是否经历过此事，笔者在"文革"期间的学习班里，倒曾亲历。后来细查，原来是一位老兄被子上盖着大衣，大衣有个狗皮领子；他忽然感到一个毛乎乎的东西扑到脖上，最先发出了惊叫。真是一呼百应，二十多个人鬼一样嚎起来。当然，直接原因是可以找到的，但究其实，还是一个"惊"。有了这一番经历，笔者以为这篇小说的氛围写得着实够味，心态也逼真。从 20 世纪 50 年代到 70 年代，人的心态怎么如此相似呢？现在说来，诚然是一则话题，但那"话头话尾"也诚然有超越一个具体年代的力量："神经都紧绷如弓弦、钢丝、缆绳，凡圆脸都拉成长脸，长脸都生毛如驴脸。"人有点失去人性了，所以能做出鬼嚎。

《蛋》说是"二十世纪六十年代初期的故事"，其实没有什么故事。"话题"，扯扯而已。那正是一个饥饿的年代。但是饥饿在这里不像张贤亮《绿化树》里那么强烈。因为小说没有写到食欲或饥饿的感觉，它写的是生活的艰辛、困窘、贫乏、荒诞。可以勉强当"故事"看的，不过是李地激动地捏着三个鸡蛋到供销社去卖。卖了六分钱，买了五样货：两分盐，两分线——一分黑的一分白的，一分石笔，还有一分冰糖。无限的凄凉和辛酸。不少文章都盛赞林斤澜写的这笔买卖。但我尤其欣赏买卖成交，队长忽来，那售货员"脑筋飞转"后眼望三个"娇小玲珑"的鸡蛋向队长搭讪的话："好秀气的小母鸡，叫人心疼。"林斤澜不动声色，不动感情，只此一语，实在"叫人心疼"。《红楼梦》四十回刘姥姥吃贾府的鸽子蛋时夸曰："这里的鸡儿也俊，下的这蛋也小巧，怪俊的。"仅就这前后两句话来说，都是小人凑趣，也未必没有借鉴关系，但林氏一语五味俱全，实实可算语妙一时。

《惊》《蛋》如此，《茶》《爱》亦然。似也毋庸备述。

关于这"无话则长，有话则短"，我也还打算另作一解。我想，在某种意义上，也可以把这"长"与"短"解作"长处"与"短处"。这就是说，无话处，简洁或沉默处，往往表现了林氏艺术的长处；而有话处，顺序叙事、反复叮咛处，往往见出林氏艺术的短处。林斤澜是典型的短篇小说家，他不善铺陈，不善叙述一个生活的过程。当然，这只是就大体而言，就文章的繁简而言。比如《憨憨》一篇，就写得长了，有话，结果见出了短处。憨憨其人的经历平直而少含蓄。其中又加上老人亭上的空壳大佬倌和空心大好佬两位的讲古：黑胡须憨憨的故事和白胡须憨憨的故事。这一切都是林氏小说里少见的长文和"短处"。锋利、聪明、隽永不见了，有点唠叨。试以《小贩们》作比较，便看得出来优劣。这不是无话则"长"，有话则"短"了吗？

关于"觉悟着心灵的自由"

　　林斤澜同我国六十岁左右的一代作家一样是受过严格的现实主义训练的，对白描、写实的手法，功底甚深。现实主义最讲究人物形象。林斤澜有刻画形象的能力，但是他不满足于形象化。于是写情绪、造氛围、用隐喻、作变形，都成为他的手段。语言的作用越来越显著。林氏《谈魅力》一文中说文学魅力即"瘆"，使人"落进一种感觉里"。《后语》里说，现在他"觉悟着心灵的自由"。于是林斤澜将有他求。他向形象化之外寻求更多的途径。

　　寻求并非始于今日。那是早已萦于心怀的种种疑虑、思考、学问发之于今朝而已。林氏的《小说说小》文集透露了这一点。

　　林氏对蒲松龄及其《聊斋》是颇有会心的。他认为只求"老实"不行。他赞赏蒲氏的"别开生面，另辟蹊径"。更有趣的是林斤澜看到《聊斋》同"三百年后的现代，人变甲虫、爬虫的小说"有相通之处。非洲人的木雕也通中国的传统。小说《梦》已经表达过这样的见解："现代派和民族传统到了分不清的地步"。如果从稍前的作品看，《头像》的人物刻画固属上乘，但境界已有点"瘆"，梅大厦那人说不定要发疯。我不知道林斤澜访非、参观非洲木雕，并有所参悟，是在何时；但《头像》里梅大厦雕出的那只白天鹅，无疑是现代派的，那个头像竟简直是他提到过的非洲的"乌木雕刻"。小说《玻璃房梦》写得也够"瘆"的，人鬼相通，而且像一种"红木乌木的古老雕刻"。《紫藤小院》真写了一个人发疯。这人养一只猫，"文革"时，人猫都蒙灾。应当说，猫受的罪比人重。人是因猫而疯的；但你也不妨说人是经受了猫的痛苦而疯。其实这里写了一个"人猫同体"，二位一体。要不，他们为什么有同样的眼神？

　　（这眼神似乎）往里掺和了什么东西，这东西跟铁水似的沉重，又不透明，可又不凝固，沉重地微微地在眼珠子里边动荡。不能简单地说是木了，石头了，铁了，咸鱼一样了。要是说得简单，只好说是疯了！

　　"不能简单地说"，但是可以"说得简单"；挺费劲儿地，说出一个"疯了"。毕竟是什么样的眼神呢？也是没有说清。但是"瘆"了，有魅力了。

林斤澜极服膺蒲松龄的艺术。但是您细品味一番会觉出，林氏小说里近《聊斋》的笔意之处远不如他说的那种非洲乌木雕刻意趣之多。是的，《聊斋》写鬼狐，其实还是写人，而且写得清晰生动。陈寅恪先生曾说，"盖留仙以齐鲁之文士，不满其社会环境之限制，遂发遐思，聊托灵怪以写其理想中之女性耳。"[1] 而林斤澜从来不真正写鬼写妖；他只写"幻"，小说中人物之"幻"，或者是小说作者自己之"幻"。"幻"往往并不逼真，只朦胧迷离；造一个氛围，"瘆"你一下。其实，效果就出来了，魅力就有了。上举几篇，大体如此。

到了《矮凳桥风情》，"幻"的成分增加，除"幻"以外，还有他说的"猜不透处，不可思议处，说不清处"。"梦"就是这样的，"梦"同现实交织，"梦"又解释现实，越发说不清了。于是出现许多隐喻、象征、多义。这是为了造出一个幻境，一种语言氛围。

有许多文章曾谈及这点。

梦、幻、鳗，"鱼非鱼"、溪水流过溪滩、春天扑到夏天身上、泥鳅、溪鳗，等等，都在暗指着另外的生活、情感和哲理。

袁相舟把矮凳桥比为"百足之虫，死而不僵"。我看这是这个隐喻的中心意义。谁都知道，自从《红楼梦》里冷子兴用这话形容贾府的光景以来，它意味着一种命运。在林斤澜这里，矮凳桥是那一群小人物共同的命运。它穷过，它闹过鬼，桥下有死鬼，桥上走活鬼。现在它成了钮扣市场，它活过来了。像那条泥鳅，也像李地，像溪鳗，像丫头她妈。当然，"像变魔术"，"像做梦"，像蜂窝，像面团。还像什么呢？像生活。

《风情》一书用隐喻，写幻境，写梦，写鳗，写"花非花"和"鱼非鱼"，在许多篇里都很出色。《溪鳗》和《小贩们》，《舴艋舟》和《丫头她妈》，都早已被论者说遍。我再举最后一篇《爱》。

《爱》是写一位已近半百之年，饱经沧桑之变的李地，心里隐约不能放下当年的男友袁相舟。淡淡的哀怨，轻轻的眷念，全不自觉，化为幻境。溪鳗是人，是一个女人的外号，是人作为鳗。而泥鳅却真是一条泥鳅，它只在李地的心里是一个人，在作者心里和读者心里是一个人。这个人是袁相舟，

---

[1] 陈寅恪：《柳如是别传》，第 75 页。

李地早年的情人。溪鳗是以鱼喻人，泥鳅却是以人喻鱼了。都是隐喻。要问泥鳅的哪一点像袁相舟，很难说。哪一点都不像；或者地位、命运有点像。小孩子乱抓河里的活物并代为宰杀送给李地，"一堆血淋淋里"居然有一条泥鳅存活。李地把这泥鳅放进鱼缸。鱼缸又放进厕所的窗台上。《茶》里的李地获得过"静定"的心境。这泥鳅居然也显出"静定，超脱"。于是李地这个年近半百的女人对它产生特殊的感觉、感情，她居然因泥鳅"翘着头"看自己坐马桶而"逃出厕所"。泥鳅有两点"金色的眼光"，这眼光正同三十年前那个男同学的眼光一样。

这简直是泥鳅成精了。李地把泥鳅扔到空地上。过了年，空地成为工地，李地去庆祝，还看见了一个活像那泥鳅的树根！

这个荒诞之极的短篇，写出深刻之极的感情。也许，除了情感还有情欲。人们称道过《溪鳗》里的性描写，那么隐约其词，那么朦胧而热烈。是的，写得好。《爱》里的一节也写得好。

> 三更半夜糊里糊涂，有一个什么——说不清是什么压到身上，想叫，叫不出声音。觉着滑溜溜的在身上又扭又袅袅的，手脚也动不得。仿佛"袅"到自己身体里去了，自己的身体也滑溜了，接着，软瘫热化了。

当然，这是梦，或者是幻。那又扭又袅（又是一个方言！）的东西显然是睡前在厕所鱼缸里见到的泥鳅。"滑溜"是泥鳅给人的感觉，它可以给任何人这种感觉，但是这感觉的背后蕴藏的意义、意味是不同的。

等到李地把那像泥鳅的树根埋在地下，铲土拍实以后，她想到孩子们"等到一学会说人话，立刻把动物语言忘记了……"看来，她希望能和泥鳅"对话"。现在她不但失去泥鳅，也失去同泥鳅对话的能力。这是她对最珍贵的事物的最后惋惜。所以，如果有读者想问：在那个镇上，李地同袁相舟还会重叙旧情吗？我说，不会了。因为林斤澜用他自己的方式写清了这一点。

结语

我赞赏林斤澜在小说文体上的开拓。

他的开拓是怎么进行的?

我看可以用一个"揉"字来概括。

林斤澜很喜欢"揉面"这个比喻,这个意象。《头像》里有一位揉面的老太太出现。记得读小说时就觉出点新鲜。他后来写《旧人新时期》一文,谈及自己的小说时又说"我揉的这团面"如何如何,"只能把'往事'和'现实'一起来揉"。这又是揉。《矮凳桥风情·后语》中还说,应当把方言"揉进去",把"这团面"揉匀,等等。

可见林斤澜把小说的艺术当作一团面,而把其中的某些成分的统一比作"揉"。

当前他揉了些什么?

当代的、外国的新手法;传统的、我国的老手法。方言要揉,幻觉变形要揉,话头话尾要揉。

他挺费劲儿。然而,这团面确实揉得不错。

林斤澜小说文体对当代中国文学会产生影响,这将是一个贡献。

（原载《文学评论》1988 年第 3 期）

短篇名家林斤澜

涂光群

　　我好久没见到林斤澜了。公元2002年1月我和斤澜同在中国工人出版社各出了一本书。责任编辑问我，你认识林斤澜不？我说，当然认识。那时斤澜因病住院，责任编辑说他当天要去看望斤澜，问我有什么事没有？我说那正好，你将我的书《人生的滋味》带一本去交给斤澜，让他将他的新书给我一本。这样他拿回斤澜的随笔集《事故故事》交我。这是多年不见后，我与林斤澜算是第一次通了消息。而今又是两年过去了，我们都上了点年纪。林斤澜是1923年出生的人，今年该是81岁高龄了。回想我们相识的1956年下半年某日，到现在已将近半个世纪。斤澜其人和他的短篇小说我是有印象的。读他的随笔集，我感觉很有兴味，同时也触发我写点《人民文学》这本杂志同小说家林斤澜有关的往事和我对他的观感。

　　1956年下半年，林斤澜作为北京市一位青年作者已经小有名气。他有一篇小说《草原》，是写开发北大荒的支边青年生活的，文笔活泛，草原风光写得美，使人想起契诃夫和高尔基笔下的草原。那时各个文艺刊物正在努力贯彻党中央、毛主席提出的双百方针，《人民文学》小说散文组的工作，自然要想些办法扩大题材和组稿面。基于这一考虑，林斤澜成为我们要找的青年作家之一。大约1956年初冬某天，我去北京东城米市大街大华电影院南侧一栋四层楼的旧楼（这可能是北京市某文化单位的一个宿舍）里看望林斤澜。这是我们第一次见面。我已记不确切他新写成的《台湾姑娘》这篇小说，是他主动投给《人民文学》的，而我们是看了他的稿件才去找他呢；还是我们去看了他，他将此新作给了我们？但有一点是无疑的，为这篇小说的发表，我去林斤澜住所不止一回。他的《台湾姑娘》经过我们三审（责任编辑是小说散文组负责北京地区工作的谭之仁，终审者是主持常务的副主编秦兆阳）后，秦建议此稿小作修改，他想同林斤澜面谈，要我去请林来编辑部（编辑部所在地小羊宜宾胡同离林住处不远）。林来后秦兆阳谈了一点意见，即小说男主人公（台湾光复后，从大陆去台湾教书的教员）和台湾姑娘（在他那儿做用人，为的是挣点钱好继续上学。他成了她尊敬的老师）的关系，如写成友情或朦胧的感情，效果可能比直接写成爱情更佳。林斤澜欣然接受，表示将稿件拿回去修改了再送来。

这几次打交道，我感觉林斤澜是个面目和善的谦谦君子，他笑迎客人，有涵养、有见识，"藏而不露"，却又容易接近，好打交道。虽说话不多，很诚恳。你会觉得他内在的热情，可能比表现出来的更丰盈。就说《台湾姑娘》那篇故事（一个从大陆去的爱国进步人士跟当地一位台湾小姑娘因共同的期盼、向往，让他们结成真挚的情谊），我们猜测，这可能跟作者自身的类似"藏而不露"的地下革命工作者经历很有关系，但不便细问。

林斤澜及时拿来《台湾姑娘》修改稿。那阵子我们正在筹编来年（1957年）第一期，想突出短篇小说，编出一辑题材、风格、样式多样化的小说，以体现百花齐放精神。这期我们共安排了九篇小说，其中有王蒙的《冬雨》，新作家耿龙祥的《明镜台》等都是很不错的；但小说散文组同仁一致赞成秦兆阳将林斤澜的《台湾姑娘》安排在头题发出。这篇小说以其特殊的题材，动人的描写，人物塑造和简练、独具一格的对话，赢得了读者，受到文艺界注意，应是林斤澜这位语言、写法有个人特色的作家的成名作。此后在1957年上半年又陆续发表林斤澜的《家信》（第4期）、《姐妹》、《一瓢水》（李清泉主持工作的该刊5、6期合刊），林成了我们贯彻"双百方针"在该刊发表短篇小说最密集的一个作家。《家信》写得精短，构思巧妙，还触及了时弊（那些跟着运动风转、经常跑到农村折腾农民的某些干部）。《姐妹》写抗战时期一个文艺团体不同性格的一对姐妹，具备可读性。而《一瓢水》因有人读了觉得晦涩，编辑部委决不下，惊动了茅盾先生。此稿我送给先生读后，他认为应该发表。其实这篇以新中国成立初期川黔公路行车之艰险为背景，写了地域氛围；而那个责任心强、敢于战胜困难的小司助（司机助理）形象，也挺生动。小说耐咀嚼，在当年是不错的短篇。

林斤澜作为一个有实力又经常深入生活，用心了解风土民情的作家（据我所知，林斤澜在1959年"反右倾"斗争开始后，北京市文联即将他下放门头沟深山区，还是"带户口"下放的第一例，可谓彻底），他本来是个南方人，来北方有年后，已经相当熟悉北方的语言、风习。林斤澜抗战胜利后曾去台湾，后又返回大陆。尽管他是进步人士，在台湾还坐过国民党的牢，然而在政治运动频繁的年头，可以想见，他成了长期受怀疑、不被信任的人。

下放落户，实际是"另类"对待。但对于以写作为事业的林斤澜，他并不在意农村环境的艰苦，倒是为他创造了了解深山里百姓生活的好机会。斤澜"历史嫌疑"之得到解决，据他在他的随笔集一篇文章中讲"整整五十年也是半个世纪之后，挂在档案上的疑案才全案平反"。从他 1957 年在《人民文学》较密集发表短篇小说起始，虽说有后来的反右派斗争、下放等等，但我们一直将他看成经常联系、组织小说稿件的重点对象。而林斤澜也确实为这本杂志奉献了好些好作品，以支撑这杂志拿出佳作来奉献读者。尤其在反右派斗争被严重地扩大化后，稿源匮乏，好作品难得的时刻，我和《人民文学》小说组的编辑们，对斤澜这点，常是心存感激的。

记得 1960 年，我还在评论组工作（我是 1957 年下半年调评论组的，1961 年初又回到小说组），第 12 期刊物出来后，小说组我原来的同事许以告诉我，这期林斤澜有篇小说《新生》你可以看看，好久没看见写山区生活写得这样精彩、动人的作品了。我晚上回家一读，的确如许以所说。这是一篇不可多得的短篇佳作，它的艺术生命将是长久的（按：本人近阅 1999 年出版的《〈人民文学〉五十年精品文丛》，发现《新生》已收入该书短篇小说卷中）。读时就放不下：北方深山区农村的气氛，杏树林、石头房子；成立公社时，社里不计成本，翻山越岭栽下无数"杆子"，拉到村里来，挂到老杏树上有线广播线海碗大的喇叭；初产妇因难产而接近昏迷，大夫呢，隔着九岭十八弯，又还有一条大河，又值雨夜，怎么能赶过来？乡村习俗，一些老妇招呼几个小伙子，抬着木头来了，说是"做一个使不着的冲冲喜……"爬到杏树上冲着广播喇叭狠嚷的生产队长情急……一下子将我带入了这个特殊山村之夜。那么怎样来救助临产的产妇呢？怎样来解决这个难题呢？于是心中悬念丛生。然而悬念很快解开，"谁知到了后半夜，一声喊叫，一支火把，那二十来岁的姑娘大夫，戴着眼镜，背着药箱"，来了，"天知道，不够一顿饭工夫，姑娘大夫竟能使钳子，把小人儿巧巧的钳了出来，母子平安。"读者读到这里似乎松了口气，按一般小说"常规"，小说到了这里，好像没戏了。然而好戏恰巧在后头呢！这就是作者构思和结构的不落俗套，有张力，出奇制胜。小说的重头戏是放在这个初出茅庐的姑娘大夫半夜赶路来接生的经历。语言简练，情节紧凑，字斟句酌。可以说是惜墨如金，又能做到生动传神。人物、情景如画，几个主动帮助姑娘大夫赶路的出场人物虽没有名字，但都有特性，有印象；而他们的动作或语言，处处表现了山里人纯朴、助人为乐的中国传统古风及今日新风，深深地感动了、鼓励了这位初次独立出诊的姑娘大夫，使她有了工作的勇气。当然也还有新生事物，这就是新安装的广播喇叭初步改变了农村信息不灵通的状况。读毕小说，读者也受感动。人们这才领悟，这篇小说，作者在运思、结构、语言与描写技巧上花费了相当大的功夫，成就了这篇生活内容厚重感人，而小说艺术也有创新的作品。其后，约在 1962 年，林斤澜还有也是以山区人情、风习为描画对象的一篇不错的短篇《山里红》交给《人民文学》发表。

然而正当这位已是中年作家的创作势头走向兴旺之时，"文革"浩劫降临，林斤澜与北京绝大部分新老作家那样，被迫搁笔。

1973 年我从文化部咸宁五七干校回京，分配在体委《体育报》工作，直至 1975 年，家住崇文区龙潭湖附近的四块玉。这期间大约是听李学鳌或浩然讲，林斤澜住在幸福大街一处普通居民楼里，那个门牌号码是 11 号。一天下午，我去看林斤澜。他说，"文革"之后北京市管文化的人自然认为像我这样的人是不宜搞创作了，先是斗批，后来就闲待着。现在给了我个工作，在崇文门电影院卖票，叫作"养起来"。啊，一个优秀的作家，居然要他去电影院卖票，这真是闻所未闻。我心想，这又是一种荒唐，足证江青下边对知识分子奉行文化专制主义极左路线的人，是怎样蔑视文化、作践文化人的！但我坚信这样的倒行逆施决然长不了！那时四人帮还没倒台，这些话不便公开说出。我只是对林斤澜讲，你把身体搞好，写作是你的专长，总还有发挥的一天，不会总是这个样子的。我相信斤澜心里想的和我是一样的，希望祸国殃民的人早点垮台，那年月人同此心。

1977 年后，彻底落实政策，还了作家林斤澜的本来面目。他是 1937 年就参加共产党地下工作的老同志了，只不过他是含而不露，这正适宜地下工作的需要。而他从事的还是以教书和文化工作为主，怎么说他也是个文人而非做官之材。复出后虽众望所归，曾被选为市作协负责人，他主要还是重操他的创作旧业。

改革开放新时期，已是老作家的林斤澜，仍是《人民文学》杂志的经常供稿人。从 1978 年至 1981 年数年，我参与经手的斤澜在刊物上发表的小说计有《竹》《记录》《火葬场的哥们》《辘轳井》等多篇，题材、构思、写法各具特色，展现作者不同的小说写作路数。然而最出色的当推 1980 年第 11 期发表的《火葬场的哥们》和 1981 年第 9 期的《辘轳井》两篇。

《火葬场的哥们》是一篇"黑色幽默"绝妙好小说。作者开篇几句话，就引起读者共鸣或兴味："十年浩劫的后半截，我们这里流传一个故事。那年头稀奇，剧场里只演八个样板戏，小道消息却不翼而飞。会场上只说车轱辘般样板话，'口头文学'不胫而走。"紧接着讲了个好像很平常的"助人为乐"故事，其实不尽然也。出场者是一女一男。初秋的傍晚，一个下班的女干部骑着自行车行至刚刚拆迁了房屋的一片废墟，不幸车子不灵了。她正自着急，

　　这时，偷眼看见半截墙边，也有两个车轱辘，还有一双翻皮高靿好大好沉铁甲车似的鞋，顺着这鞋往上看，是条劳动布工裤，怕有一丈二……女干部一激灵，索性抬起头来，只见半截墙边站着个半截塔似的青年，工人打扮，黑皮肤，瘦骨暴筋，两眼乌眼鸡似的盯着自己，不露一丝笑容。

　　女干部暗暗叫一声好，要是轧马路，是个好保镖的，要是划船、赶车、草地上打滚，是个好"炊拨儿"，又暗暗叫声苦，此时此地，却和撞着了黑旋风一般。这女干部是见过世面的，临危不乱。一手按住车座，一手把住车把，不回身，光回头，也望定"黑旋风"，一、二、三、四、五，数到五字，嫣然一笑。什么叫嫣然？笑得巧也。怎么个巧法？好比一个花骨朵，一瓣一瓣地开开来。

　　果然开得好，黑小子点了点头，走过来一只手抓住车把转了半圈，跟玩儿一样。立即蹲下来，竖起大拇哥把指甲盖当作改锥，拧紧挡泥板上的螺丝。又两只手抓住挡泥板，可可地使劲往外扳，两只瘦骨乌黑的手，颤颤地鼓着青筋。女干部看着倒冒了汗，抽出条白地血点子的手绢擦脸。黑小子站起来，把车玩具一样塞给女干部，说：

　　"行了。"

　　"谢谢。"

　　"不谢。"

"得谢。"

"得谢给点儿什么作个纪念吧。"

……

黑小子指着她捏在手心里白地血点子手绢说：

"只要这条手绢儿。"

女干部定定神，抬头望着这黑高黑高的小伙子，使出带笑不笑，爱理不理的神色，轻轻问道：

"你是哪个厂的？"

黑小子回答了什么什么厂，还报了名叫某某某。

女干部把厂名人名暗暗重复一遍，倏地一抬手，同时扔出一个字：

"给。"

立刻偏腿上车，却又慢慢蹬着，过了这一片废墟，见弯就拐，一拐就使劲快蹬，上了大道，插进车队，心里狠狠叫道：

"流氓，坏蛋，阿飞！"给完三顶帽子，不觉又好笑，咬着嘴唇骂了声："贼——"

女干部晚上躺在床上还撂不开这件事，觉出这个黑小子面熟，这个名字也不耳生。她是个人事干部，成天和人和人名打交道，哪能都记得清。可是那条手绢儿，手绢儿，叫女干部牙痒痒的梗在心头。半夜做了个梦，梦见在公园草地上，有人抱着她打滚，张嘴喊叫却喊不出声来，原来嘴里塞着手绢儿，滚得一身汗，只好软瘫着，倒认出来那个人就是黑小子……

第二天，女干部打电话给那个什么什么厂的人事科，问有没有某某某这个人。

"有。"

"哪个车间的？"

"死了。"

"什么什么……什么时候死的？"

"三天了。"

……

一整天，女干部都像有条虫在她身上乱爬。到了半下午，这条虫在她心尖上咬了一口，女干部把抽屉一锁，骑上车直奔火葬场。

……

女干部使出最冷淡的神色，一眼扫过去；却见中间一具，脸上，盖着手绢儿，白地血点子，她的，她的手绢儿……

女干部一鼓作气，直奔手绢儿，使手指头尖一掀，却是一个老头子！

……

女干部往后退，心里的一条虫，一下子变成了一百条，百头钻动。但她的两条腿还听指挥，直挺挺地踏上台阶。忽然看见台阶顶上，阳光明亮，一双铁甲车一样的皮鞋，一条丈二长的劳动布工裤，站着那个瘦骨暴筋的黑小子。不等女干部叫出声来，那黑小子抬起右手，在鼻子前面，大拇哥跟中拇哥一捏，打了个榧子，声如爆竹。女干部脑袋嗡地一声，两腿一软，跪在台阶上边。

故事到这里就完了。

看他一路写来，全仗那生动传神语言、动作，将那"见过世面"，心狠手毒，却又乔模乔样不肯在人前服输（包括她恨黑小子，夜间却又做着与他有关的绮梦的矛盾复杂心态）的女人事干部以及有了一番生活阅历锤炼而"魔高一尺道高一丈"（他从容捉弄了那个让人憎厌的女人事干部），曾是插队知青的黑小子，活脱脱地呈现于读者面前。不论是塑造人物还是说故事，作者小说语言的创造能力，真可以说是自由、老到，妙笔生花了。其实这仅是小说开篇第一段。后边的"添枝加叶"更精彩，作者进一步"点化了"，也就是深化了他的人物。他行文自然，写作技巧圆熟，像是不经意地话锋一转，似以前的说书人那样插了两句话："'口头文学'有两个便宜，一个是什么主题思想、典型性格、作用效果……这一嘟噜劳什子，一概不管不顾；再一个便宜是谁都可以掺和进来，或糖里拌蜜，或节外生枝，或画蛇添足，没个足够的时候，还一概不负'口'责。兹举例如下……"其实"糖里拌蜜""节外生枝""画蛇添足"巧妙地组成了小说后半部的三个段落，有了它们，事件的前因后果，人物的"点化"也就水到渠成。小说的结构至此浑然一体，首尾呼应，一篇佳作就这样出色完成。在"糖里伴蜜"这段，对人物的深化描写：以伶牙俐齿的貂、暗含讥讽的语言——"那一口牙齿雪白，个个尖锥的，就是硬壳蟹、浑身带刺的鱼，一咬上都酥了"来形容、象征那么一个"先当保皇派造了反，后当造反派保了皇"，"身材灵活，面貌俊俏，眼睛亮亮，不知大小，下巴尖尖，若有若无"的人事女干部，真是神来之笔。而这样个性化的人事干部，其实是非常典型的，他们生长于也适应于阶级斗争天天讲的年月，作为人事干部，他们不知尊重知识、爱护人才为何事，只知一味以鸣鞭、明枪暗箭整人为乐事，一脸冷冰，风霜，仿佛这就是他们的尊容。而到了阴霾晦暗将要过去，曙光在望，即将迎来改革开放新时期的某一时刻，这类人的故伎重演，其危害不可低估。"节外生枝"那段就是讲的那个外号叫"貂"的女人事干部的邪行。目睹并承受了她的邪行。一位上了点年纪的遗传学家有七年被迫停止了他热爱的专业工作，回来后渴望回到他的实验室去，他兴冲冲地去见那个女人事干部。"……忽然一个尖利的声音穿过玻璃"（那是"貂"在咬人！）："叫你回来就是落实政策。"又大约两分钟后仍是一声尖叫："政策组织上考虑，不是你考虑的事儿。"作者继续写道："玻璃窗上花白头发又往下落，后脑勺也只剩了半个。黑小子仿佛看见一口雪白的牙齿，个个锥子一般！'什么一传二传，什么有衣穿没衣穿（按：这个人事"貂"，不知遗传学为何物！所以出口"什么一传二传……"这样的瞎话。但这样的人却仍掌握着别人的生杀予夺大权），现在有碗饭吃就行了。去吧，告去吧，告到中央去吧，去吧去吧。'"那老专家气得脑溢血，当晚就死了。轮到那个黑小子，"貂"说："工作一般是八大员，集体单位……照顾你到民政局。""貂"说，民政局根据特长分配，下属单位也多……"貂"住了嘴，黑小子一挺站了起来，"貂""不觉把这位瘦骨暴筋、精神虎虎的高个子上下打量起来……嫣然一笑，甜甜地说'往后再联系，就这样吧。'"黑小子偏偏这时候张嘴说话："顶大不过火葬场呗。"引来"貂"歹毒一笔："本人谈话志愿火葬场为要。"黑小子因之被打发去火葬场干活。再看专写黑小子哥们的"画蛇添足"这一段。黑小子站在火葬场台阶顶上，一个榀子，使"貂"脑袋噙地一声跪倒在台阶上。其实黑小子的榀子，并非朝她打的（并非她揣摩的他在报复），而是对来自全国其他地方跟他一样，而今被分配到火葬场干活的知青哥们一个信号，意思是他料事如神（当他帮一个女子修车，认出了她是'貂'而她并没有认出他，想到她这个人事干部做事的后果，竟使那老遗传学家死亡，不免愤愤不平，遂要了她的手绢，报了老遗传学家的姓名，来作弄她一下，也算是正义对她的警告吧）。他料到"貂"必定会来火葬场，他向哥们打了赌，他赢了。这些以前的红卫兵、插队知青围着他们的黑哥们一起畅饮时，自然厌恶阻碍时代前进的"貂"一类人物，而将他们热烈的向往寄托于来日，那就是广开才路，人尽其用，提拔新秀。他们也畅想他们敬佩的黑哥，有天能当个干部局长，专门去做爱惜人才、举荐人才的事。这当然有点调侃的味道。但言为心声，这是民心民意在呼唤。作家这篇"口头文学"小说，虽说篇幅不大，的确创造了"貂"和黑哥们这两个活生生的互相对照的人物。黑哥虽然在"貂"眼中是所谓"流氓、坏蛋、贼"，工作"低贱"，但真正是心灵高尚，愿意多做好事。而"貂"一类，则是扮演过时的角色，有碍社会进步。总之，《火葬场的哥们》是一篇语言、结构都很讲究，风味特殊（黑色幽默），有创造性，很成功的短篇佳作。

将近一年之后，林斤澜发在《人民文学》1981年第9期的《辘轳井》也是一篇成功的短篇佳作，我们将它发于该期小说的头条。这篇小说我很喜欢。因为《火葬场的哥们》我说多了，此篇只能讲一两句。这是一篇写北京郊区城乡接合部，一个拥有古老辘轳井田园风光、浇水种菜人家几十年的今昔变迁。作者一面是怀旧情浓，引起读者共鸣。的确在工业化进程中，我们有许多人丧失了自己自然状态可爱的田园，而不能不迁居，这是无可避免的过程。小说《辘轳井》中那可亲可敬的男女主人公就是这样的。另一面则是欢呼社会进步的这一进程，连作品中上了年纪的男主人公尤老师傅也参加进去了，找见了自己称心的新工作位置。作品同样是结构谨严，语言精练、讲究，写作技巧高超圆熟，一瞬间集中了那样多的生活，真真实实的生活。而今回过头来看，像林斤澜20世纪80年代的这两个短篇佳作，进入那时的全国获奖短篇行列，应是毫不逊色的。只是那时评奖可能比较偏重推出新人，有的老作家作品难免有时被忽略。但好作品就是好作品，它们寿命长，不在意一时忽略。

斤澜这些写得最好的短篇小说，正像他自己所说："这条道上的基本功，少说也有两事：语言和结构。结构有人借用日常用语——组织，也在理。这两事可磨性子，十年八年不一定见成色。非见成色，枉称作家。"这是斤澜多年短篇小说创作实践的甘苦心得之谈，是非常宝贵的。我写斤澜这篇拙文，也是有感而发。因为在我当小说编辑的那 30 年，我感觉，我们出来一大批写小说的作家，但像林斤澜这样在小说创作的实践中思考、研究短篇小说语言及结构的作家，虽然有，但实在并不多。恰在世纪之交，林斤澜出了六卷本文集，主体当然是他的短篇小说。我建议小说研究者和学写小说者，不妨认真阅读林斤澜的短篇小说，一定会有不小收获。毕竟林斤澜是倾其毕生努力来写短篇小说的。

（原载《北京文学》2005 年第 8 期）

林斤澜论

刘晓南

　　林斤澜是一位独具风格的小说家。他的小说剑走偏锋，奇崛险怪，令人费解，又耐人寻味。在喧嚣热闹的当代小说潮流里，他不合群，也不跟风，单枪匹马，独树一帜。对于他的小说，读者有说"读不懂"，专家有说"怪味"，总之是有些"玄妙"。说"玄"，或许是因为那奇特、乖张，不按牌理出牌的手法；说"妙"，或许因为小说中那含蓄朦胧、品味不尽的意味。

一

　　一方面，林斤澜的小说体裁虽小，却不乏史的深广，短制中常常蕴含着巨大的社会现实内容。他的早期创作主要书写的是农业合作社、"人民公社化"、"大锅饭"、"斗私批修"、割资本主义尾巴的历史。这些作品现在看来，诚如作者自己所说："反映的是政策的真实，不是生活的真实"，带有明显的时代烙印和政策性。作家在中断创作十二年后写作的《矮凳桥风情》，依然没有脱离历史现实主义的意义寻求，从侧面反映了我国改革开放以后乡镇经济发展的历史。《十年十癔》《续十年十癔》回眸十年"文革"，连缀小人物的辛酸经历，透过个人的病态来审视民族的病态，可谓一部当代中国人的心灵痛史。

　　另一方面，林斤澜的小说又与现实主义保持着一定的距离。读者总能在他的小说里感受到聊斋式的氤氲气氛：《氤氲》中，当革命者以革命的名义处决另一革命者时，突然出现了长着人眼的狼和"废墟妖精"；《爱》中，那只唤醒李地爱情的泥鳅被埋葬后，竟然变成了一节树根；《溪鳗》中，篮子里盘着的溪鳗，"顶着毛巾直立起来，光条条，和人一样高"，"倒霉镇长"竟因此而瘫痪了……他小说中的人物，无论多么普通，都有着传奇般的性格和经历："皮实"的笑耳，从出生起就像个奇迹（《舴艋舟》）；憨憨的"憨憨"，独有一股不到黄河心不死的执拗（《憨憨》）；青春永驻的溪鳗，多像个魅人的水妖（《溪鳗》）；"我博士"活脱脱是个不食人间烟火的隐士（《万岁》）……他热衷于那些神神鬼鬼的故事：矮凳桥出"鬼"；年轻的副镇长遇"妖"；老蚱蜢周用蚱蜢舟给人变风水；小贩们讲述矮凳桥人闯天下的故事神乎其神（《小贩们》）。现实主义作家在处理这些显然非真实的细节时，往往会显露出怀疑态度；而林斤澜却仿佛信以为真，乐在其中，悠然忘返。

林斤澜小说在处理现实题材的手法上，既不类现实主义作家们照实摹写一个世界，也不似先锋派凭空创造一个世界，而是实中有虚，虚中有实，另辟蹊径。与"现实主义冲击波"相比，他的小说太多"鬼气"，太空灵虚幻，情节链条常常在半空中突然消失了踪影；与"先锋派"相比，他的小说又太"实"，有太多对社会现实内容的关切和关怀。余华的《现实一种》，虽名为"现实"，情节亦纯属虚构，故事却在一个相对封闭的环境里，几乎不与社会现实发生多少联系。作家的眼光只注视于内，关注人与人之间关系的量变与质变。现代主义小说认为："小说传达给我们的，不只是栩栩如生或者激动人心之类的价值。它应该是象征的存在。"① 人性在现代主义作家那里，常常具有观察和实验性质，小说家热衷于提供一个虚构的场景和环境，实验出人性的善恶之属。显然，林斤澜在魔幻中漫游时，心里始终焦灼着人间烟火。

二

林斤澜小说有非常古典的叙述形态，无论是在韵味上还是在叙述语调上，都颇类古典笔记小说。他的小说几乎都是采取过去时态来"讲述"而非"显示"故事。其小说叙述总有些"讲史"的意味，仿佛一个老人站在现在回忆过去，白云苍狗，无所不知。福楼拜开创了"在场""显示"的叙述语调，从此揭开了现代小说崭新的一页。在此之前的小说作品绝大多数是讲述性的，如同讲故事，不写此时此刻，而是站在此岸的现在回忆彼岸的过去。"讲述"的语气注定了小说的叙述是不在场的，与现实主义文学重视在场的"显示"不同，它不追求逼真的写实，而讲究叙述者主观的提炼概括，对现实进行写意化的精神观照。

林斤澜的小说不仅使用古典叙述方式，而且也采取古典的叙述视角，一般都采用第三人称叙述。即使出现第一人称叙述，也很快转换为第三人称的

---

① 余华：《虚伪的作品》，《上海文论》1989 年第 5 期。

全知视角。《青石桥》中，只在开头和结尾用第一人称交代"我"是如何认识一家人的。在小说的主干中讲述一家人的故事时，完全采取全知的第三人称叙述。《憨憨》中，即使憨憨对调查组的"自述"，也不用第一人称而用第三人称。在他所采取的上帝的视角中，又刻意与人物、故事保持一定距离，在超然的叙述视角中，保持超然的叙事态度，尽量隐匿自己的存在，而不像经典现实主义作家常常做的那样，作家自己在作品中发议论，或者借人物之口发表见解。

同时，他也把现代叙事手段诸如意识流、迷宫带入了自己的小说中。《梦鞋》里的"正经老大汉"的梦境自述中，充斥着无意识的潜流；《五分》里"我"对数字"五"的条件反射性恐惧；《黄瑶》中黄瑶在心理暗示和外界刺激下的失常反应；《卷柏》中精神病患者的自闭倾向……几乎都是典型的心理学病历。像现代小说那样，他不再对小说的"真实"做斩钉截铁的确定，而是有意留出些空白，让读者接续和想象，使文本更具张力和开放性。他常常通过对情节的有意中断或缺失，表达自己对"真实"的理解。他反感情节的完整和连贯，讲究情节的跳跃："情节线索是明显线索，最容易拴住人。但，也会把复杂的生活，变化的心理，闪烁的感觉拴死了。"①

他的小说中充满了迷宫。《溪鳗》里，溪鳗及其女儿的来历、溪鳗和镇长的关系都语焉不详，始终处于不确定的状态。《梦鞋》中"正经老大汉"最后终于忍不住说自己"跑了阳"，但始终没有道出"鞋"梦是什么。《氤氲》中"废墟妖精"的出现，挽救了木雕艺人的性命。如果真有鬼神，这个由木雕艺人后来讲述的故事固然成立；但我们知道实际上是没有鬼神的，那么这个故事何以成立呢？

这样缺乏现实逻辑的故事，在追求"逼真"和现实"逻辑"的传统小说中是罕见的，这使他的小说又与古典形态的小说拉开了距离，而与同一时期倡导"虚伪的作品"的先锋派叙述有些相似。先锋派的叙事实验大多热衷于在故事的关键部位留下"空缺"，试图在不确定的叙述里使文本呈现出无穷无尽的意蕴张力与想象空间。这样的作品不仅考验作者的智慧，更考验读者的理解力，能否透过文本表面的碎片和泡沫还原出背后真实的实存，抵达作者刻意隐匿的意蕴空间。

---

① 林斤澜：《林斤澜文集·六·文学评论卷》，北京师范大学出版社 2000 年，第 90 页。

三

很多读者抱怨林斤澜的小说"读不懂"，因为他小说的主题显得空灵朦胧，难以捉摸。《溪鳗》写了什么呢？汪曾祺说同时存在两个主题，性主题和道德主题。[①]诚然，但这更类似于母题，而非主题的概念。如果我们进一步追问它反映了什么样的性主题和道德主题呢？作者似乎既回答了又没有回答。仿佛故事讲完了，什么都说了，又好像什么也没说。林斤澜小说的主题往往是悬置和模糊的，甚至是个无主题的空缺。《青石桥》里的一家人在惊心动魄的恩仇过后，又和和美美地在一起起了日子。这个故事是要讲述宽恕和爱，还是要探讨人性的复杂？《梦鞋》里"鞋"究竟是物欲还是性欲？作者似乎无意给出答案。

小说《桃园》可作为阅读林斤澜作品的引子。作者借其中的女作家之口说道："一个作品谁看了也清清见底，不用思议。另外一个作品，三个人就有三个不同的感受，有的还觉得不可思议，究竟哪样好呢？至少都给养活下来，让它们自己在历史的长河里游泳去吧。"与其说这是一篇小说，毋宁说这是一篇林氏小说的创作宣言。作者质疑了主题明确化的做法，提倡作品应该留给读者更多见仁见智的空白。小说作者应当"既是藏者又是寻者"，追求含蓄之美，朦胧之美，还应讲究点"涩"味："若单说'味'，涩也是一味。正如说'能'，拙也是一能。"[②]

以短小的篇幅蕴藏巨大的可阐释性，是林斤澜小说的"野心"。林斤澜善于营造"空白"，但空白并非"无"，而是"无限"，是无限的想象空间和阐释空间。这显然要通过主题的"隐"来达到。主题的模糊多义，造就了小说的丰富张力，使短篇小说并不因其篇幅的短小而显得单薄易解。相反，增加阅读的难度，延缓阅读的速度，挑战当代读者越来越浮躁的耐心，反而能引起读者对小说意境的探寻与咀嚼。

主题的"隐"，必须靠材料的"显"来提供线索。林斤澜小说里，往往有着巧妙的伏笔照应，以具有象征意味的细节来暗示小说的主题。《爱》里，几次提到"金色"，开始写李地收养的泥鳅眼睛里"竟射出针尖般的，还是

---

① 汪曾祺：《林斤澜的矮凳桥》，《晚翠文谈》，浙江文艺出版社1988年，第207页。
② 林斤澜：《林斤澜文集·六·文学评论卷》，北京师范大学出版社2000年，第43页。

金色的光芒，盯在自己身上，一眨不眨地盯牢自己！"，令她想起了姨妈与金鱼的性爱故事，又后来李地品味那泥鳅的眼睛，"忽然，耳朵里响起一个金属的声音，厚重的男声歌唱"。遂回忆起那个秋天的黄昏，与这个金嗓子的乡下男生在校园角落里的一笑："面对这一笑，乡下男生模模糊糊的眼睛里，闪闪着针尖般的金色光彩。"四个有色彩、有重量的"金"字在意识中跳跃，自然地与爱串联起来，交织成一股回忆的潜流，草蛇灰线，伏笔千里，暗示出李地对爱的渴望。如果抽去了这"金色"，整篇小说就不知所云了。《氆氇》中，只字未提木雕艺术家内心对人性的怀疑，着力于画"眼睛"。开始"狼脸上一双人的眼睛"就够令人惊异了，后来"清水后生"的一双眼睛，忽然变作了"一双狼的眼睛"；再后来木雕艺术家的作品都"错了位，把人的眼睛安在狼头上，狼的眼睛又嵌在人那里"；他临终前的绝笔之作"天鹅"，则干脆再没有了眼睛。"眼睛"的错位里，暗含着多少人性的错位，当人不复为人，动物恐怕比人更具可爱的人性吧？正是通过强有力的暗示和强调，"攻其一点，不及其余"[①]，使小说主题在含蓄之外，存在着大量可解因素。

四

卡尔维诺在他的《未来千年文学备忘录》里，认为文学的标准首推"轻逸"。轻逸并不是只选取生活中轻的一面表现，而是在沉重的人生中懂得采取轻盈的态度。他致力于减少故事结构和语言的沉重感，赞赏"深思熟虑的轻""经过严密思考的轻"。在评述《生命中不能承受之轻》时，他说："我们在生活中因其轻快而选取、而珍重的一切，于须臾之间都要显示出其令人无法忍受的沉重的本来面目。大概只有凭借智慧的灵活和机动性我们才能够逃避这种判决；而这种品质正是这本小说写作的依据，这种品质属于与我们生活于其中的世界截然不同的世界。"[②]

林斤澜短篇小说的特点正是"避重就轻"。他并不回避历史，选取的都是沉重的题材，处理起来却飘忽轻盈。《十年十癔》里没有伤痕小说的"控诉"和"哭喊"，也不追求反思小说的"思想深度"和"忧患意识"。他展示生

---

① 林斤澜：《林斤澜文集·六·文学评论卷》，北京师范大学出版社 2000 年，第 124 页。
② 卡尔维诺：《未来千年文学备忘录》，杨德友译，辽宁教育出版社 1997 年，第 4—5 页。

活的荒谬和命运的荒诞，呈现人物的坚韧和淡定，就像画家用流水的浪花表现水底的石头一样，只选取水面的气泡来暗示水底的生机。《矮凳桥风情》里，处理温州乡镇改革开放后搞活经济这样的主流题材，往往注目于小人物的生活情感变化，从侧面揭示时代风雷。

林斤澜小说的叙事态度是"举重若轻""驾轻就熟"的。那些命运的玩笑，造物的玩弄，人在浊流中的无奈，都化作了一缕青烟，消失在波澜不惊的生活表面。这种叙事态度正如《青石桥》中的山里人谈论人生，平静而坦然："这里边有几个生生死死大关节，山里人都说得简简单单，我也不好做花样文章。只不过由那生生死死，怎么变做现在的平和宁静呢？山里人说：'晓得哩！'我也只好先就这样了。"这个"晓得哩"又包含着多少含蓄幽深的况味："她说的是晓得，意思却是不晓得。也不是表示真不晓得，又不是真都晓得。"林斤澜非常注意叙述的语调：平缓冷静的，避免情绪激动的夸张，无论是多么悲凉、苦闷、沉痛、愤恨的故事，都能包裹在一种隐忍的气度中，徐徐道来，仿佛凌汛时那些缓慢的解冻的河流，表面不动声色，却暗藏着摧毁一切的巨大能量。

林斤澜把人生的沉重，都翻作了轻逸之态：《白儿》中那备受摧残的老人，将自己放逐在荒山之上，在非人的世界里为压抑了一生的爱情殉葬时，却重复着温暖的语句："他静听唤声在太阳里溶化"；《青石桥》里的爱恨情仇都"浸在潺潺的水声里，沙沙的树叶声里"；《李地》一生的蹉跎都融化在一杯"静定"的茶水中，一个衣柜的角落里。袁相舟和李地在心里恋了一辈子，临老想见却作不见，各自稳稳当当地走过去了。真是什么也没有发生吗？却什么都发生过了，只当什么事也没有的淡定而去。《溪鳗》里，美丽的女人和残废的男人之间的纠葛与甘苦，都隐在"鳗非鳗，鱼非鱼，来非来，去非去"的境界里，看不分明。

五

林斤澜的小说美学，一方面颇似明末竟陵派的"幽深孤峭"，显得古奥晦涩；另一方面，又有一种冲淡平和、淡定从容的禅味。这看似矛盾的两极构成了林斤澜小说的趣味，在浓与淡的平衡中，彰显特色。

　　林斤澜小说的淡，首先体现在情节淡化：他的小说往往不以人物性格、故事情节来推动，而以气氛、心理、情调、意境取胜。在小说《桃园》中，针对那个女讲师的意见"也要为读者着想，我们的读者是要故事的。你甩开那美满姻缘，这个作品就没有点儿整材料似的"。他质疑了小说情节的必要性，强调了一种散文化的美感作用。在什么也没有发生的桃园中，那个传说中殉情的不幸姑娘，成了一种情爱追求的象征，潜移默化地影响着姑娘们的情感生活。这种弗洛伊德式的心理暗示造成的气氛效果，也可作为小说的动力。《青石桥》中，轻描淡写客栈一家人的恩仇过往，却用了大量笔触细腻描写祖孙三口合力编摇篮的情景、花了大量笔墨写"我"住在别家客栈时遭的罪。其中情节性最强的恩仇故事并未作为重点表现的对象，却运用大量的闲笔来铺陈青石桥的宁静安详的自然环境与一家人和谐生活的场面，选取个人化的视角和散文化的叙述方式，既淡化了情节，又淡化了故事背后那惊心动魄的残忍和血腥，强化出令人回味深长的意境。

　　情感淡化是林斤澜小说的又一特点。当前一些作家热衷表现苦难，并竭力将苦难具体化，写到一种极致。林斤澜表现苦难，却刻意与苦难保持一定的距离。他从不具体写痛苦，而是将苦难外化，以受难的结果来代替受难的经历，用外在行动来表现受伤的心灵。《白儿》中那个苦恋了一生却被迫害压抑了一生的老人，整日在无人的荒山里呼喊着恋人的名字；《卷柏》中那个偶然被关押十多年的厨师出狱后成了精神病院里一棵不再与人沟通的"卷柏"；《氤氲》中那个年轻时差点被同一阵营的革命者处决的木雕艺术家晚年总是将人眼雕于狼头，而临终前做的最后一只天鹅却没有眼睛；对《李地》没有意义的蹉跎一生，没有遗憾和叹息，取而代之的是一杯清茶的"静定"之悟，一只泥鳅勾起的爱的挽歌……在对苦难的处理上，林斤澜总是以残疾之态取代对残忍的描写，由外而内折射出那个病态的时代。

　　与沈从文、汪曾祺的田园牧歌式的淡泊情感相比，林斤澜小说的情感更像是"绚烂而归于平淡"，是经历了"是非成败转头空"之后，"青山依旧在，几度夕阳红"之后的淡泊。林斤澜曾纠正汪曾祺对他自己小说的评价："我解释你的作品不大用欢乐，而用愉悦。欢乐和愉悦是有区别的。欢乐对你的作品来说太强烈和外露了。"[①] 林斤澜恰恰是以这个尺度来经营自己的小说

---

① 林斤澜：《林斤澜文集·六·文学评论卷》，北京师范大学出版社 2000 年，第 409 页。

美学的。他小说里的情感永远保持在一个"饱和"状态中：乐不到乐不可支，悲不到悲不自胜，怒不到怒不可遏。

情节和情感的淡化往往会损失一定的可读性，林斤澜便着力营造小说意境来弥补。他试图将环境、气氛、风情、心理等因素纳入小说中，取代情节，成为推动小说发展的主要线索。"矮凳桥"的地理人文、历史传说、奇闻逸事、人情世故所构成的独特"风情"，是整个《矮凳桥风情》系列小说的灵魂，它们比情节占据更重要的位置。"风情"是一条有机的线索，渗透到人物的"集体无意识"中，主宰着所有人的生活。《矮凳桥风情》系列与其说是由连贯的故事组合在一起，不如说是由统一的气氛情蕴有机地联络在一起。他的小说情节跳跃，时有空缺，意蕴和气氛却是浓得化不开。往往是故事未到，气氛先造。溪鳗的一切都是个谜，她的罗曼史、婚姻、家庭以及青春永驻的前因后果都不甚分明，她的美丽、善良和妖气却令人回味、难忘。青石桥的客栈人家，看似平静的一切来自多么不平静的过去，作者着力表现的不是故事本身，而是环境与人和谐统一的意境。

六

"含蓄蕴藉"是林斤澜小说美学理想。林斤澜小说里不免丑陋、残忍和龌龊之事，却难见丑陋、残忍和龌龊之态。林斤澜所露的，是美，是平静的伤痕，是嘴角的微笑。在处理"丑"时"含而不露"，常用曲笔暗示，隐喻象征。另一方面，作家并未悬置自己的道德准则和批判立场，时而微露端倪，拈花一笑。

林斤澜小说叙述的藏与露，主要通过"梦幻"和"自由间接叙述体"来实现。

"梦幻"是林斤澜小说中出现频率颇高的叙事手段。《矮凳桥风情》17篇系列短篇里就有近一半涉及"梦""雾"和幻觉；《十年十癔》更是篇篇都在氤氲的癔梦之中徘徊。小说常常会在关键情节上语焉不详，湮没在或有或无、虚虚实实的梦境中，淡化情节链条的严密性，形成一块空缺，留下了几处空白。叙述者在真实与虚幻之间随意出入，在梦幻的掩护下，获得了狂欢叙事的自由，既不必对情节的完整和严密负责，又获得了叙述的便利——无须交代这些旁生枝丫的因果脉络，凭空拈来一个幻梦就可插入，叙述起来颇为方便。

"梦幻"是林斤澜小说叙事美学的需要。《溪鳗》中，用鱼和水的幻觉描写来隐喻性爱，回避了直接的性爱描写，含蓄隐晦，达到了特殊的美学效果。《九梦》之一《殷三慌》的性爱描写，则借用了屋外的风雨声和头脑里革命话语的混乱意识流，用节奏的强烈和暴力话语来暗示和渲染"本事"的热烈。梦幻作为叙事的一种美学手段，既回避了直露，又暗合作者的美学理想。

"梦幻"也是林斤澜小说的结构手段。梦幻往往成为小说的关键情节，甚至成为主要内容。梦幻叙事还赋予林斤澜小说浓郁的象征色彩。憨憨所做的"白胡须憨憨"和"黑胡须憨憨"起房造屋的梦，既是对先辈理想的再现又是历代中国农民理想的写照。《梦鞋》以一个"正经老大汉"一生的"鞋"梦贯穿，折射出先被贫穷后被革命压抑的爱与性的苦闷。这些作为寓言存在的梦是现实世界的隐喻性存在。

"梦幻"还成为林斤澜小说里营造气氛和意境的手段，使林斤澜的小说总是笼罩着浓浓的"鬼气"，森然的"寒气"，浓重的"雾气"。"梦幻"使林斤澜小说虚实难辨，真假难分，成就了他小说的"怪味"风格。

在林斤澜小说中，虽然隐藏了许多现实因素，却并未因此消隐作者的态度。作者、叙事者与人物之间似乎在玩捉迷藏的游戏，时而不见首尾，时而又忽现真尊。"自由间接叙述体"是他常用的"露显"策略。

如写袁相舟眼里的李地："那是新调来的女镇长李地。她也'发'起来了，发酵似的发福了。早先杨树一样挺挺的，现在榕树那么'壮壮'。脚步迟慢，手势沉稳。怎么脸上挂着个安静的微笑？圆眼镜后边的眼色，怎么有一种有心无意的样子？"后面的两个问句显然是袁相舟的疑惑，却没有用"他想""他寻思"这样的陈述动词来明确，造成了叙述者与人物的模糊。正如热奈特所说，这种语体"混淆了口头表述话语和内心话语的界限"，"尤其混淆了人物话语（口头表述的或内心的）和叙述者话语的界限"。① 这样，作者就可以用他人的语言说自己的话，自己既不完全介入，又不完全身处局外。在《茶》中，当人们叫李地集合去参加乌厂长的批斗会时，李地泡了杯茶，"眼睛却落在衣柜角落里。这是衣柜和书架中间的空地，一尺多宽，派不了用场。站个人进去，也像站在笼里。这个角落天天在眼面前，偏偏这一天吸住了眼睛。初

---

① 热奈特：《叙事话语·新叙事话语》，中国社会科学出版社 1990 年，第 116 页。

冬新上山的太阳，从窗户上格斜着进来，红红的、落在黄黄的衣柜上。好像是新发现的：平和，暖和，温和……怎么早先没坐到这儿来喝茶？"小说采取第三人称叙述视角，身处局外讲述李地的故事，描写李地发现衣柜角落的情景，却突然来了一句："怎么早先没坐到这儿来喝茶？"这是第三人称还是第一人称叙述呢？在这里，叙述者与人物忽然间融为一体了。可以感觉到，叙述者在李地身上寄托的情感是自况性的，在人物身上看到了自己的镜中倒影，不禁顾影自怜地感慨起来。紧接其后的是一句抒情色彩浓郁的语句："一片童心，忽然无端，如雾，是升起也是落下。"这时，已分辨不出局内局外，达到了物我一体的境界。

通过混淆人物与叙述者的界限，作者巧妙地言说出自己的态度，在客观叙事的姿态之外又保留作家的主观意识，可谓"不着一字，尽得风流"。

七

林斤澜的小说叙事策略，正如汪曾祺所总结的："虚则实之，实则虚之；无话则长，有话则短。"[①] 为了营造空白和意境，他的小说往往在布局上颠覆主次关系，重构轻重比例，陌生化处理材料。这使他小说用笔的繁简比例显得有些与众不同。

林斤澜颠覆了小说情节链条的"易见"性，往往在关键环节上删繁就简，虚晃一枪。《李地》里，李地和谁怎么就有了三个女儿，避而不谈，却大谈她的泥鳅和梦。《溪鳗》中，溪鳗怎么和镇长"好"起来，那女儿是谁的，支支吾吾到最后也没讲清楚。《青石桥》上那一家人如何抿了恩仇和睦起来过日子的，不得而知，只知道他们和其他的家庭没什么两样，日子过得平静而安乐。这种颠覆，拉大了与日常生活叙述的距离，营造了小说的陌生化效果，使小说陡具尖新反常之态，既加强了悬念，又不拘一格。

"无话则长，有话则短"的叙事策略，也使他的小说回避了通俗化的路线，得以在人所不留意的地方挖掘出深意来。《青石桥》小说开头，以一个外乡人住客的视角，将爷爷、孙女婿和孙女合作做摇篮的情景描绘得细腻、传神。对于父子俩的反目，没有交代原因，只一句"大家不声不响。背着妈妈，爷

---

① 汪曾祺：《林斤澜的矮凳桥》，《晚翠文谈》，浙江文艺出版社1988年，第207页。

爷和爸爸会咬着牙吠起来"，"有天，喘子爸爸抓一把石灰硫磺粉，那原是药跳蚤的，朝爷爷眼睛里撒了过去，爷爷瞎了眼"就算完了。妈妈杀死爸爸以及孙女去告发害死爸爸的妈妈两个情节，只用了百余字就交代了，却花了许多笔墨写妈妈和女儿的诀别。

> 母女两个都没有流眼泪。当妈的摘下手腕子上的银镯子，放在八仙桌上，空手跨出门槛。民警指指她的脚，脚上穿的是草鞋。

母女两个如今都背负了血仇，她们各自为自己的亲人报了仇，如今又各自得了报应，扯平了。"没有流眼泪"，也许是心理平衡了，也许是两讫了，也许是两人都还没有从仇恨里走出来。但妈妈把银镯子留给了女儿，穿双草鞋一无所有地离去，却是在行动上宽恕了女儿。

接着有一个细节描写：

> 新瞎了眼的爷爷，低声嘟囔道：
> "畜生，畜生。"
> 孙女跳起来道：
> "谁畜生？谁畜生？谁畜生？"
> 抓起桌上的银镯子，套在自己的手腕子上，又叫道：
> "我是人。我是人。我是人。"
> 一挥手，她的手小，银镯子掉在地上一滚，不知滚到哪个角落去了。孙女低头一看，地上光溜溜，什么也没有了。忽然心胸千百枚针扎一样，哇的一声哭了出来，放声痛哭，直把一口气哭尽、哭断。

这里将女儿的原宥、醒悟、悔恨、悲凉以及人生最悲苦的茫然呈现出来，简洁而有力。林斤澜把笔力都集中于人物的外部描写，通过语言、动作来刻画人物内心，不动声色中展现乾坤。恰如海明威的冰山理论：冰山在海里移动，很是庄严雄伟，这是因为它只有八分之一露在水面上。[1] 林斤澜小说里往往着力描绘那八分之一的"实"，却把八分之七的"虚"留给读者，去体

---

① 董衡巽编选：《海明威谈创作》，生活·读书·新知三联书店1985年，第1页。

会那冰山下面背后厚重的实存。

　　林斤澜写人的笔墨分配也与众不同，多为写意化的、白描性的，重在传神。正如汪曾祺所说"已经超越了'性格'……写的是人的内在的东西，人的气质，人的'品'"[①]。他善用白描手法写人物，以外观内，简练传神。《丫头她妈》只写了主人公生活的三个特点：做好了饭让家里人先吃，自己只吃剩饭；平时爱做梦且迷信解梦；最终通过种菜卖菜找到了自己的位置。这三个典型事件很能以小见大，寥寥几笔就传出了人物的精神和品格。

　　林斤澜很少对人物进行直接心理描写，描写人物心理时往往通过外在行动和细节来表现。例如写到当人到中年的袁相舟看到李地时，只写他："低下头，打算接着抠他的模子，谁知两手颤抖。这颤抖微微的，看不大出来，实际，锤子凿子都拿不紧了。""她走到眼面前的时候，袁相舟倒又低下头来，伸手抓锤子，没抓住，紧紧抠住了桌板。""袁相舟的童颜，一下子成了白纸，鹤发也跟着仿佛枯草了。"袁相舟见到初恋情人时的内心激动，都通过外部的细节动作暴露了出来。袁相舟的鹤发童颜一瞬间的变化，显然是叙述者主观情绪的夸张表现，带有一定的写意性和漫画效果。

八

　　林斤澜的小说语言是林氏风格中最鲜明的一面旗帜：一方面力求通俗，向大众和方言学习；另一方面则力求典雅，有自己的探索和创新。

　　林斤澜善于从南方方言、群众口语中吸取营养，使用具有鲜活的民间语言。这些极富生命力语言，简洁生动、诙谐传神。他很少使用繁复的形容词修饰成分，代之以极其简单的短句。句子朴素，少有细腻复杂的描写，多为粗笔勾勒和白描，重在传神。写丫头她妈卖菜："她的菜都要洗过涮过，青菜要显出青是青白是白。萝卜不带泥，红的红黄的黄。叶子要挺着，一张是一张，不夹带黄的萎的。不该带根的齐根砍掉，该带根的齐簇簇和老人家的胡子一样。"句式简洁利落，极少生僻字，连形容词也用得很吝啬。几句话里同义反复的词语和句式特别多，口语色彩强烈，仿佛平民的大白话，朴实到极点，俗白到了极点，却又富于清脆的节奏，读起来朗朗上口。在修辞上，

---

① 汪曾祺：《林斤澜的矮凳桥》，《晚翠文谈》，浙江文艺出版社 1988 年，第 211 页。

拟物设喻，常用通感，如"好一个粗壮体格，满满一沙发"，"面上漾开杏仁酥味道的微笑"，"手指头枪戳戳天：'反正天坍不下来'"，"笑得绸绸一样温柔"。林斤澜还善用比兴来组织句子，常常是就近取材，取譬连类。"袁相舟碰着天时不好，比方黄梅天，也在裁缝店里住几天。不过这要看堂婶的气色，那气色也做起黄梅来，就住不稳当。"前面一句说到天气，后面紧接着就用该天气来比喻人的脾气，信手拈来，随意挥洒，却又生动诙谐。

另一方面，林斤澜又追求小说语言的个性和创造性，讲究尖新、机巧。《溪鳗》中写春天的河水：

> 这时正是暮春三月，溪水饱满坦荡，好像敞怀喂奶、奶水流淌的小母亲。水边滩上的石头，已经晒足了阳光，开始往外放热了；石头缝里的青草，绿得乌油油，箭一般射出来了；黄的紫的粉的花朵，已经把花瓣甩给流水，该结籽结果的要灌浆做果了；就是说，夏天扑到春天身上了。

将溪水拟作"奶水流淌的小母亲"，用了几个动感强烈、富有视觉冲击力的动词"射""甩""扑"，几句话就把春天大地的躁动点染出来。这富有生命力、喷薄着情欲的大自然既是人物罗曼史的背景，又渲染了整篇小说的气氛和情蕴，与小说中的性爱主题完美地胶合在一起。从这段景物描写中，可以看出林斤澜在追求民间语感的同时，也保持着知识分子对生活语言的体察和提炼。

林斤澜小说语言在大众话语之外，还追求一种含蓄的韵味和深长的意境。林斤澜小说语言对"雅"的追求，恐怕源于对美的追求。他的语言看似简单，实则用心良苦，不求繁复浓艳，但求简单淡雅。但淡而有味，却不是随意为之的。董解元说："冷淡清虚最难做。"譬如写性，实写则难免丑陋，直写又难免尴尬，他就用虚笔暗示，保持了神秘又不失性感。如《溪鳗》中，镇长傍晚喝醉了酒，在水边遇见了溪鳗。

> "你在这里做什么？鬼鬼怪怪的。"
> 溪鳗往下游头水里一指，那里拦着网。

　　　　"人是要吃饭的。"

　　　　"也要吃酒。这两天什么鱼多？"

　　　　"白鳗。"

　　　　"为什么白鳗多？它过年还是过节？"

　　　　"白鳗肚子胀了，到下边去甩籽。"

　　　　镇长把红脸一扭："肚子胀了？"两眼不觉乜斜，"红鳗呢？"

　　　　溪鳗扭身走开，咬牙说道：

　　　　"疯狗拉痢，才是红的。"

　　　　夜色昏昏，水色沉沉，镇长的酒暗暗作怪，抢上两步，拦住溪鳗，
喘着说道：

　　　　"我说有红鳗，就是有。不信你过来。"

　　　　溪鳗咯咯笑起来，说：

　　　　"慢着，等我拉网捉了鱼，到我家去，给你煮碗鱼汤醒醒酒。
我做的鱼汤，清水见底，看得见鱼儿白生生，光条条……"

　　这段对话里，显然还隐含着潜对话。两人讨论的似乎是鱼，其实却在调情。
作者运用了"鱼水之欢"这个中国古典性爱象征，并赋予它民间的现代气息。
镇长似醉非醉的问话中，掩藏着故意的逗弄；溪鳗佯装嗔怒片刻后又发出到
家里喝鱼汤的邀请，这邀请里又透着含蓄的诱惑。这段调情，只字未涉情与
性，却字字落在情与性上，可谓"不着一字，尽得风流"。《溪鳗》里，似
乎嵌套着几层这样的潜文本，在表层意思之外，还有深层的咀嚼不尽的韵味。
林斤澜很讲究向纵深开掘语言的深层意义，他常在简单的语言中经营表里，
在粗疏的线条中编织情蕴。

　　李陀在评价林斤澜的语言时说："林斤澜的写作与汪曾祺全然不同，全
走生涩险怪的路子，尤其是语言，似乎专以破坏常规语法和修辞为乐，有一
种'冷露滴梦破，峭风梳骨寒'的峻峭作风。"[1] 李陀很准确地看到了林斤
澜小说语言"不合群"的一面，指出了他的语言存在"破坏常规语法和修辞"
的特点以及语言的"涩味"。这些语言特点恰恰是林斤澜用温州方言写作后
出现的，温州方言的加入，使林斤澜的小说语言及其风格出现了突变。

---

[1]　李陀：《汪曾祺与现代汉语写作——兼谈毛文体》，《花城》1998 年 5 期。

综观林斤澜《矮凳桥风情》之前的京味小说，多模仿北京方言和普通话，小说语言和小说叙述的跳跃性不大，并没有出现语言的涩味和情节上的晦涩。比较林斤澜 20 世纪五六十年代的作品语言："深山老林里，有一个小小的村坊。走完九岭十八湾，听得见毛驴叫唤了，还找不到村坊在哪里。硬要翻上最后一道梁，才见山谷里有一片杏树。杏树林里，有石头房子。"(《新生》)这里的语言读来十分顺畅，语序和语法完全符合现代汉语的要求，作者按普通话的语言规则写作，自然没有了跳跃性和空白。

语言的跳跃性是和思维的跳跃性紧密相关的。显然，方言特有语序、语法的加入，使林斤澜小说语言的思维逻辑自然也发生了变化。语言的跳跃、借代和省略自然也对小说运思方式产生了一定影响。也许，正是由于温州方言和思维的进入，林斤澜 80 年代以后的小说创作得以别开生面，另辟蹊径。正如汪曾祺所概括的那样：和许多人一样，林斤澜在新时期前的文学写作，像是说着别人的话，用别人也用的方法写作。从《矮凳桥风情》开始，他才有了自己的思想，自己的感情，自己的语言，自己的叙述方式，于是也有了真正的林斤澜小说。[①]

林斤澜的小说创作，自五六十年代走红，到 80 年代转型，尤其是后期对风格的锐意琢磨，都不离"恒"与"变"。林斤澜的小说，既继承和发展了民族文化传统中的艺术经验，又始终致力于短篇小说艺术的尝试和探索。艺术家的生命在于不断求新求变，不要重复自己。林斤澜用将近一生的创作实践，实现了自己的艺术追求和美学理想。

（原载《山花》2006 年第 7 期）

---

① 汪曾祺：《林斤澜的矮凳桥》，《晚翠文谈》，浙江文艺出版社 1988 年，第 204 页。

林斤澜论

——一种独特的"感受"美学

席建彬

    在当代作家中，林斤澜带来的无疑是一种"困惑"。数十年的"上下求索"为作家赢得了世人瞩目的文学声誉，然而同时也陷入了一种接受的困境。正如李洁非等人所说，"很长一个时期以来，林氏的小说作品虽然称得上有口皆碑，但其艺术形式的'怪'味，扑朔迷离的氛围，确实也令不少读者望而生畏"[①]；"不论是普通读者，还是职业读者，阅读林斤澜的小说，都不可能产生春江泛舟的轻松，反倒会有摸不着石头过河的吃力"[②]。的确，作家艺术风格的"扑朔迷离""云山雾罩"影响到了批评主体性的发挥，使得评论界难以在既有的理论框架内进行有效的阅读和阐释。比如，汪曾祺就认为他的小说有"一个贯串性的主题"，就是人，"人的价值"[③]，而李洁非和张陵又认为"不能用所谓的人道主义去表述其实质"[④]，更有论者认为是撕碎自身逻辑的"玄之又玄"，"周围是一片云雾"[⑤]，等等。相关观点间的迥异和错位，不仅说明我们在林斤澜创作整体把握上的对立性分歧，也体现了一种普遍性的批评乏力。在此背景下，就需要充分辨识作家创作的"内核"，以依托某种规定性和特指性来考察艺术实验的总体规约性，进而清理作家艺术风格形成和发展的文化背景、文本机制及其各方面的逻辑关系。林斤澜曾多次谈到"感受"对于创作的重要性，"小说总有真的地方，这就是作者对生活的感受"，"你对社会、对人生、对自然界有了感受，你把这个感受抓住了，表现出来了，变成了作品"，"小说主要是把作者的感受准确地表达出来"。[⑥] 或许，这就是驱使作家投入创作的"总体性冲动"。对比当代文学多年来的喧嚣与骚动，林斤澜一直在"孤独寂寞"中坚持着这一点。唯其如此，林斤澜小说指向了"别有洞天的所在。通向他的门户，没有柳绿

---

① 李洁非、张陵：《矮凳桥文体》，《当代作家评论》1987年第6期。

② 罗强烈：《矮凳桥系列小说的叙事结构》，《当代作家评论》1987年第6期。

③ 汪曾祺：《林斤澜的矮凳桥》，《汪曾祺文集·四·散文卷》，北京师范大学出版社1998年，第103页。

④ 李洁非、张陵：《矮凳桥文体》，《当代作家评论》1987年第6期。

⑤ 孙郁：《林斤澜片议》，《当代作家评论》1998年第5期。

⑥ 林斤澜：《林斤澜文集·六·文学评论卷》，北京师范大学出版社2000年，第44、120、122页。

花红，有时还会遇到榛莽荆棘，但这是一条艰辛开垦的路"①，呈现了一段当代文学最纯粹、最本色的文学性。在 20 世纪 50 年代以来意识形态化的"共名"和张扬欲望、崇尚反叛的"无名"的沉浮、交替中，以一份近乎皈依式的坚韧和智慧捍卫了自身感受性的文学人生世界，并最终构建了一种无可替代的"感受"美学，表现出愈发重要的文学史意义。

边缘处的生活与文学

文学总是离不开生活。在林斤澜身上，这一点显然更有"意味"。林斤澜是一个真正深入了生活，并在生活的感性根基上建构文学世界的人。他相信"小说的根基，究竟还是生活里来的感受领悟"，而这一根基源于生活感受中"感动"作家的部分，"作家在生活中有了感动，他用他的最拿手的方法把它描写出来，让读者也感受到作者在生活中所感受到的东西"②，"只有你从生活中找到了最感动你的东西，才能表达你对生活的感受，对人生、社会的看法"③。在作家看来，这才是"生活真实的根本"，"生活不是从概念出发，又归宿到概念，貌似反映了现实，实际上不是生活的真实反映"。④显然，这一文学性趋向了生活本色、平凡的层面，生活不再是当代语境中的某种政策、运动，也和抽象的观念无关，其要义并不属于对社会生活的深刻反映，而在于传达个人化和日常化的生活感受。而他的小说也总是聚焦于朴素平凡的人事，表现和描写着不同时期普通农民和知识分子的世俗人生，即便面对诸如合作化运动、"大跃进"等重大的政治历史事件，作家也总是从个人的日常角度去审视和建构。20 世纪五六十年代虽然也表现革命主题的时代诉求，但总是自觉不自觉地投笔于革命时间缝隙中的生活场景，在政治话语的渗透中捕捉着游离中的人性意趣；"文革"后重新创作，又主要瞩目于"文革"时期个体生存状态的展现，并不跟风于当时伤痕、反思文学对于历史的深刻性反思；而在八九十年代的商业化语境中，作品中所普遍存在的经济背景中又多上演着日常人事的变迁，同样不随着改革等社会意义起舞，等

---

① 程绍国：《上下求索——林斤澜的文学之旅》，《当代作家评论》2007 年第 1 期。
② 林斤澜：《林斤澜文集·六·文学评论卷》，北京师范大学出版社 2000 年，第 33 页。
③ 林斤澜：《林斤澜文集·六·文学评论卷》，北京师范大学出版社 2000 年，第 307 页。
④ 林斤澜：《林斤澜文集·六·文学评论卷》，北京师范大学出版社 2000 年，第 26 页。

等。创作就此偏离了时代话语的单向性整合，"走向了平凡"，呈现出生活的多样性意义。作家相信好的小说离不开生活现实的支撑，而且还要尽量反映出生活本身复杂乃至迷惑的一面。"生活给我的感受总是复杂，还带来些迷惑，这可以说是基调吧。沉淀不能改变基调。"①"若说作品的魂儿不清楚，那是那魂儿本来就恍惚。感情世界里，恍惚，就更加本来了。"②生活观念的朴素和平实，创作态度的宽容和通达，林斤澜的创作由此沉入了生活和文学的根底。他的好友邓友梅在60年代也曾说："林斤澜深入生活的踏实劲，在别的青年作家身上少见。"林斤澜的努力"实际就是为文学而献身"。③

　　对比于当代文学钟情公共性社会生活表现的普遍现象，林斤澜呈现的文学性无疑显得朴素而"另类"。一方面，作家疏离于当代主流文学的形上悲剧色彩、革命社会学思想。由于革命话语和启蒙话语的影响，当代文坛一度青睐生活的社会意义和形上价值，对于生活的深度意义总有一种理性认知上的优越感和自信心，往往将生活改写成宏大、深刻的文学空间，并不看重日常生活原生形态的朴素意义。另一方面，也和商业语境下文学性所普遍存在的欲望色彩有着明显的距离。由于人性理解上的世俗化和生理化，当代文学至今仍充斥着本能化、肉欲化的文学感受气息，文学被重塑成感官化的欲望叙述，其间存在的生活庸俗化取向，已严重侵蚀到文学性的价值意义。类似的"疏离"造成了边缘化，作家只能"孤独寂寞"。对此，生性宽容、豁达的林斤澜"心知肚明"，"我的小说不走正路，或不走大路，可是历次的'毒草'单子上，也好像没有'光荣'过。现在兴说边缘，也许我早已'边缘化'了，或者吹句牛，精于'边缘'"④。这一份生活的豁达与通透，进一步助推了作家在自我的艺术追求中渐行渐远，并最终构建了自身的文学地位。

　　或许，作家"只有在自处于边缘的状态和心态下主观和情感才需要得到夸耀的处理和炫异的强调，而且也只有疏离于中心、自处于边缘的主观情感才能是夸耀的合适对象和炫异的当然内容"⑤。而联系到作家的人生经历，生活同样制导了创作主体的这一文学向度，使得作家逐步建立了生活与文学

① 林斤澜：《林斤澜文集·五·散文卷》，北京师范大学出版社2000年，第403页。
② 林斤澜：《林斤澜文集·六·文学评论卷》，北京师范大学出版社2000年，第471页。
③ 程绍国：《上下求索——林斤澜的文学之旅》，《当代作家评论》2007年第1期。
④ 林斤澜：《林斤澜文集·六·文学评论卷》，北京师范大学出版社2000年，第4页。
⑤ 朱寿桐：《心态、姿态与情态——略论中国现代浪漫主义文学的基本形态与发展状态》，《文学评论》2005年第3期。

的"边缘性"品格。林斤澜1923年出生于温州的百里坊。南方滨海边地的山水风物以及开明宽厚的家庭氛围，滋养了他平和、宽容、豁达和通脱的生活态度。1937年"投身社会"后从事抗日宣传工作，写文章，编墙报，作演出，算是初步接触创作。20世纪40年代初期曾在国立社会教育学院（重庆）师从梁实秋、焦菊隐、史东山、郑君里等名家。1946年去台从事地下工作，"死里逃生"后返回大陆。新中国成立后为此多次受到审查，自言"可怕"。多年的政治生涯，让作家深入体会到了政治生活的种种艰险。作家后来虽在创作中涉及了类似题材，但总不自觉地表现出对政治立场的游离甚至是怀疑，相信与此类体验不无关联。50年代初期从事写作，并在汪曾祺的引见下结识沈从文，从此交往多年，并受到沈从文的影响。1957年，由于创作上"向沈从文靠近"，被专案审查，后虽侥幸"逃脱"，但仍在北京郊区石景山的八角村下放数年。下放生活使作家得以深入下层农村生活，京郊边地的山水，风土人情，鲜活的情感故事，构成了"创作源泉"，作家由此找到了写作的方向，下层农民和普通知识分子的生活感受成为表现的主要对象，小说创作"逐步形成了自己的风格"。1964年由于创作表现了"资产阶级美学观点"受到专题批判，直至"文革"结束，基本停笔，中断创作12年之久。"文革"结束后，创作进入喷发期，作品的数量、质量虽"相当可观"，艺术探索"多样和奇特"，但并"没有引起应有的重视"[1]。1981年小说《头像》获奖，也只类于一种"安慰奖"。1984—1987年陆续发表了后来收入《矮凳桥风情》系列的《溪鳗》等作品，作家对当代乡土生活的独特艺术感受标志了自身艺术创作"一个高峰"；以后《十年十癔》及《门》系列相继出版，作家独特的历史视角深入了一个时代普遍的人生状态，进一步完善了自身艺术风格的建构。然而作品风格被指为"云里雾里""扑朔迷离""奇崛""怪味"，仍不被主流文坛看好。1986—1989年期间曾主编《北京文学》，由于坚持独立办刊方向，带领《北京文学》走上"一高峰"。退休后居家写作至今。

---

[1] 黄子平：《"沉思的老树的精灵"——林斤澜近年小说初探》，《文学评论》1983年第2期。

感受生活的复杂与困惑

相当意义上，对生活和历史感受的表达使得作家多年的创作汇聚为一条人生的"感受之流"。从总体上看，由于依托于"生活真实感受"的表现，林斤澜的创作一直交织着生活的体验性品质，对于社会生活经验有着多元的转化，由此不仅导致了生活感受浓重的体验色彩，切入了生活多样而复杂的形态，而且由于艺术感受较多受到外在社会文化语境的影响，创作上也伴随着艺术风格的相应变化，在走向上有着阶段性的变动。创作初期，主要是20世纪五六十年代，作家的艺术感受带有明显的时代色彩，并未能脱离革命话语的制约。如被誉为作家"成名作"的《台湾姑娘》，写的是台湾光复后由大陆去台的爱国人士和当地的台湾小姑娘因共同期盼而结成的革命情谊，基本取材于作家自身地下革命工作者的经历；而像《春雷》《水库故事》《云花锄板》《竹》《山里红》等对于时代的直接介入色彩也较明显，渗透着合作化运动、"大跃进"等年代的社会革命热情，带有明显的时代观念痕迹。对此，作家本人也说过："五六十年代的习作，打着明显的年代烙印。但也真诚，没有别样肺腑……二十年后为选选集通读一遍，青年时候的热情，还叫老来迟钝的心胸，一紧一紧的。"[①] 作家的生活感受是一种和具体的感性生存、生命相联系的价值化行为，其艺术表现的自由和超越属性与审美的存在方式有着本然的联系。而作为一种感受中的生活形态，小说世界由此也就可能偏离现实的"经验"面貌，体现出"审美体验"的特性。比如《台湾姑娘》就被誉为是一篇"特殊的题材，动人的描写，人物塑造和简练、独具一格的对话"的"好作品"[②]；而《山里红》等作品的地域风情、人情的描写也十分清新；等等。即便说时代语境最终限制了作家艺术感受性的发挥，但并没有妨碍林斤澜写出那一时代为数不多的"生活内容厚重感人，而小说艺术也有创新的作品"[③]。而随着"文革"的结束，作家后期的创作则完全焕发了生活感受的审美特征，不仅拓展了生活的广度和深度，而且体现了更加多样的艺术体验性。这一时期，林斤澜有很多小说展现了十年浩劫中知识分

---

① 林斤澜：《林斤澜文集·五·散文卷》，北京师范大学出版社2000年，第417页。
② 涂光群：《短篇名家林斤澜》，《北京文学》2005年第8期。
③ 涂光群：《短篇名家林斤澜》，《北京文学》2005年第8期。

子和农民生活的深重历史感受，在对历史记忆的叙述中，透视特定历史情境下个体复杂的精神境遇。他说过："浩劫过去以后，我算算日子，整整十二年没有写作了。重理旧业，不光是生疏，还觉得堵塞。仿佛有些沉重的东西，搬也搬不走，烧化又烧化不掉。"①有人将这份"沉重的东西""提炼为'疯狂'"，但在林斤澜，又何止于此！《十年十癔》系列固然体现了那一颠三倒四时代的疯狂主题，但这主要是人事更迭的社会背景，个体因人、时、地而变的艺术感受涉及的是多样主题。《哆嗦》中的麻局长"禁不住地冷哆嗦"透露了潜隐内心深处的政治恐惧和信仰困惑，《黄瑶》的精神病态是由于浩劫对于童年不幸记忆唤起和强化的结果，《古堡》中的老建筑学家的死亡则是由于"溶化在血液"中的专业学术精神的不合时宜，《五分》则在对姐姐贞烈行为的叙述中浸透了历史创痕中的哀恸和无助，等等。作家显然在不断探索着特定历史语境下个体感受具体丰富的变奏，而处处渗透了一种内在的，和生命、生存相联系的感受性力量，显示了一个专制时代人生的广度与强度。《问号》只是一个场景，却写出了"最最最革命"中的"最最最恐怖"的精神凄凉，《肋巴条》中的老队长、《悼》里的老场长浩劫期间的沉默和坚定，让我们想到山峰和民族的脊梁；而《火葬场的哥们》则写了火葬场的青年工人利用人的恐惧心理从容捉弄靠造反起家女干部的故事，又是具有志异色彩的"黑色幽默"。某种意义上，小说也就构成了一个个感受性的生活意义片段，而众多片段汇聚出的就是历史的整体语境。这是一种在叙述中滋生出的情感力量，它感动、引导着人们去感悟，去思索，或许正如作者所说的那样，作家"只把感受写出来，读者也不要问这篇小说的主题是什么，读者也去感受，感受到什么就是什么"②，"让他们自己在历史的长河里游泳去吧"。

和大多数其他作家一样，林斤澜的"故乡情结"也是浓重的。这一时期他曾写道："四十多年没有在家乡生活，但这里有我的'血缘'，我的'基因'，我的'根'。"③无疑，这又构成了其艺术感受的另一基本区域。不同的是，他并不流连于记忆中的童年往事，也不流于对乡土生活的社会性介入，而是致力于对乡土当下生活的艺术体认与转化，觅取着乡土社会中多样的审美体验。《矮凳桥风情》系列将家乡温州的经济模式转变为一种艺术形态，演绎

① 林斤澜：《林斤澜文集·六·文学评论卷》，北京师范大学出版社2000年，第26页。
② 林斤澜：《林斤澜文集·六·文学评论卷》，北京师范大学出版社2000年，第270页。
③ 林斤澜：《林斤澜文集·五·散文卷》，北京师范大学出版社2000年，第414页。

为一种当代的传奇。生活经验和艺术体验的完美融合，使得这一作品被誉为代表了作家艺术风格的"真正的林斤澜的小说"（汪曾祺语）。十字街、无名的溪水、矮凳桥作为这一世界的"实物招牌"，汇聚着一幕幕乡土社会的生存图景。"鱼非鱼"小酒家水妖一样的溪鳗经营着"又脆又有劲头，有鱼香又看不见鱼形"的鱼丸鱼饼，"第一个起楼的供销员"憨憨有着匪夷所思的跑供销经历，"第一个做钮扣的人"袁相舟总能够以自己的手艺变着法儿谋生，手艺人老周和蚱蜢舟，延续几代了的命运联系，"张谎儿"父子真真假假、形式各异的钮扣技术革新，车钻包罗万千的钮扣名录，等等。作家显然"不打算在商品经济范围内解决什么问题……作家没这个本事。文学的主题，还应该是人的感情这部分"[1]。社会生活的当下性由此被作家转化为审美体验中的人生虚拟，从而跨越生活的原初时空而成为氤氲的乡土生活画面，最终交织出一个"疏隔的世界"，"它暗示着一种别样的生产方式、别样的生活方式、人称关系和价值系统，一个别样的世界"[2]。但林斤澜显然又没有走诗化生活的路子。作为一个以"深入生活的踏实劲"著称的作家，现实生活永远是艺术感受要直面的场域，故此，这些作品往往又联系着特定时代商业化社会的历史表征，诸如改革开放，技术革新，市场商店、事业、买卖等等。换言之，"风情"的诗意色彩最终并没有落实为人生的诗性境界，而主要是"反映生活的真实的根本"之上乡土人生感受的多样性。

然而林斤澜小说显然又不滞留于此，源自生活的多元感受在作家看来复杂得近乎困惑，最终，这又构成了"文革"后创作的普遍性品质。本时期《梦鞋》中老大汉跨越数十年的婚姻和人生变故被转化为关于"鞋"的茫然人生呓语，鞋的行动属性被撕裂为梦境中"零零点点"的意识片段。而《氤氲》则将"文革"中木头木脑雕刻家对"历史问题"的交代过程置于记忆和梦魇、历史与现实、人类与动物、灵魂与肉身、坟地与田园的混杂情境中，又具有一种超现实的氤氲色彩。《中间》则体现了人性在虐猫间的变异和迷失，也传达了一种"两个世界"中间的混沌历史感受。面对历史和现实，作家与作品中的农民和知识分子一样，似乎都把握不住生活变幻莫测的意义。同样，在《矮凳桥风情》等作品中，《通用局长》饭局中关于新生产力的议论，在老局长

---

① 林斤澜：《林斤澜文集·六·文学评论卷》，北京师范大学出版社 2000 年，第 411 页。
② 孟悦：《一个不可多得的寓言——〈矮凳桥风情〉试析》，《当代作家评论》1987 年第 6 期。

"全国通用粮票"一样的吃喝历史和经验中完全被淡化了，以至于我们已搞不清楚作家对此的社会态度。而《章范和章小范》中章氏父子的"吹哨钮扣"到底是技术革新还是说谎成性，这一切又有何深意，作家也同样没有表明；至于这一地域中的其他人事，也多如此，溪鳗的人生过程留下了太多空白，李地的婚姻也是一个未知数，"丫头她妈"无名无姓，背景空白，她的种菜发家也纯属偶然，她的秘密，"天晓得"；而车钻的破四旧、编钮扣名录，笑杉要损毁古董钮扣，甚至袁相舟的造扣、卖扣也近乎心血来潮、"莫名其妙"，等等。或许生活就像一个永恒的谜团。"生活中，人生中，许多事情是一下子解释不清楚的……感受是有的，但要说清人生的奥秘却做不到。"[1]在它面前，作家似乎永远是一个看不透谜底的探究者，好奇而困惑。置身其中，作家的任务就是要写出这种感受的茫然性，故此，林斤澜的艺术感受也就具有了自由自觉的生命直觉特征，呼唤着生活意义多向度、多层次的可能性、开放性。这不仅影响到文本的蕴藉性，同时也造就了含混的艺术效果。即便说这在作家前、后期创作中有着程度上的差别，但在整体的感受取向上并无太大的差异，最终，多样、复杂乃至茫然、困惑的生活体验构成了创作的基调，构建了林斤澜创作感受性的艺术世界。

"从断处生发"："感悟到那永恒的内涵"

作为文学创作的一般性表征，创作的"感受"化取向还通联着深层次的生活意义。虽然"感受"使得林斤澜作品的历史意识、生活意义处于一种飘忽、流动的状态而难以被明确赋形，但并不意味着这一内在逻辑的阙如。林斤澜说过："其实只是想听到一些生活的感受。如果是由感受经由思辨，感悟到那永恒的内涵，那大概是题材或主题的'开掘'或'深化'了"，"我感受到深刻。心想这样的深刻，才有经久不息的魅力"。[2]然而面对纷繁的生活现象，林斤澜似乎并不愿清理出清晰的线索。在他看来，生活意义的整体性是难以把握的，"是一下子解释不清楚的"，如此一来作家只能经由生活的片段，"感受着思索着，一边表现着"。作家"意识的现代不现代，指的是无限时

---

[1] 林斤澜：《林斤澜文集·六·文学评论卷》，北京师范大学出版社 2000 年，第 120–121 页。
[2] 林斤澜：《林斤澜文集·六·文学评论卷》，北京师范大学出版社 2000 年，第 44 页。

空中特定的一小点儿，这又是有限了"①；好的小说就是"从绵长的万里来，从千丝万缕的网络中，'中断'出来这么一片精华来……又从这'断处'可以感觉到，可以梦想，可以生发出好大一片空旷，或叫人豁然开朗"②。显然，作家感受的主要是生活中的"断处""特定的一小点"，是从"有限"的具体中去反映无限、抽象，传达生活的深刻。在此意义上，所谓"永恒的内涵"也就并不在于展现传统意义上的连续性、整体性的社会生活，而应该是能够反映真实生活状态的"点状"场景和过程，而"感受到的深刻"也就在于生活的"散点"多元、复杂乃至混沌的状态及意义。作家说过，小说应当在比较宽广的意义上讲主题，应该指的就是这一"生活的根本"吧③。

　　与之相适应，林斤澜的小说世界展现的其实是"连续性的中断"，更多是生活的现象与偶然、片段与差异。社会性的生活意义往往被转化、落实为具体有限的生活"点状"形态，诸如革命、理想、终极等集体性意义也就随之被分割、弱化，直至播撒在生活的日常感受之中。《雪天》等是作家早期的作品，小说虽然描写的是农民兴办合作社的历史事件，但显然没有表现出合作化运动的社会基层运作过程，反而是乡村如"柳絮般的雪花"下的"景色如此荒凉"，小姑娘"辫子上结着的红蝴蝶"及至乡民待客切成"丝丝"的"各样的咸菜"让叙述者有所感受，流连不已；《孙实》中伴随落后农民的思想转变和波动"斗争"过程的却是我们坐在月夜的地边，"像坐在绿色的湖底"，作家钟情的又是社会性意义缝隙中的个人化心绪感念。缺乏对所经历的时代宏大主题的深刻艺术回应，特定时代的社会化行为由此也就退化为一般的生活行为，难以进入艺术感受的深层结构。相反，倒是其间日常人生的感受性"症候"，渗透了作家对于生活意义的独特体悟。作家说："在小说这里，显出'不走正路'的模样，不时打出'擦边球'，叫人'侧目'。"④这种"不走正路"恐怕就不仅在于对于时代主题的自觉疏离，而更在于作家将处于时代生活缝隙中的人生场景作为了审美感受、表现的重点。又比如：在一组以"大跃进"为主题的作品《跃进速写》中，作家选取了多个劳动场景，但其中不少场景并不在于时代生活观念的宣扬；《松》中苗圃老人和姑

① 林斤澜：《林斤澜文集·六·文学评论卷》，北京师范大学出版社2000年，第7页。
② 林斤澜：《林斤澜文集·六·文学评论卷》，北京师范大学出版社2000年，第219—220页。
③ 林斤澜：《林斤澜文集·六·文学评论卷》，北京师范大学出版社2000年，第32页。
④ 林斤澜：《林斤澜文集·五·散文卷》，北京师范大学出版社2000年，第3页。

娘们的劳作近乎游戏，充满童趣；《人造棉》中跃进式的民间工作则在"整个三合院在流水般知了的蝉声中"，渗透着一种"人生目的明确"与否、"肯用思想"的生活感叹；《做饭的》更多是女儿对父亲的嗔怨情态，让我们更多想到的是一般家庭的父女深情；《夜话》则是初恋男女月夜下的"苏苏私语"，又是一种"仿佛童话的世界"。

由此可见，社会集体性的生活意义在林斤澜初期作品中就被置于了艺术感受的经验表层，并没有构成作家体验世界的导向性因素，意义也就被降解了。而作为一种文学趋向，这一背景下散见的生活"点状"感受也就构成人生价值世界的滋生基础，而作为审美体验被刻意书写。如果说初期作品中这一点还不是十分明显的话，那么后期这一取向则愈加显性化了。在《矮凳桥风情》等作品中，不仅社会性的时代生活已被虚化为一种经验性背景，而且也看不到明显一致性的创作主题，相反，所谓"风情"只是若干与"矮凳桥"相关的乡土生活片段的组合。这种组合的表层逻辑似乎是矮凳桥的地域性文化，但这主要是一种地理上的联系，并不具有文化逻辑的贯串性。作家显然只把当下的故土温州作为感性人生的一片场域，寻觅、感受着不同的人生意趣。溪鳗的女性风情，丫头她妈的人生故事，章范父子的撒谎问题，袁相舟的朦胧恋情，"酒老龙"的酒后失态，等等。整个系列就是这类人生感受的片段，之间缺乏互文性的因果情节、人物的贯串性联系。在作家眼中这些都是颇具意味的人生状态，它们就是一种本然的存在。事实上，对于常人而言，生活中又能有多少崇高、宏大的整体性意义呢！世俗的日常人生不过是琐碎的，偶然的，生命过程的自然而然，而人们的生命感觉也就在于对这一过程的不断体验罢了。

至于《十年十癔》等作品，作家也显然没有为历史作传的雄心，而对历史做了个人化的处理，塑造出的是一批在"很不正常的生活里，活出来的很正常的人"。"文革"生活的片段之间都是互不相干的记忆性场景，"我想写几篇忆，写下来却成了'癔'……十年'文革'十年后，凑它个十的趣味"[①]。显然，这种切片化的历史处理方式也就消解了对于"文革"历史意义的整体性反思，而只是作为一种特殊语境下的常态生存进行表现。林斤澜不写悲欢离合，不写大喜大悲，而是把"文革"的巨恶融解在常人的生活过程中，传

---

① 林斤澜：《林斤澜文集·五·散文卷》，北京师范大学出版社 2000 年，第 429 页。

达他们在特殊语境下的人性常态感受。《万岁》中的教书先生虽然清高，但也只能靠考证"万岁"的"狠毒"本性来打发时间；其精神性的病态宣示的正是日常人生的被动、无奈！《顺竿》中的全家银在厄运之时"有点晕乎"，"其实也晕，岂在你的有意无意"，则又昭示出历史进程中的个人命运难以预测的变数。而《卷柏》中的"厨师的一生坎坷，都是偶然，细想起来又都不偶然"，面对突如其来的牢狱之灾，只能熬着，"可是活着，活着……"；《紫藤小院》中的罗步柯面对劫难只能逆来顺受，竟不能如猫"摸爬滚打都是来得"；等等。历史展现给人们的或许就是一片"晕乎"，人只能茫然顺从而已，难以认清历史的面容和核心；或许这一姿态过于犬儒，但这就是作家所感受到的"文革"人生的度厄方式，其实这也是世人面对现实困境的基本情态。正如《氤氲》中所言，"此处无眼胜有眼，留得空白氤氲生"。生活的意义也就蕴含在这一"氤氲"之中。

林斤澜说过："细琢磨公认的杰作，往往一两百年也讨论不清楚，大致在立意上。因此有一种走向：立意的'抽象'，形体的'具象'。也是立意的'混沌'，形象的'丰富'。"[①]在作家看来，生活的"立意"也许就是这样一张"混沌"之网，"丰富"的具象割裂着生活，消解着人生的整体性意义，最终使生活世界"中断"成"散点"的片段组合，衍生着无限、抽象甚至困惑的"氤氲"。这是一种"瞬间生活"的组合。唯其如此，现实和历史、人性和非人性、生命与生存、现象与本质、荒诞和诙谐、质朴与扭曲等等都成了小说世界所接纳的内容。这一切由于感受性的运作，必然相互溢出、纠葛不清，使得人们无法在既有理论视野下对人生意义做出整体性的解释，进而孕育出作家笔下的"好大一片空旷"。由此，作家的艺术世界也就成为一种面向生活的零散与杂多意义的深刻回应，构建的就是一种"众声嘈杂的叙述体"。在此向度上，林斤澜创作的艺术实验性显然依托于现代生活杂多、丰富而变幻的意义，就不仅指向生活的丛生状态，也具有更为普遍、纯粹的人生意义诉求。

换言之，"感受"体验的叙述最终导致了"不可捉摸"的文本效果，掩映的又正是现代生活结构的信息变化，作家的艺术实验性由此具有了更加悠远的人生意味。或许，艺术创作就应该是一种艺术感受的随机性、偶然性、

---

① 林斤澜：《林斤澜文集·五·散文卷》，北京师范大学出版社2000年，第7页。

经验性，在生活中有所感就有所写。它"给不出终极答案的，它只使生活意义的活动伴随你的终身"，永远处于生活的"中介"位①。

结语：文学感受的美学限度

感受是文学的一种基质。正是由于个体感受性的存在，文学主体才能够在社会现实性的基础上，不断生成着生命的感觉和意义，进而展现人作为存在主体的世界本身。就现实和历史而言，"人只有凭借现实的、感性的对象才能表现自己的生命"，"已经生成的社会，作为自己的恒定的现实，也创造着具有人的全部丰富性的人，创造着具有深刻的感受力的丰富的、全面的人"。②相当意义上，文学也就是一种感受美学。作为这一美学的基本领域，现代文学由此也就形成了普遍性的感受性品格。然而，由于文学感受的具体意向性和差异性，我们对于这一领域的认识也就存在着明显的歧异。由于近现代启蒙主义、人文主义以及社会革命观念的影响，现代文学普遍钟情于生活的集体性意义，形成的是一种以历史意识的深度模式为特征的美学传统。在这一传统看来，生活应当是一种集体性意义的诉求，而小说则是一种不断随集体性生活和意识形态变迁的话语转述，其文学价值并不在于表达个人化的感受和思考，而在于传达集体性生活和意识形态的变化。这就要求作家的创作能够融入某种既有的社会、文化、道德等整体性意义体系之中，体现某种集体性的意义主题。显然，这一传统中存在的文学感受性属于一种依托于集体性意义的社会性逻辑，连续性、整体性是其明显的表征。因此，这一逻辑最终建构的就是革命或启蒙观念下具有理想主义、人道主义色彩的文学体系，并一度构成了现代文学的主流话语系统。

但从艺术本体论的角度来看，这一笼罩于社会历史观念和精英化人文立场下的美学品格并不具备现代感受美学的本义，实际上属于一种轻视个体生命感受意义的观念化的社会民族理性。感受属于生命结构中的本位力量，"感受力，在一定意义上，甚至可以作为衡量一个人生命力强弱的重要标志"③。

---

① 王岳川：《艺术本体论》，中国社会科学出版社 2005 年，第 129 页。
② 马克思：《1844 年经济学 – 哲学手稿》，人民出版社 1979 年，第 121、80 页。
③ 王岳川：《艺术本体论》，中国社会科学出版社 2005 年，第 121 页。

它是比思想、观念更沉实，更内在于人生的"根本生存域"。而创作的"文学性"在本质上就是由个体感受力的意向性、延展度决定的。因此，个体的感受力就蕴含着文学的灵性、潜在性、能动性、无限性，它的向度就是人的本质自由舒展的向度。显然，感受的现代审美属性也就在于这一点。在此意义上，现代文学要想构建真正意义上的感受美学，就需要改变既有文学感受的社会化取向而转向个体生存感受的具体性、平凡性。比照于现当代文学的其他作家，林斤澜的小说创作由于以个体的生活"感受"推进着人生的审美体验，也就具备了这一意义，勾画出一条"活的感性"之路。在长达半个世纪的创作中，作家一直把对生活的具体感受视为"小说根基"，反映着现代历史语境下生存的生命律动，传达着人在"此在"空间多角度、多层次的生存形态，积累着人的有限感性并以此呼应着人生广漠的无限性。如此的作家展现了处于普遍社会化、理性化语境下的现代小说对于个体感性生存的一次意味悠远的凝视，成就的就是一种现代文学史上的独特性存在。不仅截然区别于现代文学的既有传统，也在新时期以来趋于"无名"的当下文坛成就"别样"。

如果将新时期以来的当代文坛谓为一个张扬感受性的场域，我想并不为过。伴随着这一时期"人性解放"带来的第二次艺术启蒙，文学的个性色彩得到了多方位的展开，一定意义上，文学的"无名时代"就是对此的形象命名。但"个性的展开"无疑又是一种裹胁，存在着对文学美学特性的消解。"新写实小说"、身体写作等文学现象对人生的琐碎、猥琐、鄙陋以及人性潜意识本能等灰色因素的展现，固然提供了人生原生状态的真实面容，但这种呈现更多是对现实生活的世俗对应。这类"囿于粗陋的实际需要的感觉，只具有有限的意义"[1]，缺乏对生活现实的美学提升，如此被视为"人文精神的废墟"就是一种必然。文学属于美学，需要抵御日常感性卑陋因素的麻痹，以审美体验去发展一个新的生存需要系统，从而履行对人生世界意义的发现和呈现功能。"艺术的世界是另一种现实原则的世界。是疏隔的世界——而且艺术只有作为疏隔，才能履行认识论的功能：它传达不能以其他任何语言传达的真实"[2]，这是不争之论。而就林斤澜创作的"感受"特色而言，显然并不缺乏这一点。作家本人也曾指出，"少数真正的艺术家，飞翔在高

---

①　马克思：《1844 年经济学–哲学手稿》，人民出版社 1979 年，第 79–80 页。

②　马尔库塞语，转自王岳川：《艺术本体论》，中国社会科学出版社 2005 年，第 123 页。

天之下，波涛之上。只守着真情实感，只用自己的嗓音歌唱。波涛狂暴时，那样的声音当然淹没了。间隙时，随波逐流的去远了，那声音却老是清亮，叫人暗暗警觉出来，欢腾的欢腾的生命力。"①也虽然这一"欢腾的生命力"最终并没有被作家引向人生的诗性境界，但至少说明了作家对于"生活感受"的取舍存在着美学的尺度。孙犁认为林斤澜是"真正有所探索，有所主张，有所向往的"严肃作家②，而邓友梅说过斤澜"实际上是为文学而献身"。相信也是有此针对的。显然，由于美学向度的存在，林斤澜创作的日常化、相对性色彩最终未能滑入庸俗感性的窠臼，其艺术感受观念中潜隐的非美学因素也就得以消解。作为一个从历史中走来的作家，林斤澜与汪曾祺神交多年，并深受沈从文等人影响，骨子里流动的仍是一种现代知识分子情怀，这最终将制约创作的价值化取向。虽然传统人文观念下那种"艺术世界对人生的诗性拯救"趋向并没有构成创作主体必然性的审美选择，但作家的艺术实验性由此也就没有背离于现代文学总体性的人文背景。这在使得作家疏离于当代文学诸如"新写实"等文学现象所普遍存在的文学感性趋于灰色、本能化现象的同时，也就又和我们现在通常所指称的后现代主义等"解构性"倾向下的"艺术"实践有着明显不同。在此意义上，作家创作差异性现象的背后，昭示的又正是当代文学所缺乏的感受"美学之维"。

而由于弱化（也可视为一种消解）了现代文学既有观念系下的"人文主义"、社会革命等基础性观念，林斤澜的创作也就此溢出了传统意义上的文学限度。这不仅赋予了作家艺术实验的探索性空间，也使得作家的创作更加接近于文学的现代意义，传达出个体感受的丰富性、复杂性，成为一种"片断生活"的美学呈现。虽说这一切介入了启蒙理性主义话语以及革命历史观的背离意义，"好像缺乏理想主义的光辉"，但这样的创作更能体现小说艺术的本性③。而这不仅与人生的生物特性有关，也是现代生活的变化使然，在更深的层面，正是对现代人生感性生命意义发现的某种深度回应。如此的林斤澜必然难以在既有的理论框架中获得某种程式化的解释。比如，面对作家艺术世界的散点状态和意义的不确定甚至困惑，传统的人道主义观念囿于相对稳定的生活观念体系和清晰的人生价值意义诉求，就难于在本位观念系

---

① 林斤澜：《林斤澜文集·五·散文卷》，北京师范大学出版社 2000 年，第 426 页。
② 程绍国：《上下求索——林斤澜的文学之旅》，《当代作家评论》2007 年第 1 期。
③ 李洁非、张陵：《矮凳桥文体》，《当代作家评论》1987 年第 6 期。

统中进行伦理学的评价；而在其他诸如现实主义等观念中，也同样如此。林斤澜虽然也曾宣称自己属于现实主义，但作家本身对于现代文学社会学色彩的"现实主义"就有所质疑，"我们是不是搞清楚了写实主义，这要探讨……道路又多种多样"①；作家所理解和表现出来的"现实"主义显然和传统意义的"现实主义"不是一回事，而主要是一种直面"生活的真实东西"的创作态度和立场，是一种个人性生存感受中的"现实"。不妨说，林斤澜的艺术世界涉入了一个在各个历史时期都被忽视的文学意义场域，或许正如孙犁所说的是"别有洞天的所在"。我们虽有所察觉，但唯其"艰辛"却缺乏深入。然而这样的作家是不会被长期忽视的，他的"劳作中隐含着一部小说史"②，其意义将会愈加受到重视，相信这只是一个时间问题。

（原载《文艺争鸣》2008 年第 4 期）

---

① 林斤澜：《林斤澜文集·六·文学评论卷）》，北京师范大学出版社 2000 年，第 38-39 页。
② 孙郁：《林斤澜片议》，《当代作家评论》1998 年第 5 期。

"怪味"小说家林斤澜

孙良好

早在 20 世纪 70 年代末期，林斤澜就假托朋友之口道出自个小说的特别之处："这些东西，好比蔬菜里的芹菜香菜之类，喜欢的人就是喜欢这个味道，不喜欢的人也就是不喜欢这个味道。"① 几乎在同一时期，同行中有好心人给了他一个名堂，叫作"怪味小说"。② 事实上，这"怪味"在他五六十年代"初试身手"时就已显露，当时褒之者称其为"文体家"，贬之者则斥之为"形式主义"。可就是这"怪味"，使他在中国当代文坛无法尽领一时风骚；同样是这"怪味"，使他在中国当代文坛有着他人无可替代的位置。这位"沉思的老树的精灵"，这位"寂寞深山的采石者"，③ 在不动声色中营造了自己的另一天地，在这个天地里存在着的人事似乎正渐渐离我们远去，但又能使我们"恍若昨天"地置身其间。那么，究竟是什么东西，给了这个天地如此奇特的魅力？

"怪味"的人：看透世事的叙述者

谁是小说中的叙述者？根据一般的常识，叙述者就是小说的作者。其实，叙述者与现实生活中真实的作者并不是一个人，因为在同一作者的不同作品中，可以有完全不同的叙述者。即使叙述者的价值观念、情感倾向与我们了解的作者的情形大致相同，我们也不应当贸然把二者等同起来。正如比尔兹利所说："文学作品中的说话者不能与作者画等号，说话者的性格和状况只能由作品的内在证据提供；除非作者提供实在的背景或公开发表声明，将自己与叙述者联系在一起。"④ 但即便如此，说话人也不是作者，而是"准作者"或最好称之为"作者——叙述者"。认识到这一点，我们就可以明确，下面所要论述的"怪味小说"的叙述者并不就是林斤澜，尽管支配叙述者的人正

---

① 林斤澜：《林斤澜小说选·前记》，北京出版社 1980 年。
② 林斤澜：《草台竹地·前言》，人民文学出版社 1988 年。
③ 参见《探索者的足迹——北京作家作品评论选》黄子平、赵成的评论文章，北京十月文艺出版社 1985 年。
④ 参见罗钢：《叙事学导论》，云南人民出版社 1994 年，第 212–213 页。

是林斤澜。

这是一个在经历了许多世事之后看透世事的叙述者。他曾经为了一个崭新时代的到来而饶有兴味地叙述着置身于新生活中的新人的故事，但更多的却是在经历了坎坷不平、大起大落的历史劫难之后，带着一份悲天悯人的情怀，以一种极其平静的语气和极其不同的方式，叙述着曾经发生过、正在发生着的故事。这些故事不少人也叙述过，但你会明显感觉到其中的不一样。他虽曾亲历其境却更让人觉得是一个旁观者，那些灾难、丑剧、闹剧、悲剧、喜剧一幕幕只是兀自展现着，喜怒哀乐的情绪被搁置在沉思冥想的状态中；他虽曾饱尝沧海桑田的种种滋味却显得不动声色，仿佛天下兴亡、民族灾难、个人命运都已成了过眼云烟的往事。透过一连串的"怪味小说"，我们读到的正是这样一个深谙历史玄机又敏于当代脉搏的叙述者，一个富于历史感又具备了当代视界的叙述者。

这个叙述者的声音在"怪味小说"中很清晰，但有强有弱。相对来说，在描写中叙述者的声音比较微弱，它不太引人注目：

> 江水滔滔。若是矮凳桥的那条溪，春雨涨水时节也不能用"滔滔"两个字。
>
> 大地茫茫。江南的春天，不下雨也下毛毛；毛毛下不起来，也做成雾——本地土话叫做幔。大地爱把生物幔着发情发育，等到肯叫人看得清楚的时候，已经是丰满成熟的夏天了。若在矮凳桥的溪滩上，还好在幔里看见四面包围着的锯齿山。
>
> ——《矮凳桥风情·小贩们》

这是小说开头的两段描写，在这两段描写中，我们能听到清晰的叙述声音，其中的假设（若是、若在）、注释（本地土话叫做幔）都分明显示着叙述者的存在。读者需要了解的人物活动环境及其他背景都直接由叙述者一一在描写中传达出来。但是，由于描写的主要目的是弥补语言作为叙事媒介的不足，而不是为了揭示叙述者的存在，读者在阅读这些描写的文字时通常也不会注意隐藏在后面的叙述者。但"怪味小说"中的叙述者大多时候是一个不甘寂寞的角色，于是，描写之外，就有了许多概述的成分。在概述中，叙述时间与故事时间的距离越大，叙述时间就越像一个人为的设计结果，叙述者的声音也因此更加显豁：

> 千里地外，知道矮凳桥有个钮扣市场，叫得出名目的钮扣自不消说，还有想都想不到梦都梦不着的钮扣。百里方圆，传说这个市场是两三年里发起来的，比一团面发得还快。刚前回看见矮凳桥人背个弓子出来弹棉花，和讨饭也差不多。现在一个个造三层楼，楼顶翻过来朝天，好接着天上掉下来的钞票。
>
> ——《矮凳桥风情·袁相舟》

在这里，叙述者的声音清晰而明确，除涉及时间外，还涉及空间、人物、事件。诸如此类的概述，在林斤澜的早期小说中不多见，可到后来就俯拾皆是了。然而，这位"看透世事"的叙述者似乎意犹未尽，在描写和概述之外，他还不时地介入文本发表自己的"高论"，也就是对自己所叙述的人事的一种评论。这种评论根据其目的又可分为阐释性评论、判断性评论和自我意识评论三种。

所谓阐释性评论，是指叙述者对故事梗概或某一故事环节及相关内容加以阐释，它的主要功用是解释作品中人物从他们的立场不便或不可能解释，而读者又需要了解的叙事因素和环节，如：

> 画家老麦气色红润，为人圆通，又走好运。有一年出了样舒筋活血的新药叫脉通，同行拿来开老麦的玩笑，谁知老麦就棍打腿，索性拿麦通当了笔名。
>
> ——《满城飞花·头像》

像这样的"品头论足"，自然不可能出自小说中人物之口，只有叙述者的声音才是较为合适的。当代一些讲究"展示"而视"讲述"为过时的小说家、评论家对叙述者的频频亮相颇不以为然，这其实是一种"趋新"的偏见，因为叙述者介入的强烈与否和作品的审美价值并没有必然的联系，而只是代表了不同叙述风格而已。

如果说阐释性评论局限于故事本身，那么判断性评论则是叙述者依据某些外在的价值观念对故事中人物或事件的评价，这种评价仿佛与故事本身无关，又事实上约束着故事的进展，比如：

> 话说"文化大革命"来到矮凳桥，当头一炮是大革文化命。这一炮响声大，火力着实不够。烧书吧，谁家里有几本书呀，一本两本旧皇历，一张两张月份牌，顶多还有部卷了边的《三国演义》。打庙吧，总共一座单间的土地庙，用不着三拳两脚，拿条烧火棍捅捅就破完四旧了。
>
> ——《矮凳桥风情·车钻》

一个让多少人义愤填膺的话题，就这样让叙述者平平淡淡地道出，火药味不见了，但历史情境却留下了。

在看透了人物，看透了历史之后，叙述者还要看透叙述话语本身，这就是出现在文本中所谓自我意识的评论。它在清楚地告诉读者，故事是"讲出来"的而不是摆在那儿等你去看的。比如：

> 故事还要说下去，看起来这位一生只做鞋梦的，合着五个大字"正经、老、大、汉"。指望他谈笑风生肯定不可能，那就大家伙儿多操一份心，帮着添点小趣味，蘸点小幽默——啊，你摇头了，白搭？少费话，先看鞋。
>
> ——《十年十癔·梦鞋》

这种叙事在小说技巧上有重要的意义，就是尽可能使叙述的人为性暴露出来，读者从中获得的不是自然状态的现实，也不是故事自身的现实，而是话语中的"现实"。正是在这种话语的"现实"中，看透世事的叙述者显得自由而随性，自我意识得以淋漓尽致地呈示。

就这样，叙述者通过不同的介入方式将看似平淡无奇却跌宕起伏的人生和看似波澜不惊却汹涌澎湃的故事自然地贯串起来。如果仅仅为了制造悬念或炫示技巧，叙述者即使千姿百态也容易落入窠臼。林斤澜的高明，在于他对笔下人物的了然于心和对历史情境的深刻体悟，然后让叙述者代替自己就着小说的逻辑一层层地让各色人物在特定的历史情境中活出各自的滋味，最终在平常中生出不平常，让不平常归于平常。

在对叙述者的角色及其在小说中的具体表现作了如上分析后，我们可以说已获得进入林斤澜"怪味小说"的第一张"通行证"，下一步，就要看这位看透世事的叙述者，到底向我们叙述了怎样的故事。

"怪味"的事：穿越时空的人世故事

统观林斤澜的小说，我们会发现，看透世事的叙述者所叙述的都是当代的故事，这些故事的取材一般都来自于叙述者对自身生存世界的静默观察和深刻体悟，而其中最引人注目的部分是对"文革"和"改革"情境中凡人生活的"虚拟"、对纷扰人世近于尘埃落定的"抽象"。所谓"怪味小说"之"怪"，这种"虚拟"和"抽象"也起了很大作用。不过，这种"虚拟"和"抽象"不是空中楼阁的恣意建构，而是通过新颖的角度和深刻的感悟建构起来的另一种真实，平常的人世故事因此穿越了时空的屏障而成为一种更具魅力的"传说"或者"寓言"。《矮凳桥风情》《十年十癔》《门》三个系列最为典型地体现了这种特征。

《矮凳桥风情》是作者对改革开放初期家乡温州的诸多人事的一次成功"虚拟"，这次"虚拟"的原动力来自家乡的巨变以及这次巨变引发的种种争议，但意蕴则隐含在那份独一无二的"风情"上。作者在《后语》里写道："四十多年没有在家乡生活，但这里有我的'血缘'，我的'基因'，我的'根'。只要一走而过，就好像没有离开过几天，坐下来不用问长问短，只要听听话头话尾，就好像这一家人的身世，全是心里有数的。"而这种"心里有数"，又是通过一种静动互置的格局透露出来的。静的是风物，动的是人事。

在矮凳桥的众多风物中，主宰着全局的是一条桥、一条溪、一条十字街。先来看这条桥：

> 那一条桥，就是远近闻名的矮凳桥。这个乡镇也拿桥名做了名
> 号。不过桥名的由来，一般人都说不知道。那是九条长石条，三条

做一排，下边四个桥墩，搭成平平塌塌、平平板板的一条石头桥。没有栏杆，没有拱洞，更没有亭台碑碣。从上边看下来，倒像一条长条矮脚凳。

就这样一条在外人看来并不起眼的桥，本地却有着不少传说，使之蒙上种种神秘的烟雾，全镇人把它看作是"风水"的集聚地。它不仅是现存的，而且连着过去，通向未来。

再来看这条溪：

这一溪的水，好像是石头渗透出来的，好像是石头硬顶着风吹太阳晒，却把精华、把骨髓、把灵魂汇集起来，流走下去。溪水带来了水草，带来了枝杈横生的野树，带来了鱼虾，带来了竹筏木排、春茶冬笋、山珍海味。带来了矮凳桥，桥上挑担提篮，又带来了一条十字街。

在时间的河流里，溪水显示出不屈不挠顽强的生命力，它是矮凳桥所有生命的源泉，包括自然的和人为的。

最后，我们来看十字街：

原不过一个十字街，东西长点也才一里半，南北就只有大半里。现在两街两边，街头街尾竟摆开了足足六百摊子。

这是矮凳桥人日常生活的中心场所，它曾经的寻常与现在的不寻常印证着矮凳桥的巨大变化，是外人观察矮凳桥最鲜明的标志性场所。

桥、溪、街这些风物组合构成了一个完整的有历史感的生活场景。就在这一生活场景里，看透世事的叙述者津津有味地叙述着生活在其间的人们的传奇般的人生。在这千奇百怪的人生中，有两点几乎是他们的共性，即超常的行为和怪异的传闻。"鱼非鱼小酒家"的店主"溪鳗"能做"又脆又有劲头，有鱼香又看不见鱼形"的鱼丸鱼饼；"第一个做钮扣的人"袁相舟手脚灵活，在不同的境况下都能以自己的手艺变着法儿换饭吃；"造反派"车钻曾冒着生命危险去做一桩"破四旧"的壮举——敲掉石桥上的刻字；"反对派"笑杉冒天下之大不韪对社会现实大加诋毁；"第一个起楼的供销员"憨憨有着一段匪夷所思的跑供销的经历；"张谎儿"章范和章小范以形式各异的谎言来获取一种精神自救；手艺人家老周和小周的一生总也与蚱蜢船儿摆脱不了关系；而女镇长李地则常年端着一杯清澈碧绿的云雾茶。这些超常行为又有一个共同特点，它们都是在特定历史情境中基于"自救"的生存模式。与这些生存模式相伴随的，则是环绕在这些人物周围的种种传闻。他们的出生身世和生活状况在常人眼中都显得扑朔迷离，仿佛是活在现实传闻中而不是活在历史的真实情境中。深谙林斤澜小说之道的汪曾祺在《林斤澜的矮凳桥》说："林斤澜对他想出来的矮凳桥是很熟悉的。过去、现在都很熟悉。他没有写一部矮凳桥的编年史。他把矮凳桥零切了。这样的写法有它的方便处。他可以从不同角度来审视。横写、竖写都行。他对矮凳桥的男女老少可以呼之即来，挥之则去。"

如果说《矮凳桥风情》是以它特有的风物和异常的人事把我们从现实场景移置到历史情境中的话，那么《十年十癔》则是通过"癔"这一特殊的精神症候把我们从历史情境中唤回到当代的生活场景中。《十年十癔》的第一篇《哆嗦》开首就说："浩劫过去两年，有人说：'好肉自己挖烂了。'再过两年，有人说：'肉有霉烂，挖还是该挖。'又过两年，有人说：'挖肉补疮不是办法，改革。'这以后忙起改革来了，没有工夫说回头话，只是社会上留下不少的癔症。这个癔字早先就有，不过不多见，不像现在高楼大杂院都能撞上。"这个过去不多见而现在常能撞上的癔症，正是那个看透世事的叙述者站在此时此刻的"门槛"上，对历史情境进行追忆和叙述，进而作精神分析的切入点。它最终让我们明白，离奇古怪的症候原是正常人在不正常的境况下的必然遭遇。"十年十癔"包含的是十个辛酸的人世故事，这些人世故事在"浩劫"的背景中原本很寻常，但由于过去和现在的交错，现实和梦境的重叠变得不同寻常。通过下面这张图表，我们可以清晰地析解"十年十癔"的前因后果：

篇名	"文革"中的寻常事件	"文革"中的异常行为 及其后的连锁反应
《哆嗦》	久经考验的麻副局长被学生逼供，身经百战的游击司令被领袖召见	禁不住的冷哆嗦
《黄瑶》	美人黄瑶因海外关系落进"无头案件"	抓瞎挫壮小伙两眼，从此与动物黄猫难分彼此
《古堡》	建筑学者和他的学生因保护古城墙挨批	时来运转之时，老师心力衰竭而死，学生用脑过度精神恍惚
《二分》	书呆子老二在"大民主"中因心情激动夜不能寐写成颂扬"旗手"书信一封	随信误寄二分钢镚被折腾十二年，真相大白之日却已精神错乱
《五分》	"我姐姐"因诗文入狱	"我"因姐姐的遭遇与"五"有关，从此怕"五"成了一种生理反应
《春节》	偏胖主人因涉嫌"特务组织"在"春节"边上被夜审	偏胖主人"返老还童"（小便失禁），女主人一听"牛棚"手脚冰凉
《梦鞋》	"老干部"正经老大汉被打成"走资派"	一生只做一个梦，梦来梦去老只是梦见鞋
《万岁》	中学教师"我博士"坚持不喊"万岁"而挨批	躲进小庙写作"万岁探源"，在迷狂中探出"万岁"即"狠毒"
《氤氲》	"木头木脑"的木雕艺术家为"早日解放"弄假成真地搞出一个"事出有因，查无实据"的迷魂阵	他的木雕艺术从此只能用"氤氲"二字去评价
《白儿》	看山佬因年轻时和中农人家姑娘"白儿"相好过被斗"搞破鞋"	看山佬小便失禁，以呼唤"白儿"获得想象性的个人安慰

从这张表里，我们可以发现，看透世事的叙述者没有把这些稀奇古怪的癔症的引发归结于个别人的行为方式，而是引导读者从特定的历史情境中寻找原因。他也没有告诉我们这些癔症是否已治愈，是否能治愈，而是冷静地叙述着，叙述着并不遥远的历史中曾经存在过的真实的人世故事。但是，由于这些癔症是存在于当下的，所以，反观历史便可以促进我们更好地把握现在和未来。

如果说《矮凳桥风情》中的人世故事侧重于空间场景的聚焦，《十年十癔》中的人世故事侧重于时间结构的推移，那么，到了《门》，时空已被浓缩在"门"这个既古老又常新，既简单又丰富的意象上。这开向"四面八方"的生命之"门"，初入其间难免不辨东南西北，深入体味仍然难脱恍惚之感。

《命门》布置了形而上的生命之门和形而下的单元门的错位；《敲门》设计了真实的"敲门"和幻觉中的敲门的转换；《幽门》中"恍若隔世"的幽默言论再也无法重现；《锁门》则演绎尽历经沧桑的人世故事，最终得出一个令人纳闷又引人深思的结论："一辈子打开过多少，就是打不开自己的门。"而这一连串有关"门"的故事，都与一个退休诗人有关。充满人生智慧又历经世事沧桑的退休诗人，晃动在穿越时空的"门"前"门"后，"门"内"门"外，把所有的人世故事都浓缩了，同时又开放了。或许，"门"的故事实在太多奥妙，晚近的林斤澜又写出一篇弥漫古意的《去不回门》。"去门""不门""回门"的情节设计，空灵玄妙，禅意自在，道法自然。小说中有一道月洞门，乍看门外是纷纷扰扰的俗世，门内是清清净净的山林，但跨入门槛的一刹那，我们才猛然发现，活泼泼热闹闹的俗世生活在脱俗的山林并未真正绝尘而去。从"去门"到"不门"再到"回门"，人生之门次第打开，心灵之门却未随之敞亮，一种去也去不得、回也回不得的无奈在山林中飘来飘去，等待读者去慢慢悟得——或许沮丧，或许茫然，或许通透。

拨开"虚拟"见真实，深入"抽象"看具象，我们可以说已获得进入林斤澜"怪味小说"的第二张"通行证"。下一步要探究的是，附着于或"虚拟"或"抽象"的故事是怎样的一种文学语言。

"怪味"的语言：方言俗语和意在言外

在"怪味"的人和"怪味"的事之间，有一道必不可少的中间环节，那就是被林斤澜视为"文学的第一要素""文学作品的唯一工具"的语言。[1]他很欣赏李杭育关于语言的一段议论，李杭育说："我一直在寻找某种语言，以便用来表达我所意识到的吴越文化及其当代内容……语言最终就包裹了小说的全部形式和技巧。一个作家的最终出息，就在于找到最合他脾胃，同时也最适宜表现他的具有特定文化背景之韵味的题材的那种语言。"[2]事实上，这也正是林斤澜在小说创作上的一贯追求，而且，他在这方面确确实实进行了大胆的探索和尝试。可以毫不夸张地说，"怪味"的人和"怪味"的事最

---

[1] 林斤澜：《散花记散·试填"□□"》，湖南文艺出版社 1996 年。
[2] 林斤澜：《散花记散·"三不"》，湖南文艺出版社 1996 年。

后依恃的还是一种"怪味"的语言，没有它，传达过程便要大打折扣，有时甚至无法进行。

方言俗语的介入，尤其是温州方言俗语的介入，是林斤澜的小说语言显出怪味的一个重要原因。林斤澜生于浙江温州，虽然少小离家，但对家乡却是一往情深。这里有两方面的因素：一是家乡温州的风土人情确实令人难忘；二是温州人素有极强的本土观念及因此而产生的一种"自恋"情结（包括对本地方言的"自恋"）。"文革"过后，林斤澜回到阔别30年的故乡温州。在浓烈的乡情的驱遣下，他以书信的形式写作了中篇小说《竹》。在小说中，他揉进了不少地道的温州方言俗语。由于温州地处东南一隅，虽然开发较早，但山水的天然阻隔促使这里形成一个相对封闭的文化系统，难懂的温州方言俗语正是这个封闭的文化系统中的典型症状，它与现行的普通话几乎无法沟通。因此，《竹》发表后，温州人读来倍感亲切，外地人读起来却觉得怪别扭的。但林斤澜不肯就此罢休，就像李杭育要在吴越文化背景下找到他的小说的口气一样，他也要在"瓯越文化"背景下找到属于自己的语言。在《矮凳桥风情》的《后语》中，他道出了自己的初衷："有人劝我不要把家乡土话搬上去，疙里疙瘩，别人也不好懂。我想若是疙瘩，是我把这团面没有揉匀，不是不应当揉进去。土地土人的土话，有的是不可代替的。我们大家都来揉的这团面，也应当在各人手里揉进些新东西，营养可能更好，发起来也可能更暄腾。"可见，林斤澜对方言俗语的介入是有着相当自觉的意识的，体现在具体创作中，则是以一些地道的温州方言俗语来形成浓郁的地方特色，驾驭独特的叙述口气，显示鲜明的人物性格和表达微妙的思想意蕴。

在林斤澜的许多小说中，你不经意间就会发现一些怪僻的词汇，诸如"矮塌塌""平板板""眼光光""影悄悄""圆轮轮""雾朦朦""清水"这样的形容词，"抿抿就化了""丢跌""带携"这样的动词，"幔"这样的名词，"渍渍滴"这样的象声词，"做阵走""做队走"这样的短语，还有"歪藤八翘""冤生孽结"这样的成语，"发财不怕棺材钉""出名不怕难为情""皇天三戒也叫不逮"这样的民间俗语，"吃得肚子满登登，满到喉咙"和"上半夜捉了街前，下半夜捉了街后，青空白日，东搜西查"这样的句子。说实在的，倘不加以注释、考证，这些词汇、俗语及其构成会令许多读者瞠目结舌，但是，一旦离开它们，林斤澜的小说语言便会立即黯然失色，一片苍白，成为平庸的、不起眼的大路货。我们不妨从《憨憨》中摘录一段：

> 三年前，老人亭上的理论家，还有放炮的。空壳大佬倌顿脚说道：
> "跑了三年供销，问也不用问，就好拉出去枪毙。"
> 空心大好佬温和一点，冷笑道：
> "猪肠吃多了，只怕屎也吃得出来。"
> 三年后的今天，空壳大佬馆拍心头说：
> "跑了三年的供销，问也不用问，就好门台上钉个匾。"
> 空心大好佬摸摸下巴说：
> "猪肠吃多了，只怕饭也不想吃了。"
> 空壳大佬倌把"指头枪"朝前一戳。说：
> "憨憨把三层楼也起好了，公众逞个会，送个匾去怎么样。"
> "眼前送？"
> "眼前送。"
> "不早不晚，单挑眼前？"
> "单挑'打击组'眼前，放串百子炮，把匾钉起来。"
> "你也憨了。"
> "憨就憨他一回，这一把年岁了，'打击组'还能把我打做短
> 命鬼？"

这一段含有高比例方言俗语的文字，显然有着一种不同于纯粹的现代汉语和其他方言的口气，更主要的是，它充分地显示了两个老于世故的温州人的气质。而"空壳大佬倌""空心大好佬"这样的土名本身就蕴藏着人物性格的特征。他们在三年前和三年后的态度转变和谈吐方式，典型地体现了温州人"机灵"的应变心态和敢作敢为的行为方式。当然，一旦方言俗语用得过多，也会适得其反，让不懂其中奥妙的读者因为阅读障碍望而生畏，而且，在小说中不时地插入注释和考证，这种"糅合"总让人觉得有些生硬。这种现象在林斤澜的小说里也存在着，与上述方言俗语的娴熟运用一道，共同把小说的语言推向"怪味"的一端。

意在言外，是林斤澜小说语言显出怪味的另一个重要原因。不论是描写

场面、叙述故事、揭示内心，还是记录幻觉、捕捉联想，林斤澜采用的都不是那种完全写实的语言，而是有意识地采用跳跃、变形的手法，以收到一种"意在言外"的效果。比如《头像》中对梅大厦创作的木雕头像的描写：

> ……这是一个沉思的面容。没有这样的脑门和这样长长的眼皮，仿佛思索盘旋不开。森林里常有苍老的大树，重重叠叠的枝叶挂下来，伞盖一般笼罩下来，老树笼罩在沉思之中。这个少妇头像，是沉思的老树的精灵。

在对头像作直观、静止、孤立的描摹之后，林斤澜抓住它的主要特征，经过一番深刻的创造性的形象思维，即渗进自己的一些主观感受、联想和想象，再把形象思维的过程和成果进行巧妙的组合，最后才用富有象征意味的语言表达出来。他写的虽只是一个木雕的头像，但点明的却是它的创作者梅大厦的艺术境界，同时也暗含了他自己的艺术追求。这种意在言外的语言，到了系列小说《门》中，因为组合方式进一步改善，有了更明显、更完整的呈示。比如《命门》中那个退休诗人看画的情景描写：

> 诗人心中油然，眼睛却定定如油炒荸荠；兀那少妇的线条袅袅中，樱桃那里出现鸟爪，柳叶旁边发生鱼尾，细细的粗糙起来，糯糯的怎么僵硬了。啊，少妇变老妇，珠冠似盔头，霞帔如甲胄，那门还是打不开，打了一生一世，耗尽年华，诗人心痛大叫：
> "谁也没有打开过，那是生命的门。"

比喻、借代、暗示、象征在这里各显神通，把退休诗人复杂到难以捉摸的心情生动地展示出来：以"油炒荸荠"比喻眼睛的神情，以"樱桃""鸟爪"和"柳叶""鱼尾"来形容岁月留给女人留下的痕迹，又以"珠冠""霞帔"和"盔头""甲胄"的变形来暗示人生跋涉的艰辛，这一切莫不形象生动，让人在语言的迷宫中获得一种阅读的快感。而诗人的"心痛大叫"则把我们从语言的迷宫中唤回到现实的人生，所留下的则是一片无可奈何的怅然惘然。这种怅然惘然在《去不回门》中接近尾声处蓝斋娘和演义法师的唱词里被推向极致：

　　蓝斋娘叫声法师，唱两句解闷怎样？

　　唱什么呢？

　　"去不回。"

　　演义法师想了想，那就唱两句"身影"吧。

　　什么是"身影"？

　　"身影"是"去不回"的现代版，是调和了山歌、蓝调、摇滚、
前卫的"去不回"。

　　小鸟飞走了

　　半天空留下扇翅膀的身影

　　翅膀扇走了

　　半天空留下青春的身影

　　青春飞走了

　　半天空留下扇翅膀的身影

　　翅膀扇走了

　　半天空留下小鸟的身影

　　句句回还往复，却唱出了一去不回来。原来这个一去不回来，
是回还往复才去去的。

　　蓝斋娘顺着野调无腔，轻轻唱出她的歌词。

　　一个飞走了

　　半天空留下又一个身影

　　两个飞走了

　　半天空留下一个的身影

　　从"去不回"到"身影"，是传统到现代的转化，更是单纯到复杂的递进。
"小鸟""翅膀""青春""身影"回环往复于"半天空"，分明折射出生

命的踪迹在有形与无形中漂移的状态。对照小说的前文和结局，我们仿佛听到一个看透世事的叙事者穿越时空的喟叹。喟叹时的语言恰在古典的含蓄与民间的浅白之间，中国笔记小说的流风遗韵历历可见。

"怪味"的人、"怪味"的事和"怪味"的语言，造就林斤澜独具一格的"怪味小说"。如今，这位在中国当代文坛留下独特"身影"的"怪味"小说家离开了他早已看透的人世，但我相信，还在人世存活的人们，会透过他留存的文字记住他的名字和他在人世曾经的探索。张颐武在《怀林斤澜先生——一个晚辈的回忆和追念》中把林斤澜和汪曾祺作了一个比较："在中国当代短篇小说的写作中，汪先生和林先生可谓'双峰并峙'。如果说汪先生打开了'抒情'的路径，而林先生则打开了'象征'的路径。两个文坛的前辈其实接上了中国现代小说被中断了的传统。如果说，汪先生像是现代小说中的沈从文的话，那么，林先生就像是当年的废名。汪先生是感性而抒情的，林先生却是沉思而象征的。汪先生的文笔随性冲淡，林先生却是炼字炼句，每一句都有耐人咀嚼的深厚的意味。"

（原载《中国作家（文学版）》2009年第12期）

蛮荒与先潮

——林斤澜笔下当代温州形象

陈力君

温州文化与林斤澜的创作历程

　　林斤澜一生通过大量的文学作品，向世人讲述故乡童年记忆，成年后的他乡情事，老年返乡后的故乡新传奇。他或以充满感情的笔调描述故乡人、事，流露着心驰神迷魂牵梦萦的浓浓乡情；或以理性客观的姿态刻画他乡故事，平实地记录社会当代世相。不管是故乡风情的描摹还是他乡人情的叙述都体现出林斤澜独树一帜的创作风格，显示了内蕴心灵深处的温州文化精神。

　　温州古称瓯越，地处东南远离中原，为史上南蛮生活区域，加上山水阻隔，与中央统治区域交往受限，长时间处于文化的未开化、不成熟的荒僻地带，保留了许多不为外界理解和接纳的蛮荒气质。温州人情感细腻，表现出更多自然崇拜的感性特色。另一方面，温州濒临海洋，气候温和宜居，由于人多地少，历来受生存焦虑的困扰，温州人形成耐劳、肯吃苦、坚持隐忍的行为习惯和努力寻找机会、不轻言放弃、背水一战等底层姿态，培养出强烈的竞争意识和因求生而重实利的社会价值观。温州濒临大海的空间位置又赋予此间人们开阔的视界和开放的心态，为了缓解该地区的资源匮乏造成的生存压力，温州人形成了不断向外部空间拓展、寻找外部机会的文化传统。生存焦虑和近海的地理位置形成了温州人积极进取的生存策略，表现出敢于为天下先的向外拓展的行为方式。宋元以后影响深广的"永嘉学派"的重实利观念集中融合了温州地域文化传统，在儒学内部反理学道统，为中国传统儒学的现代转向开辟道路。在"永嘉学派"的近代沿革中，"温籍知识分子对西学的吸收也是彻底的，他们不但从书本上吸收西学，还身体力行，率先在教育、实业等领域引入西方文明"。① 温州地区的民间生存经验和永嘉学派的哲学观念深刻地影响了近现代温州人的思想和行为，形成特征鲜明的温州

---

① 陈安金、王宇：《永嘉学派与温州区域文化崛起研究》，人民出版社 2008 年，第 295 页。

地域文化模式。近代社会以来大量移居海外的温州侨民造就大量的艰苦创业故事，成为"东方犹太人"族群而备受世人关注。然而，温州人向外拓展的性格基于深层的生存焦虑，为迫于外在压力的被动行为，一旦解决生存焦虑，温州人就体现出缺乏深远理想目标和自觉意识的性格缺陷，显现出保守怠惰的性格，缺乏积极进取的自觉性和主动性，浅尝辄止，功利至上。因此，囿于地理环境的影响和生存条件的限制，温州文化更显得复杂和多变，使得文化圈层外的人感到难以把握，无法参详。尤其在改革开放以来，温州人在经济行为上的拓荒者和先行者姿态与他们相对保守甚至闭塞落后的文化心态形成鲜明对照，在整个中国社会中尤为突出，超越了惯有、固有的价值评判标准而成为"异类"。

林斤澜的创作倾向与他深潜内心的文化土壤及受其影响而生成的性格特征无法分离。作为一名远离故土的温州籍作家，他总是自觉地表达着自己对故乡的钟爱，得知好友汪曾祺有病在身时，他"力劝他和夫人施松卿到我家乡走走，散散心。我家乡温州，是江南水乡，又是浙东山'瓯'，经济发展，也别具一格"。[①]他不仅大量描绘温州自然风光和风物人情，而且将温州古老的文化熔铸在作品中，通过作品来传递温州的文化精神，形成了丰富立体的温州形象谱系。

林斤澜的创作跨越中国当代文学创作的历史全程，他刻画的温州形象经历由隐渐显的过程，基本符合当代中国由政治全能向发展经济的社会形态转型的轨迹。其创作以 20 世纪 70 年代末的改革开放为界线明显呈现为两种样态：在前"十七年"的创作中，温州文化潜质深藏在他的心里，在政治意识形态的统率下，温州文化重工商、重实利的价值取向完全被否定，林斤澜潜隐地传达着温州精神。与同时期普遍充满激情地投入社会主义建设的写作姿态不同，林斤澜通过感受生活来理解政治意识形态，挖掘底层人物身上的隐忍、坚韧、耐劳、勤勉的道德品质，从底层人物的朴素生活经验、生存策略中表现他们的底层智慧和边缘姿态。另一种文学样态为"文革"后，林斤澜较早感受到改革开放发展经济的社会变化动向，他欣喜地发现商品经济发展中温州文化的再度勃兴，敏感于市场经济中自由精神状态，以人性基本生存和正常需求的合法性基础，突显社会文化转型中温州人的超前意识、独立精

---

① 林斤澜：《纪终年》，《林斤澜文集·四·散文卷》，北京师范大学出版社 2000 年。

神等先锋姿态。他通过温州地域风情和温州人的心理状态，形成强烈风格特色，集中在《矮凳桥风情》专集中。林斤澜笔下古老的温州文化在当代中国始终体现出独特个性，在政治意识形态浓厚的社会语境中，依然表现出独特的精神品格，保留着蛮荒地带的草根式的执着和智慧。新时期以来，温州文化适逢其时，借助改革开放的历史契机彰显风采，在中国社会现代化发展过程中留下了浓墨重彩的一笔，林斤澜则抓住了社会转型期温州人的活跃身影，刻画 20 世纪 80 年代温州区域传统文化吐故纳新的令人瞩目的现代风貌。林斤澜的创作，以他独特的精神立场和审美趣味构筑了新旧并置、文明和蛮荒并存，充当改革先锋的当代温州形象。

温州精神与边缘姿态

相对中原文化，温州地区古老的瓯越文化长期处于边缘蛮荒地带，具有诡异怪诞的神秘色彩。近现代社会转型中，作为未充分现代化的文化形态，偏离中心文化持有相对独立性。林斤澜揭示了瓯越地域文化品格的当代形态：长期处于边缘状态，充满原始野性生命力，未被泯灭的反抗意识，不断创新，极具应变能力。温州文化的边缘地位使之缺乏核心文化圈的文化自信力，也缺少中心文化的偏执。因此，温州文化心理和价值取向无法为长期习惯了中心文化、权力核心区域的人们认同，以"怪味"来定位林斤澜所描述的温州文化，透露出无法完全认同又只能承认其独特价值的陌生和隔阂心态。而林斤澜却深谙温州文化，甘于孤寂，以通脱的心态淡看世间功利和矛盾，在当代文学裹挟政治斗争狂风巨浪的创作现场，能够"写美、写爱、写风土人情"，①坚守自己的独特风格。他的作品特色主要表现为如下两方面：

一、边缘姿态和理性意识

林斤澜的创作为中国当代文学提供了独特的题材和视角。他刻画了中国当代历史中独特的充满争议的温州人形象；他自身的个人经历使得他留下了一些在中国当代历史中鲜见的两岸意识形态冲突中的台湾记忆。前三十年的中国当代文学处于政治意识形态浓厚的社会语境中，林斤澜却疏离政治中心，

---

① 林斤澜：《沈先生的寂寞》，《林斤澜文集·四·散文卷》，北京师范大学出版社 2000 年。

秉持清醒和理性的创作态度。林斤澜的创作大多取自现实题材，忠实于生活经历和生命体验，不盲目跟随政治风向。他在"文革"前的作品，不是直接尊奉政治口号，不生硬地照搬时政，而是在真诚地感触社会生活的前提下保持强烈的独立意识，他的底层立场，他的"小人物"形象系列，他的低调内敛的情感方式，都表现了在"大同"中求得难能可贵的"小异"的创作姿态。

"文革"后，林斤澜早期保存下来的"异质"创作风格获得了舒张空间，他多年的沉潜积淀得到了勃发机会。作家对历史和人性的思考深度远远超出同时期血泪控诉的满怀激情的"伤痕"文学、"反思"文学思潮。他对"文革"的思考集中在《十年十癔》中，作家以民间神话的手法叙述一桩桩致人发狂的故事，对"文革"的历史评价表现出强烈的理性色彩。他通过种种传奇手法描摹了各种精神病症和心理癔症，以极端和惨绝的后果表明"文革"中令人发指的非人行为和人性异化。作家有意表明，在"文革"中，精神病的、精神失常的疯人往往比狂乱年代中的正常人更有人性，也更富于人情味。通过承受"文革"迫害后的违背常理和脱离常轨的疯癫行为构成了"文革"这一历史阶段的深刻反思，也构成对保证基本人性的理性原则最强烈的呼唤。林斤澜以与理性相对的疯癫现象，以远离社会中心和话语权威的边缘姿态，通过众多客观的事实冷静地揭示：绝对自信和真理在握的理性行为只是一种权力淫威，看似疯癫行为的对立面事实上已成为理性的对立面，成为真正非理性的疯狂行为。只有立足于"去中心"位置，立足于非权威的边缘意识和民间立场，才可能克制恶念，进行理性判断和清醒反思。

林斤澜在创作中以强烈的理性意识克制着浓烈感情，显示着对理性精神的坚持，与社会的"核心"话语的距离感更显现了他的独立姿态，避免了因权威造成的狂躁，获得更客观的深度认知。以揭示荒诞代替悲情倾诉，虽然令沉浸于苦难中的人们费解，但是，作为经历惨痛的"文革"悲剧的过来人，他清楚扭曲人性的历史事实，其间的丰富和复杂程度远远超出人类表达能力，而直陈事实的叙述可以更贴近事实。这些作品通过看似平静的叙事，以惊人的事实来警醒读者：人性之恶完全超出人们的想象和把握能力，只有冷静和平和的理性叙述才能有效地揭示那些匪夷所思的非理性、非人道的行为。这样，既使读者体味着历史的复杂和多面，又富于深意地提示人们对各种看似简单的断论该持清醒态度。

林斤澜的理性意识不仅表现在中国当代历史反思中，还体现在对温州人的族群性格的认识中。难能可贵的是，林斤澜虽然惦念温州人，但也看到了温州人及温州文化的欠缺和人性鄙陋，他在《三阿公》中提炼了"三阿公"这一典型形象，该形象早年在外辛苦奔波，等到发点小财腰包鼓起却已垂垂老矣，在闲人聚居的老人亭中以小钱讨好他人为自己撑面子驱除寂寞，骨子里却是个抠门依旧的守财奴，守着华侨这一名号宣扬自己当年的风光，事实上却是"假话、空话、大话"，活脱脱地写出了温州人的性格缺陷，年轻时拼命辛苦，老来空虚，追求实利，好做表面文章，爱慕虚荣，缺乏持久的精神信念，最富有意味的是，三阿公说空洞大话的毛病路人皆知，却能为县太爷奉为座上宾。通过这一形象，不仅充实了温州人的性格特征，更体现了他对温州人及温州文化的深刻认识。

林斤澜在创作中表现的边缘姿态和理性意识确立了他独特的世界观和艺术特色，被誉为"沉思的老树的精灵"。[①]

二、多元取向和开放的叙事

由于传统温州长期独立荒僻的地理位置，位于东部沿海的类海洋性的文化特性没有被中原的内陆文化完全同化，而林斤澜的创作正如温州文化一样，并没有为当代文学的强劲的意识形态的创作模式完全同化。由于温州文化精神造成了林斤澜积极乐观和通脱潇洒的生活态度，加上新中国成立后政治上的不公正待遇和自处边缘的写作姿态，他保持着规避中国当代社会政治权威的创作心态，认为应该营造自由宽松的氛围，希望文坛上各种风格共存，"有人笔下抢天呼地，有人呕心沥血，有的曲折离奇，有的偏偏在夹缝里描出闲情逸致来，有的着意精神的扭曲变形，有的超脱而执着平常心态……"[②]"作家和作家不一样，各有各的感觉，各有各的真情。有的刻意去写血泪、仇恨、斗争，有的刻意去写美、写爱、写风土人情"。[③]

林斤澜的宽容心态不仅体现在他的创作主张中，也表现在他塑造的人物形象中。这些人物形象始终保持着未为政治理念规训和泯灭的个性，即使在表现共同主题中，也不会直接以好坏、善恶、美丑等抽象概念来衡量价值，

---

① 黄子平：《"沉思的老树的精灵"》，《文学评论》1983年第2期。
② 林斤澜：《注一个"淡"字——读汪曾祺〈七十书怀〉》，《林斤澜文集·四·散文卷》，北京师范大学出版社2000年。
③ 林斤澜：《沈先生的寂寞》，《林斤澜文集·四·散文卷》，北京师范大学出版社2000年。

而总是尽量表达人性的丰富多样。如《赶天桥》中的百货店女袜部的营业员江长源，在别人眼里是个让人头疼的角色，作者却写出了他机灵聪慧的一面，避免将生活中的人物扁平化和单面化，也到位地表达人物思想转变的困难和复杂程度，使人物更加真实可信。《做饭的》中以人物心理为切入点，呈现了家庭生活和个人价值间取舍的困厄，叙述中作者并不直接给出中心或者重点，而是细细碎碎地模仿主人公的口吻娓娓道来，不偏不倚地只体现事件本身，将最终判断权力留给读者。

林斤澜小说直接来自于生活，有意避免对概念、主题的简单图解，也避免二元对立的矛盾方式，形成多元价值取向。他的文学世界中传统与现代并存，城市与农村并置，既表现事物间的区别和矛盾，也表现两者间的趋同。正因为这种宽广包容的创作心态，他表现改革开放初期的温州人的心态才会得心应手。温州人是最快接受改革开放后的新事物和新理念的群体，他们直接感受到西方文明带来视觉冲击和异域文化的冲撞，他们感到新奇和震撼，但并不保守拒绝。林斤澜小说中，不断出现以音似的方式生硬接受外来事物，如"拿摩吻"(NO.1)，"拿摩吐"(NO.2)，"拿摩嗦哩"(NO.3)，"白白"(Byebye)，[①] 等等，这些音译语词的运用，作家不以一种价值标准剪裁和规约的开放宽厚态度不言而喻。

多元价值取向也体现在林斤澜的叙述方法上，他放弃了主题先行的创作手法，而常代之以开放、对话和交流的文体。林斤澜习惯在矛盾呈现中，不刻意压制某一方声音，各方意见都能充分表达，放弃了革命时代的绝对不容置疑的叙述口吻，使作品内蕴丰富而繁杂。如《家信》中就出现了孙子和爷爷声音并置的情况，通过爷爷让孙子写信给远方的儿子的叙述中插入孙子的补充、解释甚至不同意见，既达到了对事物、人物更为客观的认知，又使文本自身充满了张力，不断提醒读者进行更为全面和深入的思考。这种表达多种声音的叙述方法也表现在文体的选择上，如他在《矮凳桥风情》系列小说中，以片段方式呈现了矮凳桥的人们面对商品经济蓬勃兴起时的不同反应和不同表现，在篇章与篇章之间构成呼应，使各种不同声音构成对话。

林斤澜的多元取向的创作主张无法纳入中国当代文学主流意识形态，也不符合矛盾对立、剑拔弩张的战争思维方式主旋律基调，但他却在疏离主流

---

① 林斤澜：《林斤澜文集·三·小说卷》，北京师范大学出版社 2000 年，第 184 页。

中始终坚持自己的审美理念，确立了自己的风格特色。随着观念的开放、人性的丰富和审美的宽容，林斤澜的创作获得越来越高的认同。

温州人与艺匠形象系列

林斤澜远离温州故乡后，在感受他地文化的过程中，不断地引起他对培育自己成长的温州文化的深刻感受和深度审视，内心深处的温州人独特的性格特征也总是影响着他对外部世界的判断，契合他内心价值标准的性格特征常引发他的高度关注，也由此形成较为有着内在统一品质的人物性格系列，这些系列形象跨越了地理空间的界限，熔铸着林斤澜的人格理想和价值理念。

温州瓯越族群自唐五代以来，在生存过程中始终面临着人多地少的困境，相对低下的生产条件下，手工业的发展缓和了土地资源匮乏的压力，又加快了市镇文化的发展，手工业品种丰富、人数众多成为温州社会结构特点和经济特色，而林斤澜深受温州文化的传统生存观念的影响，塑造了大量以技艺见长、充满底层生存智慧的艺匠类的形象。

中国当代社会改革开放之前，当中国当代文学农村题材以北方农民为基础进行形象塑造时，林斤澜的农民形象塑造就表现出别样的精神气质。他选择了大批有技艺特长的底层小人物。这些充满了人情味和人性色彩的底层形象，体现了农民身上的善良、俭朴和勤劳等与土地紧密联系的性格禀性，以及伴随劳动而来的生存智慧，即使他们的行为契应了共名时代的主流意识形态，林斤澜也努力挖掘他们出于朴质自然的生活愿望，刻画他们朴素直接的人生体验。无论《雪天》中的社长李常青还是《孙实》中尤其实诚的孙老头，他们都是拥有一技之长的农村能人，他们真诚善良，具有扎根于土地的生活常识和情感体验。作家委婉而切实地通过智慧和勤劳等构成的品质和能力，展现他们以个体的品质和能力支持拥护社会主义的初期国家政策。这些小说虽然迎合其时政治意识形态，但在到处洋溢着政治激情的狂热氛围中，风格是低调和隐晦的，更具朴素和自然。在新中国成立后的峥嵘岁月中，林斤澜虽然强烈地感受到如火如荼的政治激情，依然以内敛的方式和低调的笔法赞扬他心目中的底层人物，坚持关注小人物的生活情态，描摹他们的个性精神及细腻情感，这种创作立场疏离了其时高亢激昂的时代氛围，因此他的创作也未能成为激情燃烧的岁月的主旋律，甚至在当时文坛显得不合时宜。但是正因为他的坚持，在远离浓郁政治氛围的时代再度阅读他的这些当年被时代冷落的作品，反而能真切地感受到隐匿在时代气象底下的人们心理深层的种种脉动。

林斤澜能够细腻地感知底层小人物的丰富情感和生存姿态，其中重要原因在于他倾情刻画的人物身上，都深藏有因技艺、能力而与底层道德相联系的可贵精神气质。《骆驼》中的具有传奇色彩却又强烈地执着于土地的民间医生形象，《松》中的王寿大爷对待小松抚育小松树的举动，体现了底层人物从事技艺时的专注、执着的精神素质。这些人物形象以实际行为来体现其性格特征的写法，与温州文化中的务实精神是一致的，也与他后期极力塑造的大量的艺匠人形象有着深层的内在关联。

传统农业社会中，手工业只能作为副业而存在，而从事手工业的艺匠形象地位不高，然而手工业却内蕴着自然经济向商品经济过渡的胚芽，也为农业经济向工业经济转向提供了可能。温州特有的生存基础和生存观念突显了手工业者的地位，在改革开放初期，温州的手工业者充当推动温州经济的先锋，在表现新时期蓬勃发展的温州经济时，林斤澜很自然地选择了活跃在商品经济前沿的温州艺匠人身影。林斤澜的作品中有石匠、木匠、篾匠，当他描述作家的工作时，将作家与木匠进行类比，可见，这些匠人生活、匠人形象在他脑海中留有非常深刻的印象。

在林斤澜塑造的艺匠人形象身上，体现了来自生活、直接从自然交往中衍生的生存智慧和技艺才能。中国古代工匠身上体现出的"巧"成为农业生产之外的辅助产品，虽然不为主流社会看重，却包含着社会所需要的先进生产力萌芽，加之温州特殊的地理位置和生存条件决定了手工业的相对发达。林斤澜对温州手工业者尤其熟悉，描摹了一大群能工巧匠，并通过大量作品证实他们才是改革开放以来的温州模式的先行者。《矮凳桥风情》中心灵手巧的能人巧匠，心思活络，有着令人称奇的才智，能够在恶劣的环境和条件下，利用有限的资源创造最大的劳动价值。他们作为成为温州改革开放后经济腾飞的最初资源和软环境，通过探索和辛劳创造了改革开放后类似于桥头镇钮扣市场的繁荣。艺匠人从事手工艺劳动，他们通过师傅带徒弟的口授心传的方式传承着古老的民间技艺，传承着传统的道德观念，他们在劳动中融入自己的智慧和技能。相较于农业生产而言，他们的劳动不再依赖于土地，更少一些人身依附，也更多自由和独立性。由于在手工艺劳动中的个性发挥，艺匠人更富于创造精神。《矮凳桥风情》中的袁相舟、小蚱蜢周都是钮扣市场兴起的技术力量，也是能够使钮扣市场克服困难不断发展的智力保障。商品经济时代来临，面对着统一规范的大工业生产大量取代手工劳动，甚至消灭大量手工行业，进而造成社会的各种异化加剧时，才会使我们感受到手工业生产被遮蔽了的个性精神和艺术创造价值。林斤澜的文学创作透过物质表层深潜到其内在的精神价值，在赞赏手艺的同时尤其注重受益人的艺术创造力，这在当时也体现了作家的深刻洞察力和超前意识。

由于手工业在传统社会的辅助性地位和手工业者的卑贱身份，工匠们形成了坚忍勤劳不怕吃苦的性格特征。林斤澜在作品中不断地表达着对这种性格的发自内心又平和委婉的赞叹。在他所关注的北方农民、台湾二二八起义中抗争义士身上都有一种与艺匠人相似的有意克制、不张扬、实诚低调的处世风格，灵巧缜密的心思和充满智慧的生存方式。

在林斤澜青睐的身怀技艺的艺匠身上，体现了贴近生活的坚实的生命状态。他们身上，贯注着作家对于人性的理想诉求。他极力刻画他们浑然天成的美好性格，自然的人性表达。即使在恶劣的环境和艰苦的生存斗争中，这些艺匠人依然保持着对生活最为朴素自然的美好愿望，乐观的天性和令人敬佩的生存智慧。林斤澜赞扬他们的勤劳和智慧，尊重他们的劳动付出，更是在精神上亲近工匠等劳作者，认同他们的草根立场和底层意识。基于对艺匠人的尊重和理解，林斤澜深入感知温州地域文化并进行具象化的刻画，也使他获得温州地域文化的独特认知视角。所以，新时期以来，当林斤澜再次提笔来表达社会生活时，温州人在改革开放后的活跃身影激发了他沉淀多年的温州文化精神素质，在《长汀》《白果树》等许多作品中，他塑造了许多在新的历史时期适逢其时的新一代温州人形象，他们务实、努力、坚忍，追求人格和精神独立。他通过改革开放和经济发展的历史事实，挖掘温州人的精神原则和价值取向，突出他们独立性、自主性和敢为天下先的开拓意识。通过这些传承着中国传统又包含着资本主义初萌时的经济关系的群体形象，表明在中国现代化进程中，这些艺匠人曾为现代化的中国特色担负着难以估量的历史作用。

瓯越传统与温州方言

语言不仅仅是表达思想的手段，语言也是思维本身。林斤澜小说中的语言夹杂许多温州方言。改革开放后，当温州人出没中国的城市乡村时，人们首先感受到的巨大冲击就是僻拗难懂的温州方言。温州地处偏僻，一直与中原文化得不到充分的交流。就在难以为外人所掌握的难懂温州方言中，在语词、语法和修辞等方面都保留许多古意和温州地域文化素质，也隐含着使用温州方言的温州人特有的价值观和思维方式。

温州方言中"劫数""福气""命定的"此类的词语非常多，也非常贴合"敬鬼好祀是瓯越以来温州人的传统"，[①] 也与温州人为人处世的方法原则一致，体现了温州人既服膺于命运又在现实中注重功利实际的处世原则。但温州人并不完全屈服于命运安排，也不拘囿于不利条件和薄弱的生存基础，反而富于行动力和执行力，在现实生活中，对于不切实际的人或者物会给予具有贬义的特定称谓，以形象的譬喻或者生动的刻画，否定他们的处世态度。比如对语言与行动不相符合的人有"空壳大佬倌"和"空心大好佬"两个称谓，前者侧重于对象外面说得好听事实上腹中空空，只会发表一些空洞无用的大理论，后者则譬喻此人只会说好话，而且说好话的时候有口无心。对于这些空洞空虚的人或者物不仅进行反讽嘲弄，而且还对其不同表现进行细分，足见得温州人面对世界功用功利原则之深了。温州人常用的"猴大"的称呼则暗含着称谓的对象自我定位不准确，强自充大的嘲讽。林斤澜作品中的温州方言的选用契合了温州人看似矛盾又有着内在统一的人生哲学观。

在语态表达上，温州方言的表达具有形象、模糊和感性的特点，充分表达了温州文化中因直接生活经验积累而成的底层的生存智慧，也体现了温州人敏感、细腻的情感特征。

> 不过这些老前辈，不能够冲州撞府，再有本事也是地头蛇。吃水码头的，到了陆码头还不如一条蚯蚓，各人死守各自地盘，自扫门前雪。若走到别人地盘来作客，朋友家烟酒不分家。若动动手指

---

① 林亦修：《温州族群与区域文化研究》，上海三联书店 2009 年，第 57 页。

头，在别人地盘里碰碰瓦上霜，舅老爷儿也要把钉板来滚一滚。①

这段话大量地援引了温州方言，概括了中间商在传统社会和公有制体制下的生存境遇，形象生动地表达在自由度极其有限的市场上讨生活的真实情境。此类温州民间谚语俗语包含着温州文化中积淀下来的充满智慧的人生观，它们道出了温州人对世界的朴素认识。国家统配经济走向自由的商品经济的转型期，温州文化的特点使温州人在商品经济和市场规律的运作中具有一定的优势，也具备了温州商业起步较早的最初条件。

在语感表露上，温州方言体现了留有古韵古调且注重语音美的特点。在中华民族文化发展过程中，温州地区的汉化较晚，直至宋代。"温州南部南雁荡山一带还是蛮蛋聚集、文化落后的地方"，② 在语言运用上，也一直保留着对自然环境和生存生态的直观表达，而温州地区复杂的自然地貌及蛮荒的生态，使未被理性规范的各种文化形态能在方言中得以保留。不少温州地方格言谚语既贴近事物粗朴的自然形态，又保留温州文化的古老传统。林斤澜在他的作品中既引用了许多地道的温州方言，保留了温州方言的地方韵味，又挖掘了温州方言所蕴含的现代精神气息，提升了温州方言的审美品格。比如他许多作品中都保留了温州方言中才有的象声词，在人物语言和状态描述中频繁使用叠字，像"木质质""暗洞洞""背背抬抬"，叠字的运用突出了静物的形貌和运动的态势，显得更为形象和生动。而且，这些富有韵味的语言体现了温州文化中遗落的原始音乐的痕迹，也吻合人类原始艺术未经细分而精致化歌诗同源的古老文明特征，与温州民间习俗中敬重俗神、注重礼仪的文化习性一致。而林斤澜的语言魅力正可以对照温州语言特色进行理解和领悟。

在融入汉族和保留自身特色的对立和妥协中稳固了温州方言，也保留了温州文化的特殊和复杂，林斤澜在借助于温州方言的创作中也是温州文化与外域文化的沟通交流的又一次具体文化实践，也使得他的创作更为丰富多面又个性鲜明。

读林斤澜的文字，宛如打开了温州文化的窗口，你可以感受到楠溪江、

① 林斤澜：《䑩艋舟》，《林斤澜文集·三·小说卷》，北京师范大学出版社 2000 年。
② 林亦修：《温州族群与区域文化研究》，上海三联书店 2009 年，第 107 页。

雁荡山等的秀美的瓯地美景，也可以体味到温州人特有的文化心理和情感特质。林斤澜紧契温州文化精神内涵，准确地抓住了由传统向现代快速转型中的温州形象内涵。林斤澜笔下的当代温州形象，不仅续写了近代社会以来的"浙江潮"对于中国古老文化的现代化贡献和成就，还在当代历史语境中，以自己的深广生活经历和创作成果佐证了中华民族南北文化交融碰撞造成的文化艺术的繁盛，表现了文学不趋奉中心和权威的独立精神及丰富的文化形态。然而，在感受林斤澜笔下温州美景、美味、美事，在惊讶温州人于蛮荒边缘处的崛起而表现出的进取开拓的改革先潮姿态的同时，不免产生一些遗憾，林斤澜笔下的温州形象最终也未能使温州成为二十世纪中国文学中具有深厚文化意义的"温州形象"，不能与鲁迅对绍兴的刻画和沈从文对湘西的描摹相提并论，依然把温州留在温州，个中原因值得后人深思。或者是作家太深地浸润在温州文化中流露出的太多钟爱而显得理性反思不够，或者是当代中国的社会现实使作家在走出温州时不能获得更为宽广的外域文化的撞击，抑或是当代中国社会的整合统一使得中华民族的各地域文化特质在逐渐丧失？面对林斤澜浓厚的温州情结酝酿而生的温州形象，我们不仅感受到了富有特质的中国东部沿海的温州形象，也应该意识到林斤澜在温州形象的塑造上只是开启肇端，无论是在历史深度还是在精神特质上，都为后人留下了很大的书写余地。

（原载《当代作家评论》2012 年第 2 期）

一个人不明白的一生
——林斤澜的几个短篇小说

张学昕

汪曾祺说，有的作家自以为对生活已经吃透，什么事都明白，他可以把一个人的一生，来龙去脉，前因后果，原原本本地告诉读者，而且还能清清楚楚地告诉你一大篇生活的道理。其实人为什么活着，是怎么活过来的，真不是那么容易明白的。我想，汪老的意思是，作家可能没有那么大的本事，能在小说里把人物和故事讲述得极其清楚，无所不知，即我们所说的"全知全能"。也就是说，作者有时候是硬撑着，现在看来，全知全能，不仅是一个叙述视角，它其实是一种叙事态度。许多人都说，林斤澜的小说不好懂，林斤澜自己也说："我自己都不明白，怎么能让你明白呢？"①那么，如此说来，一个作家写作的态度，可能主要就有三种：一种是他可能"自以为是"地告诉你一切，他知道的以及并不知道的，对于他不清楚的那部分，他往往采取虚构来补足，也就是装作明白；另一种是对于他想不清楚，没有搞清楚的，他就"搁置"它们，这就是林斤澜自己说的，"自己都不明白"，也就没有办法让读者明白。可以说，这是真不明白。还有一种，作家是有意不让读者明白。作者写的是什么，心里非常清楚，但故意闪烁其词，云山雾罩，扑朔迷离。

林斤澜的短篇小说，究竟属于哪一种呢？我感觉主要是第二种和第三种。就是说，他明白的，写得有时明白，有时却故意不写明白；他自己不想彻底明白或没有搞清楚的，也就随它去了。无论是聪明的读者，还是憨厚的读者，都要在林斤澜的叙述道场里用心用力地折腾一通，才可能试探出究竟。那么，是林斤澜先生存心如此，刻意制造阅读障碍吗？看上去也不是。

实际上，仔细想想，小说家的使命是什么？他对自己的叙述，或者说，他对自己所创造的文本，究竟应该承担什么样的责任？对于一个作家的内心与文本间的内在关系，应该怎样判断和测量？哪些叙述是自觉的？哪些想象和描述具有强烈的不可遏止的虚构性？这个话题其实是非常复杂的。既涉及

---

① 汪曾祺：《林斤澜的矮凳桥》，载程绍国《林斤澜说·序》，人民文学出版社 2006 年。

作家的审美观，也牵扯到作家的世界观。

我们还是结合具体的文本来看。

《溪鳗》和《丫头她妈》是林斤澜比较早的两个短篇。这两个短篇像是姊妹篇，几个人物之间联系密切，相互缠绕。故事看上去很淡，却有很丰富的内涵。而《溪鳗》就像是前面提到的，介于第二种和第三种之间的写法和形态。写法上，既想让人们看懂个中滋味，却又不会轻易揣摩出内在的真正寓意和玄机。其实，这一点，对于叙事具有极高的要求，需要智性和技术含量渗透在里面。

《溪鳗》只有万余字的篇幅，却几乎要写出两个人的一生。三十余年的人生，在几个情节和细节的闪回中，隐隐若现。我认为，林斤澜在这个小说里所要采用的，是一个"既是又非"的结构。这是一个由"是"与"非"虚实相生的隐性结构，令文本飘忽缭绕，含糊与明晰，许多意蕴杂陈其间。整体上看，作家到底要告诉我们什么，还真的无法一时判断出来。作家表达、表现得也并不清晰，他明显是有意让我们陷入一种迷惑之中。整个文本，就仿佛一个多谜底的谜面。袁相舟本是溪鳗一家的邻居，作者就借了他一双眼睛，来看溪鳗一家的生活状态，并且让他帮助作家去回顾这对夫妇的来龙去脉，让我们在虚实相生的场景里，触摸到生活最真实的柔软和坚硬。溪鳗这个女性，与一个祸不单行、不断倒霉的镇长之间，究竟存在着怎样的关系？作者一直不明说。溪鳗在选择一辈子照料这个瘫子镇长的时候，到底下了多大的决心？林斤澜通过一个小镇的平凡女人，是想告诉我们什么？故事讲述得简洁而平静，踏实而细致，其间，作者有意省去许多应该交代的"关键词"而留白一片。比如，孩子究竟是谁的？这个镇长接二连三地倒霉，包括莫名地"瘫"下来，都没有细说原委，但我们却能够从中感知到，些许时代风云在小镇的隐隐振荡，镇长个人命运的起伏跌宕，都成为叙述中故意隐藏的一些秘密。

溪鳗的"能"，与倒霉镇长的"衰"，被反差极大地呈现出来。溪鳗这个人始终处于平衡的状态，镇长却一直是"失衡"的，向下走的。开始的时候，两者的关系，貌似"对峙"的状态，接着则是若即若离的，再后来便是胶着的。这种"胶着"，还暗含些许命运多舛的无奈和冷寂，涩涩的，泛着隐隐的凄楚。也许，人与人之间就是在一种不平等、不平衡的状态里，才明白更多的人生况味。

林斤澜在写作时，对社会现实、伦理、家庭、风俗和性，似乎都有许多处心积虑的思考。在他的小说里，所谓"主题"也必定是多元的，没有明显确定的指向。而且，它的呈现，是"浅尝辄止"，点到为止。这种"浅尝辄止"，就是作者对故事和人物的叙述，都有"保留"和"预留"。人和故事不断有"机变""空缺"和"留白"，即便没有"险象环生"，也会有柳暗花明式的惊奇。由此制造的叙述张力，增加了人物、世俗、人情的丰富性，并且在小说的整体结构上，让人感到总有一种定力在隐隐地起作用。

在林斤澜的小说里，一种情绪、一个人物、一个画面，或者一种声音、一个词语，都可能构成作家一篇小说的写作发生。这篇《溪鳗》的构思，无疑与白居易的诗"花非花，雾非雾 / 夜半来，天明去 / 来如春梦几多时 / 去似朝云无觅处"有着妙不可言的内在关系。这首诗很像李商隐的"春蚕到死丝方尽，蜡炬成灰泪始干"那几首，具有极强的朦胧意味，有关它们的阐释，至今没有确定性的指向。倘若以这样一首诗，作为一篇小说的构思玄机，或者写作暗示，所起到的是举重若轻的艺术效果。这也许就是林斤澜自觉的文体策略。这种策略就是汪曾祺说的，打破小说结构的常规。破了以往的套路和常规，往往就会产生奇效。着笔精确有致，叙述虽然简洁，却创造了一个新的框架结构：简洁，轻便，空旷，悠远。因此，林斤澜的短篇小说，与当代许多小说家相比较，的确是另辟蹊径。而且，以任何现成的理论来图解、阐释他的小说，都会不得要领，无功而返。也许，能够颠覆以往雄浑理论窠臼的写作，才是真正的创作吧。

汪曾祺，可谓林斤澜一生的知己，他这样评价林斤澜的小说："斤澜的小说一下子看不明白，让人觉得陌生。这是他有意为之的。他就是要叫读者陌生，不希望似曾相识。这种做法不但是出于苦心，而且确实是'孤诣'。"[1]可见，林斤澜原本是想写出一个人不明白的一生中能让我们明白的那一部分，结果，小说的含蓄的品质，将我们引入了叙述的丛林，玄之又玄，众妙之门的迷宫。

那么，究竟又有多少人是明白地过了一生呢？明白的人，活得一定就是明白的吗？小说实写出人物的明白，可能仅仅是作者明白而已，而唯有混沌

---

[1] 汪曾祺：《林斤澜的矮凳桥》，载程绍国《林斤澜说·序》，人民文学出版社，2006年。

又鲜活的人物，也许才可能让我们从不明白中感到明白。

《丫头她妈——矮凳桥没有名字的人》，写另一位与溪鳗极其熟悉的女人。前面的《溪鳗》是想厘清一个女人与一个男人之间的"传奇"，实际上并没有表现得很清楚，也许是有意为之，悬念和猜测自始至终环绕着我们。而这个小说，是想写一个女人帮另一个女人，如何搞清楚自己的故事。溪鳗，这个人物偏又夹在中间，并在这个小说，变得更加神秘起来。她好像一位解梦大师，在给丫头她妈解析一个又一个梦境的过程中，让这个没有自己名字的女人，从一个被生活和日子推着走的人，开始有了自己的方向。实际上，丫头她妈整个人是湮没在市井生活里的普通人，她就是愿意在这样俗世的平淡里生活，过自己的日子，用后来时尚些的词汇叫"担当"，她活得几乎没有自己的声音，我们以往在文本中所强调的诸如人物的"价值观""道德感""主体意识"，在这里完全是被"束之高阁"的。这个人物的种种模糊的日渐鼓动起来的"念想"，都流连在自己的一个个梦里，不断地将梦衍变成"梦想"。在这里，林斤澜有意将个人的梦，串联起时代和社会的风云变幻，摇曳闪烁。溪鳗则把丫头她妈的梦，由模糊、朦胧引向了清晰的图景。没有梦想是可怕的，唯有在梦里，才是人人平等的，溪鳗让丫头她妈在梦里找到了自己的平衡点和方位，在对梦的解析中，打开了一扇生活之门。丫头她妈开始渐渐摆脱不自觉和困惑，日益活得明白起来。也许，我们觉得丫头她妈是寂寞的，而她自身却是踏实的，其乐融融的。实质上，林斤澜在这里写了一个永远没有任何负担的人物，这个人物，自己走着一条追求明白的路。

从另一个角度看，在这个小说里，溪鳗和丫头她妈，这两个人物的分量，难分伯仲。在叙述上，丫头她妈差不多是被溪鳗推着走的。走着走着，故事也变得出人意料起来。梦与现实不再擦肩而过，人物所处的社会性、时代性和存在感，都纷至沓来。其实，这也是一个"圆梦"的故事，一个人的松散、零乱或破碎的自我，常常要依靠某种事物或信念聚拢。生活在许多人那里其实是很"混沌"的，一路走来走去，并不是十分清晰的，也许始终就是在一个属于自己的梦里逡巡。丫头她妈，就是这样，直到最后才从梦里走出来。人生可能正是因为所遭遇的强大的偶然性，才使得人生常常在某种宿命冥冥之中的牵引中，显示其个性、魅力，不可预料。

看上去，在林斤澜的笔下，人物之间，包括人物的自身性格，都很简单而不过于复杂。林斤澜所重视的是，彰显出人物特有的一个独立的品格。这就给叙述提出了更高的叙事伦理要求。尤其在一个短篇小说里，想完成这样的设想，其实，是非常困难的。

在这个时期林斤澜的短篇小说中，接连在几个文本里都出现的人物，除了溪鳗、袁相舟，还有女人李地。林斤澜一口气写了五篇关于李地的系列小说，可见他试图想通过这个人物，要实现其更多的小说创作理想。这个人物，似乎也蕴含了作家许多难言的苦涩，时而浓郁，时而清淡，对其有入木三分的雕刻，有洗人心肺的诗意打量，有对生命底色的发掘，还有透过细节和细部的智性敏感，更重要的还有，写出了在一个年代的政治、文化碎影下，一个小人物的隐痛，包括她个人的心理史、精神史。看得出来，林斤澜对这个人物是下了功夫的。这五个短篇，将一个人物从20世纪30年代写到八九十年代，这种写法，在当代是不多见的。高晓声写"陈奂生"，试图表现一个中国农民在近二十年的社会变迁、发展中的心理变化，命运的兴衰沉浮，但是这几个小说的叙事重心，明显地并不在于个人性的呈现，而是要凸显时代的宏观大义。就是说，高晓声写的是当代中国社会转型期中的一个人，而不是一个人在中国当代社会的转型期，进一步说，他主要是要讲述一个时代，而不是去刻意呈现这种特定时代一个人的生命形态。当然，呈现一个时代和社会的剧变，这几乎是80年代到90年代中国文学、中国作家所面临和肩负的责任和使命。林斤澜走的则是另一条线路，他写人物，也注意人物存在和活动的时代背景，包括社会、政治的波诡云谲，但是在文本叙事中，那只是一个非常清淡的背景而已，我们虽不容易感受到某种社会、时代风云及其色彩的鲜艳或者黯淡，却能深深地感知到人物被赋予的存在感，情感机变。有关李地系列的五篇小说《惊》《蛋》《茶》《梦》《爱》，貌似写这个女性贯穿在不同年代的五个"表情"，但林斤澜究竟想表达什么，我们的确一时还很难理清，但我们深信不疑的是，其中必然隐匿着不容忽略的"微言大义"。前面我们说，这几个短篇小说所呈现的，也许就是李地这样一个生活在乡镇的女人，在几个不同年代稍纵即逝、昙花一现的表情而已，但我们一定会注意到，这里的每一个短篇，都在隐隐地凸显人物表情背后的种种社会、精神的困惑。

困惑，无疑构成了这些小说需要破译的"纽结"。这些困惑，与时代、社会的大势有关，更与"矮凳桥"这个小镇的风俗、风情息息相关。也正是这些所谓"困惑"，推动着这个人物不折不扣地一路前行。林斤澜的构思，总是别出心裁，思路缜密，叙述到了一定关口，常常峰回路转，疑义丛生。这时候，倘若凭以往的阅读经验进入作品，恐怕很难理解人物及其"矮凳桥"世界的风情韵致。所以，我们必须将李地的每一个"表情"都理解成一个奇态，只有这样，历史、文化、革命、政治和人性的丰富及其变异，才会从这副表情上绽放出来。

《惊》是一篇让人阅读起来颇费心思的文本。"学习班""翘尾巴""割尾巴""甩掉尾巴"，这些词语对于四五十年代甚至 60 年代出生的人，是不陌生的。"翘尾巴"这个词，至今在生活中仍然被沿用，显示出了语言或话语顽强的生命力。可见，一个时代的行为方式或观念被语言符号化之后，就会长久地积淀下来，成为历史的活化石，口口相传。我们看到，一群人，男男女女的基层干部，被集中在城里的一座小庙——"陈十四娘娘宫"来"学习"，目的就是要割掉每个人身上的"尾巴"。学习地点的选择，在今天看来具有极大的反讽意味，在一个"旧"的地方，进行盲从地批判和自我批判。更具反讽的情境是，林斤澜细腻地描述了"学习班"第一个夜晚的"炸营"。夜半三更时分，一些来"改造""学习""割尾巴"的人，被一声突然无端的喊叫所惊魂，各自从自己的睡梦中惊惧、惊慌而起，男男女女，冲出宿舍，狼奔豕突，在黑暗中乱作一团。读到这里，我们立刻就想到鲁迅在 20 世纪 30 年代写的一篇杂文：一个人无聊地蹲在地上，看自己刚刚吐出的一口痰，接着他身边开始聚集很多人，不明就里地也围拢在一处看，他们都不知道发生了什么，突然，人群中发出一个声嘶力竭的喊叫，人们不知所措，相互冲撞、拥挤、挣扎，慌不择路，一哄而散，其实，原本什么都没有发生。

> 挤挤撞撞的人们应声摸屁股后面，也有摸了前边的，也有摸着别人的，也有两只手都动不得只好干喊的……
> 这时，刷地，后殿上的电灯亮了。
> 刷地，两廊的路灯亮了。
> 刷地，前后进中间的门灯亮了。
> 好像清凉的水朝人们头上浇一下，又一下，再浇一下。头脑清醒过来，面面相觑，没有地震，没有火灾，也没有阶级敌人破坏……

各回各的屋里去吧。

林斤澜写日常生活、人情世故，常用模糊、含蓄的方法，点到为止，往往是意在言外的。而其中的蕴藉，则需要细细地品味。那么，在这里，他如此具体、详尽地描写一次群体的"惊"，显然自有其潜在的深层用意。所以，我们完全有理由将这个场景，视为一个大的文化、历史隐喻。人人清楚，20世纪50年代以来的当代社会生活，屡受时代政治及种种运动的深度影响，人的精神境遇和个性心理，实际上处于一种蒙昧、疯癫、盲目、浑然的状态。惊悚、无序、茫然，构成人的常态。看得出来，林斤澜是一位有大抱负的作家，他没有忽略必须由他呈现的那个时代个人性的存在。李地，这个人物的个人性，在这五个短篇小说里，从不同的视点和侧面得到展示。林斤澜巧妙而隐讳地将她内心的隐秘，以及那个时代人所少有的存在感，在不经意间丝丝缕缕地袒露出来，成为我们今天常说的时代的"异类"。这个小说，读到最后，我们才恍然顿悟，李地和她腹内孕育的生命，是一种可以让人心安的存在，李地之所以能"处变不惊"，镇静自如，没有混进一场无端的骚动，是因为她自有一种"定力"在，无论自觉意识到现实的困窘与否，她都不得不被政治纠缠，而她对人与妖、黑与白的辨析力，便显露出难得的人性之光和个性坚守。有趣的是，一场政治性的"学习"活动还没有开始，"闹剧"就惊魂般地演绎出来，那个特定时代的荒诞和荒谬，可谓令人忍俊不禁。

另一个短篇《爱》，在生活情境和氛围上，与"李地系列"的其他篇章大有不同，而与《溪鳗》和《丫头她妈》十分相近，充满了那个年代少有的人间烟火气。而且，这篇小说更具典型的"林氏迷宫"语体，古怪、奇异、神奇，不好把握，恍兮惚兮，沉浸下去后，妙处和韵味可能会喷薄欲出。一个作家智性的光芒，在叙述的迷宫中杂花生树般地弥漫开来。

《爱》这个小说，表面热闹，其实，是写一个"明白"女人隐忍的苦涩，写她一生中最渴望也最缺失的爱情。林斤澜是在描绘一幅人生灰冷的图景。"这个故事不论年代"，这句开篇的话告诉我们，这是一个可以"抽象"的寓言故事，或是某种象征。没人想到，在李地的少女、青春时代，战争中对英雄的爱情憧憬，瞬间，就被追求民主和解放的大"英雄"的一个不堪入目的庸俗场景彻底颠覆了。在李地看来，英雄可以肆意地吻她，那里有浪漫和激情，并且有"革命"相伴，但是，英雄却万万不能在隐秘的联络站，捧着一个乡下美人的赤脚，"勾背，偏头，拿着剪刀修剪脚指甲……飘飘的英雄形象变化了，变作佝偻着的肮里肮脏的角色"。理想、责任、正义、牺牲和道德，都同样不可或缺，当然，爱情也不可或缺，而李地偏偏没有爱情。此后二十年，李地也生下三个女儿，被她养大成人。这里，林斤澜丝毫都没有写到三个女儿的父亲，三个女儿的出现无根无由，缥缈恍惚，云山雾海，缘何吝啬笔墨至此，的确需要深思回味。也许，文本所传达的意思是，性和生育，都是不可缺失的，无须文字来张扬。生命里重要的恐怕还是爱。继而，李地又当了干部，从此起起伏伏、风风雨雨地走过来，直到年逾半百，唯独没有爱情现身。直到最后，竟然是一条活力四射的泥鳅鱼，不断跃出鱼缸，搅扰得李地心神荡漾不宁。我们是否可以这样理解，正像一条鱼一样，一个女人，无论什么年代，最恐惧的，就是爱的被囚禁，以致身体被幽闭、被囚禁，特别是爱情缺失所衍生的孤寂，会令一个真正的女人没有眼泪。这实在是最可怕的事情。

总体来说，林斤澜的小说叙述，自有其行文的逻辑，语言、思维、意境和人物，闪烁其词，似真似幻，拈手即来，风情、俚俗、韵致，肆意转换，非理性表达，无刻意，笔记体随性呈现。历史、时代、革命、风物，表现看似漫不经意，实则别有洞天。

在林斤澜的小说语境中，隐匿着历史的吊诡。我想，如果几十年以后再来读林斤澜的这些小说，或许依然会感到滞涩和难懂，但仔细地对照历史的踪迹，就会恍然大悟，茅塞顿开。甚至可以这样想，林斤澜的很多短篇小说，就是写给未来的，因为，在时间的长度里面，价值判断的变化几率是很大的，因为这里面有历史、政治、文化和道德诸多因素的存在。而不同时代的人们，也会在时代的变动不居中发生认识论、审美观的修正和变异。文学文本的形象化和符号性质，使它具有极大的包容性，虚中有实，具象中含着抽象。许多作家声称，他们的作品其实就是在写自己，虽然我们会觉得未必尽然，但作家的世界观、美学观，定然是难免渗透其间的。我认为，林斤澜却不在此列。许多杰出作家的作品，有细节，接地气，而林斤澜走的则是别一路径。他的小说人物也许都没有贴切的"原型"，细节都是他编织虚构的。这一点符合短篇小说文体的简洁、精致的品质，但晦涩、玄奥、若隐若现的隐喻，造成了叙事上的滞涩和羁绊。

一个人明白或不明白的一生，不仅是个人自身的精神、心理和修为所致，而且与他所处的年代密切相关。一个人的一生，究竟明白还是不明白，在林斤澜看来似乎也就并不是一个必须解决的问题。因此，他才会常常从表象里看到相反的东西，引出别一种感觉和体验，令文本呈现独特的形态。孙郁对林斤澜的评价非常到位："林斤澜其实更喜欢鲁迅的气质。什么气质呢？那就是直面灰色生活时的无序的内心活动。他不愿意作品直来直去，而是在一个点上开掘下去，进入思想的黑洞，在潜意识里找寻精神的表达方式。汪曾祺评价其小说，说读起来有点费事，故意和读者绕圈子，大概是为了陌生化的缘故。比如'矮凳桥系列'，在小说结构上多出人意料之笔，意蕴也是朦胧不清的。这大概是受了鲁迅的《彷徨》和《野草》的影响，但更多是夹杂了自己的体味。在一种恍惚不清的变形里，泼墨为文，林斤澜走的是与传统完全不同的路，也是与当代人不同的路。"①

（原载《长城》2016年第6期）

---

① 孙郁：《革命时代的士大夫——汪曾祺闲录》，生活·读书·新知三联书店2014年，第223页。

论林斤澜的短篇小说艺术谈

杨剑龙

在当代文坛上，林斤澜是一位具有探索精神的小说家，创作出版了《惹祸》《第一个考验》《春雷》《山里红》《石火》《满城飞花》《草台竹地》《矮凳桥风情》《十年十癔》等小说集。从维熙评说林斤澜的小说："这些作品语言凝练、含蓄，兼融温州方言于其中。他以浓缩的结构、突兀跌宕的情节，白描出一系列人物形象，被公认为'短篇小说圣手'，而晚期的作品风格冷峻，被称为'怪味小说'。"[①] 林斤澜与汪曾祺被誉为"文坛双璧"，孙郁在谈及他们俩时说："汪曾祺在传统的笔记小说道上，走回归到了古雅的园地里；林斤澜则返入心灵的迷宫，在笔记体、诗体的杂糅间，创造了一个绚丽的时空。汪曾祺在无章法中显出章法；林斤澜在有章法中打乱了章法；气韵不同，境界不同，但二者均解放了短篇小说的文体，将新、奇、特引入作品，这对那时的文学界是不小的冲击。"[②]

林斤澜不仅在短篇小说创作的艺术探索中身体力行，而且在短篇小说艺术上进行研究，发表了大量关于短篇小说艺术论的短小精悍之作，编辑为《小说说小》《随缘随笔》《短篇短见》等文论集，在《独轮车轮》《舞伎》《流火流年》等文集中，也收录有其谈论短篇小说艺术的篇章。林斤澜对于创作与生活、小说构思、小说技巧、小说焦点、形式探索等问题，都有十分细致与深入的见识，既融入对于鲁迅、契诃夫、沈从文、托尔斯泰等作家经典作品的阅读阐释，也汇聚了自身的创作经验，对于短篇小说创作艺术进行了十分全面的探究，留给文坛一笔重要的文化遗产。

生活：观察、捕捉、感受

孙郁先生在评说林斤澜时将其与汪曾祺比较，指出其创作与生活的关联："汪曾祺把小说看成是'回忆'，而林斤澜的作品则是介入生活。汪曾祺写小说，注重是'淡''纯'，而林斤澜则留住了杂色，留下了生活的原态。

---

① 从维熙：《炼狱后的凤凰涅槃 文坛"不死鸟"林斤澜走了》，《新闻天地》2009 年第 5 期。
② 孙郁：《林斤澜片议》，《当代作家评论》1998 年第 5 期。

读林氏的作品，隐隐地感到轰鸣，人间的酸甜苦辣，尽入笔端。《溪鳗》《李地》《小贩们》，均不见小桥流水式的清凉，在秀巧之中，杂糅着灰暗之色，美丽被缀上阴郁，快乐蒙上黑影。'矮凳桥'系列有时像凡·高的画，色彩迷幻之中，带着生命的热浪。人性的荒原被七色光零乱地渲染着。我在这里聆听到了一颗痛楚的灵魂的呻吟。林斤澜在闪烁其词的语境中，似乎暗示了苦难的真义，暗了生存的本原。我无法理清这些世态人生小说的隐喻，但在这片光怪陆离的诡谲里，领略到了作者的沉重。"①

林斤澜 1923 年出生于一个多子女的教师家庭，他 15 岁离家独立生活，1937 年 12 月入浙闽边抗日干部学校学习，1938 年秋加入中国共产党，之后从事党的地下工作，曾担任过剧团团员、机关雇员、中学教员等。新中国成立后，先在北京人民艺术剧院创作组从事专业写作，1951 年调到北京市文联工作，"文革"后任北京作协驻会作家、北京作协副主席、《北京文学》主编、中国作协理事等职。

谈到短篇小说创作，林斤澜尤其注重观察生活、捕捉生活、感受生活。他说："重要的是观察生活。搞写作的，要有你的仓库，一个储藏语言，一个储藏细节，这是真功夫，是老本。"②他认为作家应该将观察到的生活，尤其是生活的细节储藏在自己的仓库里，等待被创作的激情与思想激活。林斤澜认为作家不仅应该有细致观察生活的眼光，还必须有捕捉生活的敏感力。"还有个捕捉生活的问题，你对生活的理解认识比别人深刻，小说写出来才有新意；如果你的理解不过是随大流，那么你的小说就不新鲜。如果你对生活里的形象、细节、语言，那些文艺上特别需要的东西，不敏感，不善于捕捉，你的小说就会干巴。这个敏感，也是要磨炼的。"③这种善于捕捉生活的敏感，是与对于生活的理解认识有关的，作家对于生活的理解应该比别人更深刻，写出来的小说才会有新意。

在谈到创作与生活的关联时，林斤澜强调对于生活的感受，认为只有作家自身对于生活具有强烈的感受，写出来的作品才可能打动读者。他说："惊心动魄是一种强烈的感受，这对一篇小说来说，简直是财富，是本钱。通常说作家在生活里要善于捕捉，或是吸取，或是发现，或是领悟。其实要紧的

---

① 孙郁：《林斤澜片议》，《当代作家评论》1998 年第 5 期。
② 林斤澜：《唱出自己的歌》，见林斤澜《舞伎》，浙江文艺出版社 1988 年，第 248 页。
③ 林斤澜：《谈"取""舍"》，见林斤澜《舞伎》，浙江文艺出版社 1988 年，第 260–261 页。

就是强烈地感受到了，再把感受表现得强烈，让读者强烈感受起来。如果作者制作中途失去强烈，读者也没法强烈。如果改造了感受，读者当然没法感受到作者原先的感受。可能更好，也可能不好了。如果读者惊心动魄起来，发生了共鸣、想象、思考……又可能比作者原先的惊心动魄更深更广，另是一番天地。"① 林斤澜以"惊心动魄"形容作家对于生活感受的强烈程度，只有作家自身为生活所激动，他才能让读者也感到"惊心动魄"，甚至产生更为强烈的共鸣、想象、思考。

林斤澜谈及创作与生活的关系时，强调作家对于生活感受的"真情实感"。他说："作者在生活中对某个人或某件事有了真正的感受，这种感受也许是多少年的积压，也许是一闪而过的。写得好的小说，必须要有这个真情实感。说这是小说的出发点也好，核心也好，好的小说必须要有这个东西，没有它，你有再大的本事也不行。要说小说真的话，这也是真的。那么有了真情实感，怎么才能把它写成小说，用什么样的语言、结构、细节，这就很难说都是真的了。"② 林斤澜将真情实感看作小说创作的关键，无论是多年的积压，还是一闪而过的，无论创作的素材是亲身经历的，还是间接获得的，只有有了真情实感的烛照，才能写出被读者接受和认可的佳作。

林斤澜认可生活是文学创作的源泉，认为小说作家必须细致地观察生活，敏锐地捕捉生活，深刻地感受生活，才有可能写出打动读者的佳作。

构思：断面、提炼、角度

"五四"时期，胡适发表了《论短篇小说》，提出："短篇小说是用最经济的文学手段，描写事实中最精彩的一段，或一方面，而能使人充分满意的文章。"③ 林斤澜对此深以为然，他说："短篇小说以短字打头，实际上也只凭这一个字定下名分。因此说心性，大家都往短上说也是正经。短有什么可说的呢？尽早有说'最经济的手段'，'经济'成了短的性子了。有从取材上说的，在生活的长河里汲取一个浪花一个断面。断面原有纵横之分，

---

① 林斤澜：《随缘随笔》，群众出版社1993年，第143页。
② 林斤澜：《真与假》，见林斤澜《小说说小》，春风文艺出版社1985年，第238页。
③ 胡适：《论短篇小说》，《新青年》1918年5月第4卷5号。

短篇的心性自然在于横断面了。现代的短篇，横断居多，断得干脆利落，让人拍案称快的不少。可是也还有拿短篇写一个人的一生，写一个有头有尾的曲折故事。这就是纵断面了，却也不乏名作，特别是传统小说中常见。"①林斤澜在强调短篇小说之"短"后，分析短篇小说构思的两种模式：截取生活的横断面或截取生活的纵断面。

林斤澜分析短篇小说作家如何截取生活的断面，他说："读好的短篇，叫人折服的，先是'断'得好。从绵长的'万里'里，从千丝万缕的'网络'里，'中断'出来这么一块'精华'来，不带皮，不带零碎骨头。又从这'断'处，可以感觉到，可以梦想，可以生发出来好大一片空旷。或叫人豁然开朗，或叫人茫然，或飘飘然，或是勾引了多年埋藏、多年遗忘、多年失落的什么什么，意外惊喜。"②林斤澜认为短篇小说截取断面，必须是断出"精华"来，从此断处可以有更多的生发，激发读者的共鸣或畅想。林斤澜分析了短篇小说截取断面的几种情况："有一种短篇，几个闪光的镜头，描绘了一个人的一生，一件一针见血的事情，刻画了一个典型。比方说《祝福》《华威先生》就是那样。还有一种短篇，比方说《项链》《永不掉队》。在人物身上仿佛只是几笔素描，也算不得典型吧。可是写的那个事情，叫人想起来惊心动魄。那事情背后，有人生哲学。你看过一遍，再想它一想，就一辈子也忘不了啦。还有一种，它只写一个场面，一种情绪，一些微妙的细节。仿佛抒情诗，仿佛牧歌，它拿那点情绪，渗透到你的细胞里去，把你溶化在那种情绪之中……"③林斤澜概括的短篇小说截取断面的情况为：或截取几个闪光的镜头，描绘一个人的一生；或描绘惊心动魄的事件，表达某种人生哲学；或描写一个场面、一种情绪、一些细节，洋溢着抒情诗般的情绪。

在谈到小说的构思时，林斤澜注重对于生活素材的提炼与升华。他说："我以为，小说的构思，一般说是要走一个来回。这个来回，大概是这样的吧：你从生活中得到感受，觉得可以写了，就应该写了，那么，你要反复琢磨，从这些生活的感受中找到一个'核'，一个'焦点'，或说一个'魂儿'。有了这个'魂'之后，再回到生活中去，回到生活的素材中去。魂从这里来的，又回到这里去。干什么呢？对素材进行取舍。合乎这个魂的，能表现这个魂的，

① 林斤澜：《短篇短篇》，见林斤澜《流火流年》，大象出版社 2000 年，第 93 页。
② 林斤澜：《谈"叙述"》，《文艺研究》1986 年第 3 期。
③ 林斤澜：《闲话小说》，见林斤澜《小说说小》，春风文艺出版社 1985 年，第 286–287 页。

就用它；与这个魂不大沾边的，就不要它。为了更好地表现我这个魂，对素材进行取舍，也要进行虚构，展开想象。只有在这个意义上，虚构才是对的，否则，就是瞎编。"① 林斤澜强调感受生活、反复琢磨，寻找感受中的"魂"，以此取舍素材、虚构想象，从而达到小说的构思。林斤澜还说："按我的学习体会，小说的构思大体上是这么一条路：你从生活里积累了一些东西，从中找到一个'核'。这一般可以说是提炼（把生活提炼出来），也可以说是升华，凝练、凝聚，意思都差不多。有的小说没有核，肉长得不是地方，看起来一片血肉模糊。"②

在谈论小说构思时，林斤澜提出寻找好的角度。他说："我想这都值得写短篇小说时借鉴：找到一个最好的角度，找到一个最适宜的地方。陆文夫早年的名作《小巷深处》写得多么曲折细致。他的近作内涵广阔。是否他得到熟悉的园林的好处了。"③ 林斤澜通过对于苏州园林的考察，联想到小说构思中的角度，联想到陆文夫小说的曲折细致与苏州园林相似。林斤澜在谈到小说构思中的人物、事件选择时说："依我说写小说，不过是把生活里最感动自己的人物形象，事情的景象，情绪的意象，经过琢磨，淘汰，生发，再表现出来，让读者也得到同样的感动……另外还有什么呢？要有，也不是最关紧要的了。"④ 林斤澜认为只有作家自己感动的，才能真正感动读者。

在谈及短篇小说构思时，林斤澜强调截取断面的方式，强调对于生活素材的提炼和升华，强调以生活中感受获得的"魂儿"去取舍素材，指出小说必须寻找好的角度，描写作家自身最受感动的人与事。

技巧：虚实、空白、丰富

林斤澜不仅在短篇小说创作中进行技巧的探索与实验，而且对于小说技巧进行了深入的理论探索。他强调小说技巧多种多样，关键是应该运用得恰到好处。他说："若论写小说的手段，我看是层出不穷的，从来没有板定哪个最佳。不论什么手段能使到刀刃上就好。出人意外的结尾使得多了，使到

① 林斤澜：《谈小说的容量及其他》，《山东文学》1983 年第 10 期。
② 林斤澜：《取舍》，见林斤澜《小说说小》，春风文艺出版社 1985 年，第 140 页。
③ 林斤澜：《园林猜想》，见林斤澜《小说说小》，春风文艺出版社 1985 年，第 6 页。
④ 林斤澜：《小说说小》，见林斤澜《小说说小》，春风文艺出版社 1985 年，第 183 页。

了刀背上，那就惨点儿了。"① 林斤澜从不同角度探究短篇小说的技巧，常常用辩证的眼光观照小说技巧。

林斤澜探究小说技巧的虚与实，他说："我觉得文学的趋势，笼统看来是在虚实之间奔走。往实里走，越来越实，太实就板结了。返回来往虚里走，越来越虚，太虚就空洞了，再往回返。当然往返也不是重复，谁也不白吃饭，总会出些新招。"② 他将文学发展的趋势看作是在"虚实之间奔走"。林斤澜甚至说："我觉着把小说说白了，不过是虚实之间的事。写得实马实猿到手，要有意马心猿提着，才成意境。写得意马心猿到手，如没有实马实猿垫着，何来形象。"③ 林斤澜以辩证的思路看待小说创作的虚与实，写得"实"，需要"虚"提着；写得"虚"，需要"实"支撑。

林斤澜探究小说技巧的"空白"，从中国艺术的角度展开思考："小说不论大小，都得留够空白。若讲究中国的气韵、气质、气氛、气派，气，渺茫，请从空白着手，让空白把气落空——其实是落实，请看山水灵秀地方，灵秀是气不可见，若建一空灵亭子，可见空白了，也就可见灵秀的生机，穿插空白而出现生动了。"④ 他从空白与落实的辩证关系说"空白"，小说留出空白才能够显露灵秀、出现生动。林斤澜还从中国画的角度论空白，他说："我说，美术呢，国画的山不落地，花枝不见根梢，看着好看就行了，有谁刨根问底的吗？不留空白简直不是国画了！"⑤ 以此来类比小说创作，说明小说创作应该如国画，留出空白让读者自己去理解，不能事无巨细均一一写来。

林斤澜探究小说技巧的单纯与丰富，提出单纯与丰富的对立统一。他说："我觉得一篇好的短篇小说，称得上精品的，像珍珠一样圆润，尽管它线条简单，但是它发光，你无论怎样看，也不能找出它的瑕疵。一些短篇小说往往是又单纯，又丰富，我要讲的就是这个单纯与丰富的对立统一。"⑥ 林斤澜认为称得上精品的小说，往往是又单纯、又丰富的。他认为成功的短篇小说都是单纯的。他指出："单纯，对短篇小说来说，比长篇更重要。短篇如

---

① 林斤澜：《话说小小说》，见林斤澜《独轮车轮》，中央编译出版社 1997 年，第 126 页。
② 林斤澜：《试填"□□"——读〈女子世界〉》，见林斤澜《散花记散》，湖南文艺出版社 1996 年，第 149 页。
③ 林斤澜：《虚实之间》，见林斤澜《独轮车轮》，中央编译出版社 1997 年，第 145–146 页。
④ 林斤澜：《论短篇小说》，《当代作家评论》2007 年第 1 期。
⑤ 林斤澜：《我看"看不懂"》，《文学评论》1986 年第 6 期。
⑥ 林斤澜：《文学作品的单纯与丰富》，《江城》1981 年第 1 期。

果有三三个头绪，可以说是不能成功的。"① 林斤澜阐释"单纯"与"丰富"的内涵，指出："单纯，不是找简单的事去写；丰富，不是东拉西扯，杂七杂八。单纯和丰富是指把生活中所见、所感、所信的东西，经过提炼构成作品的脊柱骨，然后再到日常生活中去选择，把素材变成作品的丰富血肉。我的意思归结起来，不过是立意要单纯，形象要丰富。这两者应该是辩证的统一。"② "立意要单纯，形象要丰富"是林斤澜阐释的关键，单纯，并非简单；丰富，并非杂乱，是对于生活素材的提炼，是有血有肉的形象表达。

林斤澜探究小说技巧的想象与虚构，这种基于生活积累的想象与虚构是小说创作的才华。他指出："如果一篇小说真正没有一点想象与虚构，会如僵尸。作家到了晚年，往往对年轻时候丰富的想象与虚构，以为过多，严格点的还会把昔日的丰富视作花哨。……如果一路平实下来，忽有想象出现如从天降，这就是寓奇崛于平实的风格，弄得好时，只一二处，使全篇的老到之中，透着神奇的光彩，令人叹道：炉火纯青。如果把虚构避免了，又把想象控制复控制，到了无有状态，文字就会干枯。"③ 小说创作缺乏想象与虚构，太拘泥于生活素材，作品就会如"僵尸"，文字就会"干枯"，有了想象与虚构，作品就会"透着神奇的光彩"。林斤澜还强调小说技巧中之"曲"，他说："有的作品，怎么一览无余，一开头就让人知道结尾。有个作家说个笑话，说咱们地面上的事都归天上的星星管的，管文化的星叫文曲星。这个'曲'，很有道理；那种一览无余的作品，看来要归'文直星'管了。"④林斤澜反对那种一览无余的作品，赞赏曲折跌宕的构思。

林斤澜在大量阅读文学精品的基础上，在兢兢业业的小说创作实践中，对于短篇小说创作的技巧进行理论探究，从虚与实、空白与落实、单纯与丰富、想象与虚构等方面，细致深入地探究了短篇小说创作的技巧问题，给人以启迪。

---

① 林斤澜：《唱出自己的歌》，见林斤澜《舞伎》，浙江文艺出版社 1988 年，第 253 页。
② 林斤澜：《唱出自己的歌》，见林斤澜《舞伎》，浙江文艺出版社 1988 年，第 255 页。
③ 林斤澜：《小说的散文化和散文的小说化》，见林斤澜《独轮车轮》，中央编译出版社 1997 年，第 135 页。
④ 林斤澜：《唱出自己的歌》，见林斤澜《舞伎》，浙江文艺出版社 1988 年，第 251 页。

全篇：灵魂、点睛、焦点

古人常常谈论"炼意"，晚清学人蒋兆兰云："填词之法，首在炼意。命意既精，副以妙笔，自成佳构。"[①] 林斤澜在谈论短篇小说的创作时，常常涉及如何提炼和升华，他很少用"主题""炼意"等词儿，常常用灵魂、点睛、焦点等词汇，说明这是统领短篇小说的关键。

林斤澜谈到小说的灵魂时说："写得实在一些，其实就是解决做什么和怎么做的问题。做什么，好像比较简单，就连新闻报道都有这个问题。但小说有与其不同的地方，小说所写的，应当是生活里使你很受感动的事。小说的真正价值，往往就在这里；技巧固然需要，但这是灵魂，技巧是把灵魂打扮起来而已，没有灵魂，那是假打扮，形式主义的。"[②] 他说："作家的生活积累，是一辈子的事。积累之中，有各种各样的感受方式，有长时间的浸透，也有一刹那的惊觉；好比夜空电闪，或者迷雾中的一线阳光，或者水落石出，或者无意中、梦中、突变中、悠闲中，出现灵感。灵感对所有的作品都是黄金，可以融化在长篇里，可以是一大部书的顶峰。但在短篇，是这一篇的灵魂，是那一篇的根底，也可以说是内容和形式的全部。"[③]

林斤澜将短篇小说中的关键语句称为点睛之笔，他说："短篇小说要力求完整、和谐，前后不参差，读来仿佛一气呵成。好比说最前一句话，就比长篇重要得多。最后一句话能起的作用，也往往是长篇不能够的。精彩的最后一句，有时候好比拳击中的最后一击。有时候好比画龙点睛。有时候带动全篇，竟有叫全篇改观的。有时候又一言发人深省，一言绕树三匝……照样放在长篇尾巴尖上，不会有这么大劲头。"[④] 林斤澜看重短篇小说的完整和谐，赞赏短篇小说中带动全篇的一笔。有时候林斤澜将统摄短篇小说的灵魂，又称为"魂"或"焦点"，他说："一切的结构，一切的语言，我们都是为了表现由真情实感提炼出来的魂。光有真情实感，没有提炼，就会焦点模糊。焦点两个字，我是从托尔斯泰那里搬来的。他说艺术作品中最重要的东西，是应当有一个焦点。又说所有的光集中在这一点上，或者从这一点射出去。

① 张璋等编：《历代词话续编》，大象出版社 2005 年，第 540 页。
② 林斤澜：《谈短篇小说创作》，见林斤澜《小说说小》，春风文艺出版社 1985 年，第 106 页。
③ 林斤澜：《螺蛳梦》，见林斤澜《流水流年》，大象出版社 2000 年，第 198 页。
④ 林斤澜：《论短篇小说》，《当代作家评论》2007 年第 1 期。

又说这个焦点不可以用言语完全表达出来。它的完整的内容只能由艺术作品本身表现出来。"①经过由生活中的真情实感提炼出来的"魂",成为短篇小说创作的"焦点"。

林斤澜有时将统摄短篇小说的灵魂称为"核""魂""胆""味"。他说:"我学习写作的过程中间,有一个说法招人喜欢:哪怕是完整的故事,也只是素材、原型。经过了思索,或观照,或升华,或悟,或叫做提炼什么的。总之是找到了'核',或'魂',或叫做'胆',叫做'味'什么的,根据这个什么的,打散原型故事,重新组织素材,为了充分表现这个什么的……这个说法我不知道来自哪家体系,起初觉得有吸引力,后来落在写作实践上,觉得有道理,这个什么的,简直可以是指导思想了。"②这是经过林斤澜自身创作实践证明的,来自于生活的故事只是素材而已,必须寻找到这个"核""魂""胆""味",以此来组织素材、结构作品,才能写出有价值的作品。

林斤澜注重在创作过程中对生活素材的感悟与提炼,强调创作过程中对灵魂的捕捉,提出以"灵魂"统摄素材和结构作品,这是林斤澜研究经典作品和自身创作实践的经验总结。

探索:多元、线索、个性

林斤澜不仅在创作中进行探索实验,而且在理论中赞赏探索精神。林斤澜反对把小说束缚在一种路子中。他说:"我们的小说曾经只提倡一种'主义',随着规定了一种'创作方法',路子越走越单,从马路走进胡同,走进象鼻子胡同,走进耳朵眼胡同,这耳朵眼不但是小,还是走不出去的死胡同。"③林斤澜提倡小说创作的多样化,他说:"拿小说来说,费多大的劲,才从一种模式里跳出来,不想又落入另一种规范,又要起跑、助跑、蹦跶……这是没完没了的,也就这样才多样起来,也就这样才会多元起来。现在若用一种框架去套小说,不但没法评论,连当读者也只好生气,生完气

---

① 林斤澜:《小说构思随感(之二)》,见林斤澜《小说说小》,春风文艺出版社 1985 年,第 131 页。
② 林斤澜:《论短篇小说》,《当代作家评论》2007 年第 1 期。
③ 林斤澜:《虚实之间》,见林斤澜《独轮车轮》,中央编译出版社 1997 年,第 144 页。

一边儿歇着去。"① 林斤澜认为短篇小说创作该多做探索，他说："我觉着短篇起码还有个好处，便于做些表现方法的探索。不照前辈作家那么强调，说短篇最要技巧，有一位还说'要拼命'去做。咱们放低调门只说磨练技巧比较方便。小说出现'散文化'、'诗化'、'散文诗化'，是从短篇化起的。"② 以短篇小说磨练技巧，进行方法的探索，林斤澜是身体力行的。

针对一些具有探索意味的短篇小说被读者认为"看不懂"的现象，林斤澜专门撰写了《我看"看不懂"》一文，对于这种创作境况作某些阐释。他说："情节上的看不懂，大多在断续之间。如若连贯继续，就不会在情节上摸不着头脑，写者读者都可省下一份心了。偏偏写得断断续续，时空穿插，信马由缰，放羊跑青，辐射磁场，立体无形，耍花活，聪明反被聪明误……" 林斤澜反对在小说情节上耍弄手段，但并不反对打碎情节、淡化情节。他说："情节的线索是明显的线索，最容易拴住人。但，也会把复杂的生活，变幻的心理，闪烁的感觉拴死了。有时候宁肯打碎情节，切断情节，淡化情节直到成心不要情节。有人说靠情节作线索，格调不高。有人说戏剧性的情节，能把真情写假了。"③ 林斤澜不满意过于戏剧性的情节，他反对把真情写假了。林斤澜更注重短篇小说内在的线索，他指出："感情、感觉是内在的，还有一样叫感悟。感悟更哲理一点。对生活有悟性。有些东西作为内在的线索，才能顶过情节的外在线索，如果你没有感情的、感觉的、感悟的东西，或是不够'数'，不够'份'，那么你不如不放弃外在的情节，不然太划不来了。"④ 林斤澜注重小说创作在对于生活的感悟中获得内在的线索，认为这比外在的情节更为重要。

林斤澜尤其关注短篇小说的技巧，从不同方面进行探索。他说："短篇小说是有各种各样的写法，但即使是写人的一生，也不能像长篇那样写，要选取闪光的镜头。其实还是叙述和描写两种手法的运用问题。这两种是相互联系着而又矛盾着的。短篇，一般说，还是以描写为主，叙述作辅助。"⑤ 选择闪光的镜头，以描写为主，是林斤澜对于短篇小说写法的基本观点。他

---

① 林斤澜：《低处偏是深处》，见林斤澜《独轮车轮》，中央编译出版社，1997 年，第 151 页。
② 林斤澜：《重复》，见林斤澜《独轮车轮》，中央编译出版社 1997 年，第 54 页。
③ 林斤澜：《我看"看不懂"》，《文学评论》1986 年第 6 期。
④ 汪曾祺、林斤澜：《社会性·小说技巧》，《人民文学》1987 年第 3 期。
⑤ 林斤澜：《唱出自己的歌》，见林斤澜《舞伎》，浙江文艺出版社 1988 年，第 257 页。

反对创作从概念出发，指出："从概念出发，又用概念来解决问题。嘴说生活是源泉，实际当作面团，要圆就圆，要方就方，用来图解概念。"① 他强调从生活出发，强调通过形象反映生活。他说："须知文学必须通过形象，不知不觉中，打动了人的心灵。如果形象活动不起来，只是依靠一些概念去教训人。这时，作者会很吃力，因为他在那里蛮干。读者也很吃力，因为他在想：我何必读文艺作品呢？"② 反对概念化、注重形象化，是林斤澜短篇小说创作的经验之谈。

短篇小说篇幅短小，尤其强调短小精悍的结构、精炼贴切的语言。林斤澜还提出运用"减法"。他说："减法也可以说是'省略法'，这是摆平了说的。若是提高点，说他个'传神法'。前人说过，好比画人只画一双眼睛，别的全省略掉了。一目传神，一叶知秋，一粒沙一个世界，'一'就够了。怎么能'一'呢？凭形象的记忆，艺术的感受。既要敏锐吸收，又要耐久储藏。到用得着的时候，'一'在陈年仓库角落里闪闪发光。就用这个发光的细节，把别的尽量撇开。好像刨掉铲去撇下沙土，露出金子。"③ 从减法，到省略法，到传神法，运用发光的细节，是林斤澜创作的法宝。谈到如何让短篇小说结构真正像短篇，林斤澜提出"砍两刀"。他说："大家说短篇小说不短，结构像中篇。我想说说怎样'砍两刀'。厨子做菜，讲究刀法，比如一个肘子，头一刀砍哪里，第二刀砍哪里，很有讲究，所以学手艺先学刀法，掌刀的切不好，掌勺的就没法做，端到桌上就不像样。"④ 砍去枝节，留下精华，这是林斤澜对于短篇小说如何"短"的经验之谈。

宋人戴复古在谈论诗家时说："意匠如神变化生，笔端有力任纵横。须教自我胸中出，切忌随人脚后行。"⑤ 强调诗家创作必须有自己的个性。林斤澜也强调文学创作的个性化，他说："文艺作品最怕千篇一律，千人一面。不管是写过多少年的作家，最后他总要自成一家才好。你就是你，哪怕你成绩小，或者说你的东西喜爱的人很少，这都是其次的，主要应该是：你就是你，这是很要紧的。如果说没有自己的面貌，你就是写再多的东西，你还不

---

① 林斤澜：《送下乡》，见林斤澜《小说说小》，春风文艺出版社 1985 年，第 8 页。
② 林斤澜：《有关题材的零碎感想》，见林斤澜《小说说小》，春风文艺出版社 1985 年，第 290 页。
③ 林斤澜：《答问——〈小说选刊〉1995 年金刊读后杂感》，见林斤澜《流火流年》，大象出版社 2000 年，第 113 页。
④ 林斤澜：《小说构思随感 (之一)》，林斤澜《小说说小》，春风文艺出版社 1985 年，第 118 页。
⑤ 戴复古：《论诗十绝》，见羊春秋等选注《历代论诗绝句选》，湖南人民出版社 1981 年，第 126 页。

能算一个作家。千万不要拘于一格。"①

林斤澜在有关短篇小说的创作谈中，结合自身的创作经历，细致地分析了诸多中外名家的创作及作品，使其短篇小说艺术论十分具体细致和深入贴切。林斤澜常常以作家的形象话语展开小说艺术谈："比如他说，'写小说好比玩藏猫，明明白白是有那么个孩子，把自己隐蔽起来了，叫人好找。怎么个找法呢，要观察各种迹象，也就是隐蔽起来的孩子从各种情节中流露出来的现象；另外还要猜测，也就是想象，或是意会。'你看他对小说特点的解说，如此言简意赅，情节、主题、思想、曲折等习惯说法，都被他用'藏猫猫'的比喻点透。他就此还谈到意会与晦涩之别，他说：'叫人意会下来，能够意会到些东西的，是含蓄。那个晦涩是意会来意会去，却一场空。'可见晦涩往往与故作深沉状，相联，却无实在的灼见，把二者的区别，一语道破。"② 这就使其短篇小说艺术论生动形象，给人启迪，耐人寻味。

林斤澜先生的挚友唐达成在谈到林斤澜的小说艺术研究时说："读了他论述创作的文字，心中才不禁惊叹起来，原来他在小说领域中，无论长篇、中篇、短篇，尤其是短篇，用力之勤，之深入，之细致，决非常人所可企及。而他的叙说又与文学讲师的讲章大不相同，往往有如两人对饮，从从容容，侃侃而谈，活泼有了，生动有了，精密也有了，真个举重若轻。"③ 林斤澜大量有关短篇小说艺术论的文字，是他留给文坛的重要文化遗产，不仅推动了当代短篇小说创作理论的发展，对于当代小说家的创作也具有重要的启示意义。

（原载《福建论坛（人文社会科学版）》2017 年第 2 期）

---

① 林斤澜：《小说新风》，林斤澜《小说说小》，春风文艺出版社 1985 年，第 234 页。
② 唐达成：《斤澜印象杂记》，《时代文学》1997 年第 2 期。
③ 唐达成：《斤澜印象杂记》，《时代文学》1997 年第 2 期。

暧昧的文学史风景

——七八十年代之交的林斤澜

朱明伟

　　时至今日，林斤澜并未占据文学史叙事的重要地位，似乎落入了被遗忘的角落（不得不承认，即使是最权威的文学史著作里，林斤澜也只被"回收"到类乎"旁注"的位置）。近年来，林斤澜颇成为中文系学位论文青睐的研究对象。然而多数研究仍停留在审美判断式的文学批评上，缺乏从历史角度还原作家生平"本事"与作品命运由来的工作。在 2009 年的一篇文化报道中，本年辞世的林斤澜被目为远去的大师；刘庆邦作语，评林斤澜"是一个匠心独运的作家，并具有智慧之心。他有独立的人格、不屈的精神、高贵的灵魂"。[①]林斤澜的遗体告别仪式无比隆重，到场者囊括作协、文联的重要领导，更有百余名作家和各界人士送别。[②]其中铁凝和刘恒的致辞高标林斤澜的艺术成就与人格魅力。诚然，议论林斤澜这样的作家，不仅要重新整理相关的问题史，也需要耐心地完成诸多知识考古的工作。

　　长期以来，对林斤澜创作的评价集中于其短篇小说的艺术水准，如王蒙在一篇序中所论："与孙犁相近，在困难的时刻默默地坚持着与众不同的艺术特别是手法与技巧的追求的，我们不能不提到的还有林斤澜，他的短篇小说创作一直颇有特色。"[③]林斤澜的身份，是容易忽略的"复出"作家，理解其自我意识与写作姿态，首先要回溯到他的"复出"前史中去。

---

① 李子木：《2009 十位大师远去》，《中国新闻出版报》2009 年 12 月 18 日。
② 出席者名单如下：中国作协主席铁凝，中国文联副主席、中国曲艺家协会主席刘兰芳，中国作协党组成员、副主席、书记处书记陈建功，中国作协副主席、北京作协主席刘恒，中国作协名誉副主席王蒙、邓友梅，北京市委宣传部副部长常卫，北京作协副主席刘庆邦、曹文轩、李青，以及严家炎、赵大年、徐坤、阎连科、白烨、曾哲、徐小斌、解玺璋、邹静之、刘连书等作家、学者参加了告别仪式。中国作协党组书记、副主席李冰，中共中央党史研究室副主任龙新民，中国作协党组成员、副主席、书记处书记高洪波，作家、学者陈忠实、张洁、陈祖芬、刘心武、从维熙、史铁生、毕淑敏、凌力、谢冕等。据王杨：《百余名作家送别林斤澜》，《文艺报》2009 年 4 月 18 日。
③ 王蒙：《感受昨天——小说卷序》，《中国新文学大系：1976—2000》（第三十集　史料·索引卷二），上海文艺出版社 2009 年，第 577 页。

从十七年来到了八十年代

林斤澜初入文坛的身份，是崭露头角的剧本作者，但是作者本人对于自己的编剧生涯是有些沮丧的。当时林斤澜认为："自己不合适写剧本，写的剧本也没人演"。① 相比之下，与林斤澜有着一年同学之谊的高晓声，似乎更有剧作家的潜力。高晓声与叶志诚合作的锡剧《走上新路》作于1953年，剧本于1955年出版。该剧轰动一时，还曾由中国评剧院在1956年国庆节的天安门广场"游行献礼"。② 随后林斤澜转入短篇小说创作，据林斤澜自述，文体选择主要是由于自己的性格原因。他认为剧本需要"很多情节、故事，悲欢离合"，与自己的性格不合，自己也不善于紧跟当时的"政治气候"，写短篇"可以避开路线问题"。

据林斤澜对创作道路的追忆，他从1950年开始发表作品，50年代进入"创作组"，1962年终于"专业化"，自谓是"建国以后的头一拨作者"。林斤澜由剧本转入小说，一开始并不顺利。在《人民文学》作为"国刊"的五十年代，林斤澜第一次投稿两篇，一篇人物特写，一篇是小说。有趣的是，特写作为小说刊登，而小说却遭遇了退稿。翌年，林斤澜将退回的小说改易数遍，但是在其他刊物均未得录用。到了"文革"结束，林斤澜仍想找到旧作发表，无奈旧作已然消失不可追，沉淀成了作家对处女作的敝帚自珍之情。林斤澜一次次反问："那些遭遇究竟是怎么回事呢？"③ 这是林斤澜自身所坚持的风格与时代文学的第一次龃龉。

林斤澜从20世纪50年代开始小说创作，这段时间他与《人民文学》关系十分密切。林斤澜在《人民文学》上发表的小说处女作是刊于1957年第1期的《台湾姑娘》，兹篇获得小说散文组编辑的一致赞成，发在头版头条。一般认为，《台湾姑娘》是林斤澜的成名作。时任《人民文学》小说散文组编辑的涂光群回忆，根据秦兆阳的建议，《台湾姑娘》中的男主人公与女主人公的爱情被改写为友情或朦胧的感情。其后，短篇小说《一瓢水》有编辑认为过于晦涩，由涂光群送呈茅盾把关，经过茅盾致信编辑部，终获发表。④

① 陈洁：《林斤澜：一事能狂即少年》，《读书文摘：文史版》2010年第1期。
② 高晓声文学研究会：《高晓声研究生平卷》，江苏文艺出版社2014年，第324页。
③ 林斤澜：《林斤澜文集·散文卷·壹》，人民文学出版社2015年，第486—490页。
④ 涂光群：《短篇名家林斤澜》，《北京文学：精彩阅读》2005年第8期。

茅盾对于作品缺乏明确的政治路线倾向有所批评，但更多的还是老作家对青年作者的奖掖爱护之心。茅盾说："这样一个似乎有点写作能力的作者，倘能帮助他前进一步，那岂不好呢？"① 有了茅盾此信之后，林斤澜在《人民文学》发表作品更加顺利。

与王蒙、张贤亮等"复出"作家不同，林斤澜似乎有着传奇般的好运气，如其自道："历次运动，我基本上都是平安度过的"。② 但事实上，在同代人的回忆中，林斤澜其实劫波渡尽。从维熙作于林斤澜去世后的纪念文章，题目即为《炼狱后的凤凰涅槃　文坛"不死鸟"林斤澜走了》，虽然只是一个平常的比喻，却暗示了林斤澜其实遭逢辛苦。

虽然极其戏剧性地避开了反右派斗争，林斤澜的命运并未转危为安。1957 年"探求者"案发，因为林斤澜与社团的主要成员均有交谊，被专案组调查，"但没有材料，躲过去了"。③ 在反右派斗争扩大化中，发表于 1958 年 3 月号的《北京文艺》上的长文《林斤澜小说的艺术倾向》，以阶级论批评《台湾姑娘》的感伤笔调，更认为"隐浮在作者的艺术技巧的背后，却是一种非无产阶级的观点和情绪"。④ "反右倾"斗争开始之后，林斤澜作为北京文联的干部"带户口"下放的首例，下放至北京门头沟一个叫黄土贵的山村。幸运的是，下放并未使林斤澜的写作中断。从 1957 到 1963 年，林斤澜成为编辑组稿的重点对象，连续在《人民文学》上发表短篇小说。⑤ 据涂光群对于林斤澜约稿、改稿的回忆，"林斤澜是个面目和善的谦谦君子"，他"笑迎客人，有涵养、有见识"，"藏而不露"，"容易接近，好打交道。""他内在的热情，可能比表现出来的更丰盈。"

1958 年，林斤澜第一部小说集《春雷》出版。其后，林斤澜仍在《人民文学》上保持着稳定的出镜率。作为青年作家，林斤澜迅速被文坛接纳。1962 年，5 月、6 月间北京文联连续召开三次林斤澜作品座谈会，由北京文联主席老舍主持，冰心出席，冯牧则参加了最后一次座谈会。其中一次会议被 1962

① 程绍国：《林斤澜说》，人民文学出版社 2006 年，第 160 页。
② 陈洁：《林斤澜：一事能狂即少年》，《读书文摘：文史版》2010 年第 1 期。
③ 陈洁：《林斤澜：一事能狂即少年》，《读书文摘：文史版》2010 年第 1 期。
④ 田家：《林斤澜小说中的艺术倾向》，《北京文艺》1958 年第 3 期。
⑤ 本文稍稍捡拾如下：《家信》（1957 年第 4 期）；《姐妹》《一瓢水》（1957 年 5、6 月合刊）；《草原》（1957 年第 10 期）；《送信》（1958 年第 11 期）；《新生》（1960 年第 12 期）；《山里红》（1961 年第 5 期）；《志气》（1963 年第 8 期）。

年 6 月 7 日的《北京日报》报道，标题为《促膝谈心——研究林斤澜作品小型座谈会》。老舍在会上"格外兴奋"，认为"林斤澜不错，这几年老老实实到生活中去，写出来的东西有乡土气息"。冯牧极力肯定了小说《赶摆》，"是汉族作家反映兄弟民族生活比较准确鲜明的作品之一，它很能代表作家独有的艺术感受能力"；更着重指出林斤澜与孙犁、茹志鹃的风格是"很接近"的。冰心、孙家新、张钟赞扬了林斤澜小说的语言风格，公兰谷、张广祯、郑武玮则指出小说结构的"精心安排"。褒奖之外，亦有批评的声音。有人批评个别作品过于追求传奇色彩和曲折、含蓄的效果，却损害了作品的真实性。发言集中指出了林斤澜的不足之处，一是"作品的思想深度不够"，二是"人物的刻画还欠些工夫"。冯牧就直言"纤巧有余，深厚不足"。更有许多同志认为，"典型人物不多，好多形象都不很完整"。即使如此，在会者还是认为不是作者"思想水平的问题"，而是"美学观点"的问题。此时，林斤澜的写作状态还被目为"走上了健康发展的道路"，不断有着"新的探索"、"新的追求"。会议的结论是"林斤澜是一位勤恳的、在创作上显露才华的青年作家，通过十年的实践，逐步形成了自己的风格"。"大家谈起这一点，都怀着一种喜悦的心情"。"大家期望这位有才能的青年作家"，"在创作上开拓出新的境界"。[①] 老作家们对林斤澜提出了"语重心长"的建议，老舍建议林斤澜花半年写个长篇练笔，冰心还建议林写写诗，鉴于他"喜欢抒情"。据林斤澜回忆，当时的冰心因为精力所限，于青年作家中只着重看茹志鹃、浩然和林斤澜三人了。[②]

同年，《北京文艺》第 8、10、11 期接连发表五篇关于林斤澜的评论文章。可以说，在十七年的末尾，林斤澜在北京文坛可谓头角峥嵘，被老作家们寄予厚望。

到了 1964 年，时势急转直下。《文艺报》第 4 期发表了署名陈言的两万字评论文章《漫评林斤澜的创作及有关评论》。1962 年的三次座谈会所认可的艺术形式素质，被基本否定。斯文极力高标"艺术形式的群众化"问题。小说的形式被认为是"陈旧的艺术趣味"，颠倒了政治标准第一艺术标准第二的"根本原则"，甚至被认为是"资产阶级的美学观点"抬头。其时，《文

---

① 《赞许·商讨·期望——林斤澜创作座谈会侧记》，《北京文艺》1962 年第 8 期。

② 林斤澜：《二十多年前的座谈会》，《北京文学》1984 年第 5 期。

艺报》在当代文学的文学制度中影响最大，① 陈言的这篇评论很可能对作家的写作生命酿成巨大的危险。长于避祸的林斤澜就此搁笔。在"文革"初期，林斤澜自称是未经重点揪斗的"中间人物"，每天早上需要去单位"应卯画押"。林斤澜患心绞痛，仍被单位安排下乡劳动，后因主治大夫李蕙薪帮助，才被单位召回。其后，林斤澜于崇文门电影院卖票，幸运的是电影院职工替他交了病条，于是告假在家。② 在"复出"以前，林斤澜最后的一份工作，是某中学的图书管理员，随后"称病赋闲"，"滋润"而"逍遥"。"文革"中几次小劫，均因为"没有材料"，未对林斤澜产生冲击。③

1979 年，"归来者"们次第平反，重新获得发表作品的机会。春节刚刚获得平反的刘绍棠激动地放言，"让我从二十一岁开始"。④ 而林斤澜于 1978 年已然开始公开发表作品。搁笔 12 年之久，林斤澜对自己的小说写作已经不再自信，复出前甚至征求了不少朋友的意见，经过"犹豫和思考"，⑤ 终于重新提笔。

考察林斤澜的"复出"，绕不开《北京文艺》。1978 年 3 月，《北京文艺》发表了林斤澜新时期的第一篇短篇小说《悼》，远远早于同年刊于《上海文艺》第 12 期的《开锅饼》和《人民文学》第 7 期的《竹》。其时北京作家的阵地《北京文艺》陆续刊发复出作家的作品，如 1978 年第 7 期刊发了林斤澜的短篇小说《小镇姑娘》，1979 年第 2 期刊发邓友梅的短篇《话说陶然亭》和刘绍棠的短篇小说《地母》，1979 年第 4 期选载了王蒙的长篇小说《青春万岁》。同期，在题为"学习用周总理《在文艺工作座谈会和故事片创作会议上的讲

---

① 如王林出版于 1949 年的小说《腹地》因为遭到《文艺报》主编陈启霞的批判迅速停印、下架。

② 邓友梅：《含泪忆斤澜》，《文学教育》2009 年第 21 期。

③ 林斤澜看似擅长避祸，其实与其生平经历不无关系。林斤澜自认为："说起来，我十多岁就在社会上摸爬滚打，人间世故还是见过的。"林斤澜 1937 年入党，年仅 14 岁。1937 年，林斤澜于粟裕任校长的闽浙边抗日救亡干部学校入学，成为以"地下"身份宣传抗日的新四军战士。1940 年赴延安未果，滞留重庆，听从茅盾建议"就近上学"，加入国立社会教育学院。1946 年林斤澜赴台湾从事"地下"工作，掩护身份是彰化职工职业学校的老师。在 1947 年的"二二八"起义中，林斤澜被供出，从此被监狱关押一年。晚年的林斤澜仍旧难忘青年时期的革命磨难："其间眼看着很多人被枪毙，我也总被他们威胁着送到火烧岛去，那是个荒岛，去了铁定是个死。"经过保释、搜捕、逃亡，林斤澜侥幸逃回上海。1949 年，林斤澜参加了苏南新闻专科学校，与高晓声、林昭成为同学。这样的经历，使林斤澜人情练达，对政治运动十分敏感。"文革"的十年，林斤澜不着一字。"文革"以前出版的集子，统统没有"序"和"后记"，"免得被揪"。林斤澜的党籍在建国之后难以恢复。据《河北日报》1982 年 7 月 1 日的一则消息：《作家骆宾基林斤澜重新入党》，可知林斤澜于 1982 年再次入党。兹据陈洁《林斤澜：一事能狂即少年》、程绍国《林斤澜说》、《北京文艺年鉴：1983 年》等资料。

④ 刘绍棠：《让我从二十一岁开始》，《北京文艺》1979 年第 4 期。

⑤ 林斤澜：《林斤澜文集·文论卷·贰》，人民文学出版社 2015 年，第 155 页。

话》"的专栏中，邓友梅、从维熙、林斤澜三人的学习随笔收入其中。在这一期的《北京文艺》上，林斤澜的短篇小说《阳台》发表在首篇的位置，① 这在其创作生涯中十分罕见。同期刊物发表的作品还有李宽定的《年轻人的事情》、高尔品的《我的妈妈》，苏林的《白花啊，洁白的花》、刘向阳的《母亲和儿子》，这一系列作品从主题、结构来看，均属于其时流行的伤痕文学的序列。

1979 年是林斤澜创作生涯的重要一年。本年，仅在《北京文艺》上，林斤澜就发表了《阳台》《问号》两部短篇，在《上海文学》上发表了《拳头》，于《人民文学》发表了《记录》。以 1979 年的《北京文艺》为例，其时影响最大的文学体裁还是短篇小说。据王蒙回忆，《北京文艺》1979 年 9 月的《小说专号》，"重印了一次仍不能满足读者的要求"。② 其中，《阳台》一篇也入选了 1980 年 6 月出版的《〈北京文艺〉短篇小说选》。该选本由《北京文艺》编辑部编订，王蒙作序，实际上是《北京文艺》1979 年所刊发的短篇小说的选本。由王蒙在序言上的落款可知，选本的编辑工作是在 1979 年 12 月左右完成。选本的作者构成，除了蒋子龙、张洁、陈建功、母国政等人，更有阅尽沧桑的"归来者"。选本目录的前三篇，分别是方之的《内奸》、邓友梅的《话说陶然亭》与林斤澜的《阳台》，其余还有从维熙的《梧桐雨》和高晓声的《拣珍珠》。刘锡诚《1979 年〈北京文艺〉短篇小说印象》中评点了刘宾雁、王蒙、从维熙、邓友梅、刘绍棠等因"反右运动"消失的"中年作家"，而唯独忽略了林斤澜。③ 然而以同代人不乏同情的视角来看，林斤澜亦属于"复出"作家。虽然林斤澜避开了 50 年代以来的历次政治运动，却并未真正"风雨不动安如山"。文学史家在对林斤澜进行归类时，也多少意识到其尴尬之处。如洪子诚在圈定"复出"作家时，不经意间便疏漏了林斤澜。于其《当代文学史》中对"复出"作家序列的两次枚举中，林斤澜只出现了一次。④ 这些都使得林斤澜渐渐被忽略了其"复出"作家的身份。

---

① 系《北京文艺》编辑约稿。见陈世崇：《和林老相处的日子》，《北京文学：精彩阅读》2009 年第 6 期。
② 王蒙：《序言》，北京文艺编辑部：《〈北京文艺〉短篇小说选》，北京出版社 1980 年，第 11 页。
③ 刘锡诚：《1979 年〈北京文艺〉短篇小说印象》，《北京文艺》1980 年第 1 期。
④ 见该书第十六章《文学"新时期"的想象》第四节《80 年代的作家构成》、第二十章《历史创伤的记忆》第三节《"复出"作家的历史叙述》，林斤澜的名字于第二次叙述中才被列举出来。

"团结宴"圈子

容笔者从一个文学事件谈起。为北京作家量身定做的"终身成就奖"一共评选过两次，2004 年的首届获奖得主是王蒙，2007 年的获奖得主则是林斤澜。相比于其他当代文学制度中的奖项设置，由北京作协附丽于"北京文学节"的"终身成就奖"更类于对重要作家的荣誉追授。与第一届评奖过程的波澜不惊不同，第二届的评选却在候选人林斤澜、浩然之间产生了一些争议。根据《文艺报》的报道，评奖结果"是由北京作协会员在评奖监督委员会的全程监督下经过三轮票选产生的"，授奖词曰"林斤澜一生致力于小说艺术的探索，在小说语言、小说艺术及理论方面的独到发现与见解，对中国当代白话文写作极具启发意义"。[①] 但据在场者、作家刘庆邦回忆，评奖前北京市文联的主要领导提出了"建议"：把"终身成就奖"评给浩然，理由是浩然的文学成就与长久病情。然而在后续的过程中，文联的干预并未如愿生效，刘庆邦、邹静之、史铁生等人坚持从"文学"的角度主张颁奖给林斤澜，最终林斤澜以微弱多数票获奖。在作家的回忆中，刘庆邦等三人用文学质地压抑了身体状况，正是对主管领导"建议"的反诘。实际上，林斤澜比浩然年长十岁，两人都处于人生的晚景。而作为并置奖项"杰出贡献奖"的候选人史铁生更是直接言：如果浩然获奖，他宁愿放弃评奖。[②] 可以说，在当事人的叙述中，非只有文学、健康的原因，也存在被叙述遮蔽的人情因素。与浩然重评中裹挟着诸多复杂的历史语境不同，林斤澜是 80 年代初北京作家群的一个中心人物，对其为人为文的评价，人情因素为之加分不少。

"复出"作家陆文夫写于第四次文代会前夕的《一代人的回归》，表达了一种代际观念，他认为"我们的这支文艺大军"由"三十年代的老将"、"四十年代"的"战士"、"五十年代解放以后的第一批文学青年"、"七十年代"的"青年"构成。[③] 同年召开的作协第三次代表大会中，王蒙在会上做了报告，其身份意识则是"新中国的第一代青年作家"。[④] 根据两人的观念交集，"复出"作家基本上是出生于 20 世纪 30 年代，而从 50 年代文坛开始崭露头角的青

---

① 武翩翩：《第三届北京文学节在京颁奖》，《文艺报》2007 年 9 月 27 日。

② 刘庆邦：《北京作家"终身成就奖"评浩然还是评林斤澜》，《作家》2015 年第 4 期。

③ 陆文夫：《一代人的回归》，《陆文夫文集》第五卷，古吴轩出版社 2006 年，第 1 页。

④ 王蒙：《王蒙自传：大块文章》，花城出版社 2007 年，第 45-46 页。

年作家，到了新时期，以中年作家的姿态重回历史舞台的一批人。在一篇人物特写中，林斤澜也被描述为"新中国培养出的第一代作家"。①其中曾被划为"右派"者，有重返北京文坛的王蒙、从维熙、刘绍棠、邓友梅，亦有受"探求者"案牵连的高晓声、陆文夫、方之。相较之下，林斤澜、汪曾祺二人同为 20 年代生人，显然无法从年龄上融入"归来者"。由于历史的安排，林斤澜成了凝聚众人的线索人物；通过林斤澜的文学活动，既能勾连出现代作家在当代的境遇，又串联出"复出"作家们的沉浮故事。因为长期就职于北京文联，林斤澜与北京文坛的诸多现代作家颇有交集。林斤澜数篇回忆散文中，有对老舍、骆宾基、萧军在时称"红八月"的 1966 年 8 月遭遇的记述。林斤澜调入北京文联创作研究部时，端木蕻良是时任的部长。在林斤澜的习作期，端木关心、爱护，"巴不得部下赶快打响"。②在林斤澜的散文随笔中，对逝去作家的追记十分密集。其中有对老舍、沈从文、端木蕻良生前往事的回忆。本文将林斤澜回忆、纪念老作家的随笔录表如下：

篇 名	回忆对象
《"红八月"的"八·二三"》	老舍
《揪人——"红八月"之三》	萧军
《打人——"红八月"之四》	萧军
《微笑的失落》	沈从文
《沈先生的寂寞》	沈从文
《灯》	沈从文
《名著选读》	焦菊隐
《高谈与沉默》	田汉
《我们叫他端木》	端木蕻良
《他坐在什么地方》	端木蕻良
《忆林夫》	林夫
《两个作家》	沈从文、老舍
《不愿多住》	赵树理
《杨沫心态》	杨沫
《沙汀艾芜剪影》	沙汀、艾芜

---

① 张丽妨：《深山老峪采石工——记当代作家林斤澜》，《北京文艺年鉴：1982 年》，工人出版社 1983 年，第 322 页。

② 林斤澜：《我们叫他端木》，《北京文学》1991 年第 1 期。

林斤澜纪念同代人的散文录表如下：

篇名	回忆对象
《意外的宗璞》	宗璞
《念志诚》	叶志诚
《再念志诚》	叶志诚
《纪终年》	汪曾祺
《〈纪终年〉补》	汪曾祺
《十月电话》	高晓声

王蒙在从新疆返回北京时，接收单位是北京文联。首要之事，除了致信邵燕祥，更从邵燕祥处获悉了"老林"的地址。不久后，林斤澜牵头，宴请了王蒙、邓友梅、从维熙、刘绍棠、邵燕祥和刘真等人。对于王蒙等人来说，林斤澜是年资更长的"林大哥"。众人在林斤澜处"相谈甚欢，笑声不断"，许多笑谈的段落都被王蒙记下来。对于这次文人雅集，王蒙认为是"一片团结起来搞创作的皆大欢喜气氛"，"很有团结四面安定文场的气概"。① 林斤澜的身份类似于欧美文学史上重要的沙龙主人，但更像是一位能缓和人际关系的长者。如王蒙在一篇序言中所言，"在经过'旗手'的一视同仁的'培育'，'文人相轻'的旧俗已经让位于'文人相亲'的新风"。② 据林斤澜自述，这样的团结宴不只一回，"改革开放初期，我请了好几拨有过节、有隔阂的作家到家里赴'团结宴'，做和事佬"。林斤澜作为文人圈子中的中心人物，是受其个人的历史所决定。在整个80年代，林斤澜与《北京文学》渊源深长，并于1986—1989年出任《北京文学》主编。林斤澜"团结了越来越多的'解放牌'作家"，被认为"对提高《北京文学》的质量起到相当重要的作用"。③

林斤澜与邓友梅的友谊颇为感人。邓友梅曾言："汪曾祺和林斤澜是建国后我结识得最早的朋友。"④ 邓友梅在纪念文章中，敬称林斤澜为"大哥"。建国初期，林斤澜与邓友梅同在北京人艺创作组工作。1951年，两人随"中央土改团"分赴外省参加土改。返京之后，北京人艺进行改组，取消了创作

---

① 王蒙：《王蒙自传：大块文章》，花城出版社2007年，第25页。

② 北京文艺编辑部：《〈北京文艺〉短篇小说选》，北京出版社1980年，第1页。

③ 陈世崇：《和林老相处的日子》，《北京文学》2009年第6期。

④ 邓友梅：《漫忆汪曾祺》，《文学自由谈》1997年第5期。

组编制。先林回京的邓友梅被调入北京文联，而林斤澜被原单位要求自寻出路，颇为不顺。邓友梅游说了文联领导、诗人王亚平，推荐了林斤澜调入文联。邓友梅被划为"右派"发往外地改造，故旧多与他划清界限不再往来。而境况并不轻松的林斤澜，逢年过节一定带着礼品看望邓母。批判邓友梅时，在领导步步紧逼下，林氏也一言不发。

除王蒙、邓友梅等人，林斤澜与江苏的叶志诚、高晓声更友谊深厚。林斤澜和高晓声是苏南新闻专科学校的同学，与叶志诚于高晓声处相识。据叶兆言回忆，"林斤澜是父亲的挚友"，"父亲在北方有许多朋友，每次去北京，最想看的朋友，是林斤澜伯伯"。① 叶志诚去世后，林斤澜受《钟山》杂志半夜急电约稿，于是写了《念志诚》作为纪念。不久后，林斤澜觉得《念志诚》"写得草率"，② 又作了《再念志诚》，补记了诸多旧事，才算称心。在 20 世纪 80 年代中期的一次家庭宴会上，饭桌上即有叶志诚一家、高晓声一家、林斤澜夫妇、汪曾祺和章品镇，可见友谊甚笃。

汪曾祺长林斤澜三岁，与林斤澜是供职于北京文联的多年同事，友谊非同一般。更有趣谈，林斤澜家的电话号码经常被汪曾祺当作自己家的给别人。③ 据刘心武回忆，自己第一次见到汪曾祺，便是在林斤澜的家中。刘心武说："倒是林大哥有劝他写小说的话，他也不接那话茬儿。"④ 到了 20 世纪 80 年代，二人更到了形影不离的程度。据汪曾祺女儿汪朝回忆，汪曾祺与林斤澜总是一起参加讲课、座谈。汪曾祺对林斤澜口无遮拦，醉酒后经常给林斤澜打电话。1979 年，北京出版社要重印几个北京作家的选集，编为一套丛书。林斤澜、王蒙、刘绍棠、邓友梅均在册，林斤澜于是建议"一定加上汪曾祺"。汪曾祺知悉后并不情愿，干脆婉拒，林斤澜又登门游说，让汪曾祺尽快赶写出一批作品，"凑够一集出版"。这本书就是汪曾祺新时期的第一本小说集，由北京出版社于 1982 年 2 月出版的《汪曾祺小说选》，同一系列的还有《林斤澜小说选》和《邓友梅小说选》。林斤澜对汪曾祺说："你的小说有自己的风格。为什么不出呢？字不够赶写几篇就成了嘛。你积极点好不好！"⑤

① 叶兆言：《闲话林斤澜》，《时代文学》1997 年第 2 期。
② 林斤澜：《林斤澜文集·散文卷·贰》，人民文学出版社 2015 年，第 46 页。
③ 林斤澜：《林斤澜文集·散文卷·贰》，人民文学出版社 2015 年，第 79 页。
④ 刘心武：《醉眼不朦胧》，《刘心武说寻美感悟》，中国青年出版社 2007 年，第 88-90 页。
⑤ 邓友梅：《漫说林斤澜》，《无事忙杂记》，华艺出版社 2007 年，第 206-210 页。

正是这样，才促成了汪曾祺写作《异秉》、重写《受戒》。在汪朗和汪曾祺的回忆中，一起登门催促的还有邓友梅，而这次催促在汪曾祺、林斤澜处亦有自陈。可以说汪曾祺复出历史地表，离不开林斤澜、邓友梅的"催化"作用。为人熟知的是，汪曾祺的《异秉》一开始由林斤澜介绍给主编《雨花》的叶志诚，然而由于编辑部的内部意见未能统一，《异秉》一直拖到《雨花》的1981年1月号上才发表，落后了刊发《受戒》的《北京文艺》三个月，叶志诚也一直遗憾没能以最快速度将汪曾祺的《异秉》发在《雨花》上。①

20世纪80年代末的"汪曾祺热"，林斤澜也曾推波助澜。汪曾祺的文论集《晚翠文谈》于1988年由浙江文艺出版社出版，而出版事宜均是由林斤澜负责，"连赔时间带搭面子，联系了好几处地方"，最后才得以出版。②1988年9月，《北京文学》编辑部策划了汪曾祺作品研讨会，这也是国内第一次以汪曾祺为主题的研讨会，主持人与时任主编正是林斤澜。研讨会的论文以专集形式，在《北京文学》1989年第1期、台湾《联合文学》1989年第1期同时推出。《人民日报》《光明日报》《中国青年报》都派记者出席了会议，并做了报道。《北京文学》方面出席的是林斤澜、李陀、陈世崇，更有吴组缃、黄子平、陈平原等学者，林培瑞（美）、秦碧达（瑞典）等汉学家，共20多名参会者。③《北京文学》也在这一期上刊发了汪曾祺的短篇小说《小学同学》。

走到文学评奖的边上

引人注目的是，20世纪80年代初的"复出"作家，与文学期刊、评奖制度之间存在着某种龃龉，这种现象在林斤澜、汪曾祺身上尤为显著。在一次访谈中，格非认为，汪曾祺和朦胧诗是先锋小说两个近距离的"重要源头"。④论者也多注意到汪曾祺的文学观念、文体试验成为1985年后文学潮流的"先驱者"角色。⑤但是在暗流涌动的80年代初，汪曾祺的"重放"却是以"另

① 叶兆言：《郴江幸自绕郴山》，《高晓声资料生平卷》，江苏文艺出版社2014年，第91页。
② 汪朗：《也写书评也作序》，《老头儿汪曾祺：我们眼中的父亲》，中国青年出版社2012年，第203–204页。
③ 陈红军：《汪曾祺作品研讨会纪要》，《北京文学》1989年第1期。
④ 格非、李建立：《文学史研究视野中的先锋小说》，《南方文坛》2007年第1期。
⑤ 孟繁华、程光炜：《中国当代文学发展史》，中国人民大学出版社2004年，第167页。

类"的姿态呈现的。汪曾祺被文坛发现后，汪曾祺的二女儿曾有戏言："我爸爸的小说还是不登头条的好，放在第三四篇合适"，又道："林叔叔，您的也一样"。① 熟悉期刊格局的叶兆言也认为，"根据行情"，汪曾祺、林斤澜的作品"显然不适合作头条文章"。虽然二人还是获得了全国短篇小说奖，但"只要看获奖名单的排名"，就知道是"陪衬"、"副榜"的位置。② 与汪曾祺有别，林斤澜在 1984 年以前并未产生较大影响，作品显得十分"边缘"，甚至尴尬。虽然林斤澜在 80 年代初的北京作家群中以中心人物的身份发挥着沙龙主人一般的作用，但是文学活动之外，林斤澜的小说创作反响寥寥，几乎被当时的文学潮流所淹没，仅仅在作家圈子中存在有限的影响。表现在 80 年代初的文学评奖中，林斤澜的这种"边缘"状态更是被放大了。

以《北京文学》1980 年优秀短篇小说的评奖结果为例，"复出"作家的"重放"之作，并不是名列前茅。在评出的 11 篇作品中，除了王蒙的《风筝飘带》列于第三名，汪曾祺的《受戒》列在第五名；李国文的《空谷幽兰》排在第八，林斤澜的《肋巴条》位于第九，与青年一代的作家陈建功、金河、王安忆相较，位置颇为落后。在《北京文学》1981 年优秀短篇小说评选产生的获奖篇目中，汪曾祺的《大淖记事》排名第三，林斤澜的《头像》列位第五（获奖作品一共五篇）。在编辑部组织的大型座谈会报道中，汪曾祺被描写为"老作家"，"介绍了他在语言技巧方面的追求"，而林斤澜则谈了"探讨小说结构方面的得失"。③ 到了《北京文学》1981 年优秀作品评选的获奖小说排名中，"复出"作家邓友梅的《那五》终于排到了第一名的位置。

如果说彼时《北京文学》还只是一本地方性的文学期刊，那么制度化的全国短篇小说奖似乎更能说明问题。在 1979 年全国短篇小说奖的获奖作品中，方之的《内奸》与高晓声的《李顺大造屋》分列第四、五名，王蒙的《悠悠寸草心》、邓友梅的《话说陶然亭》仅仅入选。在 1980 年全国优秀短篇小说评选中，"复出"作家才逐渐形成规模。在入选的 30 篇作品中，出于"复出"作家之手的有：《月食》（李国文）、《陈奂生进城》（高晓声）、《灵与肉》（张贤亮）、《春之声》（王蒙）、《小贩世家》（陆文夫）、《被爱情遗忘的角落》（张弦）。1978 年、1979 年和 1980 年小说评奖，林斤澜都榜上

① 林斤澜：《注一个"淡"字——读曾祺的〈七十书怀〉》，《中国作家》1991 年第 5 期。
② 叶兆言：《郴江幸自绕郴山》，《高晓声资料生平卷》，江苏文艺出版社 2014 年，第 91 页。
③ 《又一个丰收年——〈北京文学〉1981 年授奖活动侧记》，《北京文学》1982 年第 1 期。

无名，这与他"短篇圣手"的文名毫不相称。林斤澜的《头像》与汪曾祺的《大淖纪事》同获 1981 年全国短篇小说奖，但是排名却十分靠后。在《小说选刊》随后开辟的《1981 年短篇小说漫评》专栏中，评委们对《头像》也未置一词。在 80 年代初期，林斤澜并未进入主要批评家们的视野。如黄子平所论，林斤澜可能是最让评论家"困惑"和"着迷"的当代作家。①

如果重回新时期文学评奖的起点，也许更能理解"复出"作家与评奖制度之间的龃龉。《人民文学》1978 年第 10 期刊发了《本刊举办 1978 年全国优秀短篇小说评选启事》，在"评选目的"中，以"及时反映工农兵群众抓纲治国、努力实现社会主义现代化的火热斗争"为第一目的；而对年轻作家的发掘、培养，亦被《启事》所强调，"促进文学创作新生力量思想上、艺术上的锻炼和成长"。据刘锡诚保留的内部文件，编辑部评奖"设想"的目的，"主要是推荐新人作品，有老作家的短篇佳作也可入选"。②在编辑部经过初评遴选出 20 篇作品后，给专家学者们写了一封"参考信"。这封信认为对青年作者给予"鼓励"、"肯定"，更利于"壮大文学创作队伍"，而老作家"写得还不是很多"，因此评选应当"偏重于中青作者"，"特别是青年作者"。③在最后获奖的 25 篇作品中，"复出"作家确实也仅有邓友梅、宗璞、王蒙和陆文夫四位，而王、陆作品的排名则是不起眼的"边缘"位置。其实在《在中国文学艺术工作者第四次代表大会上的祝辞》中，邓小平就曾明确强调对青年文艺工作者的发现和培养。④

新时期的文学评奖制度，预设的主要任务还是建构意识形态的功用，以及扩大这一功用的重要方式：扩大青年作者队伍。如同文学史家发现的，在 1978 年、1979 年两年的获奖短篇小说中，"伤痕"题材和"改革"题材从数量上呈现出统治性的优势。⑤对于"归来者"们来说，其本身几乎都曾被卷入 20 世纪五六十年代的历史创伤，这样的"本事"天然成为他们共同的创作资源，主要作家的创作与"伤痕""反思"等文学潮流亦存在着交集。相较而言，林斤澜、汪曾祺虽然也曾搁笔，但其所遭遇的政治磨难与其他"复

① 黄子平：《"沉思的老树的精灵"——林斤澜近年小说初探》，《文学评论》1983 年第 2 期。
② 刘锡诚：《在文坛边缘上：编辑手记》，河南大学出版社 2004 年，第 186 页。
③ 刘锡诚：《在文坛边缘上：编辑手记》，河南大学出版社 2004 年，第 188 页。
④ 邓小平：《在中国文学艺术工作者第四次代表大会上的祝辞》，《中国文学艺术工作者第四次代表大会文集》，四川人民出版社 1980 年。
⑤ 孟繁华、程光炜：《中国当代文学发展史》，中国人民大学出版社 2004 年，第 167 页。

出"作家其实不可同日而语。林斤澜幸免于难，汪曾祺则早在 1960 年就摘掉了"右派"的帽子。①这也致使了林斤澜有关"文革"题材的小说往往由一个理性而冷峻的叙述人来完成，而汪曾祺更是没有触及当时流行的题材。而当时主要的"复出"作家，则纷纷加入"伤痕""反思"文学的潮流中去，如陆文夫的《献身》、王亚平的《神圣的使命》、宗璞的《弦上的梦》等。以王蒙为例，在反右派斗争扩大化中遭受的劫难自然流露于创作之中，并坚持"文学应当能动地为政治服务"这样朴素的文学政治观念。②

对于"复出"作家们来说，文学评奖的意义仍旧十分重大。不仅因为评奖关涉作家的社会荣誉与自我认同，而评奖结果本身也会带来社会地位、物质条件的积极变化。据程绍国对 1993 年 12 月发生的《中国作家》优秀小说奖的授奖活动回忆，当高洪波按照票数多少的顺序念出获奖作家名单，首先念道"李平"时，汪曾祺"身子明显颤抖了一下"。③汪曾祺在文人圈子里，为人颇以自负为名。即使如此，汪曾祺仍然不能对文学评奖无动于衷。汪曾祺与高晓声有别，首先在作家圈里获得认同、叫好，而非从文学评奖制度中脱颖而出。看上去高晓声对文学评奖更汲汲执着，曾因为《钱包》《山中》《鱼钓》三篇没有一篇得奖而遗憾不已，在与叶兆言闲谈时，高晓声又表现出对评奖"标准"的熟悉。④毕竟在新时期，"一篇小说只要得全国奖"，"户口问题工作问题包括爱情问题，立马都能解决"。⑤

以今天的视角来看，伤痕小说的艺术质地当然是粗糙的。对于汪曾祺和林斤澜来说，引一时风骚的文学潮流，遵守的还是"文学创作服务政治"的文学政治，因此其理念与实践都是"十七年"式的。无论是汪曾祺的"另类"，还是林斤澜的"边缘"，都是有意为之。汪曾祺一直强调自己对于当代文学的陌生感，坚持自己"没有考虑过迎合当时的某种浪潮"⑥。在汪曾祺、邓友梅看来，"十七年"的文学从属于政治，受到政策、宣传的束缚。林斤澜极其排斥"图解式的作品"，"从我和我同辈的创作生涯中，吃图解的亏吃

---

① 汪曾祺：《随遇而安》，《收获》1991 年第 2 期。
② 雷达：《春光唱彻方无憾——访作家王蒙》，《文艺报》1979 年第 4 期。
③ 程绍国：《林斤澜说》，人民文学出版社 2006 年，第 101 页。
④ 叶兆言：《郴江幸自绕郴山》，《高晓声资料生平卷》，江苏文艺出版社 2014 年，第 95 页。
⑤ 叶兆言：《郴江幸自绕郴山》，《高晓声资料生平卷》，江苏文艺出版社 2014 年，第 90 页。
⑥ 林斤澜：《关于现阶段的文学（答〈当代文艺思潮〉编辑部问）》，《中国现代、当代文学研究》1983 年第 4 期。

得最大"。① 林斤澜写于五六十年代的那些合作化题材的小说，往往注意抒情氛围的营造，显得自出机杼。② 汪曾祺也承认，林斤澜的"图解"作品，只是"新鲜一点"。③ 在林斤澜看来，20世纪80年代的"伤痕文学""反思文学"等文学流派，主题、内容是"反冤假错案"，写作手法是"五六十年代"的，"还是写政策，是旧式写法的翻版"。④ "每个搞创作的人都应有自己的目标"，"千万不要赶浪头"。⑤ 邓友梅对"图解"亦颇有微词，对于根据政策号召图解的作品，如《内当家》、《黑娃照相》（两篇均系1981年全国短篇小说奖获奖作品）等作品紧跟新时期的农村政策，认为有"概念化"、"模式化"的嫌疑。⑥ 邓友梅的态度也间接透出"复出"作家对文学评奖的重视。

　　伤痕文学等潮流成为新时期的文学成规，林斤澜、汪曾祺并非毫无意识，但是作家的态度却是杂糅的。即使不愿依附伤痕、反思文学的时代潮流，但是历史的创伤仍然使他们在自我意识中渴望自己的创作获得时代的认可。在一次对谈中，林斤澜道："我的作品在读者中反响不大，比较冷清"，"我的作品读者面小，确是遗憾，是我的缺点"，但"我还得走我自己的路，换个别的路我不会，我也不干"。⑦ 如同钱振文所论，汪曾祺的《受戒》之所以能被代表主流意识形态的文学评奖所接纳，正是证明了"文学多样性"的政策。这也是林斤澜的作品可能获得认可的重要素质。林斤澜五六十年代的作品还被认为是"明朗"、"轻松"、"抒情"，新时期以来的却被认为是"晦涩"、"低沉"、"看不懂"。⑧ 其实，林斤澜一方面选择具有政治意义的题材，一方面又着力于语言、结构这些文本要素，以使得作品显得不那么"图示"。获1981年全国短篇小说奖的作品《头像》（《北京文学》1981年第7期），主人公分别为接连得奖的画家老麦和苦心孤诣经营艺术的雕塑家梅大厦。小

---

① 汪曾祺、林斤澜：《社会性小说技巧》，《人民文学》1987年第3期。
② 林斤澜的小说更接近于孙犁的风格。无怪乎孙犁对林斤澜的评价充满了惺惺之情："年轻人，好读热闹或热烈故事的人，恐怕不愿奔向这里来。他的门口，没有多少吹鼓手，也没有多少轿夫吧。他的作品，如果放在大观园里，他不是怡红院，更不是梨香院，而是栊翠庵，有点冷冷清清的味道，但这里确确实实储藏了不少真正的艺术品。"（一直到《北京文学》1981年第2期，才见第一篇对林斤澜的评论，即孙犁的《读作品记（三）》）
③ 汪曾祺：《林斤澜的矮凳桥》，《评论选刊》1987年第4期。
④ 林斤澜：《林斤澜文集·文论卷·贰》，人民文学出版社2015年，第180页。
⑤ 林斤澜：《林斤澜文集·文论卷·贰》，人民文学出版社2015年，第192页。
⑥ 林斤澜：《林斤澜文集·文论卷·贰》，人民文学出版社2015年，第127页。
⑦ 汪曾祺、林斤澜：《社会性小说技巧》，《人民文学》1987年第3期。
⑧ 林斤澜：《我看"看不懂"》，《文学评论》1986年第6期。

说通过老麦访问老同学引出一连串的生活场景，微妙地传达出林斤澜的创作观念。且看老麦如何出场：

> 画家老麦的气色红润，为人圆通，又走好运。有一年出了样舒筋活血的新药叫脉通，同行拿来开老麦的玩笑，谁知老麦就棍打腿，索性拿麦通当了笔名。这天傍晚他从城堡般的人民礼堂里出来，手提包鼓鼓的，装着刚得的奖品；一张奖状，一本精装的速写本子，一个人造革的夹子，一本画册，还有一个密封的信封，里边是奖金，他当然没有打开来看过。

> 这个奖是十年浩劫以后兴起来的，也才连续三年，老麦年年都得上了。他拎了个手提包来装这些东西，就是个行家。有的人没有经验，手里捧着出来就显得不自在。①

主人公老麦已然是新时期评奖制度的宠儿。下文讲述老麦的获奖史：

> 老麦通的确好运道，十年浩劫时候，也"全托"过，也下过水田叫蚂蟥咬过，但总没有伤着元气。现在这些都成了光荣历史，眼面前可是青云直上。前年画了张武十场面，闯了"禁区"，反映强烈，热辣辣地得了奖。去年评奖的时候，说不能全是"伤痕"，要点叫人愉快开朗的。恰好他有一张五只小猫，象小孩子那样互相抓挠着。今年得奖的题名是"夜行军"，主要人物是一个十几岁的女兵，军帽下边戳着两根辫概子，背上背的当然不是枪，得是一把二胡。起初大家觉着不新鲜。评选来到，又觉着革命传统教育现在太需要了，理当上选。最后一讨论，军事题材的就这一张，不破工夫地名列前茅了。②

老麦在"文革"中的经历与作者仿佛，侥幸易安。而在新时期评奖制度中的扶摇直上，又暗示出画家对时代气候的敏感把握——获奖作品莫不是出

---

① 林斤澜：《头像》，《北京文学》1981年第7期。
② 林斤澜：《头像》，《北京文学》1981年第7期。

于题材的成功——接二连三地获奖当然不可能仅仅是因为好运气。继而我们看到雕塑家梅大厦的命运：艺术家挨整便是由于自身的"白专道路"；到了新时代，梅大厦致力于"继承民族传统"和"追求现代派的表现方法"。在观看了雕塑家作品后，画家忍不住惊叹："在这么个杂院的破南屋里，这个老泥瓦匠般的老同学，老光棍，有所探索，有所创造……"[1] 梅大厦对于艺术的追求近乎一种极端拜物的状态，而老麦却不能忘情于世俗的功利。小说的结尾，则是老麦想方设法帮助同学解决生活困难，主动要组织一个展览会。小说的主题有着丰富的意蕴，但是作者还是含蓄地透露出自己的心事。林斤澜对于文学评奖的感情无疑是杂糅的：既不排斥，也不汲汲追求，而是坚持语言、结构等方面的文体探索，渐渐对批评家们关上了作品的其他入口。叙述至此告一段落，容笔者托出本文的叙述策略。迷惑我的，始终是这样一个问题：林斤澜这样一位"20后"作家，创作横跨整个当代文学史，亦有数量相当的文学批评为其审美形态赋形，却遇到了文学史研究的隐微困境。解释这样一个迷惑而诱人的问题，似乎超出了笔者的能力。

本文仅试图以人物作行动元，以"复出"为行动，以林斤澜"复出"前后的有限史料为依据，探索自我意识和文学环境对其创作的干预。

（原载《东吴学术》2017 年第 3 期，收入本书有删节）

---

[1] 林斤澜：《头像》，《北京文学》1981 年第 7 期。

苦心经营的随便
——林斤澜小说结构艺术探析

汪广松

一

林斤澜小说很讲究结构。[①] 汪曾祺曾在一篇文章里写道："小说结构的特点是'随便'。"林斤澜不同意，因此汪曾祺后来改为"苦心经营的随便"，他才"拟予同意。"[②] 在林斤澜的小说里，"随便"是随处可见的，"苦心经营"却是隐藏着的，然而必须把它们结合起来，在"随便"的地方发现"苦心"，同时对于"经营"要作"随便"看。

林斤澜喜作小说系列，备受关注的《矮凳桥风情》就由 17 篇小说构成，而且有些单篇小说又自成系列。《矮凳桥风情》中着墨最多的人物是李地，最后一篇小说专门写她，也由五个部分组成，分别是《惊》《蛋》《茶》《梦》《爱》。各篇看上去都是单独的故事，但把它们合成一个系列，从整体去理解部分，就会生发新的意义。

《惊》写了内外两惊，李地怀孕是内，宿舍里发生"惊营"是外，李地的惊是内在的。接下来是《蛋》，李地生了三个女儿，为了女儿她拿蛋去店里换东西，比如一片指甲盖大小的冰糖等，不过小说的"苦心"或者就在秤盘上的"三个鸡蛋"。生儿育女辛苦，秀气的"小母鸡"叫人心疼。《茶》写什么？人到中年，一杯工夫茶平静地渡过了乱世。《梦》写梦醒了，李地辞去了镇长职务。《爱》这个故事不论年代，算是"总结"，对于爱的想象，先是披着金红斗篷的英雄，后来就是一条泥鳅，前者主情，后者主欲，不过李地都放下了，她"没有眼泪"。

从结构上来看《李地》，五部分写了人生的五个阶段，如果直白写来、平铺直叙可能就无趣了，这点"苦心"都在小说结构上，结构一通，纲举目

---

① 本文关注林斤澜复出后创作的小说。
② 汪曾祺：《林斤澜的矮凳桥》，《文艺报》1987 年 1 月 31 日。

张。《李地》是纵向串联式结构，也有横向并联式结构。《矮凳桥风情》里有一个"小品"系列，共五篇，分别是《姐弟》《表妹》《同学》《父女》《酒友》。每一篇都相当于一出独幕剧，写的是斗争，但这里不是你死我活，而是气势的此消彼长。

《姐弟》，弟弟在店里发呆，姐姐进来斥责他，好像说得在理，气焰高涨，而弟弟随之反唇相讥，真相渐渐显露：原来是姐姐家雇用了弟弟，待到弟弟说出"剥削"一词，姐姐伤心，丧气，只好闪退。《表妹》有趣，表姐到乡下来看表妹，在工资上有优越感，言谈举止尽有表现，待到表妹说出家业，伸出两根手指，表姐以为月收入有两百（她只有七八十块），吓得心跳，顿时败下阵去，转而祈求打工，"投降"了。至于《同学》《父女》《酒友》都有这种意味：时代变了，原来弱势的一方忽然强了起来，占了上风，只是"转折点"各有不同。这些小说如果单篇来看，显得小巧精致，不成气候，合成一个"系列"气息就丰厚起来，不仅仅有"趣"，而且也有"味"，同时让我们注意到"内斗"：亲戚朋友、日常生活之间莫不有争斗，而背后皆与利益有关。

短篇小说由于短，在情节的展开上多多少少会有限制，或有酒兴来了酒却不够的缺憾。一种方法便是精心布局，还有一种方法就是干脆取消情节。林斤澜曾说："情节的线索是明显的线索，最容易拴住人。但，也会把复杂的生活，变幻的心理，闪烁的感觉给拴死了。有时候宁肯打碎情节，切断情节，淡化情节直到成心不要情节。"[①] 这是小说家有意为之的创作，写的是一种味儿、一种气氛、一种"情绪的体操"，如果酝酿得当，也能尽兴。

不过，小说一旦构成系列，不管是串联还是并联，抑或混合，都会产生节奏、层次，不仅小说内容成了系列，就连小说与小说之间的"空白"也组合了起来，由此形成新的风貌，亦可弥补情节上的损失。《树》系列有三篇：《海外》《山里》《榕树》，小说的开头都是同一句话："小刘打长途电话给刘老，告诉大刘出事了。"甚至连电话内容都是相同的。这里就有"经营"：《海外》的主角是作为小刘的刘老，《山里》就是大刘，《榕树》则是刘老。小刘的时候要去哪？马德里！同学少年，意气风发，要到马德里去反对法西斯；大刘是中年了，左边的女人叫着去城里，右边的男人叫着去山里，城里

---

① 林斤澜：《论短篇小说》，《当代作家评论》2007 年第 1 期。

有温饱，山里有自由，去哪里？刘老是退休诗人，看白云苍狗世事变幻，发现"世道艰难，大榕树竟出现庄严法相。"刘老想念大榕树，想念落叶归根。他要去黄果树！把三个短篇串起来，小说的内涵与外延就扩大了。从小刘、大刘到刘老，世界发生了变化，他向往的世界也发生了变化。在这里，退休诗人的心路历程及归宿既婉转含蓄又一目了然，并由此生发弦外之音。

短篇小说体量毕竟有限，不可能也不必要面面俱到。林斤澜"总能在短篇的格局里，容纳极为广阔的内涵"。他在构思谋篇上的特点在于，"精心选择一个最漂亮的场面，并将它写得极有光彩，而其余则镕于一炉"[①]。从园林欣赏的角度来看，就是"把读者带到一个最有看头的地方一站，看见最精彩的一角"[②]。在此基础之上再把这些场面、角落里的风景串联或并联起来，由某一质点生发气息，由数量形成气势，达到一加一大于二的艺术效果。

二

林斤澜单篇小说的结构艺术，我们可以从《夹缝》中得以管窥。肖明是雕塑家，也恰像泥雕木塑；他各处显摆，不分派别，"听见称赞，就寻线觅缝去听个够，贪图全身爽快"，一点也觉不出派别的"哑戏"。两派都笑着利用，局势一变都想除掉他，并针对他设计了一个"自行落水"的情节。一位小学同学忍不住向他透露，肖明没有完全明白，但胡乱中凑巧逃掉了。同学说："夹缝里捡了一条命。"肖明问："怎么是夹缝？"同学说："整个儿。"说完就消失。

这是生活现实，是具象，接下来小说第二部分转向"艺术品"，是艺术虚构，是抽象。肖明后来钻进"象牙塔"，创作了三件雕塑：木雕、竹雕和石雕，分别雕了女孩子、老头和男子，人物虽少，但男女老幼都有了。三雕也颇像林斤澜的小说系列，质地各异，但意趣相同。其中的石雕，"石头开裂，夹缝里一个男子探身偷窥世界，身后三个女子，眼皮低垂如祈祷，三双眼睛是纳闷、怀疑、惊慌"。

小说第三部分是对艺术品进行评价。评论家说："夹缝艺术。"肖明想

---

① 程德培：《此地无声胜有声——读林斤澜短篇近作的印象》，《上海文学》1982 年第 6 期。
② 林斤澜：《林斤澜文集·文论卷·贰》，人民文学出版社 2015 年，第 273 页。

起从前的那段往事，就问："什么夹缝？"答曰："整个儿。"说完也消失在人海中了。这里的评价指向艺术品，同时指向生活现实，艺术真实与生活真实平等，其逻辑就是：艺术来源于生活，又回到生活，融入生活。是不是高于生活？难说。林斤澜喜欢现实主义的手法，但又不完全那么写实。他的小说有题材，同时有艺术，小说里的历史现实本身会说话，艺术形象同样也会发声，譬如"夹缝"三雕。

"夹缝"就是"整个儿"。每一篇小说都是"整个儿"，可是有"夹缝"让人看见，看见缝了，也就是了，这道缝就是全体，全体就是这道缝。随便看，看见一道缝就对了，也就是说懂一点就可以了，这一点就是全部。每个人看见的点可能不同，都可以，一篇小说有多少点，端赖小说家的创造。林斤澜小说写他的"亲身感受"，是一种状态，用不着一个字一个字，一个段落一个段落搞清楚的。感受最重要，它由某一点生发，但是总体的，很多时候都是一种感受，感受不对，看哪都不对，对了就都对了。夹缝里是什么感受？纳闷、怀疑、惊慌。

切不可把这道"缝"来统率全体，好像全篇每个字都跟它有关、都要跟它有关、非要跟它有关不可。林斤澜小说就是破除了这种"中心"观念，"情节否定了绝对的、真理般明确的意义：现实、主题、因果、人物性格、主导或中心皆'不在现场'、无法确定"。[①]他的小说有焦点，但不是"中心思想"，也切忌搞成"主题"，为的是破除"一统江湖"以致"上纲上线"的思维模式，破除"图解文学"。

那么，说夹缝就是整个儿，是不是"推而广之"的思路？看起来是，其实不是。小说不要求每个地方都是这道缝，不要求每次看到的都是这道缝，应随读者而定，随时间而定。小说譬如弱水三千，夹缝譬如一瓢饮。看得懂看不懂；看得到看不到；看到这看到那，都是对的。读者困惑的时候，固有的思维模式可能就"震动"了一下。有人说林斤澜的小说很难评论，很难归类，但它恰恰是要突破固有思维，从"类"中走出来，不让归类，他甚至要对"小说"这个概念进行一次冲决。小说写着写着就诗化了，散文化了，小说不像小说，没有逻辑也在逻辑当中，这在笔法上称为"波峭"。只是他的有些短篇太过省略、跳跃，有时候不见得想清楚了，草草了事或者奇崛收场，未免太过写意。

---

① 孟悦：《一个不可多得的寓言——〈矮凳桥风情〉试析》，《当代作家评论》1987年第6期。

　　林斤澜小说的结构艺术，一边是雕刻，另一边是写意。写意"随便"，而且似乎越"随便"越好，雕刻则需要"苦心经营"，方寸之间要出境界。《夹缝五色》中的第五篇《归鱼》，完全是写意，"语言的内容与形式在这里恰好颠倒了一下，'说什么'变成了一种语言外壳，而'怎么说'倒表达了真正的心理内容"。① 这种内容有时候仅仅是一种情绪。

　　言不尽意，那就"立象以尽意"。《归鱼》写人生晚景，用"归鱼"洄游来象喻，"壮心不已"：看那小归鱼纵身入海，声众浪漫，漂亮！跳、跃、摔、蹦，尖叫着过龙门龙滩，壮烈！《夹缝五色》第二篇《瓯人》写闯荡世界，第四篇《毛巾》里的聋瓢司令回忆革命岁月，都是这般"归鱼"模样。然而生老病死就是世界，最终母的籽尽，公的阳泄，"安定死寂"，第三篇《诗画》就说这个境界，其实也是一种"情绪"："什么诗意画意。有这意思吗？"这也是一种意。

　　雕刻和写意的结合在脸、在眼。小说《头像》中，梅大厦创作了一个木雕头像，"这个少妇头像，是沉思的老树的精灵"。至于眼睛，则是半闭的。"这个头像如果不能概括林斤澜自己全部作品的艺术特征，也相当凝练地表达了他所刻意追求的艺术境界。"② 少妇头像是雕刻出来的，"沉思的老树的精灵"则是写意；前者写实，后者非写实。

　　小说《氤氲》中，木雕艺术家无名，专案组就叫他"木头"。木头"交代"了一件重大事件，但专案组似乎不信，认为可能就是木头的"梦话"。在这个"梦"里，木头看见"一只狼脸上一双人的眼睛"，然后又看见人的一双眼睛变了，"眼白闪闪碧绿寒光。这是一双狼的眼睛"。而且是饿狼。眼睛是心灵的窗户，难道小说是在说：狼有人心肠，人有狼心？难怪专案组不信。木雕艺术家（小说取消了"木头"的命名，恢复无名）晚年雕刻了很多头像，"把人的眼睛安在狼头上，狼的眼睛又嵌在人那里"。既是雕刻，又是写意。他临终前奋力一搏，雕出一只天鹅，但眼睛没有来得及雕好，他就去世了。评论家说："没有眼睛是最完美的艺术表现。"小说似有讽刺之意，③结尾却收结干净："此处无眼胜有眼，留得空白氤氲生。"颇能说明雕刻与

---

① 李庆西：《说〈矮凳桥风情〉》，《当代作家评论》1987年第6期。
② 黄子平："沉思的老树的精灵"——林斤澜近年小说初探》，《文学评论》1983年第2期。
③ 林斤澜曾著文《我看"看不懂"》，对评论家"看不懂"他的小说有微词。其中就提到，说他小说好的，客气地说"看不懂"，这和小说里赞赏木雕的评论家是一致的。

写意的相互关系。

三

林斤澜小说大都有内在相通的精神气质，因此可以构成系列，有些结构是小说家自编的，有些则需要读者或编者自行构建、拼凑，而且不同的系列小说可以互相启发，不同的单篇小说之间也互有关联。在小说的结构和重构过程中，在小说的相互联系中，可以产生新的情感与思想，不再局限于单篇小说。

林斤澜写过《十门》，可是《林斤澜文集》只列三篇（亚康和夏花的故事）[1]，不过，加上《去不回门》系列三篇（小道姑的故事），《门》系列下有四篇（退休诗人的故事），也恰好是十篇。

《十门》系列小说比较晦涩，也许"夹缝艺术"是一把理解的钥匙。门像不像一个"夹缝"？内和外的夹缝？也在内和外的边缘上吧？亚康做地下工作，不幸被捕，夏花感到上天无路下地无门，可是有夹缝！夹缝是清清朗朗的歌唱，就在这夹缝中生存。去、不、回，三个动作恰成"夹缝"之象，人生也这样别扭、纠结。退休诗人有四门：命门、敲门、幽门和锁门。这四门有次第：命门是生命的门，谁也没有打开过；还是要敲一敲，看看感应；结果站在门边上说了一句关于门的话，头儿表扬他的幽默，原来是幽门：各种批斗、挣扎、投降，死去活来；老了退休，老伴去打牌，诗人锁门，谁敲都不开，因为钥匙打不开自家的门，"一辈子打开过多少，就是打不开自家的门"。感觉很有哲理，就是说不出来，但感受是明白的：纳闷、怀疑、惊慌，或者还有些更深入微细、无以名之的内容？这里不需要具体所指，具体了反而有些滞重，越是抽象的小说越生动。

《五色》系列应该有五篇，写五种颜色，可是现在只看到《红》和《黄》，另外三篇需要重新结构。《十门》系列前三篇，即亚康和夏花的故事，分别可当《白》《黑》《蓝》。小说里有一只八哥鸟，"八哥的嗓音是白色的，羽毛却是乌溜溜的黑色"。夏花猛地意识到，"那白色的纯净，那黑色里面透出来的阴气，直插夏心如刀尖"。以人物而言，夏花是白，多么纯洁、纯情！

---

[1]　林斤澜：《林斤澜文集·小说卷·叁》，人民文学出版社 2015 年，第 571—590 页。

亚康是黑，在第二篇小说里他还是"黑帮"。但也许歌声没有黑白，生道堂与生德堂打过来杀过去，无论黑白，最后都归于蓝色，"一种由黑色变出来的深沉的蓝"，是虚空的蓝色，也是死亡的颜色。

从颜色的角度就能看见小说家的一番苦心。三种颜色：白——黑——蓝，对应少年纯洁、中年黑暗、老年虚空。《去不回门》系列也是这个结构，小说里有个蓝斋娘，从前是蓝蓝姑娘，后来一去不回，最终归于死亡，还于虚空。去、不、回，大致对应白、黑、蓝。一代人的心理颜色，不是红、白、蓝，而是白、黑、蓝。《红》是什么？"红色恐怖。"《黄》呢？"入土为安"，土是黄色。《五色》也有层次：白黑蓝，向上；红黄，向下。

《十门》《五色》系列是刻在心里的"记忆"，现在来看"忘记"。小说《元戎·天意·月光》实际上是一个系列，如果按林斤澜命题习惯，可称《忘记三篇》，因为内容看似风马牛不相及，焦点都在"忘记"：忘性和记性。元戎从不看电视里的战争场面，他想忘掉"一家的哭"。《天意》写小说家做报告，说过就忘了，没想到有听众记得他说猪头肉好，拱嘴天下无双，因此做了小吃店老板，其他的也全部忘记。算不算讽刺？好像也无伤大雅。《月光》写忘性和记性是人性，又说李白的《静夜思》在卖弄"忘性"。

在林斤澜小说中，"忘记"系列有很多篇，集中起来看，可以看到小说家的"苦心"。《短篇三痴》写花痴、石痴、哭痴，为什么痴？忘不掉"浩劫"中的往事。《十年十癔》、《续十癔》系列小说，林斤澜的本意是想写几篇"忆"，要记住；结果写下来却是"癔"，癔有忘症。有人以为这是从"创伤记忆"到"叙述记忆"的筛选，[①] 本意是记住，但也许写出来是为了忘却的纪念，纪念是为了忘却。《九梦》三篇（《殷三懵——似梦非梦》《童三狠——加一点是狼》《岑三瞎——开口就瞎》），写得稀奇古怪，回到"浩劫"场景，那意思是说，还没有从噩梦的阴影里走出来。

到底是要忘，还是要记？哪些要忘，哪些要记？怎么忘，怎么记？小说很难说，似乎也说不清楚。这里就要思想。林斤澜认为文艺的根本总还是"以情动人"，可是又要求思索，他有些困惑：想知道鲁迅是怎样的思想家、革命家又兼文学家？是怎样文艺与政治一身而二任的？[②] 他早年读不懂鲁迅的

---

① 马晓兵，《看林斤澜以"癔症"写"创伤"》，《博览群书》2017年第4期。
② 林斤澜：《林斤澜文集·文论卷·贰》，人民文学出版社2015年，第336页。

《故事新编》，曾经问过端木蕻良，《奔月》写什么？端木随口回答他：斩尽杀绝。他当时"豁然开朗"，后来慢慢读，读出"孤独"来了。林斤澜晚年重读《故事新编》，关注的作品是《铸剑》，他想起70年来"多多少少大大小小的咬咬杀杀"，又一次"豁然"了，不过这次不是"开朗"，而是豁然"来呆"："惊心动魄，又说不出一句整话来。"早年读《奔月》，关注的是情感，晚年读《铸剑》，关注的东西已经不同，转向历史与思想了。

随着年龄和阅历的增长，林斤澜后期小说的思想性也在增加，不过不是"思想大于形象"，而是寓思想于形象当中。以结构而言，"苦心经营"便是思想的体现，而"随便"则指向文学形象的灵动。在系列小说中，在小说与小说的相互关系中，形成了次序和路线，显现出情感和思想的脉络来，这也有两个向度。

《矮凳桥风情》第一篇是《溪鳗》，最后一篇是《李地》，以女人开篇，又以女人结尾。这两个女人不简单，"十年浩劫"不管怎样折腾，她们都能把生活过下去。这种"风情"，这种精气神，用《蚱蜢舟》里的话来说就是"皮市"，有的地方写作"皮实"。小说写道："若指街市上用物，是说卖相不算花哨，却是经久耐用。若指人，是说先天后天'用'料不足，倒经得起磨、折、丢、跌。其实，说的就是生命中的韧性。"小说又写道："单单活着不算数，还活出花来叫世界看看，这是'皮市'的极致。"这可以说是《矮凳桥风情》的"魂"了，具体到人身上，便是溪鳗和李地这两朵"花"。

《矮凳桥风情》是从"积极"一面来说，不管劫难如何，人还是需要一点"皮实"的精神；《十年十癔》则从"消极"一面来写，揭露了"皮实"背后的"精神创伤"。系列小说第一篇《哆嗦》，写一位身经百战的游击队司令去见领袖，走着走着，就不由自主地浑身哆嗦，忘了要报告的内容。好像这哆嗦也能传染，当年跟着司令搞革命的麻副局长也哆嗦，他在批斗大会看到自己写的"万寿无疆"被人改成"无寿无疆"，全身禁不住地、通电似地哆嗦。小说写什么？对威权的深刻恐惧，这是"十年癔症"的起源。第十篇却有两篇，[①]分别是《白儿》和《催眠》，不过《白儿》也可以说是写"催眠"，那老两口多明白！双双自尽，为什么？"活着只会拖累同志们。"只是《催眠》更加详细地讲

---

① 林斤澜在《说癔》一文里说，他当初想写十篇，对应十年浩劫的十数，后写出来十三四篇，挑一挑，还是凑十的数。《林斤澜文集》（人民文学出版社2015年）编辑《十年十癔》时，因为《云海》《催眠》发表时有副题，列入"十年十癔"系列，故也收了进去。或可按林斤澜的本意，《十年十癔》应为十篇，可将《云海》《催眠》编入《续十癔》。

了"催眠术"。以癔症而言，恐惧是因，催眠和自我催眠是果吧？

如果说遗忘是死亡，那么催眠也是。一个人要怎样才能打开记忆的门，抵抗遗忘或催眠，踏上觉醒之路，从而发现和描绘自己的心路历程？系列小说《诗话三事》可以看作是一种探索。小说写了三个人：画家、诗人和国学大师，在境界层次上，画家最上，诗人次之，大师又次之，分别对应灵魂生活（宗教）、精神生活（学术文艺）、物质生活（衣食），这是小说中"漫画大师"的演说图景。不过小说还暗中对应另一重结构，即王国维所言的人生学问三境界。画家"无意中看见了一生都想看见从来没有看见过的东西"。"在痴呆这里，闪现绝顶，惊倒平生。"小说里的"登顶"相当于"独上高楼，望断天涯路"。第二篇，诗人伺候病床上的妻子，妻子又最终离世，算得上"衣带渐宽终不悔，为伊消得人憔悴"。第三篇，大师去车站接二十年未见的媳妇双千，有一个"蓦然回首、那人却在灯火阑珊处"的意思，相当于第三个阶段了。

两条路，"漫画大师"的路是西式的，王国维的路是东方的；一条从上向下，一条由下往上，倒也应了古希腊哲人赫拉克利特的一句话："向上的路和向下的路是同一条路。"这或许是林斤澜上下求索的一段心路历程吧？我们可以参考、接着思考，但每个人的路都得自己走出来。

孙犁曾把林斤澜的小说比作大观园里的拢翠庵，虽然冷清，但"确确实实储藏了不少真正的艺术品"。[①] 要想得到这些艺术品，需要认真地结构一张网，将它们打捞出来，以便欣喜地遇见小说家的"孤诣"，体会到深入内里、历久弥新的艺术美感。

（原载《上海文化》2019年第5期）

---

① 转引自程德培：《此地无声胜有声——读林斤澜短篇近作的印象》，《上海文学》1982年第6期。

追
思

我心目中的林斤澜

邵燕祥

人们都记得林斤澜的笑脸，还有那笑声"哈哈哈哈"，一经汪曾祺写出，大家印象相同。据说他临去时表情安详，是含笑而逝。一直到老，双眼皮大眼睛，圆和脸，笑模样千古常存，这成为他的典型形象。

然而，斤澜像任何人一样，不能成天满脸堆笑，他不是随时都酒逢知己，酒酣耳热，或谈笑风生，心旷神怡，笑逐颜开，"哈哈哈哈"。

在他独处的时候，在他沉思的时候，在他与朋友谈心／质疑某些人情世态的时候，他不笑，他的脸上甚至罩着一层愁云。他睁着两眼盯着你，要倾听你的意见，你会发现，他一双严肃的眼睛上面，两眉不是舒展的，微皱着。

这时你想，他是仁者，但不是好好先生，不是和稀泥的。他胸中有忧患，他因忧患而思索。

他没有当过权，没有整过人。整人往往与当权有关。人当了权，就容易膨胀，因膨胀而整人，整不听话的人，整自己认为"异己"的人。当了权的人，"官身不自由"，有时不想整人也得整人，即所谓执行上级指示，不过执行指示而整人的，也因人性不同而各有不同表现。当然，整人的也难免挨整，那是另一个问题。

老林之不整人，我以为不是因为没有当权。我甚至相信，他纵令当了权也不会整人，更不会往死里整人。这是我几十年的经验告诉我的。同时，经验也告诉我，正是因此，他就注定不会当权，而注定他会是挨整的，注定他会同情无端挨整的人，以及一罪二罚、小罪重罚的人。

我知斤澜之名，是从 1955 年在《新观察》上读到他写的《台湾姑娘》始。以后每有新作，一定要浏览的，只是他惜墨如金。不过偶有一两篇发表，每每令人难忘。我现在忘记了那个短篇的题目，但一开篇，就写山村中响起了钉棺木的丁丁声，我仿佛身临其境，不但听到了一声声斧斤沉重，而且闻到了山中林木的潮气和锯末苦涩的香味。应该是在 20 世纪 60 年代初的事。就是说，1949 年后，十年间大陆的文学作品中，我敢肯定没有人写过这样的细节。

当时听说斤澜是中共党员，却不知道，这个抗战初期入党的少年，抗战胜利后被党组织派去台湾，但从台湾归来后，却一直未能接上党的关系。从 20 世纪 50 年代到 70 年代，斤澜并无党籍。过来人都知道，在那极端的年代，一个"脱党分子"，其政治地位远远低于从未入党的普通群众，实际上等于"审查对象"，说白了，就是"怀疑对象"，在"革命警惕性"的名义下大胆怀疑，可以怀疑你是叛徒，也可以怀疑你是特务。

我当时不在北京市文联，不知斤澜的具体处境。但我知道，他曾经到云南边境傣族地区去，那时叫体验生活，总之也观察，也采访，比一般的旅游要深入些。回来以后，想不到他却落下个要偷越国境叛逃的嫌疑。原来是他在当地月夜，走下竹楼散步，被同行的人告发了。由于他当时的政治身份，加上"革命警惕性"深入人心，再加上划一的思维方式，告发者的有罪推定——认为他所谓散步，正是为偷越国境"踩点"——似乎也合乎逻辑，尽管今天回头看像是一则笑话。当时北京市文联的领导，在处理这样的告发时，没有把这可怕的笑话闹大，看来还是采取了慎重态度的。若是搁在 1958 年以前，就很难逆料。

我和斤澜什么时候结识，已经记不清楚。但记得"文革"以后的头一面，似乎是在一对作家朋友结合的家宴上。当在 1978 年夏秋，正是窒息了十年二十年的朋友们重又缓过气来的年月。我跟斤澜从那前后有了些过从。我曾到他幸福大街的家中去过，那时我辈家中都没有电话，无法预约，不止一次撞过锁。但斤澜在他家门口挂着纸笔，请来访者留言，这是替别人想得周到的。

也许因为我和他走得不是特别密切，他并没向我倾诉过"文革"中的个人遭遇。我向来以文会友，更从来没有对朋友进行"政审"的习惯，也就从来没问过。比如有的朋友沦为"右派"，二十年后重逢，我从不打听你是什么"罪名"，不愿触动陈年的伤疤，何况"欲加之罪，何患无辞"，什么罪名还不一样？！

斤澜对世事看得很透，所以他没有一般人尤其是年轻人的峻急。这可不是说他没有是非。对于政治文化和社会生活领域登峰造极的暴政恶政，他在《十年十癔》一类作品当中立场鲜明，那就是判明善恶，悲天悯人。

斤澜在文坛处于边缘，人与文俱如此。"文革"以前，他不赶浪头，如果说不仅是因为对艺术的持守，也还因为身份的缘故，不免谨言慎行（但像在小说开头大写钉棺材，则在当时政治文化气氛下，又确是大胆之举）。那么到"文革"之后，大家高呼解放之际，也该放开了吧？他仍然不赶"浪头"。那时候人们都说，一个汪曾祺，一个林斤澜，他们的小说不管写得多好，也是冷盘小菜，即成不了"主菜"，在刊物版面上，"上不了头二条"。汪也好，林也好，对此当然心知肚明，却也甘之如饴。他们的艺术自觉和相应的自信，比大伙儿前行了一大步。

有一次，在涿县桃园宾馆开一个文艺方面的会（不是20世纪90年代初那有名的"涿州会议"），主要让搞评论和编辑的来，就文艺和政治关系等问题统一思想，统一步调，也有少数作家列席，其中就有林斤澜。轮到他发言，他慢条斯理地说：我们现在一谈文学，老是谈文学的外部关系，是不是也应该多谈一点文学的内部关系？……一言出口，大出主持会议的官员意外，有些惯于听套话的人，也满脸吃惊，这个问题提得好不陌生。会议休息时还有人交头接耳，好像林斤澜是个外行人闯进来说了些外行话：文学还有什么"内部关系"？

那次会，斤澜是由北京市文联（作协）提名参加的，做了这样不合时宜的发言以后，这类会就不怎么找他了。

我曾说斤澜终其一生是寂寞的，不是指他少在官方的会议上抛头露面，那正是他求之不得的。但他在文体实验上和寡，那才是需要有坐冷板凳的坚忍不拔才行，所谓寂寞自不待言。

他默默地写他的短篇小说，再加上晚年写些散文随笔，煮他的字，炼他的意，每个字每个意思都不是轻易下笔的。长篇大论发表自己的艺术主张，不是他的性格；偶有流露，多是在评论别人的作品时。但他不是不想理论问题，有时大概想得很苦。他听到所谓"零度写作"的论调，跟他的文学观念相悖，你可以看到他紧皱眉头，质疑写作怎么可能在个人感情处于"零度"、无动于衷时实现，他的表情告诉你什么叫"百思不得其解"。我对这类问题不较真，不钻研，也不拿来"自苦"，因此我也难以助斤澜一"思"之力。斤澜有些年轻的朋友，或许能破他独自苦思的寂寞吧。

最大的寂寞，是不被理解。斤澜也是常人，自也有"被人懂（理解）"的需要。但人所共知，在现实生活中，不是任何正常和正当的需要都能得到满足。斤澜晚年对《矮凳桥风情》比较满意。然而这一点不为人们留意。于是，人们好意地提到他的"代表作"，总还是说《台湾姑娘》怎样怎样。就是对《矮凳桥风情》没有异议如汪曾祺这样的老友，堪称知己了吧，他对作品本身是完全肯定的，偏偏对这组小说的题目中的"风情"二字有意见，但没把意见说透，斤澜一直耿耿于怀。我自以为旁观者清，汪老想必是联想到了"王婆贪贿说风情"，甚至无名氏的《北极风情画》，而斤澜想的却是"乡风民情"，两下里思路满"拧"了。

其实，这点没沟通还是小事，不至于大寂寞。而一切的探索都属于"征人早发"，不可能摩肩接踵，难免会踽踽独行。没有人叫好助兴还在其次，难免还会受到菲薄和冷落。有些曾经是先锋的作者，我说的是真曾作为先锋存在的，不是"假先锋"，却也耐不住寂寞，"还俗"了。斤澜从不以先锋自居，他只是默默地走自己认定的路，不是为了证明自己"走对"了（这个"走对"的思路犹如追求"政治正确"），而是忠于自己的文学观念和艺术理想，抵抗各样的来自权力的、世俗的压力和诱惑，从而义无反顾地，"一意孤行"地走自己的路。直到他生命的终点。

斤澜没能走完的这条路，是没有终点的路。

2009 年 5 月 19 日

最后的微笑

——悼斤澜

从维熙

4月11日下午两点多钟，我和刘心武先后抵达同仁医院，去探视病危的文学兄长林斤澜。其实，我和他早就约定一起去看看斤澜兄了。今年初春先是我得了感冒，后是心武发烧；而斤澜得的是肺部重症，任何一颗呼吸道的细菌，都会加重斤澜兄的病情，因而一直拖延到了4月11日，心武感冒完全好了之后，才匆匆赶赴同仁医院的。

但没料到的是，这竟是我们的最后一面。这是巧合？还是天意？我走进医院病房通道时，心武正戴着一个大大的口罩，与斤澜的女儿林布谷等着我的到来。我说："怎么样？"布谷说："正在抢救，不能进病房，叔叔你先在这儿等一会儿吧！"心武告诉我，因为他早来一步，刚才在斤澜清醒时，他已然与斤澜有了心电交流："斤澜见我之后，虽然唇间没能吐出一个字，但是他几次对我微微而笑了。"

此时是抢救时刻，我只有耐心等待；任何不理智的急躁心绪，都是抢救时之大忌。因而我在病室过道间徘徊了许久，直到抢救完成可以进病房探视的"绿灯"亮了，我和心武才走进病房。比我想象的要好，因为躺在病榻上的斤澜，虽然失语失声，但眼睛和胳膊都还能自主地转动。我走上去首先向他伸出大拇指，这既是对他的生存勇气的鼓励，更是对他在中国历史几十年风风雨雨中，人文品格的赞颂。我认识他已经半个多世纪了，在不间断的政治运动中，斤澜从没有伤害过文友。记得在1957年反右派斗争期间，他总是紧闭双唇或以各种理由逃避会议。因而，他似乎理解了我向他伸拇指的意思，脸上的冰霜慢慢地开始融解，继而出现了一丝快意的笑容。

这时，我难耐感情的伤痛，一下握住了他的手并轻轻地摇动着对他说："还记得吗，1955年的冬天，我俩冒着北大荒零下30摄氏度的严寒，去北京青年垦荒队体验生活。距离今天已经半个多世纪了……"他眨眨眼皮，好像听懂了我的话语，嘴唇颤动了一会儿，轻轻地吐出个"一"字来。我无法得知这个"一"字的含义，布谷在旁边帮我解读她父亲的话说："我爸是说你们是一辈子的交情！"

我的眼圈红了，为了怕让斤澜看见我的眼泪，伤及他病危的身体，便紧握了他的手一下，慢慢离开病榻。这时我才发现，心武不知何时离开了病房。陪我同去医院的妻子，低声告诉我："他在阳台上流泪呢！"我在阳台上找到了心武，劝他节哀的同时，眼泪也涌出了眼帘——之所以如此，因为斤澜是我们忠厚的文学兄长。他平日散淡地生活，远避摄像镜头；他文学上崇敬沈从文，生活上以酒自乐。2006 年秋，心武约斤澜和我喝酒聊天，一瓶五粮液他喝了大半瓶——我虽然也算一个酒鬼，但没有他的海量。美酒入肚之后，他朗朗的笑声便随之而起，可以这么说，美酒是他一生难以割舍的伴侣。

告别医院时，我再次隔窗眺望斤澜最后一眼。此时的他，正拉着布谷的一只手，对病榻前的女儿、女婿述说着什么。归途上我和心武心里都觉得挺宽慰，因为斤澜的精神状态，比我们想象的要好许多。但是让我们万万想不到的是，他留在我们心中的微笑，竟是人间最后的微笑——在我们离开医院的片刻之间，他对女儿喃喃地说了一句"游子去了"，便离开大地奔向了天堂。

苍天有眼。好人上天堂，恶人下地狱。斤澜在天堂笑得一定和人间一样灿烂……

2009 年 4 月 13 日于书斋

炼狱后的凤凰涅槃　文坛"不死鸟"林斤澜走了

从维熙

　　"中国传说中有一种不死鸟,经过烈火涅槃而又重生而且比过去还美丽、还强壮。文学就是这样的一只不死鸟!"4月11日下午,曾因文学日渐式微而慷慨激昂地说过以上话语的著名作家林斤澜在北京因病去世,这位被公认为"短篇小说圣手"、与汪曾祺并称"文坛双璧"的86岁老人的离去,令人不胜唏嘘惋惜,而其"不死鸟"的文学精神却永驻人们心中。

　　林斤澜原名林庆澜,1923年生于温州。小说《春雷》、《台湾姑娘》让他得到认可。此后作品大多为短篇小说,一般取材于农民或知识分子的现实生活。1987年林斤澜以浙江农村为背景的短篇集《矮凳桥风情》出版,一时为人所传诵。这些作品语言凝练、含蓄,兼融温州方言于其中。他以浓缩的结构、突兀跌宕的情节,白描出一系列人物形象,被公认为"短篇小说圣手",而晚期的作品风格冷峻,被称为"怪味小说"。

　　林斤澜去世的消息传出后,许多文友后辈纷纷撰写纪念文章,北大教授、评论家张颐武在《怀林斤澜先生——一个晚辈的回忆和追念》中详细比较了汪曾祺与林斤澜的文学创作,他写道:在中国当代短篇小说的写作中,汪先生和林先生可谓"双峰并峙"。如果说汪先生打开了"抒情"的路径,而林先生则打开了"象征"的路径。如果说,汪先生像是沈从文的话,那么,林先生就像是当年的废名。汪先生是感性而抒情的,林先生却是沉思而象征的。汪先生的文笔随性冲淡,林先生却是炼字炼句,每一句都有耐人咀嚼的深厚的意味。林先生和汪先生一样是20世纪80年代小说最了不起的文体家,汪先生以情见长,让人体会到人间的无尽的情致,而林先生则以理服人,另开小说的一片象征的天地。

文坛双璧:汪曾祺得了名林斤澜还没有

　　林斤澜和北京文坛的缘分是从1950年他在北京人艺和北京文联工作开始的。那时,他担任老舍的助手。"老舍委派他去农村搜集素材,协助采访。

他也帮老舍先生誊写材料。"北京作协驻会副主席李青说，当时老舍就非常看好林斤澜和汪曾祺。

当代的作家和评论家，经常把林斤澜与汪曾祺捆绑起来谈论。见诸文字我所看到的就很多，比如唐达成、蓝翎、邓友梅、孙郁。何为？我想一是两人非常紧密，出行形影不离；二是两人品行操守有口皆碑；三是两个都是已经"成精"的作家。我说的"成精"是艺术境界已入霄汉，和一般的作家不是一个档次。我就是这样认为。鲁迅、沈从文、曹禺、萧红、孙犁"成精"了，林斤澜与汪曾祺也"成精"了。有的作家喧嚣，人气极旺，但我觉得还没"成精"。当然精怪也有大小之分，比如鲁迅是大精怪，孙犁就是小精怪；被人承认为精怪也有迟早之分，有的很快就有人喝彩，有的一下看不清，慢慢地才被人发觉，称为杰出的作家。精怪也分类，艺术风格也不一样，沈从文和曹禺区别甚大，就是例子。林斤澜与汪曾祺呢，区别也是太大太大。不光是艺术风格，他们的乡情家庭、少年经历、人生遭遇、学养素养、脾性气质……都有很大的不同。这些不同会决定人生，决定性格，会决定一个作家的创作内容、美学风格。当然，我这并不是说他们什么都不同，倘若什么都不同，他们就不会成为至交莫逆。许多爱好兴趣、为人品质、对大是大非的看法，还是相当合拍的。这也会在文章中反映出来。

老舍曾说："在北京的作家中，今后有两个人也许会写出一点东西，一个是汪曾祺，一个是林斤澜。"老舍说话有分寸，但在这一点上也真叫英明。刘心武说："汪曾祺得到了应得的荣誉，而林斤澜还没有。"林斤澜同汪曾祺一样，是新时期里少有的专心致志于短篇小说创作且功力深厚的作家。他的小说，以结构和语言见长。情节并不繁复，但往往奇峰突起，跌宕生姿，虚实相生，呈现出反正相符、表里烘托的审美特征。他的作品语言，无论人物的语言还是作者的叙述语言，都很简洁凝练。在《十年十癔》里，"京味"较浓，颇为练达；而《矮凳桥风情》里，则有意融入了温州土话，似更喧腾。林斤澜的作品也的确有点涩，但耐人咀嚼。

汪曾祺清澈和明媚自然是美的，林斤澜时刻不忘人间，放眼世界，文章多有个沉重的主题，特别是他的小说，在溅血的天幕上撕裂丑恶，透出地狱冷光，同样也是美的。

其人其事：好酒善饮、兼容并蓄、情深义重

　　除却"文名"，林斤澜还极负"酒名"，他爱喝酒，爱喝高度白酒，这点文学圈内无人不知。在林斤澜家里，有两面格外"饱满"的墙。一面从上到下都是书，一面从上到下都是酒瓶，甚至卫生间的壁灯都是酒瓶形状的。这个家的设计者是林斤澜的女儿林布谷，她也是父亲忠实的酒友之一。

　　据林布谷回忆，她上中国人民大学新闻系时，老师说得接近生活，让不想和你说话的人能和你聊天。她就跑到街上卖高粱烧酒的柜台边，一边喝一边和老大爷们聊天。父亲发现便说了一句："回家喝吧，我陪你喝。"于是乎，爷俩几乎天天对酌。林老和朋友聚会，和晚辈谈文学，也都是无酒不成书。因为爱喝酒，林斤澜进而喜爱上了收集酒瓶，这个爱好很多朋友都记在心上，于是"酒瓶给斤澜留着"成了朋友们酒干席散时常说的一句话。

　　作家韩小蕙回忆林老时说，在文坛，人们都说"汪曾祺散淡，林斤澜随和"。有这样一件事：20世纪80年代新时期文学蓬勃之时，林斤澜任《北京文学》主编。有一天，一位当医生的业余作者拿来一篇小说，写得非常晦涩难懂，连林老也没看明白，但他感觉这是一篇好东西；第二天早上再读，这回读懂了。于是，他给那位医生打电话，问她的感觉是从哪儿来的。医生答："小说就是人感觉的不忠实的记录。"林老喝声彩，那时候谁也不知道弗洛伊德学说。林斤澜犹豫再三，拿着小说去咨询现代派批评家李陀，结果，连以"先锋"著称的李陀也拿不定主意该发还是不该发。此时不发是最省事最保险的，可是这样一来就埋没了这篇文章，也辱没了林斤澜的为人。最后，这篇小说终于在林斤澜手上得以面世。

　　林斤澜是众所周知的美男子，有"远看像赵丹，近看像孙道临"之美誉，可是他一再说："我一生只有一个女人，只爱一个女人。"这个女人就是他的夫人谷叶。1997年，谷叶得了脑萎缩症、脑血管硬化症，中医、西医什么偏方都用过了，可仍然无济于事。林斤澜在与友人通电话时悲伤而泣。2004年，谷叶去世。夫人火化前，林斤澜掀开被子一角，全身一颤，但看了她很长时间。如今，他终于在天堂与夫人相聚相伴了。

（原载《新闻天地》2009年第5期）

人淡如菊文藏金

刘心武

我大声呼唤："林大哥！心武看你来了！"他瞪圆眼睛望着我，稍许，现出一个非常强烈的笑容，笑完，我再呼唤，他再回应一个微笑，依然目不转睛地望着我。约四十分钟后，他仙去。这是2009年4月11日下午的事。30年来林斤澜大哥一贯对我释放人性中至善至美的光辉，他甚至把生命最后的笑容赐予了我，这笑容丰富的含义将滋养我的余生。

在关于他仙去的报道里，出现了"远看像赵丹，近看像孙道临"的形象描绘，还有"怪味小说家"的提法，有"汪曾祺得到了充分评价，林斤澜没有"的喟叹，我很欣慰，因为这些形容、提法、感慨都是我曾公开表述过的，源头在我。

年年春节要给林大哥电话拜年。2006年他接电话时呵呵大笑："心武你怎么又爆红起来！你把你那红运分给我点好不好？哈哈哈……"我的几次爆红林大哥都跟我开过玩笑。林大哥人淡如菊、与世无争，是口碑相传的。但他绝不装雅充圣，他跟记者说过他也是俗人，对名对利并非一点也不在乎。我早在1980年7月就公开发表一篇文章，称他的短篇小说如"怪味鸡"、"怪味豆"，可称"怪味小说"，我跟他多次细聊过他的一些作品，如《姐妹》，素描一对姐妹在抗日救亡时代不同的生命流向，读后觉得"无主题"，"太朦胧"，却又"甚舒服"、"心被挠"，他很高兴，承认我算知音，但也呵呵自嘲："你那'怪味小说'的提法，煞费苦心，可是根本流传不开啊！"后来有黄子平写了很扎实的评论，用"老树的精灵"来浓缩对他的评价，可惜影响也很有限。现在尽管人们频频称道他的人品、文品，但究竟他在中国现当代文学短篇小说的美学贡献上达到了一个什么高度，还欠评论。

林斤澜和汪曾祺有"文坛双璧"之称。但起码到目前为止，还是汪响林暗的局面。我对汪非常尊重。但我必须说出自己的心里话：对他的评价似已到顶。依我看来，汪的第一贡献是执笔写出了现代京剧剧本《沙家浜》，把"三突出"的美学公式体现得天衣无缝。第二贡献是在20世纪80年代，他等于是代其老师沈从文"继续写小说"，把中断了30年的沈氏香火续上了。

总体而言，汪的小说创作是前有师承、后有众多"私淑弟子"的。林斤澜却是绝对独家。前无师承，旁无流派，后无弟子。他非常孤独。而能乐乐呵呵在孤独的艺术追求中不懈地跋涉，这艺术骨气几人能比？

其实张爱玲原也孤独寂寞。谁知夏志清一本《中国现代小说史》，轰隆隆地把她和沈从文的价值呈现到金光炫目的程度。有人揭出夏写此书接纳了不洁的赞助，更指出他政治立场的问题，又说他那用英文写成的书沉寂了很久，到三十几年前才先在台湾后在大陆"引爆"，颇不以为然。我与夏先生有接触，觉得他是个性情中人，是位值得尊重的学者。我读他那本小说史的中译本，就他分析张爱玲《金锁记》一段而言，确好比从荒原里掘出黄金，那评论的功力不能不服。尽管现在嫌张厌张贬张斥张的言论也出现了，但喜张迷张赞张崇张的风潮并未过去。一本被张自己声明永不要面世的《小团圆》最近隆重推出开始热销，便是证明。

林斤澜人已去而作品尽在。他的短篇小说的美学价值并没有被充分揭示出来。那是一座富矿。而且可能还不是煤矿铁矿而是金矿钻石矿。期待有内地的"夏志清"出现，像把一度尘埋的沈从文、张爱玲及钱钟书的《围城》一书的价值开掘出来，先震动学界，继而推广到一般阅读者那里，让我们终于明白，林斤澜不是随便赞他几声人品或对他的小说讲几句"好话"就能搁到一边的。神州大地，或许有一天会因评论家将他作品的美学价值挖掘出来而出现"林热"。

有人或许会说，林的小说既然内涵朦胧，风格怪异，恐怕不具商业价值，永难轰动流行。请问《尤利西斯》好懂吗？《围城》真那么好看吗？厉害的评论，具有震撼力、穿透力，引导阅读，形成潮流，而出版商和一般阅读者，都不会放弃机会，在一个时代的文化格局里大赚雅钱和附庸风雅。而我有一个很平实的看法：书商赚雅钱，读者逐雅潮，动机虽不够雅，却都有利于社会雅文化的养成。

呀！这算在悼念我敬爱的林大哥吗？他一定在天堂里呵呵地笑我。

（原载《文汇报》2009 年 4 月 18 日）

高贵的灵魂

刘庆邦

2009 年 4 月 11 日下午四五点时，徐小斌给我打电话，说林老又住院了，在同仁医院，约我一块儿去看林老。我们约定第二天下午两点半在同仁医院门口见面。过了一会儿，小斌又打来电话，说林老已经走了，刚走，布谷正在给林老穿衣服。

我们晚了一步，我们再也不能和林老说话了。

我马上打电话把不好的消息告诉刘恒，刘恒说，他和李青昨天刚去医院看过林老，林老当时还坐在病床上跟他说话。林老头脑清楚，还跟他说笑话，说他头发少了，作品多了。

然而我们晚了一步，我们再也听不到林老的声音了。我们早一天去看望林老就好了。

清明节前夕，我和妻子回老家为母亲扫墓。回程路经开封和朋友们聚会时，我看见了一种造型别致的陶制酒瓶，马上想到了林老。我说：这个酒瓶我要带回北京，送给林斤澜。林斤澜喜欢收藏酒瓶。妻子把易碎的酒瓶用软衣服包紧，完好地带回了北京。小斌约我去看林老，我打算一见林老就把酒瓶亮出来，让林老高兴高兴。林老爱酒，连带着对酒瓶也喜爱。林老不能喝酒了，还有什么比送给他新奇的酒瓶更让他高兴呢！

说来说去，我还是晚了一步。就算我这会儿把酒瓶给林老送去，林老再也看不见了。我早点干什么去了呢？真是的！

我不记得给林老送去多少个酒瓶了。2008 年 8 月底，我从内蒙古回京，给林老捎回一个外面缝有羊皮的酒瓶，酒瓶里还装着满满一瓶马奶酒。8 月 30 日下午，我去给林老送酒瓶时，约了章德宁和徐小斌一块儿去看林老。林老对带有游牧民族特色的酒瓶很欣赏，当时就把酒瓶摆放在专门展览酒瓶的多宝隔上。我们知道林老刚从医院出来，就问他是不是又住院了。他说没有，谁说我住院了！见林老不愿承认他住院的事，我们就不再提这个话题。我问他还写东西吗，他说想写，写不成了。精力集中不起来了，刚集中一点，很快就散了。他说他现在只能看点书，看的是关于他家乡的书。不然的话，到死都不知道老家是怎么回事。我们请林老到附近的饭馆小坐。我们没敢要白酒，只让林老喝了点啤酒。喝了啤酒，林老一点儿都不兴奋，像是有些走神儿。小斌说：林老，您怎么不说话呀？林老笑了笑，说出的话让我们吃惊不小。林老说：我要向这个世界告别了！天飘着雨丝，我们三个送林老回去。他有些气喘，脚下不是很稳。看着林老的背影消失在楼道里，让人很不放心。

我认识林老有20多年了，他是先看到我的小说，后看到我。1985年9月，我在《北京文学》发了一篇短篇小说《走窑汉》。林老看到后，认为不错，就推荐给汪曾祺看。汪老看了一遍，似乎没看出什么好来。林老对汪老说，你再看。汪老又看了一遍，说：是不错。随后，林老把我介绍给汪老，说：这就是刘庆邦。汪老看着我，好像一时想不起刘庆邦是谁。林老说：《走窑汉》。汪老说：你说《走窑汉》，我知道。汪老对我说：你就按《走窑汉》的路子走，我看挺好。

1986年3月26日上午，当上《北京文学》主编的林老，把我约到编辑部，具体指导我修改短篇小说《玉字》。他认为那篇小说写过程太多，力量平摊了。有的过程带过去就完了，别站下来。到该站的地方再站。他给我举例，说比如去颐和园玩，只站两三个地方就把整个颐和园都看了，不能让人家每个地方都站。他跟我谈得最多的是小说的结尾部分，说那里不充分，分量不够，"动刀子动不起来"。还需要设计新的场面，设置较大的动作，增加生色的细节。他给我讲《红楼梦》里的尤三姐与贾珍、贾琏喝酒的那一场细节，哈，那是何等精彩！他说他曾和汪曾祺一起向沈从文请教写小说的事，沈从文一再说，贴着人物写。他要求我也要贴着人物写。林老差不多跟我谈了一上午，最后他明确地对我说：你要接二连三地给我们写稿子，我们接二连三地给你发，双方配合好，合作好。我听林老的话，果然接二连三地给《北京文学》写起小说来。这些年来，我在《北京文学》发表了5部中篇小说和26篇短篇小说。

后来林老不当主编了，仍继续关注着我的创作。1997年1月，我在《北京文学》发了短篇小说《鞋》，林老逐段逐句写了点评，随后发在《北京文学》上。2001年7月，我给《北京文学》写了两个短篇小说，后面配发的短评就是林老写的。短评的题目是《吹响自己的唢呐》。在那篇短评里，林老说"庆邦现在是珍稀动物"，还说我是"来自平民，出自平常，贵在平实，可谓三平有幸"。

在创作道路上，得到林老的器重和提携，是我的福分。能在创作上走到这一步，林老对我是有恩的。

在 2007 年 5 月 15 日我的作品研讨会上，林老说：我羡慕庆邦，他的读者那么多。我的读者不多，我的小说好多人说看不懂。林老这么说，我理解还是为了抬举我。我的小说哪敢与林老的小说相提并论呢！如果说我的小说读者稍多一些，只能说明我的小说通俗一些，浅显一些。而林老的小说属于高端产品，读得懂的人当然会少一些。别说粗浅如我辈，就连学问很大的汪曾祺在读林老的关于矮凳桥的小说时，也说："我觉得不大看得明白，也没有读出好来。""我下决心，推开别的事，集中精力，读斤澜的小说。""读到第四天，我好像有点明白了。而且也读出好来了。"汪老说过："写小说，就是写语言。"汪老对小说语言已经够讲究了，可在我看来，与汪老相比，林老的语言更为讲究。或者说，林老的语言不只是讲究，简直是深究。在林老眼里，每一个汉字都是一口井，他朝井底深掘，要掘出水来。在林老眼里，每一个汉字都是一棵树，他浇树浇根，不仅要让树长出叶来，还要让树开出花来，结出果来。林老跟我讲过他和汪老的"一字之争"。汪老在一篇文章里写过"开会就是吃饭"。林老建议，应该改成"开会就是会餐"。他觉得有意味的是那个"会"字。汪老不愿意改，他对林老说："要是改了，就是你的语言，不是我的语言了。"汪老对林老关于小说语言的评价是："林斤澜把小说语言的作用提到很多人所未意识到的高度。"

更让人敬重的是林老的文学立场和创作态度。林老辞世当天，有记者采访我，让我谈谈对林老的看法。我说林老有着独立的人格，不屈的精神，高贵的灵魂。林老的作品庄严，炼美，有力量。林老跟我们说过，作为一个作家，一生一定要有一个下限，这个下限就是独立思考。一没了下限，就没了自己。林老还说，在现实生活中你要和现实对抗，绝对对抗不过，对抗的结果只能是失败。但在创作中，我们可以和现实保持一种紧张的关系，可以不认同现实。林老的这些观点，在他的作品中最能体现出来。林老的小说读多了，我仿佛看到一位饱经风霜的老人，朝已经很远的来路回望着，嘴里像是说着什么。他表情平静，声音也不大，一开始听不清他说的是什么。我仔细听了听，原来他说的是：不，不！我仿佛又看到一棵树，一棵松树或一棵柏树，风来了，雨来了，树就那么站着，以坚忍不拔的意志和持久的耐力，在默默扩大着自己的年轮。霜来了，冰来了，树仍没有挪地方，还在那里站着。树阅尽了人间风景，也把自己站成了独特的风景。

林老的幽默也让人难忘。林老还在西便门住时，有一次我和刘恒一块儿去看他。林老家的墙上挂着一幅用麻编织的猫头鹰，上面落有一些灰。刘恒指着猫头鹰说："这只猫头鹰……"刘恒的话还没说完，林老就说："猫头鹰都长毛儿了。"那年我们一块儿去云南，赵大年老师花50块钱买了四只"康熙碗"。赵老师把碗摞在一起，用一块手绢兜上，拿到林老面前显摆。林老只是笑了笑，并未指出他买的碗是假货。过了一会儿，林老在去东巴的路上看见一摊新鲜的牛粪，用手一指，说快看，康熙年间的！没错儿，牛粪肯定在康熙年间就有了。联想到赵老师的一摞沉甸甸的"康熙碗"，我们都禁不住乐了。还有一次，我们和林老一块儿去越南游览。在河内的一个湖边休息时，几个越南小子凑过来，要给我们擦皮鞋。他们纠缠林老时，林老一言不发，只用眼睛盯着他们，把他们盯退了。而我没挡住纠缠，答应让其中一个小子擦鞋。说好的擦一双皮鞋两块钱，那小子把我的皮鞋拿到手后，改口要二十块钱。我说不擦了，那小子拿着我的皮鞋就跑。没办法，我只好掏出二十块钱，把皮鞋换回来。后来，林老在北京看见我，说哟嗬，庆邦的皮鞋够亮的。我知道林老是拿越南小子擦皮鞋的事跟我开玩笑，我说那是的，咱的皮鞋是外国人给擦的。

林老的女儿林布谷说：林老最后是笑着走的，临终前对她微笑了五六次。我想，林老的笑是有意识的，也是无意识的。这是由他的内在品格决定的，他已经修炼到了这种境界。在内在的品格里，最能给人带来快乐的莫过愉悦健全的精神和高贵的灵魂。林老笑到了最后。

（原载《北京文学》2009 年第 6 期）

永远的笑容　永远的善良

林　希

当之无愧的文学大师、公认的"短篇圣手"林斤澜先生走了，将他的微笑和善良永远留在了人间。林斤澜长我 12 岁，我视他为师长。林斤澜待人随和，他的微笑拉近了我和他的距离。

多少次参加文学界聚会，林斤澜总是将我拉到他的房间，和我长谈，谈得知心，谈得轻松。林斤澜从来不谈世事纷争，更不谈个人得失祸福；我偏执，每说起多年坎坷，难免有些愤愤。林斤澜听着，只是摇头叹息："你看，你看。"含蓄中充满着真诚的同情。

我对林斤澜的小说每篇必读。从他第一篇小说，到他复出后的小说，尤其是他病后的几篇小说，可称篇篇精品，真到了出神入化的程度。读林斤澜的小说，走进他的心灵世界，你会发现一颗透明的心，这颗心灵拒绝污染，蔑视世俗，这是一颗闪烁着善良光辉的心灵。

市场经济影响，作家走火入魔，难得林斤澜默默地坚守着文学的净土。林斤澜坚持"不上镜"，表示绝不落明星作家的泥沼。他还和几位朋友约好，不与明星作家抢镜头。一次，一家电视台忽然关照我，要为我做一个专题，电话中我回答说"不上镜"，竟然吓得电视制作人以为我是神经病："怎么，不上镜？你知道吗，多少人托人情拜门子求我们的呀！"自然，我没告诉他，你找林斤澜先生去吧，他告诉我"不上镜"的。

林斤澜以他的风范影响了一代人。林斤澜的风范，就是面壁读书，潜心写作。坐在林斤澜对面，我常有一种奇怪的感觉，对面的他极像明清时代清高的雅士。和林斤澜在一起，一不谈宦海沉浮，二不议他人短长，三不谈恩怨是非。文坛本是是非地，林斤澜心中却是一片净土。

林斤澜曾经担任过《北京文学》主编。他曾向我谈起《北京文学》主编任上的几次风险。有一次是一位青年作家的处女作，颇有文采，只是内容似是有些偏激，新时期文学创建伊始，正有人窥机想制造事端，面对有才华青年作家的破冰之作，许多在编辑工作岗位上的作家都感棘手。面对这种局面，林斤澜没有退缩，更没有冒险，他知道，扶植青年作家，不可以将他们推到风口浪尖，先要让他们立足文坛，然后再看他们发展。出于帮助青年作家的一片真诚，林斤澜将这位还没有出"茅庐"的青年作者请到编辑部来，和他一小节一小节地研究修改作品，既保持作品风貌，又避开可能招致的风险，很是费了一些时间。林斤澜说"终于看得过去了"，作品发表出来，果然引起巨大轰动，后来改编成电影，轰动世界，这位青年作家渐渐成熟为著名作家。

近日在网上看到这位青年作家悼念林斤澜的文章，情真意切。没有林斤澜，或许就没有这位著名作家的今天。

林斤澜和汪曾祺的友谊，在文坛传为佳话。一次在四川，汪曾祺被求字画的人围住，一幅一幅，一直写到深夜。汪先生好脾气，有求必应。林斤澜看不过去了，那次我在场，我唯一一次看见林斤澜发火，他张开双臂将求字画的人拦住，大声喊着："不写了，不画了。你们怎么可以这样！"林斤澜发怒吓退了求字画的人，汪曾祺才突围出来。

还有一个笑话，我也在场。林斤澜问汪曾祺："怎么找你的电话总是打到我家？"汪曾祺笑了笑："我从来不给自己打电话，也不知道家里电话，有人问我电话，我就将你家的电话告诉人家，这样人家就找到我了。"

林斤澜天真，被人戏称老顽童。在我的印象中，其实林斤澜自己不"顽"，他和朋友天真地"顽"。还是那次在四川，大家坐在大巴里正觉得沉闷，我自告奋勇表演了一段当年宣传队的节目《学习白求恩》，放开嗓子就唱了起来："有一位老大夫名叫白求恩，家住在美洲是加拿大的人。"唱声未停，大家笑了起来，此时的林斤澜更是笑得前仰后合。大家笑了一阵，笑声止住，捂着肚子的林斤澜还在笑，笑得几乎不能克制，笑得眼泪都涌出来了："哎呀林希，你可真是，你可真是……"

最后还是我劝住了林斤澜的笑声，我真怕那次他笑出"事儿"来。

（原载《天津日报》2009 年 4 月 28 日）

洪荒大化，不知所之
——悼林斤澜先生

孙 郁

汪曾祺去世后，林斤澜与汪家子女一起去郊外为老友安葬骨灰，回来后，写了篇文章《安息》，结尾道：

> 高楼远近不见人，只听见大小回声，重叠合成一片天籁。洪荒大化，不知所之。

这真是妙文，作者写的是那天的感觉，其实也写出了生死之命。得知林斤澜去世的消息后，不知怎么，竟想起他生前这段话来。汪曾祺之后，他是北京作家圈里最受人尊敬的老人之一。且不说他的人格，就其身上的神采而言，可及之者不多。先生一去，琴弦无声，草木暗伤。他和汪曾祺一起"洪荒大化"去了。

宗师鲁迅，直面灰色人生

关于林先生的文与人，早有文章谈及，不再赘述。想起和他的交往，我们谈论最多的是鲁迅。他对鲁迅的喜爱，都藏在内心，从不张扬。记得在 20 世纪 90 年代，他在《读书》杂志写过一篇《故事新编》的心得，给我留下很深的印象。在我看来是极为难得的作品。后来在一些关于短篇小说的讨论文字里，他多次以鲁迅为例，讲精神的独创带来的快感。那些话都有分量，是作家的偶得，没有文艺腔与理论腔，流动着蒸腾着热气的声音。我们的学者谈论鲁迅时，不免学究气与读书人的架子。他没有这样的问题，文字直观，含有余音，和他这个人一样是很好玩的。

林老谈论鲁迅只限于小说与一些散文，及《中国小说史略》，不太涉及思想史的内容。即从作家的眼睛打量对象，看到的是一些艺术的玄机。我觉得研究鲁迅的教授们，有时候不妨看看这样的老人的心解，与象牙塔里的高头讲章确乎不同。他的感受与概括力，都停留在知性的层面，有的只是灵光一显，精妙动人。比如在《短篇短篇》一文里，他写道：

> 鲁迅先生专攻短篇，他的操作过程我们没法清楚。不过学习成品，特别是名篇，可以说在结构上，篇篇有名。好比说《在酒楼上》，不妨说"回环"，从"无聊"里出发，兜一个圈子，回到"无聊"里来，再兜一个圈子，兜一圈加重一层无聊之痛，一份悲凉。《故乡》运用了"对照"，或是"双峰对峙"这样的套话。少年和中年的闰土，前后都只写一个画面，中间二三十年不带一字。让两个画面发生对比，中间无字使对比分明强烈。《离婚》是圈套，一圈套一圈，套牢读者，忽然一抖腕子——小说里是一个喷嚏，全散了。《孔乙己》在素材的取舍上，运用了"反跌"。偷窃、认罪、吊打，断腿，因此致死的大事，只用酒客传闻交待过去，围绕微不足道的茴香豆，却足道了约五分之一的篇幅。

只有小说家才这样谈鲁迅，真是好玩得很。不过这只是技术层面的话题。林斤澜其实更喜欢鲁迅的气质，这气质是什么呢？那就是直面灰色的生活时的无序的内心活动。他不愿意作品直来直去，而是在一个点上开掘下去，进入思想的黑洞里，在潜意识里找自己精神的表达方式。汪曾祺写评论时说，林斤澜的小说读起来有点费事，故意和读者绕圈子，大概是为了陌生化的缘故。比如"矮凳桥系列"，在小说结构上多出人意料之笔，意蕴也是朦胧不清的。这大概受了鲁迅的《彷徨》《野草》的影响，但更多是夹杂了自己的体味。在一种恍惚不清的变形里，泼墨为文，走着完全与传统不同的路，也是与当代人不同的路。

迂回婉转、翻滚摇曳的审美之风

看多了林斤澜的文章，一个突出的印象是，他对人生的看法有点特别，那就是觉得人的未来的路，是不确切的。他不想停留在确切性里，而是直面不确切。仿照鲁迅的剧本《过客》，他也写了一部《过客》，内容几乎一致，只是对话略有改动。剧本是肃杀凄婉的，但过客的独白饶有趣味。我曾想，在境界上，他还不能超越鲁迅的文本，为什么做这样费力不讨好的作品呢？也许是为了袒露自己的生命哲学也未可知。那篇作品，值得从文本上考量，似乎透露了他和鲁迅传统的关系。在精神的深处，他确是一个鲁迅党的。

但他绝不是在一个精神参照下的鲁迅党。他的理解鲁迅，就是不要成为鲁迅小说的奴隶。因为鲁迅精神与审美的过程，就是不断前行的过程，一旦停下脚步，生命就终止了。所以他说：

> 鲁迅先生塑造的典型至今高山仰止，他是从这条路攀登艺术顶峰的。不过这不是惟一的路，过去曾经为我独尊，总是第一还不够，非要弄成惟一，作茧自缚。艺术的山不是华山，是桂林山水。

他谈论鲁迅的时候，多是在现代语境或者与另类的作家对比里进行着。在讲短篇小说的技巧与境界时，常常和沈从文、老舍这样的作家互为参照地来谈，别有意味。他十分喜欢汪曾祺，两人交往之深，已成佳话。但他和汪氏走的是不同的路。汪曾祺弹奏的多是儒家的中和之音，而林先生则是幽思里的颤音，直逼精神的暗区里无序的地方。在某种程度上讲，他喜欢迂回婉转、翻滚摇曳的审美之风。如果说汪曾祺和王维略有相近，那么他无疑带有李商隐的调子了，虽然他们并不是王维与李商隐。林斤澜的审美快感多是从古代意味的作家那里得来的，但却没有古典作家的儒雅与静谧，倒是和卡夫卡、鲁迅同流了。

敲叩未开启的精神之门

这同流的过程，一个突出特点是一直强调自己的困惑。他一生纠缠的就是各种困惑。比如现实主义流行的时候，他就觉出单一性的可怕，总在自己的文字里流露出叛逆的东西来。一般人写"文革"，声泪俱下，他却进入精神变形的思考里，搞的是古怪的断章。他虽然强调艺术创作要靠天籁，但却一直对未开启的精神之门有敲叩的意图。《隧道》一文就写出卡夫卡、鲁迅式的感觉，在一种荒诞与怪异里，自嘲己身。阴阳两界扑朔迷离的隐像，交织在作品里，有着几丝冷意与无奈。世间万物都在一种曲线里闪现着自己的姿容。林斤澜大概觉得，在直线里不能表现本真，曲线才合乎自己的目光。鲁迅式的思维给他的益处是，常常从表象看到相反的东西，不愿意被外在的东西所围。比如谈到李叔同，人们说他完全超尘脱俗，可看到其死前写下的"悲欣交集"四字，他就说"我相信那是真实，我佩服那是真实的高僧。悲欣也还是七情六欲，写下来更是要告诉世人，对世俗还有话说"。一次议论到对知堂的评价，谈到孙犁的观点，他就很是不解。孙犁说知堂这样的附逆之人写不出冲淡之文（大意），林先生却承认在知堂那里确实读出了冲淡。林先生很尊敬孙犁，但此处却各自东西，不一样了。他对世人的各种观点不都盲从，相信的是自己的感觉。许多作品就写恍兮惚兮的意象。也许人们说那里有些混乱，过于晦涩，是非逻辑的。可是他认为真的世界不是语言能涵盖的。与其相信概念，不如认可感觉。对小说家而言，有时候飘忽不定的感觉才是作品之母。

晚年的林斤澜思想活跃，没有一点道学气。他那代人没有道学气是大不易的。原因在于读懂了社会这本书，和鲁迅的思想越发共鸣起来。鲁迅对他的影响，我猜想是人生观的因素第一，艺术理念第二。他赞佩鲁迅的小说惜墨如金，从不漫溢思想，自己呢，也恪守着这个原则，安于小桥流水，从不宏大叙事；他欣赏鲁迅杂取种种的开阔的视野，自己在笔耕里也不封闭己身，总在找突围的办法；他羡慕鲁迅笔下的谣俗之调，以为未被洋人的韵致所俘，找到了本土的表达式，自己多年来也学着从故土语言里生出意象。鲁迅给他最大的影响，大概是睁了眼睛打量世界，不被幻影所扰，强调的是思想的真与艺术的真。那篇回忆老舍之死的文字，含悲苦于斯，和巴金的文字庶几近之。他写过一篇散文《说瘪》，在文本的背后响的就是《狂人日记》的声音，不乏智性的闪光。在记忆的打捞里，他从不回避苦涩，而是直面苦涩，咀嚼苦涩，其间亦不免残酷之色。既不回到老庄的世界自娱，又不和流行的东西为伍。思想与文字都保持了鲜活的气息。他知道自己的那些东西不过文坛小草，失败的时候多，可是那是自己园地里的东西，杂花生树，也不是不可能的。

（原载《北京日报》2009 年 4 月 21 日）

手牵手 笑着走（外三首）

林布谷

爸爸，为什么？
为什么你要走？
你看啊，眼前涌来了那么多你的朋友，
你听呐，耳朵里全都是特别温暖的问候。

爸爸，我知道，
我知道你根本就舍不得走！
因为，因为我还小呢……
当然还有围绕着你滑动了一生的思绪和笔头。

爸爸，我懂呢，真的！
我懂为什么你能笑着走！
摆字的成功，不是你全部的需求，
为人的无憾，才让你感到特别特别的富有。

爸爸，我送送你吧，
我和你手拉着手，一直畅笑着走，
"坚强""豁达"，面对所有，
咱俩明白，特明白哦：
来人间时的啼哭，是因为糊涂无奈，
去天堂时的笑容，才会是永久永久的享受。

2009 年 4 月 17 日

（原载 2009 年 4 月 19 日《北京晚报》）

我想我爸

林布谷

爸爸，
我想你啦！……
窗外飘飞着小羽毛样的大雪花，
真像那年冬至的晚上，
雪已很厚，
可还是不停地下……

咱家人在顶层那间温暖的木屋里，
吃吃喝喝逗逗说说嘻嘻哈哈，
我自制的羊肉串儿被你笑夸：
"羊肉味儿小，调料味儿大。"
哼！讨厌！
就因为你比我大，
就可以想说啥说啥？！

咱爷儿俩推杯换盏，
一坛子绍兴花雕居然就没剩下！
听你说起矮凳桥的江蟹，雁荡山的蝤蠓，
嘴里的羊肉串儿都变了味儿啦！
你还夹着嗓子模仿"灯盏糕"的叫卖声，
你外孙差点儿笑掉了后槽牙……

爸爸，有个消息你想听吗？
你没送出的几篇稿子，
你女婿整理了全部手稿，
确认是你忘啦！

《收获》的肖主编现已发话：

"集外遗文"，精品专发。

爸爸，你想我了吗？

你爱吃的王致和臭豆腐馅儿的粽子，

我已制作好啦！

闻到香味儿了吗？

一切如故，

回家看看吧，

看看你攒了一生的"破"酒瓶子，

看看你那张舒服的床榻……

2009 年 11 月 12 日

（原载《收获》杂志 2010 年 1 月号）

林斤澜短篇小说颁奖大会有感

林布谷

在我很小的时候，

特别"讨厌"我爸，

每天从幼儿园回来，

总是带我去见他的妈妈，

我奶奶的记性特差，

见到我永远只说那一句话：

"给斯啊泥能啊？"（温州话：这是什么人啊？）

小学一二年级的时候，

心里很"烦"我爸，
把我送进寄宿学校，
还强迫我剪掉了我的长头发。

从我十岁到十八，
每天都在想我的爸爸和妈妈，
他们分别在两个"五七干校"，
忙得逢年过节都难得回家。
不说艰难，我已独自长大，
内心深处，读懂了我爸，
儿时的一切铺垫，用处真大！

工作，上学，又工作，
我的生活变化很大，
每当我碰到问题的时候，
都能得到我爸的暗示：
没关系，家里有我，你的爸爸。
爸，放心吧，
我能行，我不怕！

我爸临走之前，
对我说过这样的话：
我没有多少钱给你留下。
然后你指指书柜，
脸上洋溢着自信自傲和自夸：
我的财产都在这里面呐！

我懂，爸，我真的懂！
四个字：纯净，无价！！

今天，
是第一届林斤澜短篇小说颁奖大会，
爸爸，你知道吗？
场内场外所有熟悉你的人，
都在念叨您老人家呐！

而我呢，只想说：
我有一个让我笑着面对人生的爸爸，
我有一个让我特骄傲的爸爸。

你属于大家

林布谷

爸，
你好吗？
我妈好吗？
虽然我们没有住在一起
但是
但是我
经常能看到你们俩

我十八岁之前
那时咱中国朴素无华
咱们一家三口各居一地
可是
可是咱们
每一天都在彼此牵挂

我呢

就在你们那远隔 N 公里的关爱中

幸福地长大

作文的内容段落词汇

曾经装满了你和我的电话

虽说阴阳两个字字义相反

笔画却相同

在我的心里

爸

你现在住的那个花园

前面不是有个十字路口吗？

过了这个路口的路边

就是咱们一起住过的家！

咱家顶层的阳光房你最喜欢啦

在这里咱爷儿俩喝着聊着聊着喝着

三五斤"花雕"不在话下

一会儿楠溪江一会儿雁荡山

你还左着嗓子学那"灯盏糕"的叫卖声

你的外孙差点儿笑掉了后槽牙……

想起我上幼儿园的时候

不小心把西瓜籽吞到肚子里

你居然说：不怕，它会发芽，慢慢长成大西瓜

知道，知道！

我知道你对我不满意

我导播了三十多年的电视节目

在你的嘴里

从来都是贬而不是夸

可我不在乎
真的不在乎！
因为，你是我爸

我常说：
无奈哭着来
争取笑着走！
爸
你就是笑着走的！
你倔强刚直的背影
留下一路芳华

爸
你肯定知道
用你的名字命名的全国优秀短篇小说奖
今天，已经是第四届啦
你的名字
将一直属于全中国的文学精英
而不仅仅属于我和我妈

2018 年 12 月 1 日

万事翻覆如浮云

叶兆言

一

父亲在北方有许多朋友，每次去北京，最想看望的是林斤澜伯伯。我们父子一起去京的机会不多，在南京聊天，父亲总说下次去北京，带你一起去看你林伯伯。忘不了有一次，父亲真带我去了，我们站在一片高楼前发怔，北京的变化实在太大，转眼之间，新楼房像竹笋似的到处冒出来。一向糊涂的父亲，一下子犹豫起来，就跟猜谜似的，他完全是凭着感觉，武断地说应该是那一栋，结果真的就是那一栋。

我忘不了父亲找到林伯伯家大门时的那种激动心情。他孩子气地叫着"老林"，一声接着一声，害得整个楼道里的人，都把头伸了出来。我也忘不了林伯伯的喜出望外，得意忘形，乐呵呵地迎了过来。两个有童心的老人，突然之间都成了小孩。友谊是个很珍贵的东西，杜甫在《奉简高三十五使君》曾写道："行色秋将晚，交情老更亲。"父亲那一辈的人，并不是都把朋友看得很重，这年头，名利之心实在太重，只有淡泊的老人，才会真正享受到友谊的乐趣。

父亲过世后，林伯伯在很短的时间里，写了两篇纪念文章。仅仅是这一件事，就足以说明他和父亲的私交有多深。在贵州，一次和当地文学爱好者的对话会上，我紧挨着林伯伯坐在主席台上，林伯伯突然小声地对我说，他想起了我父亲，想起了他们当年坐在一起的情景。此情此景，物是人非，我的心猛地抽紧了一下，一时真不知说什么好。相逢方一笑，相送还成泣，我想父亲地下若有知，他也会和林伯伯一样，是绝对忘不了老朋友的。

林伯伯比我父亲大两岁，他长得相貌堂堂，当作家真有些可惜。女作家赵玫女士的评价，说他的五官有一半像赵丹，有一半像孙道临。准确地说，应该是赵丹、孙道临这些大明星，长得像林伯伯。林伯伯已经七十多岁了，可年轻人的眼睛也没有他现在亮。年轻一代的作家叫林伯伯自然称林老师，他们知道林伯伯和我们家的关系，跟我谈起来，总喜欢说你林伯伯怎么样。年轻人谈起老年人，未必个个都说好，但是我从没有听谁说过林伯伯的不是。年轻人眼里的林伯伯，永远是一个年轻的老作家。

还是在贵州，接待人员尽地主之谊，请我们吃当地的小吃。一人一大碗牛杂碎，林伯伯热乎乎地吃完了，兴犹未尽，又换了一家再吃羊杂碎，还跟柜台上的老板娘要了一碗劣酒，酒足饭饱，红着脸，店铺里摇晃出来，笑我们这么年轻，就不能吃，就不爱吃。马齿虽长，童心犹在，老作家中的汪曾祺和陆文夫，都是有名的食客，食不厌精，脍不厌细，然而他们的缺点，都是没有林伯伯那样的好胃口。没有好胃口，便当不了真正的饕餮之徒。只有像林伯伯这样的童心，这样的好胃口，才能吃出天下万物的滋味。

父亲在世时，常说林伯伯的小说有些怪。怪，是对流行的反动。他不是写时文的高手，和众多制造时髦文章的写手混杂在一起，在林伯伯看来也许很无趣。道不同不相为谋。林伯伯写毛笔字，写的是篆书。他似乎从来就没有真正大红大紫过。我刚开始写小说的时候，就听林伯伯说过，他和汪曾祺先生的小说，都不适宜发头条。现在已有所改变，他和汪的小说屡屡上了头条，说明时文已经不太吃香，也说明只要耐着性子写，细水长流，则能穿石。出水再看两腿泥，文章小道，能由着自己的性情写下去，总能在历史上找到自己的位置。

二十多年前，高中毕业无事可干，我在北京待了将近一年，那段时间，常常陪祖父去看他的老朋友，都是硕果仅存名震一时的人物。后来又有幸认识了父亲一辈的作家，经过反右派斗争（以及后来的扩大化）和"文化大革命"的双重洗礼，这些人像出土文物一样驰骋文坛，笑傲江湖，成为当代文学的中坚。前辈的言传身教，让我得益匪浅。林伯伯曾戏言，说我父亲生长在"谈笑皆鸿儒"的环境里，我作为他的儿子，自然也跟着沾光。对于自己亲眼见过的前辈作家，有许多话可以侃，有许多掌故可以卖，然而林伯伯却是我开始写的第一位。

二

以上文字写于 1996 年 12 月，当时何镇邦先生在山东《时代文艺》主持一个专栏，点名要我写一点关于林斤澜的文字。我一挥而就，并扬言这样的文章可以继续写下去，结果以后除了一篇《郴江幸自绕郴山》写了汪曾祺和高晓声，从此就没有下文。陆文夫过世的时候，很多报刊约写文章，我在追思会上也表示要写一篇，转眼又是好几年过去，文字却一个也没有，真有些说不过去。

大约是 70 年代末，我正在大学读书，动不动逃学在家。有一天，父亲领了一大帮人来，其中早已熟悉的有高晓声和陆文夫，不熟悉的是北京的几位，有刘绍棠，有邓友梅，有刘真，印象中还有林斤澜。所以要说印象中，是事情过了 30 年，重写这段往事，我变得信心不足，记忆开始出现问题。或许只是印象中觉得应该有，本来还有一个人要一起过来，这就是刘宾雁，他临时被拉去做讲座了。

多少年来，一直都觉得那天林斤澜在场，当我认认真真地要开始写这一段回忆文字时，突然变得谨慎起来。本来这事很简单，只要问问身边的人就行，可是过眼烟云，父亲离世已 17 年，高晓声和陆文夫不在了，刘绍棠不在了，当事人林斤澜也走了，刘宾雁也走了，刘真去了澳大利亚，国内知道这事的只剩下邓友梅。当然，林斤澜在不在场并不重要，物以类聚人以群分，那年头"右派"常有这样那样的聚会，而林却是混迹其中唯一不是"右派"的人。

林斤澜没当上右派几乎是件笑话，能够漏网实属幸运，他和"右派"们根本就是一丘之貉，也没少犯过错误，也没少受过迫害。一为文人，便无足观，想想 1949 年以后，改革开放之前，作家哪有什么好日子可过。林斤澜从来不是一个胆小怕事的人，把他和"右派"们放在一起说，没有一点问题，有时候他甚至比"右派"还右。20 世纪 90 年代初，我去北京开会，好像是全国青年作家创作会议之类，反正很多人都去了，一时间很热闹很喧嚣，我打电话问候林斤澜，他很难得地用长辈口吻关照，说多事之秋，做人必须要有节操，要爱惜自己的羽毛，做人不一定要狂，但是应该狷的时候，还是得狷，不该说的话千万不要乱说。狂者进取，狷者有所不为也。我明白他说的那个意思，让他尽管放心，我本来就不喜欢在公众场合表态，更何况是说违心的话。

还是回到那天在我家的聚会上，之所以要想到这个十分热闹的场面，因为这样的聚会属于父辈这一代人，只有劫后余生的他们才能分享。"右派"们平反后，行情看涨，开始扬眉吐气，一个个都神气活现，文坛上春风得意，官场上不断进取。记得那天话最多的是刘绍棠，然后就是邓友梅，说什么内容已记不清楚，不过是高谈而阔论，口无遮拦指天画地。北方人总是比南方人嗓门高一些，我念念不忘这事，是想不到在我们家客厅，竟然会一下子聚集了这么多文坛上的著名"右派"。说老实话，作为一个晚辈，我当时也没什么别的想法，也轮不到我插嘴，只是觉得很热闹，觉得他们一个个返老还童了，都太亢奋。

2006 年开中国作协全国代表大会，在北京饭店大堂，林斤澜抓住了我的手，很难过地说："走了，都走了！"反反复复地念叨，就这一句话。眼泪从他眼角流出来，我知道他是指父辈那些老朋友，一看见我这个晚辈，就又想起了他们。终于平静下来，我不知道说什么好，他沉默了一会，又说："你爸爸走了，曾祺也走了，老高也走了，老陆也走了，唉，怎么都走了呢？"

我能感受到他深深的悲哀和无奈，林斤澜是最幸运的，与过世的老朋友相比，他最健康，心态最好，创作生命也维持得最持久，直到 80 多岁，还能写。这时候，他 83 岁了，精神还不错，两眼仍然有神，可是走路已经缓慢，反应明显不如从前。这是我最后一次跟他见面，今年 4 月，程绍国兄发信给我，告诉不好的消息：

> 兆言兄，林斤澜先生病危（全身浮肿，神志时清时不清），离大去之期不远矣。这是他九妹今早通知我的。悲恸。

第二天晚上，又来了一信，像电报一样，只有几个字：

> 林老下午去世。绍国。

我打开信箱，见到这封信，无限感慨，心里十分难过，傻坐了一会，回了一封短信：

　　刚从外面回来，刚看到，黯然销魂。无言。兆言

　　真不知道说什么才好，1979 年，中国文学艺术工作者第四次代表大会召开，据说有一个很感人的场面，就是大家起立，为遭迫害而过世的作家默哀。从此，文坛旧的一页翻了过去，新的一页打开。当时有一个流行词叫"新时期"，还有一个词叫"重放的鲜花"，这鲜花就是指父亲那辈人，那些在 50 年代开始写作的作家们又重新活了过来。时过境迁，新的那一页也基本上翻了过去，重放的鲜花大都凋零，父辈的老人中虽然还有些幸存者，譬如邵燕祥，譬如李国文，譬如王蒙和邓友梅，还有张贤亮，还有江苏的梅汝恺和陈椿年，但是那个曾经让他们无限风光的时代，却已无可奈何地结束了。

三

　　"右派"平反以后，中文系的支部书记约我这个学生谈话，说是在我的档案中，有一些父亲的材料，要当面销毁。我觉得很奇怪，说为什么要销毁呢，这玩意已存在了很多年。书记说销毁了，对你以后的前途就不会再有什么影响，这可是黑材料。我拒绝了书记的好意，认为它们既然未能阻止我上大学，那么也就阻止不了别的什么。

　　"右派"是从十八层地狱里爬出来的人，我实际上是直到"右派"平反，才知道父亲和他的那些朋友是"右派"。这些并不光彩的往事，一直都是瞒着我，在此之前，我只见过韩叔叔、陆叔叔。韩是方之，他姓韩，方之是笔名，陆就是陆文夫，他来过几次南京，是我应该称之为叔叔的父亲众多好朋友之一。在我的记忆中，"探求者"文学社成员被打成"右派"后，互相往来很少。除了父亲和方之，他们都在南京，是标准的难兄难弟，根本顾不上避嫌疑，其他的人几乎断绝音讯，譬如高晓声，父亲就怀疑他是否还在人间。

　　和知道方之一样，我最早知道的陆文夫，既不是作家，也不是美食家。方之与陆文夫在"文革"中都下放苏北农村，粉碎"四人帮"后，分别回到南京和苏州，然后就蠢蠢欲动，开始大写小说，加上一直蛰伏在常州乡间的高晓声，很快名震文坛享誉全国。陆文夫是江苏第一个得全国短篇小说奖的人，也是获得各种奖项最多的一位。加上方之和高晓声，紧随其后跟着获得

大奖，在80年代文学热的大背景下，一时间，只要一提起江苏的"探求者"，人们立刻刮目相看。

陆文夫在"文革"后期有没有写过小说我不知道，反正方之和高晓声是努力地写了，在那个特定时期，他们的小说不可能写好，也不可能产生任何影响。"文革"后期开始文学创作，思想虽然不可能解放，最大的好处是可以提前预热，先活动活动手脚，俗话说"一招鲜，吃遍天"。当然"右派"作家还有一个优势，早在50年代已开始写作，有着很不错的基础，本来就是不错的写手，赶上新时期这个好日子，水到而渠成，大显身手独领风骚便在情理之中。显然，江苏作家中陆文夫运气要好一些，一出手就拿了个奖，方之没那福分，他的《阁楼上》与陆文夫的《献身》发表在同一年《人民文学》上，同样是重头稿，而且还要早一期，也有影响，却只能看着《献身》得奖。

说到文学风格，方之自称为辛辣现实主义，称高晓声是苦涩现实主义，称陆文夫是糖醋现实主义。方之小说的辛辣味道，一度并不见容于文坛，其代表作《内奸》被退了两次稿，这让他觉得很没有面子，不止一次当着我的面骂娘。好在《内奸》还是发表了，而且很快得了全国奖。这个奖被评上不能说与方之的逝世有关，然而在评奖之前，方之的英年早逝引起文坛震惶，连巴金都赶写了文章悼念，也是不争的事实，毕竟是影响太大，说红就红了。

平心而论，在20世纪80年代初期，高晓声要比陆文夫更红火一些。这时候方之已经过世，如果他还健在，也可能会在陆文夫之上。无疑是与个人的文学风格有关，不管怎么说，当时是伤痕文学的天下，整个社会都在借助文学清算过去，都在利用小说出气，辛辣和苦涩未必见容于官方，却更容易引起读者的共鸣。真正奠定陆文夫文坛地位的是后来的《美食家》，不仅因为得了全国奖，而且它产生的影响连绵不断，一浪盖过一浪。相比高晓声和方之的一炮而红，陆文夫略有些慢热，一开始可以说是不温不火，在《美食家》之前，既能够被别人不断说起，有点小名气，又还不至于充当当时文坛的领军人物。

《美食家》改变了一切，陆文夫名声大振，小说到处转载，又是电影又是电视。不只是文坛，而且深入民心，影响到了国外，上到政府官员，下到贫头百姓，只要提到一个"吃"字，只要说到会吃的主，就无人不知陆文夫。

四

我一直觉得"美食家"这个词，是陆文夫的生造，在没有《美食家》这篇小说前，工具书上找不到这个词。有一次，一个朋友让我写信，催陆文夫许诺要写的一篇序，我冒冒失失就写了信，结果陆很生气，立刻给我回信，说自己从来没答应过谁，说别人骗你来蒙我，你竟然就跟着瞎起哄。反正我是小辈，被他说两句无所谓，只是朋友向我诅咒发誓，认定陆文夫是当面答应过的，他现在又赖账不肯写了，也没有办法。后来我跟陆文夫讨论此事，他笑着说，要答应也肯定是在酒桌上，或许是有的，不过喝了酒说的话，自然是不能作数。

陆文夫与父亲还有高晓声喝酒都是一个路数，喜欢慢慢地品，一边喝一边聊，酒逢知己千杯少，从上顿喝到下顿并不罕见。我不善饮，只能陪他们聊天。父亲生前常常要说笑话，当面背后都说，说陆叔叔现在已成了"吃客"，嘴越来越刁了，越来越不好侍候。吃客是苏州土话，也就是美食家的意思。父亲是苏州人，陆文夫长年客居苏州，他们在一起总是说苏州话，而这两个字非得用方言来念才有味道。如果陆文夫的小说当初以"吃客"命名，说不定现在流行的就是这两个字。

父亲的话有几层意思，首先作为老朋友，他过去并不觉得陆文夫特别会吃。士别三日当刮目相看，父亲见过很多能吃的前辈，说起掌故来头头是道，以吃的水平论，陆只能算是晚辈。其次陆文夫不好辣，缺此一味，很难成为真正的美食大家，父亲少年时曾在四川待过，总觉得川菜博大精深，不能吃辣将少了很多乐趣。第三点更重要，好吃乃是一件很堕落的事，是败家子和富家子弟的恶习，是男人没出息的表现，陆文夫并非出自豪门，哪来吃的基础。

"右派"平反以后，老朋友经常相聚，有一次在我家喝酒，方之怀旧，说到了他的自杀经历，说自己曾经吞过两瓶安眠药，然后就什么知觉也没有了，醒来时不知身处何处，只听见妻子十分痛苦地问他觉得怎么样。往事不堪回首，说着说着，方之忽然伏在桌上哭了起来，父亲和陆文夫也立刻跟着流起了眼泪。

哭了一会，方之说："你们都没有过死的体会，我算是有过了！"

这句话又勾起了大家的伤心，在过去的岁月里，同是天涯沦落人，生不如死，谁没有过想死的心呢。"文革"中，父亲确确实实想到了要结束自己的生命，但是没有勇气一个人走，便相约同被打倒的母亲一起死，母亲断然拒绝，说我们这么不明不白地一死，那就真成了阶级敌人。陆文夫最难熬的却是在"文革"前夕，当时他戴罪写了几个短篇小说，因为茅盾的叫好，正踌躇满志，没想到有关方面正好要挑刺，便说茅公是"与党争夺文学青年"。陆文夫经过了反右派斗争及其扩大化的风风雨雨，刚有些起死回生，又突然成了"妄想反攻倒算的右派"。这件事对他的打击很大，一时间万念俱灰，不想再活了。有一天傍晚，他走到一个小池塘边，对着静静的湖水发呆，想就此给自己的人生一个交代。

这几乎就是一个小说中的情节，然而千真万确，所幸被一位熟人撞见，拉着他喝了一夜老酒，才打消了他轻生的念头。方之过世，陆文夫从苏州赶到南京，先到我家，站在门外，叫了一声"老叶"，便情不自禁地哭了。然后缓缓进屋，坐在方之生前喜欢坐的红沙发上，又掩面痛哭，像个伤心的小孩子。又过了十多年，轮到我父亲要走了，我忘不了陆文夫悲哀伤心的样子，在医院里，他看着已经头脑不清醒的父亲，眼睛红了，叹气不止。这以后，他一次次在电话里关切询问，然后又匆匆从苏州赶过来奔丧。

进入了新时期，文人陡然变得风光起来，陆文夫更多的是向人展现自己靓丽的一面，人们很难想到他并不光鲜的另一面。很显然，陆文夫并不喜欢"糖醋现实主义"这种说法，事实上他文章中有着太多的辛辣和苦涩，人们只是没有那个耐心去读。要知道，他本是个愤世嫉俗的人，说到脾气大，说到不随和，"探求者"成员中，他丝毫也不比别人差，当然吃的苦头也就不比别人少。陆文夫的两个女儿身体都不好，大女儿开过刀，做过很大的手术，小女儿更是很年轻就撒手人寰，都说这与她们从小被动吸烟有关。

在陆文夫写作的艰难岁月，大部分时间居住环境十分恶劣，都是关在一间烟雾缭绕的小房间苦熬，而且受经济条件限制，吸的是最差劲的香烟。这种蹩脚烟老百姓也抽，很少是躲在完全封闭的环境里，百无一用是书生，那年头的文化人哪有今天的健康意识。

陆文夫被打成"右派"后，当过工人，"文革"中又下放了很多年，这本是文化人的宿命，没必要过分抱怨，更没必要心存感谢。一个人并不能因为吃过苦，就一定应该享受甜，落过难，就应该获得荣华富贵。写作并不比别的什么工作更伟大，人生最大的愉快，是想干什么，就能干什么。陆文夫的手很巧，他当工人，曾是一名非常出色的技工，但是更擅长的还是写作，只有写作才能让他真正地如鱼得水。如果说起陆文夫的不幸，也就是在说整个 50 年代作家的不幸，整整 20 年，给作家一些磨难也没什么，吃点苦也行，然而真不应该无情地剥夺他们的写作权利，不应该扼杀他们的创作生命。

五

我对林斤澜的了解并不多，只知道他和父亲关系很铁，除了"探求者"这批老哥们外，北京的同辈作家中，与父亲私交最好的就是他。为了这个缘故，在刚开始写作的那段日子，父亲曾把我的一个中篇小说习作交给他，让他提提意见，其实是投石问路，看看是否能在《北京文学》上发表。这话自然没好意思明说，老派的人都很讲究面子，有些不该说的话还是藏着为好。林斤澜认认真真地回了一封很长的信，首先是说想不明白，为什么要让他来提意见，说你老叶身边高手如云，往来无白丁，干吗非要绕道北京，让他这么一个并不被文坛看好的人出来说话。

这是我唯一没有拿出去发表的小说，至今也想不明白当年为什么会这样做。或许是穷疯了，居然把压箱底最糟糕的一篇小说拿了出去，毕竟林斤澜和父亲最熟悉，说不定就能在他主编的刊物上发表了。来信中有大量的鼓励，说文字还很不错，也蛮会说故事，就凭这样的小说去做一个现成作家，自然是当仁不让。很多表扬其实就是批评，我始终记得最后的几句话，说写作可以有很多种，然而驾轻车走熟路，未必就有什么太大意思。

多少年来，我一直把这句话牢记在心上，当作座右铭。熟路就是俗路，就是死路，一个写作者必须坚决避免，不能这样不知死活地走下去。很感谢林斤澜没有把那篇小说发出来，他把这篇小说退给了我，没让我感到沮丧，只让我感到羞愧，感到醒悟，让我一下子明白了不少写作的道理。一个人在刚开始写作的起步阶段，肯定会有些晕头转向，肯定会不知轻重，这时候，有一个人恰到好处地对你棒喝一声，真是太幸运了。

不能说 50 年代开始写作的那一辈作家，没有文字上的追求，但是要说林斤澜在这方面最用心，最走火入魔，并不为过。据说汪曾祺对林斤澜的文字有过批评，在 50 年代说其"纤巧"，后来又说其"佻"，所谓纤巧和佻，说白了，都是用力有点过的意思。这个也就是父亲说的那个"怪"了，玩文学，矫枉不妨过正，语言这东西，说平淡，说自然，其实都是一种功力，都得修炼。事实上，汪曾祺自己的文章也有同样问题，也是同样的优点缺点。明白了这些，就能明白为什么林斤澜和汪曾祺会走得很近，会惺惺惜惜惺惺，奇文共赏，毕竟他们在艺术趣味上有很多共同追求的东西。

汪曾祺早在 40 年代末就开始写作出名，千万别小看了只早了这么几年，有时候几年就是整整一代人。汪的文字功力一下子远远地高于 50 年代的作家群，后面的这茬作家，先是没有意识到，后来明白了，要想追赶上汪曾祺，必须得花很大的气力才行，而这里面最肯玩命、玩得最好的，基本上就是林斤澜了。

林斤澜的小说在 80 年代并不是太被看好，他是名家，谈不上大红大紫，如果说因为汪曾祺的走红，带火了林的小说，听上去很不入耳，然而也不能说不是事实。汪曾祺让大家见识了什么叫艺术，推动了一代人小说趣味的行情上涨，也顺带提高了林斤澜的地位。林斤澜的短篇小说写得很棒，是一个始终都有追求的作家，小圈子里不时有人叫好，朋友们提到他都乐意竖大拇指，但是真正获得全国奖，却是迟了又迟晚了又晚。他那一辈的作家都得过了，都得过好几轮了，才最后轮到他。然而获奖并不能完全说明问题，除了汪曾祺，林斤澜是 50 年代开始写作的老作家中当然的老大哥，这一方面是由于他的年龄，既是岁数大，又活得长，另一方面也是由于小说成就，他压得住这个阵。出水再看两脚泥，他的作品毕竟比那些当红一时的作品更耐看，很多人都愿意佩服，也就不是没有道理。

六

陆文夫当了中国作协的副主席，他自己不当回事，我们这些做晚辈的却喜欢议论，聚在一起常要切磋，研究这相当于什么职务。在一个讲究级别的社会，一说起让人捉摸不透的"相当于"，就难免书呆子气，就难免不着调和离谱。说着玩玩可以，一是一，二是二，千万别拿村长不当干部，千万不要把作协主席和副主席真当领导。

　　毕竟作家是靠作品说话，作品写好了，这就是真的好，就是真正的功德圆满。陆文夫其实是个很有架子的人，内心十分骄傲，一点都不愿意低调，我看到有些文章说他待人接物非常随和，很乐意与普通老百姓打成一片，心里就觉得好笑，夸人不是这么夸的。我们总是习惯于这样来表扬人，父亲生前就是一个最典型的例子，人家总是这么说他，其实文人没有一些脾气，没有自己特立独行的品格，只是充当一个和事佬并不可爱，而且也不真实。"探求者"中的这些作家，眼光一个个都很高，都牛，背后说起话来都挺狠挺损，我可没少听他们攻击别人，说谁谁谁不会写东西，谁的小说惨不忍睹，这些话是经常挂在嘴边。

　　很显然，陆文夫根本不会把全国作协的副主席头衔放在眼里，在别人看来就不一样，有的人专门看人脸色，喜欢观察别人对自己的态度。陆文夫并没有什么改变，他天生就有些狂，可是偏偏有人觉得是当了副主席才变了。由于美食家的称号，晚年的陆文夫给人感觉更像是一位不折不扣的名士，出入有高级的轿车，交往多达官贵人，早已不是当年的吴下阿蒙，却不知道他即使是最落拓时，也仍然不失为一翩翩公子。高晓声和方之，还有我父亲都属于那种不修边幅的人，就算是成功了，也仍然一副潦倒模样，陆文夫不是这样，用今天时髦的话说，他一直是位帅哥，一直相貌堂堂很有风度。

　　陆文夫还是江苏的作协主席，他不止一次跟我谈过，不想兼这个可有可无的差事。当初还没有高速公路，铁轨上也没有飞驰的动车，他远在苏州，有时候为了一点屁大的事，得火烧火燎地赶到南京。人情世故匪夷所思，很多时候就是这样，不想干反而会让你干，想干又未免干得了。好在当不当都是做做样子，为了请他出山，当时负责分管文化的省委副书记孙家正赶到苏州，亲自做他的思想工作。这样隆重的礼遇让陆文夫觉得很有面子，同时也让他找到了自己还是应该出来当这个主席的借口。后来孙去北京当了文化部长，陆文夫年纪也渐渐大了，不打算让他再干下去，新的分管领导约他到南京谈话，短短的几分钟，便从本来就是挂名的主席，变成了更加是挂名的名誉主席。

　　这个变动让陆文夫感到不太痛快，他不在乎那个主席，更不在乎名誉主席，在乎的只是一个礼数。不同的官员会有不同的领导风格，对文人的态度从来就不一样，赵匡胤杯酒释兵权，陆文夫没什么实权，只有一些虚名，他觉得有些话如果在酒席上提出来，或许会更合适一些。

七

我与林斤澜有过三次同游的经历，每一次都很有意思。第一次是在江苏境内，先在南京，然后去扬州、镇江、常州，再返回南京。这一次因为还有汪曾祺，汪是才子型的文人，到什么地方都会有热情的粉丝求题字，因此林虽然是陪同，却常常是躲在后面看热闹，一边与我说悄悄话，一边乐呵呵地笑，我们都很羡慕汪能写一手好字。

第二次是长途旅行，仿佛红军二万五千里长征，在地图上南来北往东奔西窜。从江苏的无锡出发，转南京，去山东，去安徽，去江西，去福建，去浙江，去上海。华东六省一市偌大的一个区域，该玩的地方都点了卯，是名胜都去报到，拜访了曲阜，登梁山黄山武夷山和当时尚未完全开放的龙虎山，游徽州皖南民居，逛景德镇看瓷器瓷窑，还有太湖千岛湖富春江西湖，总之一句话，玩的地方太多了，根本就数不过来。老夫聊发少年狂，我这个年龄的作家都时常喊吃不消，林斤澜却无大妨碍，兴致勃勃率领老妻，一路喜气洋洋。

第三次就是在贵州，这一次，我干脆是与林斤澜同一个房间住，当时还很少让作家住单间，即使老同志也不能例外。我们朝夕相处，老少相知有素，天南海北说了很多。难得的是林斤澜始终有一份年轻人的好心情，能吃能睡更能玩，更能说笑话。与他在一起，你永远也不会觉得无聊。他喜欢谈论过去，褒贬身边的朋友，尤其喜欢对我倚老卖老，说他当年跟在那些老作家后面，像对待老舍什么的，那就是老老实实、小心翼翼地在一旁看着听着，就像我现在在对待父辈作家一样。

又说有一次陪沙汀去看李劼人，李提出来要弄几个好菜招待，沙汀一口拒绝了，坚决不答应。这事让林斤澜一想到就连声大喊可惜，李劼人是老一辈作家中赫赫有名的饕餮之徒，他一出招，亮两手绝活，后来的美食家汪曾祺和陆文夫，都得乖乖地服输靠边站。林斤澜说自己当时那个动心，那个懊恼，这不只是一个解馋的小问题，关键是可以大开眼界，领略大师的美食风范。这么好一个机会，活生生失之交臂，焉能不着急，岂能不跺脚。

林斤澜也喜欢玩点收藏，不收藏珍版书，不收藏名人字画，藏书也不算太多，可是他收罗了大量的酒瓶。跟他在外面一起周游，看到有点奇怪的酒瓶，他的眼睛便会像顽童一样放光。我已经记不清是在什么地方，反正是去参观一家工厂，专门为各种名酒做酒瓶，五花八门琳琅满目，林斤澜看了，从头到尾都是感慨，我们就不停地问他想要哪一个，他东看西望，一个劲地喊："好确实是好，可太多了，不好带呀！"

还是在贵州，我们天天吃火锅，看着汤里翻滚的罂粟壳，终于明白为什么会好吃，为什么会一筷又一筷不肯停嘴。离开贵州前，我们异想天开地想带点回去，结果东道主就弄了一大包过来，明知这是违禁之物，飞机上不可以携带，可是我们光想着回家也能吃火锅，还是每人悄悄地分了一包。看到林斤澜很孩子气地跟大家一起冒险，我们感到很高兴，都觉得有他老人家陪着，闯点小祸也没关系了。所幸安检都没事，当年还不像现在，有胆子试试也就蒙混过去了。

八

鲁彦周先生安排一批老友去安徽游玩，给我这晚辈打了个电话，让我陪陆文夫去，说是一路可以有个照顾。可是陆突然感到身体不适，临时变卦不能去了，我又不愿意独自成行，结果便把储福金拉了去。这其实又是一次小规模的"右派分子"聚会，自然还是热闹，动静很大，有王蒙，有邓友梅，有张贤亮和邵燕祥，还有东道主鲁彦周，都是老"右派"。在一个风景如画的景点，鲁彦周很遗憾地对我说，考虑到兄弟们年龄都大了，此次出行专门请了医生护驾，可是没想到就算如此高规格的安排，老陆还是不能来，真是太可惜。又说老陆真要是来的话，能玩则玩，随时又可以走，这多好，老朋友能聚一聚不容易。言辞很悲切，他提及当年曾想约我父亲到安徽看看，总以为时间很多很容易，没想到说耽误就耽误了。

陆文夫与鲁彦周同岁，比他早走了一年。在陆文夫追思会上，江苏一位老作家用"备极哀荣"四个字来形容，这个说法很值得玩味。从世俗的角度来看，20世纪50年代开始写作的这批老作家，很多人虽然被打成"右派"，历经了种种运动之苦，只要能写出一些货真价实的东西，后来都能名利双收，晚年总体上还是比较幸福。国家给的待遇也不算太低，方之走得最早，沾光最少，仍然分到了一套在当时还说得过去的房子，高晓声是三套，陆文夫只有一套，但是就其面积和规格，已足以让人羡慕。

父辈作家最大幸运是熬到了四人帮被粉碎，有一个新时期的大舞台供他们大展身手。否极而泰来，重塑文学辉煌的重任，既幸运又当仁不让地落在了他们身上。没有他们，就谈不上什么新时期的文学繁荣，而我们后来的这些作家，其实都是踩在父辈肩膀上，才冒冒失失开始文学创作。必须以一种感恩的心态对待他们，然而要重新评价前辈，却不可回避地会遭遇到两个问题。首先，如果最初的青春岁月不被耽误，不被摧残，不是鲜花重放，而是一直尽兴地怒放，他们的文学成就会达到一个什么样高度。其次，当耽误和摧残这些词汇不复存在，待遇被普遍提高，地位得到明显上升，作家的镣铐被打开以后，前辈的实际成就又究竟如何。认真地研究这些，对当代文坛的创作无疑会有好处。

晚年的陆文夫时常会跟我通电话，基本上都在谈他的身体状况，或是由身体引起一些话题，服用了什么药，效果如何。试用了某种进口药后，他非常热心地推荐给我伯父服用，因为伯父也是肺气肿。这时候，对文坛他已没多少兴趣，更多的是反过来关心小辈的健康，提醒我不要不顾一切，犯不着为写作玩命。烟早就不抽了，酒也不能喝了，他成了一个不折不扣的长者，一位非常慈祥的老人。

江南的冬天非常难熬，因为没有暖气，数九严寒北风怒吼，在室内待着很难忍受。陆文夫的肺不太好，呼吸困难，有一次他向我报怨，说空调里散发出来的热风，让他觉得很不舒服。我不知道如何安慰，只能埋怨气候不好，我们正好处在不南不北的位置上，纯粹北方就好了，房间里有热水汀，地道的南方也行，干脆气温高一些。江苏的气候要么把人热死，要么就让人冻得吃不消。此后不久去上海参加新概念作文大赛评奖，快经过苏州的时候，我想到了卧病在床的陆文夫，想到了空调散发的让他不爽的暖风，突然决定中途下车，直奔苏州的电器店，买了一个取暖油汀，然后送到陆文夫家。他感到很吃惊，没想到我会出现，更没想到我会给他送这玩意。我也觉得很有意思，怎么就会灵机一动，为什么不能早点想到呢，取暖油汀使用起来，显然要比空调舒服。

这是我与陆文夫的最后一次见面，早就知道他身体不好，早知道不可能恢复，早知道会有那么一天，就跟自己的父亲当年过世时一样，明知道事已不可避免，明知道那消息就要到来，可是从感情上来说，还是不太愿意接受。

2009 年 10 月 16 日

（原载《收获》2010 年第 1 期）

跟林斤澜上好汉坡

——悼念一位亦师亦友的兄弟

赵大年

1995 年金秋，北京的十几位文友跟随"温州才子"林斤澜去他家乡采风，留下了美好的记忆。林大哥开会时，常露微笑而少言寡语，在普通场合，出游呀，聊天呀，倒可聆听他的真知灼见，若有好酒，一口浙江味的北京话同样妙语连珠、掷地有声。此次回乡，他是采风团长，又是半个主人，双重身份，不亦乐乎。谁人不说家乡好啊，第一个惊喜出现在走下飞机时，他指着漂亮的机场说"没花国家一分钱！"，是温州民众自愿集资修建的。他问谁看过一部被称为"温州模式"的"内部批判影片"，那片子反映的是温州遍布"地下工厂"，"复辟了资本主义"。林大哥说，其实是"出格"的家庭小作坊，就像小岗村 18 户农民带头"大包干"一样，温州人率先办起民营企业，吸纳失业人口，巧妙推销产品，走上致富之路。

第二个惊喜是打火机。1989 年出国访问，我这个烟民带回来的洋货就是十几个电子打火机，还当礼物送朋友，曾几何时，温州造的电子打火机已行销全球，占据世界销量的百分之八十。

第三个惊喜是温州抗灾自救能力特强。去年刚遭遇巨大台风海潮袭击，沿岸和许多小岛都被海浪漫过，船舶、堤坝、房屋损失严重。然而短短一年，街市繁华，海滨农舍新颖漂亮，新起的花岗岩防潮长堤雄伟壮观，已经完全看不到灾情了。林大哥说的还是："没花国家一分钱！"

游雁荡山，林斤澜轻车熟路，还担当讲解员。原来，他 14 岁就投身革命，15 岁秘密加入地下党组织，多次给游击队送情报，攀登的就是这山重水复、柳暗花明的雁荡山。今日故地重游，"老马识途"，兴致益然，感慨万千。同是新四军老战士的书法家谢冰岩，已八十有六，不拄手仗，不用搀扶，与年逾古稀的汪曾祺、林斤澜一道，上下合掌峰六百余级石阶，令我惊叹。同样惊叹的是这两座奇峰，犹如仙人合掌模样紧靠在一起，高耸入云，掌缝里便是这直上直下的台阶连着各层庙宇，通向"九重天"。林大哥长我 8 岁，走路爬山都比我强，大概是送情报锻炼出来的，后来才知道，他年轻时还学过芭蕾舞，又是一番腿脚功夫。登上"九重天"，林大哥气力有余，吟诵邓拓1960年留下的七绝诗。邓拓是北京市委文教书记，才华横溢的学者，"文革"初期便被迫害辞世，此时此地见到他的题诗，我只能喘气，一时说不出话来。

连续走路爬山，风景甚好。又一处悬崖峭壁直上直下的石阶，石桩铁链拦护着的狭窄通道，名曰好汉坡，可惜一旦入巷，你上也得上，不上也得上，前后都是玩命的攀登者，休想停下来喘气，我这"三高"患者血糖低，出冷汗，眼发黑，耳边响起曹操唱的"马行在夹道内难以回马"，心里想的是林斤澜送情报已经上山。终于爬上了好汉坡，坐在树下打哆嗦，林大哥往我嘴里塞了好多药片。我心里明白，他早年犯过心脏病，所以随身带着药，往我嘴里塞的大概是硝酸甘油、速效救心丸。汪曾祺手里有半瓶可口可乐，被我抓过来喝了个精光。几分钟之后，敝人活啦。是不是林汪二兄救我一命？说不清，也就没有报答。

游洞头列岛，吃海鲜，主人摆出来十几样，样样新奇，譬如辣螺，天生的辣味。另一样味道独特，我说："这小鱼真好吃！"林大哥呵呵笑："那根本不是鱼。北京老杆！"（老杆就是土包子）"林大哥呀，你吃了我们北京50年大白菜，还骂北京老杆，也是忘恩负义吧？"这话我没说出口，留着回北京给你登报。

听说来了新四军，海岛女民兵为我们演习实弹射击，又请"首长示范"。难住了谢冰岩、林斤澜，只好推出我这个志愿军老兵。步枪100米卧射，我命中3个10环、7个7环。真露脸呀！谨写此文，送别亦师亦友的林斤澜。

（原载《北京青年周刊》2009 年 4 月 30 日）

永葆童真之心的林斤澜

韩小蕙

著名小说家林斤澜先生出生于 1923 年 6 月 1 日，今年八十有三，被文坛戏称为"永远的老顽童"。我理解，这既是说他的性格好，老是保持着一颗童真之心；也是指他的创作态度高妙，探索永无止境。

精气神儿旺的"一尊笑佛"

在今年初冬召开的全国作家代表大会上，一报到，就听说林斤澜先生也来了，不禁大喜过望。这当然说明林老的身体好了——2001 年至 2002 年冬春，他曾得过一场大病，感冒引起了肺炎，十分严重，在医院住了好几个月，很久都恢复不过来。这之后听说他慢慢好了起来，还曾读到他写的一篇散文《出生入死》，以达观的态度记述这场大病。后来，还曾跟他通过信和电话，请他为本报写过稿。但一直未敢上门打扰，也一直没在公众场合见过他。

当晚，我与《北京文学》杂志主编章德宁，还有北京的两位作家刘孝存、张健，一起去房间看望林老。

林斤澜见到我们，大为兴奋，呵呵笑着，高兴得差点儿把刘、张二位抱起来。但见他满面红光，满面春风，满面佛相（文坛上有人把他比喻为"一尊笑佛"）；两只豹眼圆睁，目光炯炯，里面依然盛满了清澈；腰挺得倍儿直，往那儿一站，拿破仑似的；说话的声音也仍旧洪亮，中气十足，显得精气神儿很旺。

他呵呵笑着，埋怨我们好几年不去看他。我们大家一起喊冤，也一起埋怨他："谁知道您这么精神啊，看起来，身体比我们谁都好呢。"

"是呀，是呀。"他瞪圆了豹眼，乐呵呵地说，"我那年确实大病一场，差点儿就过去了。你们看我现在多好，每天早上 6 点起床，上街上走步去。走得还特快，用文学的语言说，叫'健步如飞'，走上两三个小时也不累。"

"您还写作吗？"一旁的新华网小记者问。

"写呀，能不写吗？一辈子干的不就是这个吗？"

"您还用手写哪？没想学电脑？"

"没有。连想法也没有。我也不熬夜，饮食起居都挺注意，争取少给家人找麻烦。"

"我写的人和事，自己也没弄明白"

林斤澜从 20 世纪 50 年代开始写作，一直辛勤笔耕，至今不辍。这位从浙江温州走出来的进步青年，中学时代即参加抗日救亡运动，15 岁离家独立生活。1945 年从国立社会学院毕业时，已经是靠拢党组织的积极分子，后来成为中共地下党工作人员。1949 年后到北京市文联创作组从事剧本创作，后任北京作协专业作家、副主席，《北京文学》主编。1956 年出版了第一本书——戏剧集《布谷》，这好比是他的孩子，后来林老的女儿出生时真的取名林布谷。以后发表的作品大多为短篇小说，一般取材于农民或知识分子的现实生活，讲究构思立意，风格清新隽永，独树一帜。短篇小说《台湾姑娘》因在题材和写法上新颖独到，曾引起读者注意。1962 年春，由老舍主持，北京市文联举行了三次"林斤澜创作座谈会"，专门讨论他作品的风格特色。"文革"后，林斤澜写了一系列以浙江农村为背景的短篇小说，1987 年结集为《矮凳桥风情》出版，一时为人传诵。这些作品语言凝练、含蓄，兼融温州方言于其中，以浓缩的结构、突兀跌宕的情节，白描出了一系列人物形象。林斤澜还著有散文集《舞伎》《随缘随笔》《山水之间》，小说集《春雷》《山里红》《石火》《满城飞花》《草台竹地》，系列小说集《十年十癔》，特写集《飞筐》，文论集《小说说小》《立此存照》……

这种履历式的介绍虽然是必备的，但往往会把一个有血有肉的人缩略成一个图片说明，其中的鲜活水灵全没有了。尤其对于一说话就呵呵笑、一眨眼就灵光闪现、一写文章就精气神儿毕现的林斤澜来说，真是太委屈他了。多年来，最让文学界和广大读者不解的一个问题是，林斤澜的作品——小说也好，散文也好，文字也好，结构也好，为什么独独有一种跟谁都不同的、非常奇特的、有点类似外国现代派作品的味道？

好比，你推开他的作品之门，第一眼看到的，不是语言，不是文字，不是叙述，不是故事，而是一层眩迷的光雾，就如同阳光下的七彩山岚。这山岚或曰光雾与他的文字相伴相生，拨不开，分不离，朦朦胧胧，亦迷亦幻。常常是整篇作品读完了，还没从雾岚中回过味儿来，雾里看花，似像非像；海边看潮，非懂似懂。

空口无凭，咱们举个例子。林老的小说《梦鞋》中有这么一段："我一生只做一个梦。做来做去，老只是梦见鞋；鞋丢了，鞋扔了，鞋忘了，鞋坏了，鞋叫人抢了，还有鞋变了——那就稀奇古怪了。我在梦里老是找鞋，抢鞋，抢住、挟住、护住鞋，为鞋拼死打架……有时候惊醒，一身冷汗。若是千辛万苦把鞋穿上，那就浑身松软，酥酥痒痒地睡沉了。"

这种感觉，这种语言，这种写法，在当时的中国，也就这独一份。所以说起"现代派"，林斤澜才是中国当代作家中最早、最本真、最自觉、最坚决、最彻底的"现代派"，其扑朔迷离的行文、飘忽不定的想法、藏而不露的主题，与外国"现代派"、"后现代派"的许多经典作品相较，是真有一拼，可详详细细论其短长的。

可是，从个人的微观背景来说，林斤澜说过，他还是读中国古典小说多，喜欢《聊斋》什么的；外国的现代派作品尽管很早就接触过，却始终也读不大懂，弄不大明白。而从社会经济发展进程、文化水准的提高、思想观念的更新等等宏观背景来说，中国是从改革开放以后，才迅速与世界接轨，融入全球化的浪潮之中。依据辩证唯物主义"经济基础决定上层建筑"的基本原理，林斤澜的种种"现代派"写作，究竟是从何而来的呢？

这回，我终于捞着机会当面请教他本人了。

谁知，林斤澜先生专注地看了我一眼，目光一闪，竟反问我："这也正是我想问你的问题呀。说实在的，我自己也不明白，为什么我跟大家不一样？我也一直没想透。"

他说，从他一开始写作，心里就有一个声音说要这样写，可是一般人都说看不懂。为什么看不懂？经过多年的琢磨，他自己总结出了三条：一是文字不通顺，不是一般的习惯性语言；二是叙述不顺，有时用倒叙，有时是辐射型，而中国人爱看的是顺叙；三是意思不明，说的什么，意思不直接，得慢慢琢磨。

"可是，这几乎是不能解决的呀。"林老眨眨豹眼，几乎是非常遗憾地说。"小说是讲人生的，而人生是说不明白的。我写的人和事，自己也没弄明白。

比如写爱情，为什么爱，明白吗？为什么又失恋了，懂吗？怎么吹的？性格？钱？脾气？还是发生了什么波折？爱情到底是什么？各人有各人的想法，没有一个明确的理由和解释。人对自己也不懂。"

"那人家就问了，你自己不懂，为什么还写呀？"

"我答：我都懂了，还写它干吗？作家就是要写不懂的东西，让大家都懂。我还说，作家最应该写的，就是他不明白的，和读者一起探讨。"

"全知全能是一种写法，探讨的全过程也是一种写法。"

"大家都承认对方，你可以说自己的话，读者也可以自己去评价。"

……

哎哟，难得今天林老高兴，一口气滔滔不绝，讲了这么多埋在他心里的思考。我乘机问："那您小说的取材，都应该是发生过的事情，为什么还不懂呢？"

"藏猫儿（北京话："捉迷藏"之意——本文作者注）。"林老应声答道。"小说是一样的。猫儿是小说的意思核心，大家去找，作者自己也去找。主要是人生当中有许多事情不懂，曹禺晚年曾跟人艺的人说，'人是说不清的，首先我就说不清自己'。文艺、小说，作者为什么要扮演全知全能的角色？该走哪条路？为什么？自己都说不清，为什么叫别人那么干？你凭什么指挥人家？谁给你的权力？"

在一旁的章德宁插嘴道："您的意思是不是说，小说不仅是对社会人生的思考，也是一种困惑？"

林老说："是呀，就是这个意思。应该承认世界上有许多事情是无解的。比如三个人经过同样的事件，解释就不同，结论完全不一样，当年老舍之死，就有三个人都说是自己第一个发现的。人的记忆有误差。连报告文学解释历史的重大事件，也会有所不同……"

年龄越长，问题越多

在我跟林斤澜多年的交往中，曾多次在各种场合听过他讲话，也有谈到艺术问题的，但从未遇上他像今天这样敞开。类似这样的侃侃而谈，在林老是相当罕见的，后来我才弄清楚，这是因为他对此问题已思索了相当长时间，并且还以此感悟，写了一篇千字小说《天意》。小说大意是说，近年在一家乡间小店，他碰到了一位极为盛情的店老板，执意请他喝酒，原来竟是30多年前听过自己讲课的文学青年。问讲了什么？不记得了，只记得林老师当年的模样、神气、风度，所以一下子就认出他来。林斤澜就想：为什么该记住的没记住，不该记住的倒记住了？

虽然已经八十有三了，虽然经历了一场"出生入死"的大病，林斤澜对艺术和人生的执着探索，依然如他一生的坚持，而且步子一点也没有慢下来，他随时随地都在思索……

这种坚持，这份痴心，还曾经救过他——反右派斗争那年，他请假在家写小说，没去参加那个著名的鸣放会，因而躲过了一场政治大灾难。也是这种坚持，这份痴心，赐他晚年依然这么思路清晰，反应快捷，创造力不衰，写作水平始终保持在高位。

在文坛，人都说"汪曾祺散淡，林斤澜随和"。这随和，不仅是指为人的和气、容人、好相处，还指处事上的仁厚、宽阔、详而周。而对林斤澜来说，艺术上的兼容并蓄、尊重他人的写作路数，更表现出了他的几乎臻于完善的"随和"。

有这样一件事：20世纪80年代，新时期文学蓬勃之时，林斤澜做《北京文学》主编。有一天，一位做医生的业余作者拿来一篇小说，非常晦涩难懂，连林老也没看明白。但他感觉到这是一篇好东西，于是第二天早上，脑子清楚时再读，这回读懂了。于是他给那位医生打电话，问她的感觉是从哪儿来的。医生答："小说就是人感觉的不忠实的记录。"林老喝声彩，又问："是不是肾上腺反应？"再答："是。"那时候，谁也还不知道弗洛伊德学说。林斤澜犹豫再三，拿着小说去咨询现代派批评家李陀，结果，连以"先锋"著称的李陀，也拿不定主意该发还是不该发。皮球又踢回林斤澜这里。发吧，前面肯定会有一大堆障碍虎视眈眈地等在那里，什么"读者看不懂"呀，"探索过头"呀，以至"宣扬什么"呀，等等，真的是不发最省事，最保险，风平浪静。可是不发，"埋葬"了这篇文章，也就辱没了林斤澜的艺术追求和当编辑的艺术良知。最后，这篇"怪异"的文章还是发了。

林老此举，说明他对各种流派、各种风格，都是相当宽容的。只要是好的、新生的、具有创造力的，他就开绿灯。结果呢？就像我们生活中常常看到的那种情景，有的人宽容，懂得尊重别人，对人善良，他的人缘就好，朋友就遍天下，多一位朋友就多一条路，他的事业就兴旺发达，他的生活也充满快乐。

可是，这似乎还是不能解释林斤澜作品的奇异的独特？

我不禁又想到了林斤澜的思考方式。不知读者注意到没有，在他的文章中，疑问句的地位极高，常常是问号多于句号，有时甚至多于逗号。就拿刚才的谈话为例，几乎就是一连串问号组成的。

一般来说，一个人年龄越小，问题就越多；年龄越长，因循约定俗成的道理、规矩、法则就越多，也就越"成熟"，问题就越少。结果呢，当然也就越来越少得到属于他自己的发现，走了常人之路。

可是林斤澜却真的是"永远的老顽童"，永远不愿接受"常理"，永远处于疑问和思考之中。因而，他得出许多有悖于常理的结论也就不足为奇了。比如他曾说，写小说要"有话则短，无话则长"，乍听起来，似乎像一个谐趣的绕口令，甚至都显得有点"矫情"了。实则深意存焉，其独立思考、与众不同，恰在其中。又如，他曾问："萝卜地里能不能种白菜？"单是循着他这思路琢磨下去，就可能启发多少种结论，并扩及多少其他的问题。

在这个世界上，未知的事物，我们弄不懂的东西，像无处不在的空气，像浩瀚无边的银河。不要以为只有科学才负有探知的任务，不是的——文学、艺术、哲学、历史、政治、法律、精神、心理……都是科研，而且也许是更艰难备尝、更难于接近事物本质的学科。在人类漫漫行旅中，探索已进行了几千年几万年，或者准确说是几十万年几百万年。探索还将顽韧地进行下去。林斤澜为我们树立了一个文化工作者应有的姿态，让我们借鉴，跟上。

（原载《光明日报》2006 年 12 月 24 日）

他的光芒

——深切悼念林斤澜先生

徐小斌

4月10日听刘恒说林老病危，立即给庆邦打了电话，约定12日下午两点去同仁医院探视。11日下午四点五十许，跟林老的女儿林布谷通电话问情况，当时布谷声音急促："已经走了，正在穿衣服……"

下面的话我几乎听不清了。颤抖着放下电话，一直发呆到五点，才颤抖着抓起电话，把这一噩耗告诉庆邦。庆邦遂通知了周围的朋友。

好久缓不过来，不敢相信这是真的——因为此前有多次报病危的事，特别是近年来，几乎每年春天都会有一次住院。而每一次，林老都以自己极其顽强的生命力挺了过来。不敢相信，这一次他竟真的甩掉了我们这些常常与他相聚的晚辈，独自上路了！

与林老相识20年了。第一次随他出远门儿是去张家界，当时有一批年轻作家同行：沙青、张小菇、路东之、李功达、李京西……《北京文学》的编辑陈红军亦同行。那一次感觉实在是太妙了！一路听林老谈弘一法师李叔同的生平。听林老谈今说古，实在是一种享受，大家都被迷住了——而看林老走路更感惊奇，至今都清晰地记得林老在张家界金鞭溪健步如飞的场景，好像就在昨天。

后来无数次看到他健步如飞的背影——因为我们这些年轻人全都走在他的后面，张小菇曾经气喘吁吁地说："我可真服了林老师了，2975级台阶，好像没费什么劲儿就上来了！"

2000年和林老一起去越南，再次领教了他的健步如飞，每次赞美他的脚力，他的眼睛里总是闪着孩子般顽皮的光，颇有几分得意地说："汪曾祺是读万卷书，我是行万里路！"行万里路的他肚里有数不清的故事，几杯酒下肚讲起来，妙趣横生，于听者绝对是巨大的享受。

于是以为他身体很好，他却说，其实四十上下的时候心脏就出过问题，被大夫宣判过。但是他笑着说："其实大夫的话真不可全信，你们看现在我不是活得好好的？"每当吃饭的时候，看着他抿一口酒，吃一口菜，那样子别提多美了，谁能想到他是个几十年前就曾经被大夫宣判过的人啊？他的酒是无论如何断不了的，凡去过他家的人都能看到那一面墙的酒瓶，那真是美轮美奂的工艺美术品展览啊，有些酒瓶的造型匪夷所思，指出来，林老脸上便写满了得意的笑容。

自越南回来之后，庆邦、德宁和我便常常与林老相聚，庆邦每次都要带上一瓶酒，与林老对酌。林老是有大智慧的人，越到晚年，说的话越是精彩含蓄，现在真是后悔没把那些话精准地记下来——那不但是一个大作家极其丰富的内心世界，也是中国文学宝库中一份不可多得的瑰宝啊！（幸好还有程绍国的《林斤澜说》流传于世）

林老对于文字极尽考究，就在去张家界的路上，他说出了让我终生难忘的一段话，他说对于小说优劣的评判应当有三个标准，第一便是文字，第二是艺术感觉，第三是想象力。他对自己的文字要求几近严苛，越到晚年，越彰显出卓尔不群的功力。他的短篇，文字精到得一字无法删改。他的矮凳桥系列，每篇背后都有深刻的隐喻。那篇叫作《溪鳗》的小说，更是精彩得无与伦比。我曾经报过一个选题，想把几位著名作家的作品改编成系列电视剧推出，第一部便是《溪鳗》，选题几上几下，最终因领导担心收视率的问题而没有被批准，非常遗憾。

林老对于后生晚辈的指点扶持更是令人感佩。早在90年代初他就向我们推荐刘庆邦的《走窑汉》，认为那是一篇好小说。那时我与庆邦尚未相识，但对林老的话印象颇深。1994年，我的长篇小说《敦煌遗梦》首版开研讨会，林老来了，第一个发言，那篇发言我至今留存。他说："小斌最会出新招子了，这个长篇的写法很不同。现在有一句话叫作'国际接轨'，我看小斌的这篇小说就有点国际接轨的意思。"——那是我第一次听到"国际接轨"这个词。正巧在十年之后的2004年，《德龄公主》开作品研讨会，刚刚出院的林老在推掉几个活动之后，参加了会议，并且依然是第一个发言。他说他曾经为北京作协推出的丛书写过一篇序，里面那个"无所事事"和"想入非非"的女作家说的就是我。他说这两个词本身有点贬义，在这里却是"赞扬"，他说："无所事事给我的感觉就是，它既不解释政策，也不解释外来的思潮，什么也不解释，她只说她自己的。想入非非是说她走的路是主观的路。北京的小说有一路是走写实的，一路是走主观的，主观的少。写主观的，就牵扯到人家看懂看不懂。最近她写的《德龄公主》我觉得就能引起共鸣，这条路能够给人带来别开生面的东西。"林老的褒奖，令我诚惶诚恐的同时万分感激。

然而我最后一次见林老，他却一反常态不再说话了。那天天气很冷，我们像以往一样不断地说着，他却是一语不发。我最后实在忍不住问道："您今天怎么不说话啊？"他沉默良久，慢慢地说了一句话："我觉得自己正在慢慢地告别这个世界。"

当时我心里一惊，一种寒意慢慢升起，凉彻骨髓，还为这句话与德宁通过电话，但是时过境迁，看林老安然无恙，也就不再深究了。后来我又因事单独去过他家，看他尚好。

大智者林斤澜，已经预感到生命将近，但这位"沉思的老树的精灵"（黄子平语）的精彩纷呈的一生，已经充分体现了作为作家与人的最高的生命价值——那不是世俗的价值判断，那是一种光芒，他将照亮后世那些真正追求纯粹的作家与艺术家，为那些孤独的行路者带来内心的温暖。

（原载《温州都市报》2009 年 4 月 22 日）

我自在

——忆林斤澜

姚育明

1月下旬的一天，白天并没和什么人聊过文坛的什么人，也没想过文坛的什么人，却做了一梦，梦见一个人正在墙上书写什么，龙飞凤舞的行草。边上有人说，林斤澜在写对联。

我想，哎呀，林老师还会书法，这么神。

我凑过去仔细看，默读了两遍，感到全记住了。

林斤澜写好回过身来，我刚想和他打招呼，他突然动作敏捷地从我手上抢过去一样东西。我这才意识到，自己原先攥着一条毛巾。

他的脸还是那样，干干净净的，眼睛亮亮的，笑着，话却说得古怪：这毛巾和我穿的衣服配套。

经他一说我才发现，他一身蓝：淡蓝衬衫，深蓝裤子，钴蓝色毛巾。

突然醒了。太清晰了，像真的一样。我也不去追究空穴之风究竟有因无因，梦中举动本来为幻，却还是下意识地回想他的书写，奇怪的是，那副对联明明在梦中记得清楚，眼睛一睁开就模糊了，只记得当中的三个字"我自在"。

这三个字有况味，无论做人还是为文，都与林斤澜有关系。

我在《上海文学》做编辑那几年，杂志社经费紧张，编辑出差机会少，出去了时间也短，所以跑北京时只拜访有实力并自己喜欢的作家，我自己列过一个名单，老作家只有两位，那就是被称为"文坛双璧"的汪曾祺和林斤澜。王蒙是后来加上去的，他要比他们小十几岁吧，也没人称他"王老"。

林斤澜住西便门时，我去拜见过一回。是个大热天，他的客厅里有不少书，也有十来只独特的酒瓶。当时，我有些奇怪，我知道汪曾祺喜欢喝酒，是实实在在地往肚子里去，却不清楚林斤澜是不是好酒，但有一点肯定，他好酒的包装，那些怪里怪气很有设计感的瓶子，证实着他有这股欣赏的劲。

他给我泡了杯茶，说了几句话突然起身进了里间，出来时手指拈着一只梨，说洗过了，吃吧。从来没有哪个作家请我吃梨，一般也就是泡杯茶，这真是太及时了。我吃得很仔细，很认真，一直吃到梨核，一点也没浪费，完全对得起他的心意。他笑呵呵地问，要不要再吃一只？我不好意思了，说够了，谢谢林老师。

后来看到什么人写文章，好像说到林斤澜得了肺炎，想到我自己这两年肺也是不老实，体检出什么结节阴影之类，把梨当成了好东西，同时也意识到，林斤澜当年给我吃的不是水果，而是自己的润肺之品。

有一年我到了北京，打他电话，说要去见他，他说天太热了，不要过来了，跑来跑去的太辛苦，放心，我会把小说寄给你的。我就真没去。他也真寄了小说来。发过他好几篇文字，有矮凳桥风情的，也有十年癔症系列的，内容都不太记得了，只记得他的叙述独一份，人物也有些怪，比如《黄瑶》。那时我不太理解，现在再读他的文字，比如笔记体小说《敲门》，就很明白传统文学中的一些意象了，他与汪曾祺一样有自觉的意识，只是另辟蹊径罢了。当时我读不懂，可能和岁数、智能有关，那时我比较愚钝，现在虽然仍不聪明，但到底有了些长进。

林斤澜的手稿总是有不少改动，把字圈来圈去，猛一看像画符，细看，用的符号很专业，是编辑手法，但要耐心才不至于搞混。怕印刷厂因此出差错，我总要请人重抄一遍再送厂。为此事还闹过一次小小的不快，那个抄写者为了和史铁生说上话，竟然告诉他，姚育明请我把你的小说重新抄了一遍，史铁生有些惊讶，问为什么要做这样的事。此君说没办法，为了生活，她给了我点钱。我得知后真是郁闷，这叫好心办了坏事。史铁生的稿用得着重抄吗？编辑拿到他的稿最省事，因为他极认真，页面从来干净整洁，连一个标点符号都明确清晰，错字绝对要用白雪修正液。林斤澜在这方面完全相反，他是个不拘小节的人。也许他的手稿给我印象太深，所以梦里他的书法才是行草吧？他是真正的"我自在"啊。

再说一个题外话。汪曾祺见过好几次，他的好也不是几句话可以说清。他在我面前说过各种话题，却从不议论同道，想起来只提及过两个作家，简单到不能再简单，却含意明确，一个是直接的贬义，用的词很汪化，此处略去；一个是间接的褒义，他问我：林斤澜家去过吗？我说去了一次。他赞许地点点头：嗯，要去。

没几年，杂志社邀林斤澜来上海开会，程德培得知后请他吃饭，把我叫去作陪，当时还有几个编辑。程德培问林斤澜喝不喝酒，他说喝。我就说了一句，林老师客厅里有不少好看的酒瓶，有色酒，也有白酒。程德培就高兴起来，马上叫酒，还强调多少度多少度。那回，他和林斤澜喝得都豪爽，林斤澜脸红彤彤的，眉眼欣快，看上去浑身的毛孔都张开了。我这才知道他也好酒，只是情状和汪曾祺不同。离席时林斤澜的脚步都蹒跚了，我搀着他上车，到了宾馆门口他不让我再送了，说，回吧，我自己慢慢进去。我看着他走，他回身对我挥挥手，笑着说，小姚，我今天很高兴。

我最后一次给林斤澜打电话，问他的创作情况，他和气而有些伤感地说：小姚，我写不了了，年纪大了，脑力、精力都不行了。

我有些失落，急急忙忙说了几句，也不记得说的什么，肯定说得不好，无非是安慰、盼望赐稿之类。那时我慈悲心不够，只想着稿子。

他去天国这么多年了，突然在我梦里见了。在我到了写东西不再有激情的年纪，他一身蓝色告诉我，"我自在"。又一份强心润肺的馈赠啊，好幸运。

（原载《文学报》2016 年 3 月 31 日）

忆林斤澜

许　进

读报，惊悉老友林斤澜兄于 4 月 11 日在北京驾鹤西去，永不归来，悲痛莫名，夜不成寐。

去年 9 月 5 日，我和老伴由北京电影制片厂著名老演员李雨农兄及夫人隋芳燕陪同，去香炉营东巷二号院三号楼 6 单元 102 号看望老友林斤澜兄。他和雨农同龄（1923 年生），均长我 4 岁，属猪，已 86 岁，却鹤发童颜，面色红润，声音洪亮，笑声朗朗，见到我非常高兴。他爱饮酒，客厅东面大橱柜里陈列着古今中外各式各样的酒瓶。我们已多年不见，我知道他离休后为年轻作家"传、帮、带"，仍然担任北京市作协名誉副主席、中国文联全国委员会名誉委员。他读过我的《温乐集》，表示赞赏。谈起往事，兴致勃然。

客厅南面为大落地窗，阳光洒满房间。他独居，由一皖籍年轻保姆照料生活。女儿林布谷在中央电视台担任少儿节目的制片人。雨农和他均吸烟，二人吞云吐雾。我怕烟呛，不敢靠近。他便喊："许二哥，坐过来一点。"中午，我们邀林兄一起，一行七人（包括保姆），到他家附近的"一品滇"云南饭馆午餐。林兄和雨农兄照例饮度数较高的"二锅头"，边饮边谈，频频碰杯。林兄 2007 年在第三届北京文学节上获得"终身成就奖"。他的短篇小说驰誉全国，与汪曾祺并称"文坛双璧"。他取出新近出版的两册书赠送给我，扉页上郑重题签：许进兄惠存。当天明明是 9 月 5 日，他却写"八、八"，说"这个吉利"，颇幽默风趣。

后来我才知道，早在 1962 年，在老舍先生主持下，曾三次召开林斤澜作品研讨会；他的小说还获冰心老人奖誉。而那时我正被关在"大墙"内苦苦"改造"，一无所知。

提起我与林斤澜的交谊，要追溯到 1945 年，我高中刚毕业。抗战胜利，我们这些在重庆的"下江人"纷纷东下，我也准备回上海后考大学，或听父亲安排去美国读书。当时全家已乘船东下，留我一人在重庆等亚妹。她从小爱戏剧，结交了许多文艺界的进步青年。我家有大房子空着，这些青年朋友有的就临时住在我家，其中有青木关社会教育学院戏剧系的李雨农、黄子龙等，大家都睡地板。还有些不住在我家的朋友，天天都来打桥牌，有肖凡、许肯、盛达等。其中有一个英俊小伙，只有他穿件西装上衣，里面是件圆领内衫，显得有文化气质，名字叫林杰。他们按"兄弟"排行，林杰排行老三，李雨农排老四。但因亚妹叫我"二哥"，他们也跟着叫我"许二哥"，直到老年还这么叫。林杰是浙江温州人，他说那里是小解放区，要回去参加革命。他果然去了，参加了武装斗争，后被派去台湾。曾在台湾坐了两年牢。1950年到北京，先在北京人艺做编剧，后到市文联专职创作。

我在参加了解放战争、抗美援朝战争后，转业在东北一家企业；后当了"五七战士"（右派），蒙冤入狱，前后达 22 年。1979 年平反，我乘车南归，先到北京找到李雨农（他曾主演《智取华山》等影片）。他见到我就喊"许二哥回来了"，还是那样亲热。他立即邀请了黄子龙（中央戏剧学院形体教研室负责人、舞蹈家）一起去看林斤澜。这时我才知道当年的林杰现已是著名作家林斤澜。

我到南通后，与林兄很少联系。2008 年 9 月初，我偕老伴去北京参加抗战时期国立中学校友会，住在李雨农家，便有了前面说的 9 月 5 日与林兄的会晤和欢宴。仅仅相隔半年，和他在一起畅谈的情景仍历历在目，有如昨日，不料竟成永诀。北京一晤，从此阴阳两隔。睹物思人，能不凄怆？！

林斤澜强调个性写作。"世界上没有两片相同的叶子"，作家就要"写出自己的叶子"。他的短篇小说《台湾姑娘》《矮凳桥风情》等曾风靡全国。他对生活的态度乐观向上，脸上总挂着温和的笑容，逝去时也是带着笑容离开这个世界；他不喜欢人家在他面前哭哭啼啼。

他强调文艺创作的底线，必须是独立的人格，自由的思想；永远不要做奴隶。

他走了，我含着悲痛的心情，特作此文悼念。

2009 年

想念林叔叔

汪 朝

前一阵还想着，春天了，再暖和一点，林斤澜叔叔就能回家住住了。有空可以去看看他，因为他家离着我的单位近。有时候人一懒，一拖，就什么都来不及了！

跟林叔叔最后见的一面是今年春节前在医院里。哥哥汪朗、我和朋友一起去的。林叔叔的状态是我见到最差的一次，虽然脸色还好，但腮部有点发膀，最主要是精神有点迟滞，整个人有点松散。见了我们，他很高兴，眼睛又亮了，但这次没有"哈哈哈"地笑，说话也不如原来底气足了。我们还是跟他没轻没重地东拉西扯，这是多年的习惯。汪朗还带了瓶葡萄酒塞在病房里，看护林叔叔的小姑娘和林叔叔都说，别说喝酒了，连饮食医生都是严格控制。汪朗说可以出院后带回家再喝。看得出，林叔叔对酒已经兴趣不大了。同去的朋友问他想吃什么东西，可以出去买点儿，他也摇摇头。他很想回家，提过几次，但大夫不同意，女儿布谷也不同意。我们也说，这几天要变天了，出院绝对不行，就是到外面走走也得注意。

我们跟他聊起当年他和我爸一起出去参加活动，喝了一天的酒，误了飞机。住在旅店里，我爸要用衣服把枕头垫高，怎么叠也叠不好，林叔叔说：我来！结果他也怎么都叠不好。我们最爱听他讲这一段，笑得不得了。问他为什么不把这事儿写成文章，他笑着摇头。我们又说，你的经历这么丰富、惊险，知道这么多事，为什么不写出来呢？要换我们家老头儿早就写成稿费了。身体不好，写不动了录音也好嘛，不然将来带走了谁都不知道。他还是笑笑。我说他很不负责任，大家都笑。住在医院里，林叔叔已不写文章了，也不大看书，不想看。小姑娘说：爷爷整天就是看电视！那是个假期里勤工俭学的四川大学生，很天真。我说，你不要看这个爷爷整天看电视，他可是个"伟大"的人，要好好照顾他。汪朗跟他开玩笑说，春节前，领导该来看病号了，你这儿是重头，来过了吗？林叔叔说，还没有。没过一会儿，果然北京市文联的领导就带着花篮来了，病房狭小，我们赶紧起身告辞。

林叔叔说话，有时会提高嗓门，眼睛有些惊诧地睁大，好像有什么不可解似的。这次他说起自己的岁数来，也是这样的表情。他几次说：我都八十六了！……几年前我跟他聊天，说起老人往往会对死有恐惧感。他也是很惊讶地瞪着眼睛说：人都是要死的嘛！

林叔叔，我佩服你的达观，我也相信自然规律。但我更愿意的是，香炉营东巷二号院那间明亮的书房中，有一个白发童颜的老人在从容不迫地微笑。

2009 年 4 月 15 日

怀林斤澜先生

——一个晚辈的回忆和追念

张颐武

林斤澜先生去了。

我感到了悲伤，但更多的却是惆怅。那个我们曾经如此真挚地投入了我们的感情，迷恋文字的魔力，探索文学的未知的空间，发现现代汉语的新的可能性的时代，那个我们度过了青春时代的 20 世纪 80 年代已经离我们如此之远了。而林斤澜先生却是那个时代的先驱者和开拓者，也是在那个时代以自己的努力为我们打开了一个新世界的人。斯人已逝，但过化存神，他的创造的精神和温厚的性格仍然在给予我们启迪和教益。对于我来说，林先生其实是那个文学的狂飙时代的一个标志，一个象征，一个精神的坐标。今天的年轻人不太了解林先生和他的写作了，也不会知道当年他对于我们的意义了。现在 80 后、90 后的世界中，林先生似乎也难有自己的位置了。但其实林先生当年对于文学的影响是当代文化的重要的部分，他的精神和作品其实是属于那个时代，但却超越了那个时代而具有了永恒的价值。林先生本人也已经尽到了自己的责任，他在丰富了他自己的时代的文学的同时，也给了今天和未来的中国文学特殊的精神遗产。对于林先生来说，他的写作是执着的和坚定的，他的探索和对于人性的体察是深入的，但同时他从来都是寂寞的，包括在他最"红"的 80 年代，其实他的写作还是偏于一隅，是真正"小众"的。喜爱他的作品的人从来就不是多数，他也不可能获得公众性的名声和影响，但他却靠着自己并不多的短篇小说，为我们和中国历史的一个关键的时期留下了自己的见证。

我在 70 年代末知道林先生，是由于他 1978 年发表的一篇相当长的短篇小说《竹》，这部小说当时还由电影学院的教授汪岁寒先生改编成了电影，名字也叫《竹》。那电影现在知道的人也不多了，其实在当时这部根本没有受到过关注的电影还是有自己的独到的试验的。我那时还是一个爱好文学的中学生。这部作品用书信体写成，整个小说就是一个下乡到老革命的母亲曾经战斗过的南方的竹乡的女儿和母亲的通信。故事的情节不脱当年"伤痕文学"的潮流，但文笔和对水乡的竹林的描写还是可以看出作家的情怀和表现力。这里的"竹"被作者写得格外有神采和风致，文笔也有林先生特有的高度的凝练。有一段写竹子开花就是死亡的段落，到今天还让我记忆深刻。其实林先生50年代就已经是有名的作家，但他真正有影响的作品其实都是在《竹》之后写出的。90年代中期我为湖南文艺出版社编一部《全国小说奖获奖落选代表作及批评》（短篇卷）的选本，在1978年第一届短篇小说评奖落选小说中唯一就选了这篇《竹》，不是为了它的故事，而是为了那一片"竹"和那独特的文笔。

此后，整个80年代林先生都和他的好友汪曾祺先生一样处于创作的"盛期"。在应该是创造力最强的青年和中年时代，林先生和汪先生没有充分展露自己的创作才华的机会，他们都是到了将近60岁的时候才显露了才华的，获得了前所未有的关注和前所未有的理解的。林先生1981年获得全国短篇小说奖的《头像》，其实写的就是才华被埋没的痛苦和经过了长期的压抑后的喷发。这篇小说当年和汪曾祺先生的《大淖记事》一并获奖，其实开了"新时期"文学的新的路径。林先生的关于家乡温州的"矮凳桥"故事和具有极为深沉寓意的"十年十癔"系列都是80年代文学的最重要也最坚实的收获，今天再读仍然并不过时，无论独特的文笔和意象，或是立意和思考都应和了时代，同时又超越了时代。

80年代后期，我常常参加北京文联举办的活动，得以结识林先生。大概是我的学长黄子平当年的成名作就是评论林先生的文章《"沉思的老树的精灵"》，所以林先生对于我们都有好感，对我也非常亲切，我当时很热衷搜集一些文坛史料，所以对于北京文联当年的老作家如老舍等人的一些轶事常向林先生请益，林先生也就喜欢和我聊聊老作家的掌故。林先生是温州人，和我父亲是同乡。80年代后期温州同乡会常有活动，我的父亲常常和林先生在这样的场合见面，谈谈他们都思念的故乡的事情，他们也会说起我。所以林先生每次见到我都要让我给我的父亲带好。可能林先生对我多一份父辈的感情。当然，我们的关系并不密切，我也没有特意到他那里请益过，不应该谬托知己，但我们每次见面我都能感受到一种关切和鼓励，也感到林先生对于晚辈的体贴和关照。

初次和林先生见面的人，会觉得林先生是个"好好先生"，人情练达，对于世道人心有深刻的理解，为人圆融。汪先生有一篇写林先生的文章，题目就叫《林斤澜！哈哈哈哈……》，这四个"哈"让人印象深刻。但其实林先生是外圆内方，他的个性和思考都有强烈和执着的一面。汪先生的文章就点出了林先生的这一面："斤澜平时似很温和，总是含笑看世界，但他的感情是非常强烈的。"这种风度其实是古典的，也是一种圆润而坚硬的"玉"的风格，但林先生又是现代的。他对于小说的艺术的思考也是非常强烈的。他不断地尝试小说文体的新的可能性，尝试给予小说新的生命，在这方面他是异常执着的。所以，他对于西方来的新理论非常感兴趣，也相当熟悉。他多次和我谈起后现代主义和结构主义等等，也谈过诸如约翰·巴思、冯尼格特、罗布－格里耶这样的作家，他对于这一切丝毫也没有隔膜和厌倦。他比起许许多多比他年轻许多的人对于新事物敏感得多，也开放得多。这其实不是"趋时"，而是通过对于小说的不断的追求达到对于世界的不断的新的发现，在这时，他总会和许多新的事物劈面相对，而他总是要深入到这些事物的深处去探究它的内在的奥秘。我那时被许多人视为一个热衷时髦理论的年轻人，但林先生和我谈得来，他对于新的理论有深入而独特的理解，往往能够从感受中悟到新理论的精髓所在。而林先生从小说写作里悟出的理论，其实对我有极大的启发。让我知道，理论只有和现实不间断地对话才会有阐释的力量。林先生自己也写对于小说的思考，那些文章其实有极高的理论性，也有非常通达的见识。

我想，在中国当代短篇小说的写作中，汪先生和林先生可谓"双峰并峙"。如果说汪先生打开了"抒情"的路径，而林先生则打开了"象征"的路径。两个文坛的前辈其实接上了中国现代小说被中断了的传统。如果说，汪先生像是现代小说中的沈从文的话，那么，林先生就像是当年的废名。汪先生是感性而抒情的，林先生却是沉思而象征的。汪先生的文笔随性冲淡，林先生却是炼字炼句，每一句都有耐人咀嚼的深厚的意味。林先生其实是最大限度地开掘现代汉语的表达能力的人。他在小说中所做的如同写诗。短小却意象纷披，境界深远。李健吾曾经说废名的小说像是过去旧诗中的绝句，用这句话来比喻林先生的小说其实也格外恰当。林先生和汪先生一样是80年代小说最了不起的文体家，汪先生以情见长，让人体会到人间的无尽的情致，而林先生则以理服人，另开小说的一片象征的天地，给人刻骨的深切。"十年十癔"里面的那些诡异的形象、怪诞的故事其实都将短篇小说的力度和强度推向极限，这些作品里的"黑色幽默"确实是现代主义的，但它的文笔却接近传统。情景好像是中国的笔记小说式的，但内涵却充满了"现代"的紧张和吊诡。刘心武先生曾经说林先生的小说是"怪味豆"，其实正是道出了林先生的不可企及的妙处。他在 20 世纪 80 年代那个中国发生剧烈变化的时代中为小说的艺术和中国人对于人性的体察提供了独特的参照，也为当时的年轻的写作者开辟了道路。80 年代后期直到 90 年代一直持续的"实验小说"的潮流，林先生实开其端，他和汪先生一起承先启后，接续了中国文学的一脉传统。这传统既是现代文学的，又是中国传统文学的。他们在两者的基础上尝试的新的路径到今天仍然给后来者无尽的启发。

林先生当然是寂寞的，他的作品从来都是难懂的，也是"小众"的，就是在文学界林先生也始终是一个"另类"。林先生的故去让我感到我自己和有机会聆听林先生的教诲的 80 年代也最终划开了界限，林先生的离去让我感到我的青春时代已经彻底地消逝在时间的深谷的另一面，无可追寻。新的时代不会再有林先生这样的人了。新的时代和新的世界都未必是林先生能够想到的，但林先生的写作其实为这个新的时代提供了一种见证。林先生因此仍然属于我们，也属于未来。

历来喜欢龚自珍的绝句，其中有一首纪念他的前辈同乡诗人宋大樽的绝句足以表达我此时的心境：

忽作泠然水瑟鸣，梅花四壁梦魂清。杭州几席乡前辈，灵鬼灵山独此声。

林斤澜先生安息。

（原载《文艺报·周四版》2009 年第 15 期）

天堂里多了一个好人

陶大钊

人这一生也不过几十年时间，很快就得到另一个世界去。做人的时间很短，走了之后让活着的人称颂为好人就更不容易。林斤澜先生就是一个好人。

我跟林老走得比较近，有年年夜饭我们两家都在一块吃，第二天布谷又拉着我们夫妻俩和她父亲到郊区宾馆住了几天。布谷的盛情款待自然是看在我和林老的关系上。

林老是个好人，凡是走近他的人都知道。有一家电视台要宣传林老，他们打电话给我，要我打前站，先探听情况，结果被林先生谢绝了，他说"不"。可是，他有一位老战友，早在抗日战争时就牺牲了，是个画家，艺术上很有天赋，他的画在当时已经有些名气了，由于战乱，画作四处失散，林老觉得十分惋惜，几十年一直把这件事挂在心头，总想让珍贵的艺术作品重见天日，来告慰九泉之下的战友。他不顾年迈，不惜时间和精力，经过几年苦苦寻找，四处打听，终于找回二十多幅，但画家当年的一些代表作一直没有找到，下落不明，林先生仍然感到十分遗憾。他就是这样淡漠自己，全身心帮助别人。

一天，我家电话响了，拿起话筒一听，原来是林老打来的，他带着几分焦急的心情忙问："最近没有出事吧？你和小张都好吗？这么长时间没联系，我以为出什么事呢。"我忙说："我们外出了，刚回来。"他这才松了口气说："那就好，那就好。"平时我总是隔几天给他去个电话问问情况，这回因为出远门，隔的时间长一些，他便担心起我们了，接完电话我的心久久不能平静，一位年已耄耋而且体弱多病的老人，竟然把我们这对晚辈夫妻的安康挂在心上，实在让人感动。

他走的前一天，我和爱人去医院看他，这时候他已经说不出话来，但眼睛仍然很亮，老看着我和爱人，想说，说不出来。除了非常吃力地说出两个字"大钊——大钊——"，再也说不出别的了。我看他这般痛苦，落泪了，他安慰我，摇了摇头，那意思是劝我不要难过。他虽然说不出话，但心里还是明白的。

说来也怪，他爱人也是我看她的第二天去世的。那是林老从温州打来电话叫我去看她，虽然久病卧床不起，但看她时还能与我对话，没想到下午便住院了。林老第二天从温州赶回来她已经在抢救了，无法见面。布谷给我打电话，要我赶到医院陪陪她爸，以防出事。我赶到医院，没多久，林老说，既然见不到人，待在这里还不如回家，一到家林老就把酒拿出来，抓了一把花生。正喝着，布谷来电话，说她妈抢救好了，进病房了，叫我们休息。其实这时候她妈已经走了，这是夜里 10 点多钟，布谷为让我们夜里休息好而骗了我们。

现在两位老人都走了，一对好夫妻，两个好老人，好人无论走到哪里都会顺心顺意顺风顺水的。一路走好！

（原载《温州都市报》2009 年 4 月 29 日）

山高水远

——我和林斤澜老师

戈悟觉

有段时间，我拿不定如何称呼他：喊叔叔，喊老师，还有 20 世纪 70 年代末刚流行的"先生"。喊叔叔说得过去，他和我小姑是同龄人，一起去平阳山门参加粟裕任校长的抗日救亡干部学校，后来又同在文艺演出队。林老师和师母谷叶来过我家，与我父母都认识，有诸多回忆。不过，40 多岁的人了突然喊一位叔叔，有套近乎、攀亲之嫌，多少有点肉麻。喊"先生"又觉得生分了，明明是长辈同侪，乡亲邻里，用上这个对年长者通用的泛称感到不合适。"老师"是名实相符。

记得 20 世纪 60 年代初，我就读过林老师《山里红》等短篇作品，清新精致，我比之于孙犁。见面是在 70 年代末，在去温州的轮船上。我去温州探亲，他和电影评论家、导演汪岁寒为电影《竹》选外景。我刚在《人民文学》上发表了《故乡月明》，在《十月》上发表了中篇小说《客人》，他看过，但不知道我是温州人。他问："姓戈，戈烟是你的什么人？"我答是小姑。我们一见如故。

1980 年，在巴金、茅盾的倡导下，恢复了停办 20 多年的文学讲习所，意在培养第三代作家（第一代是新中国成立前，第二代是五六十年代）。蒋子龙、孔捷生、陈国凯、古华、王安忆、张抗抗等 32 人入选。这是第五期文学讲习所。我在初拟的约聘老师的名单上，看到王蒙、曹禺等人，林斤澜也在列。不久，听说林老师婉拒了。于是，我这个班长受命去他家请他出山。他以惯常的随和，笑呵呵地说："不配，不配。"谷叶也以她惯常的直率说："不去，不去。"恭敬不如从命；文学界人言沸沸，全是老大。我便说："不是不配，是不去；不去也对。"

在文学讲习所的 8 个月，我常去他家。后来我调到宁夏文联，常来京参加工作会议和研讨会、笔会，到外地参加笔会一般也都在北京转车。我每年数次去林老师家。不拘礼，进门就坐下，师母忙备温州菜，林老师忙着拿酒。林老师好酒但不善酒，对酌几杯，评人论事，谈文议政，有几回谈天竟日，吃了午餐吃晚餐，他累了进里屋躺一会儿，也不放我走，让我在书房随意翻翻书。我说我们是清水加酒水之交，他呵呵地说："也是。"我十分喜欢他的家庭氛围，和和睦睦，互相体谅，开开玩笑。这时，我忘了辈分，但也最想喊他一声叔叔。

林老师为人低调，淡泊处世。他知道很多文学界人际上的纷争，不过不参与，不介入，守着一份静。他多次介绍汪曾祺先生，想让我们结识。可惜无缘。多次提起，汪先生德高望重，著作等身，但什么职务都没有，"你说奇怪不奇怪？"——他很少说这样的重话。20世纪80年代年年有全国短篇小说评奖，在一次文学座谈会上，邓友梅和另一位作家（名字忘了）为林老师鸣不平，说林老师专注短篇小说创作，硕果累累，风格独具，却始终与奖无缘。我把这话转述给林老师，他也只是呵呵地说："不敢当，不敢当。"

林老师随和，但不随流。他在许多问题上很有见地。比如对鲁迅，他说鲁迅的杂文针砭时弊，针针见血，但鲁迅的小说严格遵循现实主义创作原则，不涉时政，不轻易臧否人物；哪个是真实的鲁迅？鲁迅喜欢哪个鲁迅？他对当代作家和作品常有剖析入微、鞭辟入里的见解，而且厌恶逢场作戏、作秀作态。当年一位文学界权威人士把一位年年获奖的作家誉为"中国当代的契诃夫"，他大不以为然，呵呵着说："怎么这样说话？差远了，差远了。"我想，他的随和，不怒不争，是大格局，大智慧。如今少有林老师这种气度的人。

进入20世纪90年代，我对文学创作的主流有看法，便不多提笔了。有两三年时间，热衷于国际标准舞的练习和参赛（当然，也是文联工作，我是宁夏国标舞协会会长），我想林老师一定会不以为然。他为我的文学创作倾注了心血，也为我的短篇小说集《夏天的经历》写过序。不料，他只是饶有兴趣地倾听。那时师母的健康情况已不佳，我们在外面吃饭；师母是搞音乐的，他大声对她说："阿觉（师母常用温州话这样喊我，林老师有时有点犹豫）现在和你同行了，他跳舞，都是表演艺术。"我很感谢老师的理解和宽容。

20世纪90年代中期，我调到温州工作。在去杭州还是回温州的选择上，林老师坚决主张"回家乡"。30多年的笔墨生涯，我这时想要改弦易辙，换一种活法，投身教育。文学界的事和活动基本不参与，写东西也少。以往每年几次去京，一住十天半月几个月，现在很少去北京了，即便去也是来去匆匆。几回过年过节打电话给林老师，打不通，后来才知道搬新家了，电话号码换了。他来温州我也无从得知行止。最后一次和林老师见面是在 2003 年世界温州人大会上，我送他一套我主编的《瓯越文化丛书》，作为向老师的汇报。未及详谈，就到开会时间。最后一次得到信息，是今年春节，他女儿布谷来自医院的短信。我发短信慰问，计划春暖花开时专程赴京看望老师。无论如何没有想到，他会遽然离去。我在车里接布谷发来的噩耗："我爸于下午 16:46 走了。"顿时脑子一片空白。范仲淹《桐庐郡严先生祠堂记》里的一段话："云山苍苍，江水泱泱，先生之风，山高水长。"蓦地跳出。我在车上反复念叨这句话，别的语言都不足以表达。

林老师挚爱温州，温州在他心里很重很重。我送他一根温州蛇形根雕；根雕作蛇，最简单不过，也最简陋不过。然而，林老师把它放在书架上，搬家后，也放在书架上。因为这是温州的根。一次他问我对他作品的看法，我坦言：我有阅读障碍。虽然是温州人，但我阅读和思索的符号是普通话，读他的语言感到吃力，不顺畅。他停下酒杯，沉吟不语。我还说沈从文、周立波写乡土文学，用些方言可以增添色彩，况且叙述语也少有方言。他说，也有作家推心置腹这样说过。不过，他不改初衷，依旧执着。我佩服他的执着。他以自己的不懈努力，把家乡的风情风貌和最有特色的语言，呈现给全国读者。现在他走了。雁山苍苍，瓯水泱泱，天人相隔，各自一方。但他的这份挚爱依旧，我对他的思念依旧。

林老师，走好！

笑着告别人生的一位老人

解玺璋

  林斤澜是我的老朋友。老在这里有两层意思，一是说他年纪大，比我大整整 30 岁，是忘年交；再有，我们相识得比较早，大约是在 30 年前，我刚读大学，他的闺女林布谷和我同班。那时作家还很神秘，有时我们去她家玩，却并不觉得林先生很难接近，反而觉得他人很随和、随便，脸上常带着微笑。他的穿着也很朴素，记得总是穿一件夹克衫，夏天穿衬衫也很随意，如汪曾祺先生所说："棉料的多，颜色倒是不怕花哨。"后来林老搬家，我们都去帮忙，我平生第一次看到一个人的家里有那么多书，装了整整一卡车，心里暗生羡慕。

  以后和林老接触就多了，时常读到他的小说和文章，作协开会、聚会，有时也能碰上他，对他更多了一些了解。我喜欢读他的文字，无论小说、散文，还是评论，都不肯轻易放过。他的文字特别筋道，耐嚼，每个字好像都有很深的意思在里面，只有反复地咀嚼才能品出味道来。有时就读得云里雾里，晕头转向，闹不清老人家想说什么，但仍感觉到有一种魅力吸引着我，欲罢而不能。很久以来我就想写写林老，可是胆子很小，一直鼓不起勇气，怕自己写不好。前年读了程绍国先生的《林斤澜说》，也曾激起我的冲动，想写一篇书评，下笔前却又退缩了。

  林老是我十分敬佩的作家。他一生的创作以短篇小说为主，没有写过中篇，更没有写过长篇。我始终觉得这是一件不可思议的事，总想找机会打破这个谜团。有一年的平安夜大家聚会，我坐在林老身边，忽然想起问他这件事。他还是面带微笑，对我说："有所为有所不为。"他的这个回答让我琢磨了很久，我觉得，对于一个人来说，有所为其实很容易，难的是有所不为。特别是在这个到处充满了诱惑的时代，那些金光闪闪的诱惑正在前面向你招手呢，名啊，利啊，都显得不可抗拒，想要有所不为更是难上加难。可是我们看林老，数十年如一日，就做自己喜欢做的事，以为自己能做的事。这种坚持和坚守，我想是林老留给我们的精神遗产之一。

  林老是个耐得住寂寞的人，所以，他的写作并不追求轰动效应，也不想方设法去讨好读者。他只是按照自己的想法去写，写自己心里有的，写他所坚持和追求的。汪曾祺先生就曾说过："这是他有意为之的。他就是要叫读者陌生，不希望似曾相识。这种做法不但是出于苦心，而且确实是'孤诣'。"所以，林老的小说在文学界被奉为经典，林老有"短篇圣手"之誉，一般读者对于他了解很少，他却不以为意。他曾有言，作家作品有来世报和现世报两种，他觉得自己应该属于来世报。这是一个作家拥有自信力的表现，现世的热闹，在他看来，全如过眼烟云。我以为，这是他能把短篇小说做到极致的原因之一。

所以，林老总能在世事纷争和文人相轻中保持一种与世无争的平和心态，与大家和谐相处。他的"哈哈哈哈"是很著名的，特别是汪曾祺先生写了《林斤澜！哈哈哈哈……》之后，更加广为人知。他与年轻人交往，也都相处得很融洽。很多写小说的朋友，都曾得到过他的指点；而那些搞理论、评论的年轻人的文章，他也读得很仔细，很认真。我看他在一些文章中故意使用或揶揄一些新名词，就觉得这老爷子很有意思，一点也不保守，一点也不守旧，还挺时髦的。我想，正是为文上的古怪与为人上的平和，构成了我所认识的完整的林斤澜。他是没有遗憾地走了，所以，他才能在弥留之际安慰女儿布谷："高高兴兴的嘛！游子要回去了。"

（选自解玺璋：《一个人的阅读史》，重庆大学出版社 2010 年）

无比的苍凉和寂寞

——悼林斤澜先生

苏 北

大礼拜去了皖西一个叫石板冲的地方。两天来与泥土、树木为伍，不闻世事。一进家门，妻子说，告诉你吧，林斤澜去世了。我嘴里"啊呀呀！"，脸上跟着变了色，心立马沉了下来。

我知道林先生去年以来住了几次院。但我想不到他会走了。去年底，我将我写的《一"汪"情深——回忆汪曾祺先生》书稿特快寄给他，想请他写个序。我信中写道："先生您给看看，方便中给写个八九百字的短序。您近来身体好吧，可不敢太麻烦啊。我若赴京，再登门专程看您。"信写出后长时间没有回音。我心中嘀咕：地址不会错吧？——"香炉营东巷2号院"，是林先生自己写给我的；林先生不会不理我吧？这是不可能的。凭我的个人感受，林先生对我是相当友好的。而且，有那么一点点，——欣赏！于是我便安下心等，没想到等来的却是原信退回。我便给汪曾祺的小女儿、我称之为大姐的汪朝发短信。汪朝说，年内住了几次院。我问怎么回事。她说，还是老问题，肺。"肺"我是知道的。我的岳父就是肺病走的，相当麻烦。老年衰竭性的，没有好办法，只有保，根治还没有途径。知道了这些情况，我心中便有了底，等等再说吧，下次到北京，到他府上再说。

我之所以有把握说这样的话，是我前年5月在北京见到他，他的精神很好，可以说是精神矍铄。那天在鲁迅博物馆满是林荫的院子里，散散的有十几位来参加汪曾祺逝世10周年座谈会的嘉宾，三三两两站在那儿寒暄。林先生从大门走进来，远远地就看见了我。其实我们已经有10年没见过面，只是通过几次电话，可林先生走过来，拉着我的手，说，苏北，你写曾祺的那些文章，我都看到了，很有感情。他说话总是笑呵呵的，甚是亲切。我很感动，因为他还注意报章上的这些小文章；再看他人，脸色很好，面颊上红白相间，一头银发浓密服帖。他衬衣外罩着一件灰色小马夹，人清清爽爽的，给人感觉很是精神。

会议开始后，主持人请林先生先讲。林先生说，我生病在医院里。醒来，看见曾祺的人，他就不过来。我说：你过来，你过来。他就不过来。他就在那说。仿佛这个人就在那儿坐着呢！林先生又说，一个叫美学需要，一个叫社会效果。这两个，曾祺都达到了。曾祺晚年写的《聊斋新义》，十几篇文章，我就想：年轻的同志要多琢磨琢磨，这里面有些名堂……都说曾祺"下笔如有神"，我琢磨神在高雅与通俗兼得。

一贯的林斤澜风格。说话和文字一样的风格。因为是这么一个思维的方式。我见林先生思维清晰，人亦颇为精神。"死"这样的一个字，离林先生还远着呢！因此汪朝大姐告诉我他住院，我也只是以为普通的住院。一种老毛病、老年病的平常的住院。我哪里知道，情况是如此严重！老人是如此脆弱！亲切和睿智的林先生，这一去，再也不复返了！

我读林斤澜可以说还是蛮早的，20世纪80年代。特别喜欢的，是林斤澜求变的时期，他开始写系列小说《矮凳桥风情》——《溪鳗》《袁相舟》《笑杉》《李地》。这些小说都有一股特别的"味"。什么"味"呢？汪曾祺说是"涩"。初读《矮凳桥风情》，有时读得一头雾水，恍兮惚兮，像凡·高的画，色彩迷幻。林先生自己倒有一套理论："我写的人和事，自己也弄不明白。""我都懂了，我还写它干嘛呀！"汪先生评林斤澜："冷淡清虚最难做。——斤澜珍重！"充满深情。对林先生文字有大理解的，我以为是孙郁。他写的《林斤澜的本色》和《林斤澜片议》，很有见地，都很好。孙郁说："他善于写神秘的短章，表达时跳跃闪动，从不一条路走下去，一笔双影，一腔二调，一身两形。""读他的作品，有时也像民国文人的笔记，野史与乡邦文献尽入其眼，加之野狐禅的讥诮，使文章如暮色中的乡间古道，影影绰绰之间，闪着神秘的光，让人有无限的遐想。"说出了林斤澜自己的苦闷，不解，恍惚，不确定性，打水漂的飘忽感。林斤澜早期的小说并不好，在他求变之后，他的文字有了一种全新的、别样的感觉。他的《小说说小》，也是很好的文论，写得很有情趣。从中也可以看出林斤澜读书和知识积累的脉络，对了解林先生，是一把极好的钥匙。可惜这本书现在已不多见。

林先生曾为我工作的报纸写过两篇短文，都是写孩子的。手稿中圈圈点点，改动甚多，可是给人的感觉还是干净清爽。稿件的整洁与否，并不在卷面改动多少，而在于那些改动和牵出的线条、文字，有没有书卷气。"书卷气"如何感觉？这也只有你自己去感觉罢了。可惜那些手稿当时交给校对，并没有要回保留。稿件中的附信也不知了去向，现在能见到的，似乎就是夹在一本什么书里的信封了。

我又痛惜又遗憾，由于散漫和疏懒，没能早些时候让林先生为我写下一点文字；也痛惜到北京时，多往来于无聊的应酬，而没能常去林先生府上，多聆听聆听他的教诲。总以为日子还早，以后再说。

林先生的女儿说，林先生是笑着走的。因为一向乐观的他不喜欢别人在身边哭哭啼啼。我倒是要说，这一回老哥俩终于是见面了。人们都说，林斤澜和汪曾祺是"文坛双璧"。他们的友谊是外人难以体味的。汪先生去世后，林先生少了一个可深谈的朋友，内心无比寂寞。这一回，林先生自己过去了。而我们的内心，却充满着无比苍凉和寂寞。

2009 年 4 月 14 日

林斤澜先生大病之后

程绍国

我说的林斤澜先生大病，是说 2001 年 12 月末的那一次。医院发出病危通知书。其实他中年时就曾晕死过去，那是冠心病犯的。这一次是急性肺炎闹的。先是感冒，他遵循贾母三法，停食、饮酒、蒙头大睡。从前是有效的，这回却不行了。他的肺本不完美，他说七八岁时就唠血；而我 1979 年第一次见到他时，他就多痰，因为在楼上，又没有痰盂，只得吐在香烟壳里。温籍作家陶大钊告诉我，先生住在同仁医院。这是次年 1 月 7 日的事，8 日晚我即和哲贵飞北京，夜宿同仁医院边上，9 日 9 点上楼探望。在门外，见先生耳鬓贴棉饼，点滴管、输氧管、呼吸机管……使人想起地下拉起的横七竖八的电线、山间盘根错节的藤蔓。每一呼吸，身体急剧起伏，恍惚中用手去拔掉这些难受的管子，而"特护"已牢牢按住他的手了。我和哲贵见他平静了，悄悄进去，不想在我们站定时，他立即醒来，睁眼像是要摆脱什么。看清是我们两个，满脸的兴奋和惊奇，他要坐起来，可是动不了。我说我们两个是在天津开完会，顺便来看看你的。又说了一两句宽慰话，便急急告辞。不急急，肯定要哭。陶大钊先生说："我探访他，哭了，明知道哭不好，给他刺激，可是我没有办法啊！"

那时夫人脑血栓，在西便门，我和哲贵又去探望，林布谷在，送我们出门，手做打电话姿势，说："有事通知你们。"

先生脱险后，得意地对我说："我知道自己死不了。我每每醒来时，都觉得自己有足够的体力，能对付。"

陶大钊在京城，和先生住得很近，走一条南礼士路就可以了。先生教导陶大钊怎么喝酒；陶大钊的女婿初次登门，送给丈人一个特大的进口的水果花篮，陶把它转赠给先生。他和先生过往甚密。陶对先生说：你著作等身，你不要写作了，身体第一。先生把陶大钊的话转述给我，问我的意见，我尽管非常尊敬陶老师，但我明确表示了反对。我是投先生所好。那时，他是非常自信的，他的创作状态没有任何改变。我太了解先生了，他是不会把笔放下的，笔放下了，就是鱼挂在树上了。我从先生处学会喝酒，处友，游山玩水，但学不会他对文学的咬牙献身。他对我是失望的，从他只言片语中听得出，而他最终还是明确同意了我的"人生快乐观"。而先生就不同了，夫人走了，朋辈至交叶至诚、高晓声、陆文夫、唐达成、蓝翎……走了，最重要的是汪曾祺走了，凉秋肃杀，即使有酒，也驱赶不走寂寥。只有文学，只有铺纸写作，他才愉悦，他才兴奋。他一生没有情妇，文学就是情妇。你读一读《门》吧，你读一读《十年十癔》吧，没有时间，就读一篇最短的《花痴》吧，你能明白先生对文学的态度。"三寸鸣鼓，八方搞怪。""无事生非"，"空穴来风"。"有话则短"，"无话则长"。"小说说小"，手挥五弦。抽象，象征。独辟蹊径，独运匠心，独立门庭，独绝文坛。先生操弄艺术的过程是无比快乐的。他知道自己的成就，他是得意的。他并不孤独，不写作那就孤独！

先生很想到故乡温州来生活，多次对我说"我有故乡情结"。90年代初想在温州买房子，我也为这事跑过，找到一个先生说的"又要马好，又要马儿不吃草"的房子。林布谷一早来电，说"不要！"。我也能理解做女儿的心思。可先生和夫人就是喜爱故乡，他俩都是温州市区人，同龄，17岁同在粟裕任校长的"闽浙边抗日干部学校"学习，后来相约先后到了台湾，在家两人都说温州话。他们对家乡的感情是很深的。也是在1979年，先生写道："这两年日逐怀念故乡，那山深海阔的丰富的角落。有人说：作者的宝藏，是童年的记忆……"而后几乎是隔年来一次，借各种各样的机会，住各种各样的宾馆。面脸金色，心情花样。温州是先生的根，是他梦萦魂牵的地方。更主要的，故乡人物、故乡故事、故乡历史都会触发他的创作灵感。大病之后不久，就说"我要到温州走走"，又怕女儿不同意。终于，2003年10月，温州召开"世界温州人大会"，紧挨着又有一个"唐湜诗歌作品讨论会"，先生的老朋友邵燕祥、谢冕、牛汉都到了，先生顺理成章来到温州。先住温州饭店，后移师均瑶宾馆，直到夫人病危。住了几月，均瑶宾馆宿食竟不用钱，全免。2004年春，又一个机会来了，沧河小学迎来九十华诞。沧河小学由先生父亲林丙坤创办，也就是林布谷的爷爷创办。这回林布谷送他的父亲来温，她在中央电视台工作，忙，只好早走，先生就留下来了。先生住天都大酒店，我单位温州晚报的总编刘文起是个作家，对先生说："你只管住下来，多久都可以。"先生在故乡，向来不花钱。他像一个快乐的孩子，穿街走巷，见同学，会亲友。真叫"兴高采烈"。你说城西街的猪脏粉干好吃，第二天早晨他准在城西街了；你说县前头的遁糖麻糍好吃，第二天早晨他准出现在县前头了。太阳起，他也起，斜背挎包，走一个多小时，折回。他多去少年时熟悉的地方，而且把前一天的食物燃烧掉了。有两回，午后，温州下雨，啊，老人家竟在雨中步行！我说这不行。他说"我少年就是这么走的"，"这是破坏性试验！"还说回来喝一点点白酒，整个人神仙一样。但我说，这事以后不能再干，怎么也不行。

有一天，天都大酒店一位女服务员悄悄跟我说："他中午慢慢地，把一瓶葡萄酒喝完了。"我想这有什么奇怪的。他一生与酒为伴。因为冠心病，医生在40多年前就警告过他，不能喝酒。生命是神秘的，个体差异很大。今天的医学，又说喝点酒对心脏有好处。我想说的吧，先生的破心脏一直服务他，最后是肺器罢工，心脏也只好停跳。汪曾祺不是死于酒，先生也不是。先生喝酒海陆空，葡萄酒、啤酒、白酒、洋酒都喝，中午可喝，晚上要喝，入夜拉他起来，也有兴致，几近全天候。毕竟是80多岁的老人了，我们不大劝酒，他自己的车刹也挺牢的。最有趣的是说自己的前列腺比我、吴树乔、哲贵好，要我们不撒尿，跟他比喝啤酒！

我知道，先生兴高采烈的时候，开怀喝酒的时候，正是创作状态良好的时候。酒桌上，常常眼睛发光，惊异地悄悄说，"今天见到一个人，是我的初中同学……"怎么怎么。或者说，"我今天站在蝉街一个地方，忽想脚下当年就是一口井，我外公……"怎么怎么。我知道，他被触动了，有想法了，来灵感了。

在温州，经常出游。都是原《文学青年》编辑吴树乔开车。吴树乔是老车手，循规蹈矩，高速路上快慢都像时针，叫人放心。先生喜欢坐在副驾驶座，每次上车，我都说，"绑起来绑起来"，吴树乔接着也说，"对，绑起来"，先生自己也说，"绑起来绑起来"。他便拉过安全带绑起来。车一开动，特别是饭后，他即睡着了，斜着头，有轻声呼噜。睡足，即聊天，主要是他说话，说掌故，说文学，说人物，说制度。很有趣，很到位，很公正。比如老舍，他说老舍有恩于他，但新中国成立后的老舍是个两面人。邓友梅是他一生密友，但80年代末以后，大失品格。他说他去革命的原因，一是没事做，没饭吃；二是当时的国民党也实在腐败。与他交谈很随便，什么都可以说，什么都可以问，问什么都有答案。

记得最后一次出游先是到衢州。衢州的牛蹄真是香！当地人说衢州有个神秘石窟，次日就去看了。我们看了，先生说，我来过，还写过《农民的梦》。回家翻文集，还真有！回程时，他聊刘白羽的散文，称甜得发腻，又聊到丰子恺，丰子恺的漫画、书法和散文。先生说丰子恺的散文《塘栖》最好。丰子恺称自己到杭州，坐火车一小时即到，却要坐客船，走两三天运河，在塘栖过夜。塘栖的小吃很好，盆多量小，慢慢喝酒。称船上吃枇杷是件适意的事，皮和核可以丢在河中，然后洗手。我说我们到丰子恺的嘉兴去吧！先生说"好"，吴树乔说"好"，于是把车从浙西南开到浙东北。在嘉兴慢慢玩了一圈，先生最后领我们到了石门湾，丰子恺故居。先生是第二次来了。

2004年夏，好像是《北京文学》有什么活动，请先生回去，从此他再也没有回到故乡。

先生许多重要著作，是故乡触发的。重回故里，常会催生灵感。短篇是灵感的艺术。一部《矮凳桥风情》，17个中短篇组成，是1979年回乡的成果。《乡音》是和少年老友团聚，忽然产生激情。《井亭》是重访闽浙边平阳山门的产物。还有"十年十癔"中的篇什，如《氤氲》。大病之后，先生陆续写了30多篇散文随笔和10多个小说。其中短篇《隧道》和《去不回门》也是他的杰作。前者写人生人世，后者写生命人性，前者似刀，后者似禅。有一篇像小说又像散文的《元戎》，以刘伯承为原型的，写爱护生命，是惊魂之作。散文《点穴》《沧河短草》《惊心——混账记略》，是艺术精品。

林斤澜2005年说："我每年总想到温州住几个月，布谷不让来。布谷对我说，什么时候一起去，可她那么忙，怎么走得脱。我甚至对布谷说，到最后，我总要整个交给温州。我的话说到底了。"布谷还是不让。耄耋之人，心肺又不好……我能理解这位独生女的拳拳爱心。而我也有我的想法，人生暮年，适宜活着，愉快为重。温州有那么多的亲戚朋友、同学熟人，热爱他的晚辈后学。温州菜最合他的口味！这个"山深海阔的丰富的角落"那么温润，空气那么好。每年住几个月，心情舒畅，写点东西，对他的身体有好处。精神状态良好，免疫力强，疾病往往畏葸。2006年，一个好同学委托我，邀请作家看温州，我制造一个"林氏团"，多是先生的下辈至好：章德宁夫妇、刘庆邦、韩小蕙、徐小斌、阿成、何立伟……我把情况告诉先生，先生也很快活，好像来温很有把握的样子。过两天，我再问，先生有些低沉。我揣掇说："多好的机会啊！"先生说："买了飞机票，我只管走，布谷也要我不得，可这样不好。"章德宁也给布谷打了电话，无效。我伤神，恐怕先生今生今世是来不了了。但，我还是努了最后一次力。2008年9月，温州又要筹备第二届"世界温州人大会"。我想让先生最后见一面故乡。我同温州文联说，这回要邀请林布谷。我也同先生说了，先生不是"哈哈"，这回是罕见的"嘿嘿"。文联报批，得到同意，可是不久，先生又病重住院。

我上面所述，好像先生的死因是长别温州。不是的，自然规律能放过谁！我只是说，倘若常回故乡，身心情形可能会好一些，能多写一点东西。能多写一点东西，对先生是多么重要啊！2004年，先生对我说："萧军八十岁时，北京作协在民族文化宫为他开会祝寿。萧军声明从此封笔。我向前致贺，他笑道：'到时候大家都一样，你也封笔。'可是我想，我为什么要封笔？"

但，先生同样封笔！随着体衰，想象力日益枯竭。笔力不逮，又反过来影响身心。封笔，对先生是多么可怕的事啊！先生就是在这样互为绞杀下，走向死灭！

先生90年代写过《门》，2003年在温州写了《去不回门》，2004年在温州开写《十门》，到北京陆陆续续写了"三门"或是"四门"，便写不下去。或是进京探望，或是在频繁的电话里，我总问他的写作。问他的写作，我能探测到他精神和身体状况。2007年，他已很少表露写作的快乐，2008年以后，似乎有些回避谈写作了，渐渐地，我也不多问了。

2008年10月14日，刘庆邦给我一笺：

> 绍国：节前我和德宁、徐小斌一块儿去看林老，林老有些悲观，话也不想说，说他该与这个世界告别了。我们送他回家，看老人家走路还可以。
>
> 庆邦

11月14日，我和吴树乔等人来到和平门先生的家里。他很快活，仍然"哈哈"，问温州，问我的女儿、树乔的女儿。许多是重复之前电话里的问法。他的声音已不洪亮，已差底气。今年以来，总说自己老了，声音越发消沉。每次和先生通话以后，总要难受一阵子。

2009 年 4 月 10 日 8 点 05 分，我接到先生九妹林抗师母的电话，说先生病危，全身浮肿，神志时清时不清，要我有心理准备。我想立刻飞到北京去，但又立刻取消这个念头。倘若来到先生的床头，呼叫一二声，昏迷中他又醒来，知道自己要死了，这是多么不好的事啊！所以，我当日发给章德宁的信息中，说先生"早点走也好"。

次日 18 时 08 分，汪朝（汪曾祺先生小女儿）给我发信息："林叔叔去世了，你知道吗？"我在开车，没有看到。5 分钟后，章德宁来电，我才听到这个消息。意料之中的事，可是我怎么也控制不了自己，把车停在路边，摇上车窗，泪如泉涌。先生是 16 时 46 分走了的。

17 日，我和哲贵、吴树乔、吴琪捷、钟求是到八宝山革命公墓兰厅和先生告别。八宝山据说还有其他公墓，上了级别的人才上革命公墓，而有的人认为兰厅还不够，应当是更好的厅。我觉得不必，这太无所谓，先生不在乎。先生甚至不喜欢这里。先生是人民作家，真正的人民作家，不是别的家。先生人已经消失了，已经没有了，完完全全没有了。先生已经什么都不知道了，不知道自己有什么，更不知道有多少悼念的人、是些什么人、多少花圈花篮、什么挽联了。我们知道，他留下了大量精美的小说、散文和文论，知道他留下了泣鬼神的艺术精神，而今天，他已经一点也不知道了。

26 日 11 点 30 分，先生的骨灰，落葬在北京通州的通惠陵园。

（原载《当代作家评论》2009 年第 5 期）

归故乡

哲 贵

4月11日下午6点25分和26分，绍国给我打了两个电话，我没接。三分钟后，当我看到这两个电话时，心里"咯噔"了一下，我知道出事了。一打过去，绍国就说，林爷爷在一个钟头前走了。

那天晚上我在报社值大班，我一直在犹豫，要不要把这个消息登出去，最终，还是打消了这个念头。我知道，作为一个新闻工作者，失职了。不登，完全出于私心，我还是希望，绍国这个消息有误，第二天，北京方面能够传来好的消息。当然，我也知道，这个希望有点渺茫。但这是我最后的一点希望了。

第二天早上，我还在床上，绍国又打电话来，说遗体告别仪式定在17日，我们16日去北京。接完电话我就起床了，头有点晕。我凌晨两点半才躺下，刚刚要睡过去，突然就惊醒过来。总是睡不安稳。如果没有这个电话，我会一直赖在床上。起床后，我看了看窗外，很大的一个太阳。洗刷完毕，我也没有吃早点，只喝了一小杯的水，就换上运动短裤，到斜对面工贸学院的操场去跑步了。我已经在这个操场跑了两年多的步。这个操场是个标准的操场，中央一个草坪足球场，边上有六条塑胶跑道，一圈400米。我有时是早上去跑，有时是晚上去，一般跑15圈，用时40分钟。但这一天，我足足用了一个钟头。跑完后，我慢慢走到足球场的中心，跪下来，朝着东北偏北的方向拜了三拜，站起来的时候，嘴里叫了一声"林爷爷"，眼泪突然就滚出来了。操场里只有我一个人。我不希望自己的哭声让别人听见。我也不希望让林爷爷听见。他跟我说过，死亡是自然规律。但我更愿意相信，这时的林爷爷已经成佛了。他和汪老不是号称文坛的"一僧一道"吗！汪老在十多年前就化羽成仙，林爷爷现在也悟道成佛。

我跟林爷爷的交往是因为绍国。绍国叫他舅舅，是有缘由的，其实是老师。在中国文坛，林爷爷内心认可的学生有两个，一个是刘庆邦，我去北京他家里，喝酒的时候，林爷爷喜欢把刘庆邦叫过来。一叫他就欢天喜地地来了。另一个是程绍国。他对绍国寄予厚望，好几次跟我说，如果绍国能够集中精力写五年，是能够写出名堂来的。但绍国的人生态度是，写出名堂又怎么样呢？写到林爷爷这个层面又怎么样呢？文学太辛苦，太寂寞，他要今朝有酒今朝醉，将进酒，杯莫停，要快意人生，要享乐人生。绍国是我的启蒙老师，按照辈分，我叫他林爷爷。

我跟林爷爷正式有交往是在 1998 年。在这之前，我看过他的《矮凳桥风情》，看过他的《十年十癔》。那时候，他的"门系列"还在陆陆续续地发。但是，已经够了。有人说他的小说是前无古人，后无来者。我觉得，他前面是有古人的，他的前面有《世说新语》，有唐宋传奇，有《聊斋志异》，有鲁迅，有废名。但是，在他之后，我估计不会有人像他这样写小说了。他在前人的基础上树立了自己的一座小说高峰，无论是在文体、语言还是思想的深度，他都是"独孤九剑"。他是在绍国编的副刊上看过我的几篇散文，问绍国，哲贵何许人也？但是，那时他在北京，我在温州，也只能是"何许"。1998 年下半年，我去北京的鲁迅文学院进修，他把电话打到学校，叫我去他西便门的家。我记得那天是 10 月 11 日，星期日，我上午 9 点一刻到他家，他说我"一表人才"，"表"过之后，就跟我谈艺术，谈我的小说，大意是艺术有两点：一是语言艺术，一是形象艺术。他说我的语言还是平平。形象好。这话让我震动。我一直以为自己语言好呢！在北京的半年里，我经常去他家里，都是上午去，他给我"上课"，中午就在他家里吃。所谓的吃，就是喝酒，他收集酒瓶，家里有各种各样的酒。我们只喝白酒，每次喝四样，从中午，一直喝到晚上 6 点多。

从那之后，我每写一个小说，都寄给他看，每隔两个星期，给他打一个电话。他家早先的一个保姆是甘肃人。后来一个叫小夏，也是西北那边的人，小夏一听见我的声音就说，噢，哲贵啊……这十年来，他看我的小说，少说也有一百万字，大部分的小说都没有发表，因为小说写好后，放了两个月，再拿出来看看，自己也不满意，只能扔了。但是，只要我把小说寄给他，不管好坏，他都认真看，看后把意见跟我说。有的是在电话里头说了，有的写成文章拿出去发表。

他很少当面表扬我，但我知道，他是很爱护我的。我听别人说，他碰到《当代》的编辑，就问哲贵的小说怎么样。碰到《人民文学》的编辑也问。他希望我在文学上能够走出一条自己的路来。

他大概是对绍国的小说写作有点失望了，把希望转移到我的身上来。2005 年 8 月，他的家已经搬到和平门了。他女儿的家就在马路对面。我去北京出差，有一晚，我们两个人在一个小酒馆里喝酒，他对我说，你努力写五年，把所有的精力都投进去，只有这样，整个写作的境界才会提上来，境界上来之后，就掉不下去了。但是，他话又说回来，说在温州这种社会环境，经济那么发达，让你专心坐下来写小说，有点为难了。我理解他的意思，他所说的境界，就是文学的职业精神。

我结婚前，他主动跟我说，我给你写一幅字吧！但他又说自己的字写得不怎么好。没多久，我就收到他邮寄来的一个大信封，打开一看，三个字，"和为贵"，用的是篆书。年底，我跟绍国去北京给他拜年，发现他的书桌下有厚厚的一叠报纸，上面写满了"和为贵"。每次我给他打电话时，他都会问我爱人的情况。我的小孩出生后，我给他打电话，说，林爷爷，您现在做阿太了。他在电话那头哈哈哈地笑了起来。

在我跟他认识的这十年里，他来过三次温州，每次都住上一段时间，最长的一次住了四个月。他一回到温州，整个人就灵活起来，眼睛炯炯，走路都是跳跃式的。在温州的日子里，他几乎每天喝酒。他有活动，我跟绍国两个人就跟在左右，他指哪里，我们就打到哪里。他想吃什么，我们就去找什么吃。他每次回来，我们几乎都要吃遍市区所有的酒店，把朋友家里也扫了一遍。绍国跟我的家里更是喝了一遍又一遍。每次出动，基本是吴树乔当车夫。树乔心细，车开得稳，我们对他十分放心。最远的一次，我们计划开车去福建的永定看土楼。我有一个感觉，林爷爷回温州一次，我的小肚子就顶出来一圈。但他是我见过最有自制力的人，总是酒喝到一定的程度就刹车了，而且，算起来，我跟他喝酒几百次，从来没有见过他中途上厕所。有一次，他跟我开玩笑，说要跟我比喝啤酒，唯一的前提是不能上厕所。他说比喝酒不上厕所这一项，他的酒量天下第一。

每次跟我通电话时，他总会问温州的情况。他说自己很想温州，想再回来一趟。但是，2008 年初他病了一场，这场病让他的愿望只能成为一个愿望。他的病是老毛病，一个是肺的问题，呼吸道容易受感染，痰多。天气一变就受感染。另一个问题是心脏，他三十多岁时心脏出过一次大问题，医生说他"没几年"了，但后来被一个中医看好。他多次跟我提起那个中医，说他是个奇人。其实，2002 年时，他的肺就出过一次大问题，同仁医院发出病危通知。我跟绍国赶到医院，他躺在特护病房，鼻子插着皮管，人已经处于昏迷状态。但他好像有心灵感应，绍国和我一走进病房，他居然醒过来了。我们简单说了两句，喉咙发干，眼睛发涩，赶紧离开。那天晚上，我跟绍国两人坐在医院边上一个小酒馆喝酒，不时抬头看看医院 11 楼他的病房。我们像两只失去依靠的小鸟，觉得那晚的北京特别冷。那一次，他挺过来了。但是，2008 年初的那场病对他造成了致命的打击，他从医院出来后，我给他打电话，声音一下子就沙哑了。不亮了。最主要的是，他对自己的身体不自信了，他以前是很自信的，走夜路时，别人要伸手去扶，他嘴里说着"不用不用"，跳跃式地朝前冲去。这一次，他说自己真的老了，吃什么东西都没有味道。有一次，他在电话里跟我说，现在连脑子都老了，构思一个小说，头一天已经想得差不多了，第二天起来一想，又散了。他说这句话时，我听出了一些无奈。对于他这样一个职业作家来说，如果不能思考和写作了，那将意味着什么呢？

后来，他搬去跟女儿住在一起。他女儿住三楼，他住一楼，这样照顾起来方便一些。他这个新家我没有去过。我听说他在家里住几天，去医院住几天。有时电话打过去是录音，我就知道他又去医院了。就是在家里，医生也不让他出门。我几次电话里跟他说，要去看他，他却总是说，如果能回一趟温州看看多好啊！就在上个月初的一次通话中，他又跟我说，他年少的时候，每年冬至那一夜，都会坐轮船到江心寺，那里的和尚会做一夜的法事，他会跟着看一夜。他还说自己想到雁荡山和台州一带的山区走走，因为那是他刚参加革命时活动的地方。说这些话时，我能感觉到他内心的无限向往。我说好的，过几天，天气暖和一些，我跟绍国去北京，把您接过来住一段时间。就在前些天的夜里，我跟绍国一起喝酒，在酒桌上给他打电话，绍国还在电话里说，等春暖花开，我和哲贵去北京接您。

我们心里都知道，这个可能性约等于无了。

但是，现在，林爷爷可以回来了。这个时候，已经没有什么力量可以阻挡他做任何事了，他可以想干什么就干什么，想去哪里就去哪里。而且，我想林爷爷做的第一件事可能就是回到故乡来走一走，看一看。这一次，他可以带着爱人，在故乡长住下来。游子归家了。

2009 年 4 月 14 日于温州

多好的春天啊，先生慢走！

吴树乔

4月11日下午，感觉身体有些不舒服，就去做了个红外线理疗。做得直冒虚汗，回家的路上，浑身绵软，有如虚脱。靠在公交站台等车的时候，绍国来电话，说老人家走了。我只"哦"了一声，半晌才问什么时候走的。说是一个小时前。那一刹那，我感到周围的大街上突然就安静了，所有的声音瞬间都消失了。林斤澜先生真的走了，尽管早已有了心理准备，但仍感突然，更感怅然。

去年11月14号晚上，我和绍国、建舜三对夫妇去北京看望林先生。那时他精神还不错的，但已看出不如早先，先生听我说工厂已不做了，直叹：那怎么办，那怎么办！绍国说：吃吃还有。先生就笑，又问：听雨（我女儿）毕业了没？我说明年。那天我们都同林先生合了影，先生穿着睡衣，头发有些凌乱。这是我和林先生最后一次合影。现在，绍国的一通电话把先生和我们过去的交往，瞬间凝结成了历史，永远封冻在了记忆里。

初识林斤澜先生是1983年秋天，《文学青年》召开笔会，林先生先于高晓声他们到达温州。那次来温州的有林斤澜、高晓声、曾毓秋和曹玉模，是否还有其他人，我已记不得了，如今这几个人先后都已经走了。绍国我们几个人一直以为林先生能活一百岁，早几年他身体一直很好。绍国、哲贵和我陪先生喝酒的次数算是比较多的，常常都是我们跑了好几趟洗手间，他还坐着不动，老笑我们不如他。绍国就说你的零件可以用一百年，他就笑。精力这么旺盛的人，不该说走就走的。前几次回温州，先生总喜欢到周边走动，那次去龙游石窟大约是2005年春天吧。绍国和我陪先生看完了石窟，晚上在衢州吃牛蹄，喝的大约是绍兴酒。喝着酒就有了兴致，说：要不明天去嘉兴玩玩。三人都说好。第二天我开错了路，错过了高速入口，只好走国道，多走了几小时的路程。一路上林先生总说：阿乔，你歇会儿吧，香烟先吃一支嘛，我说嘉兴人在等我们呢。到嘉兴已是傍晚，第二天，嘉兴作家陆明、但及陪着去了丰子恺故居。林先生说：丰子恺的书法比漫画好，散文更比书法好。那一路上先生兴致很好，先生高兴我们也就高兴。

更早之前我们三人已去过奉化的溪口，在雪窦山慢慢地走，边走边说过去的事。绍国那本《林斤澜说》，多源自先生的口述。听先生心平气和地述说往事，是很享受的，言语中尽显豁达、乐观的人格魅力。有一次林先生说：为什么有些人老说《台湾姑娘》是我的代表作，这篇小说能代表我吗？《十年十癔》能代表我。后来我在网上看到林先生有一次接受《南方都市报》记者采访时也谈到同样的问题。《十年十癔》我是认真看过的，在我看来《黄瑶》和《白儿》是短篇小说中的极品。印象中没有和林先生正儿八经地谈过文学，都是说着别的事，自觉不自觉地就拐到文学上的。

老人家曾说：阿乔，什么时候去崇武古城看看吧。我说，您看嘛！您想什么时候去就什么时候去。后来他去了北京就再也没有回到温州，是有些遗憾。这些想去而没去成的地方，留待来生再去也无妨，阿乔定会伺候左右。先生这会儿躺在那冰凉的地方，听我这样说，一定是笑着直点头。在这个飘着"雨毛篷"的春天，先生独自去远行，我无法与他同行。绍国买好了16号去北京的机票，我们会去送先生最后一程。

多好的春天啊，先生慢走！

2009 年 4 月 12 日

哭还是笑?

——怀林斤澜先生

吴 玄

中午，朋友来电话说，林斤澜先生过世了。

林先生是 4 月 11 日过世的，已经两天了，我一点也不知道。整个下午，我都在想着林先生，大概这就是怀念吧，我脑子里充满了林先生的形象和他哈哈哈的笑声，我从未想过他有一天也会死的，在我的印象中，他是没有年龄的，不会死的，也不可能死的。

林先生是我同乡，从小我就仰望着，不过，真正见到他，已经是在他八十高龄的 2004 年了。那时，我在《当代》当编辑，温州的程绍国兄寄了一篇稿子《文坛双璧》，写的就是林斤澜和汪曾祺，绍国还在电话中说，他准备写一本林斤澜传，不以生平而是以人物关系的方式，一章一章写，这是第一章。绍国的文字可能是受过林先生的熏陶，向来是很好的，可以当教科书的，而《文坛双璧》更是让人吃惊，写得实在是太好了，两位先生的音容笑貌，宛在眼前。随后，《文坛双璧》就发在了《当代》上。

汪曾祺和林斤澜在当代文学史上的重要性，大家都是知道的。一个温暖，一个深刻;一个把小说当散文写，一个把小说当诗写;一个使小说回到了传统，一个使小说走向了现代。但是，这些年文坛似乎又把这两位大家给淡忘了，也不知道有什么理由忘掉他们。《双坛双璧》好像唤起了大家对当代文学的某种记忆，从文学史家到一般看着玩的读者，都说好。因此，《当代》专门为程绍国开辟了一个专栏，连载了两年。后来，书也是由人民文学出版社出的，最初绍国定的书名是《林斤澜的世界》，我觉着不太好，就改为《林斤澜说》。

那两年，每隔一些时间，绍国便要来一趟北京，看望林先生，并搜集资料。绍国的到来，也就是我去看望林先生的时间。第一次见到他，是在复兴门附近的一小套房间内，房间好像相当简陋，我不记得了，我只记住了他的脑袋，他的脑袋看起来是透明的，会发光的，再细看，头发是全白的，眼神是清澈的，很有些返老还童的意思。当时，林先生一点也没有老的迹象，还在写小说，每天走路两小时，说起话来中气十足，尤其是哈哈哈的笑声，极具感染力，会让人忘乎所以。

不久，林先生搬到了和平门，房间还是不大，书房和客厅是合二为一的，书房或者说客厅，一面墙上摆了一个多宝隔，摆满了各式各样的空酒瓶。原来他不仅好酒，还好空酒瓶。林先生好酒是有名的，和汪曾祺、陆文夫、高晓声并称文坛"酒中四仙"，只是林先生的境界可能更高些吧，他可以不喝酒，看看空酒瓶也很满足。

林先生据说从来不醉，不过，他的酒量已经被女儿布谷控制了起来，一餐不得超过三杯的。我们一起吃饭，布谷通常不在，但林先生饮过三杯，也就打住了，只是拿眼望着酒瓶。我们说，再喝，再喝，布谷不在。林先生想想也对，于是再喝。这个时候，林先生更像一个小孩了，在他面前，我本来就喜欢乱说，这时，就可以更加乱说了。林先生一生除了夫人，好像再没爱过别的女人，这个，我总觉着是个遗憾，一个作家，怎么可以没有风流韵事呢。我说，林老，你除了老婆，真的没有了？林先生确定说，这个，真的没有。我说，太遗憾了，你看看汪曾祺，要不，我给你补上。林先生说，怎么补？我说，我记得你跟杨振宁同龄，81岁，最近，他找了一个28岁的老婆，知道吧。林先生说，知道。我说，我们林老，怎么也得超过杨振宁，杨振宁满脸老年斑，而你一个也没有，我帮你找个27岁的。林先生一听，顿时哈哈哈哈地大笑起来。

林先生的笑，向来就有名的，其实不用开玩笑，他自己也会哈哈地笑起来。多年前，汪曾祺就写过一篇《林斤澜！哈哈哈哈……》的文章。大意是林先生的哈哈，是他的保护色。每遇有人提到某人、某事，不想表态，他就把提问者的原话重复一次，然后垫以哈哈的笑声。某某某，哈哈哈哈……这件事，哈哈哈哈……既然汪先生这么写，我想总是有道理的，面对生活，他也只能哈哈哈哈，但面对小说，他肯定是焦虑的，痛苦的，审丑的，欲说还休的，只能动用象征和隐喻。不过，就我听到的林先生的哈哈声，并不是保护色，这一切都烟消云散了，他就是高兴，哈哈笑而已。

写到这儿，我上网搜了一下林先生的消息，他是因心脏和肺衰竭，在同仁医院去世的。布谷说，他一生达观，他是笑着走的。

林先生，一路走好。

2009 年 4 月 13 日

我写不了您，斤澜先生

陆　明

　　12 日向晚，晚饭的酒杯刚刚端起，汉明打电话来，声音低沉地告诉我：林老去世了，11 日。

　　没有惊悉。

　　去北京，听我说话的人不见了。

　　过两日，汉明嘱我作文，关于斤澜先生的。

　　倾盖如故。我本可以据此下笔，但下笔终难成文。

　　去北京，听我说话的人永不再见了。

　　我写不了您：斤澜先生！

　　人生至此，夫复何言。

　　但，旧影宛然如昨，检出交付汉明我兄。汉明如其责我情寡，亦可。

2009 年 4 月 20 日长夜

念想

——小记林斤澜先生

邹汉明

12 日暮晚，上网，惊见林斤澜先生去世的消息，无言。

端起电话，报知陆明，电话那头，传来陆明"啊呀！"的一声。两人默默停歇数秒，才接上话头。

我与林斤澜先生只聚过一次，谈不上交往。林先生于短篇小说领域，是卓然的一大家。我只是一个晚辈，一名他的读者，援笔作文，更不敢谬托知己。

2004 年 3 月杪，程绍国与其友吴树乔驱车带着林先生来嘉兴会酒友陆明。三天的相聚，酒桌上，论诗说文，旁及小道消息，我多有胡言与妄语，林先生哈哈哈哈地笑，他是那么随和好玩的一个老头，他的笑我记住了。他慈爱地扶住我九岁女儿的照片，我记住了。他的语调，他乱蓬蓬的白头发，他走路的步子，他一手摸着腰一手接女儿林布谷电话的样子，我也记住了。从此，我读他的作品，眼光触到那些文字，林先生的声音，林先生的形象就出来了。

林先生的声音，后来收集到绍国《林斤澜说》一书中去了。书出来，绍国寄赠我一本。这几日书架上取下，重新翻阅。林先生的声音，五年过去了，也不曾减弱，还是那么清晰。他那个时代的作家，这样坦荡的声音实在是不多。

2006 年岁末，我去北京，揣了他家的地址，却没去看他，怕打扰他，也觉得不必让他费心记起我这样的一个作者。事体办完，还是往林先生家拨了一个电话，问他好，报上名字——他记得。他"咳……"的一声。他开始感叹自己老了。说话前，他那一声著名的"咳"，再次听得，真是今生难忘！当时，绍国的大著《林斤澜说》刚出版，绍国我老友，林先生告诉我他也在北京，刚刚开过这书的座谈会。但我终于没有联系上绍国，独自回了嘉兴。

五年前，我开始编辑"南湖"时候，建议开设一个"当月专栏"，专栏的首开是邹静之，开了几年，疲了，想来一个收尾——想到了林斤澜。其实，林先生有三篇文章，一直存在我的电脑里，我想凑足四篇，做成这个末期的"当月专栏"。

2008 年下半年，我写去一信，向林先生约稿，特别提到请他写关于丰子恺先生的稿。林先生对丰先生晚年散文的评价极高，他讲丰先生散文《塘栖》的好，是我亲耳所闻。20世纪80年代，我家住缘缘堂的西隔壁，对丰先生我也是有一份情感的，这个，陆明与我陪同林先生去缘缘堂的时候，我喋喋不休地说过的。可是信寄出许久，未见回音，陆明叫我耐心等等，一再说林老是一定会回信的。又过了一些时间，陆明去电，方知林先生住院了。

林先生写丰先生的文章，读者和我，是无缘读到了。林先生闲话前面的那一声"咳"，熟悉他的人，是再也听不到了，林先生那著名的"哈哈哈……"，也成文坛的绝响了。

林先生路经嘉兴的短短三天，却让我念想再三。

2009年4月21日

短篇圣手　情系楠溪
——悼念林斤澜先生

陈惠方

　　林斤澜先生这两年来身体一直不是很好，这我是知道的，但是，正当我从北京来到楠溪，参加农民作家陈晓江的长篇小说《芙蓉外史》的首发式的次日，突然听人说："林老去世了！"我心头不由感到既突然，又痛惜、后悔。

　　我应晓江之托，欲将晓江刚出版的《芙蓉外史》赠送林老。从北京出发前两天，我还专门打听林老的身体情况，当有人告诉我"他还行"时，我真替他高兴，暗祝他健康长寿。没想到时隔不到一周，林老竟驾鹤西去，真是令人痛煞哉！

　　而令我感到后悔的是，当时我们想到，林老对楠溪江钟爱有加关心尤甚，他又是用温州方言写小说的大家，而晓江的作品既是写楠溪江的，又是纯粹用本地方言写的，因此，将此书送给他，不仅很对他胃口，也会让他喜欢，而且还可以当面得到他的指点，因此我和晓江一致的看法是：应尽早把书送给林老看。可是，当时因为时间关系，我最终还是采取了快件邮寄的方法，一念之差，失去了最后一次同他见面和请教的机会，真是终生遗憾！

　　提起林老对楠溪江的关心，使我不由得想起18年前，由他首倡的北京作家楠溪江采风团之举。那一年，时任永嘉县委副书记的李文照同志，受县委委托来到北京开恳谈会，邀请永嘉籍在京工作的党政军人士，为永嘉振兴建言献策。林老是地地道道的温州人，这位素有"短篇圣手"之称的老作家，非常热爱家乡，热爱家乡的每一寸土地，热爱家乡的一草一木。在改革开放之初，林老率先来到改革开放前沿的温州地区，主要是桥头一带体验生活，写出了以"矮凳桥风情"冠名的一系列短篇小说，人称"怪味小说"的精品之作，当时在全国引起了强烈的反响。

　　笔者作为林老的同乡、晚辈和后学，对他的这些作品也是情有独钟，在拜读他作品的同时，不揣浅陋，写了一篇题为《栊翠庵的暖色》的评论文章。我认为林老创作这一系列新作，怀着对故土的深爱和对改革开放的极大热情，一改以往的冷峻笔调，而充溢着热烈和暖意，从而使小说有着很强的感染力和很深的启迪意义。这一文章在报刊发表后，得到了林老的认同和赞赏，他还特意推荐给北京文联的一个内部刊物发表。从此，我们俩成了忘年交。我们每次会面，谈得最多的还是家乡，家乡的山，家乡的水，家乡的人，家乡的事，每每谈到楠溪江，林老那双光灵灵的眼睛，就会格外地"光"起来，谈兴就格外地浓。因此，那一年，当李文照副书记征求参加恳谈会的人员时，我们一致推举林老，而林老则十分乐意与会。就是在这次会议上，林老向县里领导倡议组织北京的作家到楠溪江采风，他的倡议立即得到与会同志及县领导的赞同。于是，就有了后来的北京作家楠溪江之行。

现在，当我回忆起这一次北京作家楠溪江采风的情景时，林老的音容笑貌跃然眼前。当年已届 68 岁高龄的林老，到了楠溪江后，情绪十分亢奋，他并不是以客人身份，而总是时时处处以主人身份，向外地的作家滔滔不绝地介绍楠溪江的风土人情、方言土语，介绍楠溪江的特产土货、山珍小吃。他与汪曾祺，并称文坛"双璧"，两人又都是作家中有名的美食家。每次吃饭时，总会听到林老向汪老和别的作家，津津有味地介绍楠溪山底的风味小吃，特别是楠溪的老酒汗，东皋的红柿，狮子岩周边的溪鱼，等等。汪老听了林老的介绍并亲口吃了几次农家饭后，颇有感触地说："过去只听说吃在广州，现在可以说是吃在温州！"林老把楠溪江的"吃"，写在他的几篇文章里，真是"色香味俱佳"，读上一遍，让人口舌生津。他的这些文章发表后，大大提高了楠溪江的知名度和美誉度。在参观游览时，他兴致勃勃，劲头十足，像年轻人一样，跑前跑后，跑东跑西，一个景点也不落，每个方位都要看一看；他还像导游，娓娓动听地向外地客人讲解景点的神话故事或地名由来，使参观者印象更深刻。

采风结束回京后，他又同笔者一起，向各位名家约稿，组稿，集稿，亲自编稿、写序，于是就有了集北京作家楠溪江之行感思见闻的《初识楠溪江》一书。这本书对宣传楠溪江起了重要作用，功劳应首推林斤澜老先生。

林老啊，我们楠溪人民怀念您，愿您一路走好！

2009 年 4 月

林斤澜留给文坛的警示

张 健

得到先生仙逝的消息是 4 月 12 日下午，心底訇然一沉，知道这回再也无法与和蔼然可亲的"林大哥"见面了……几年前，先生病重过一次，报了病危，一位在场的朋友顿时失声痛哭。但之后奇迹却出现了，老人不仅挺了过来，而且恢复得越来越好，脸也红扑扑的，精神矍铄。我们还埋怨那位痛哭的朋友，说"不吉利"。后来，先生还和我们一起出席第七届作代会，谈笑尽欢。但是，这一次老人真的静静地走了。

从此，中国和世界，再也读不到林斤澜新创作的短篇小说了。

中国短篇小说成就最大者，我认为自孙犁、汪曾祺之后，只有林斤澜一人。

林斤澜低调到极致，从未大红大紫，但他留给我们的作品却"深刻得惊人"、"诡奇得惊人"、"美丽得惊人"。2007 年 9 月 25 日，北京作家协会为林斤澜颁发了"终身成就奖"。颁奖词称："林斤澜先生一生致力于小说的艺术探索，在小说语言、小说艺术及理论方面的独到发现与见解，对中国当代白话文写作极具启发意义。"

大概是 2004 年秋天，应一家刊物邀请，林斤澜、刘心武、中杰英等几位老作家在天津有一次小小的聚会，内容是畅谈小说的创作。林斤澜谈了两个观点，语出惊人。一个是，小说要"有话则短，无话则长"。另一个是总结自己在创作上的失误。他说："摸索了这些年，我要谈一点失误。我过去有一段时间，感到萝卜地里只能种萝卜，后来才发现，萝卜地里同样可以种白菜。"那意思是，自己曾经在一段时期的创作中，淡化了情节和故事，而是向深处探索，写人物内在的心魂。如今看来，写心魂也没有必要将情节和故事过于淡化。一位成就巨大的老作家，这样坦诚地敞开心扉，谈自己在写作上的"失误"，我是第一次听到。

一位真正的作家，对于创作付出的是什么样的心血？一个短篇，哪怕是一篇千把字的小小说，是如何诞生的？读者往往是无法知道的。林斤澜有一次和老友汪曾祺聊天，谈到一个生活中的细节："文化大革命"时，一户人家的主人，夫妇俩都被关了牛棚，家中最疼爱的一只猫只能四处寻找野食活着。等主人回来之后，发现这只本来极其温顺的猫，变了，变得冷酷异常。一见到吃的东西就扑上去，很厉害地狂叫，仿佛要和同伴拼命。汪曾祺说，是块好料，可以写篇不错的小短篇。两人都觉得，这是一篇小小说的"好料"。这块料，林斤澜在心中存了多年，一直因没有找到一个好的视角而无法动笔。十年后，汪曾祺问林斤澜："那个猫，你写了吗？你要是不写我可就写了。"林斤澜笑答："你写你写。"说完两人就又都把此事放下了。最终，这篇小小说两人都写了出来。当然和素材变化很大。发表后，有人喜欢汪的，有人喜欢林的。我觉得尽管汪是大手笔，但此文却过于直露。而林于心中"闷养"了多年，自然更隽永。

几年前，山西平遥的一位作家，请林斤澜等几位北京的作家去给平遥的文学爱好者讲创作。林斤澜没有二话，放下手中的写作就和我们一起去了。在一座庙里，20多位文学爱好者团团一围，听林斤澜生动剖析鲁迅短篇小说的妙处，老人那连珠妙语如在耳边。讲完课，黄昏里我们一起绕小城走走，天黑了，在昏黄的路灯下，在一家小得不能再小的路边小店，林老提议喝点儿酒。他说菜他来点，要了几个豆腐丝花生米之类的小菜，我们就在路边小桌旁围坐喝了起来。

2007年秋天，全国作家第七届代表大会期间，韩小蕙约着我和刘孝存推开了林斤澜的房间。80多岁的林老紧紧拉着我们的手，久久不松。我和刘孝存只是想念林老来拜望，机灵的韩小蕙摸出纸笔来了个突击采访，林老笑呵呵地有问必答。当时，我们还几次打断小蕙，让她谈的时间不要太长，怕影响老人休息，如今，想在他身边坐一坐的机会，也永远没有了……

林斤澜的创作，"对中国当代的白话文写作极具启发意义"；林斤澜的为人为文，对当下整个文坛的生存形态，更具有特殊的警示意义。以此，来缅怀和祭奠他，在他飘然西去的时候。

（原载《中国国门时报》2009年5月8日）

缅怀一代宗师林斤澜先生

乌 人

我是从好友关圣力的博客上得知林斤澜先生去世的消息的。

4月12日上午8点多，当我打开博客时，关圣力发在博客上的一篇文章的题目，赫然闯入了我的眼中：《悼念林斤澜先生》。一瞬间，我的大脑一片空白。

早就知道林斤澜先生的身体一直不好，常常是隔不了几天，就得到医院治疗一段时间。也早预料到林斤澜先生离开我们是早晚的事。因为毕竟已经是86岁的人了。岁月不饶人，这是无法避免的事。但是，当我看到林斤澜先生逝世的消息，我还是一下子接受不了。我坐在电脑前发了一阵子呆，这才打开关圣力的博文。博文不长，但我反复看了几遍，才真正意识到林斤澜先生真的离我们而去了……

我和林斤澜先生相识，还是20多年前的事了。1986年11月《北京文学》在京举办了一期全国青年作者改稿班（我有幸参加了这次改稿班）。在这次改稿班上，林斤澜先生给我们这十几个来自全国各地的青年作者留下深刻印象的，大概就是他嘴里的"哎"了。林斤澜先生说话，常常一说到紧要关头，就不说了，而是用一连串的"哎"字，一路"哎哎"地"哎"过去了，留下许多空白让你自己去想。

你说这是林斤澜先生的睿智也好，习惯也罢，林斤澜先生嘴里的这个"哎"字，的确是令人玩味不已。

我想，林斤澜先生嘴里之所以常常出现这个"哎"字，大概和他的人生经历有着很大的关系。

林斤澜先生很早就投身了革命。在中国作家中，其党龄大概属于最早的之一了。林斤澜先生在台湾被国民党逮捕入狱。后来在地下党组织的多方营救下，才逃脱了国民党的魔爪。可是，林斤澜先生被地下党组织营救出狱后，没人能够证明他的党员身份，所以以后的几十年的日子里，党组织始终不承认他的这段经历。直到粉碎"四人帮"后，林斤澜先生在报纸上看到一个非常熟悉的名字。这人的名字和他搞地下工作时一位战友的名字完全一样！他们是一个人吗？会不会是重名呢？为了给自己讨回一个公道，林斤澜先生提笔便给这去了一封信。结果令林斤澜先生高兴不已。这人正是他失散了几十年的老战友。直到这时，林斤澜先生的党籍问题才最终得到了确认。一个为了党的事业差点丢掉性命的老党员，几十年来却有口难辩，一直过着不明不白的日子，他不"哎哎"还能怎么着？

林斤澜先生是位很独特的作家。他一生致力于短篇小说创作。他在短篇小说领域的创作探索，不仅体现在他的创作实践中，也体现在他对后来者的鼓励与扶持上。

1988年6月，《北京文学》隆重推出曹乃谦的小说《到黑夜想你没办法》，林斤澜先生和副主编李陀先生分头给《文艺报》《小说选刊》打招呼，说："我们这一期推出一位新作者的小说，请你们注意留意一下社会反映！"同时还积极向海外媒体推荐。此后，我每次到林斤澜先生家，或者给先生打电话，先生都要向我打听打听曹乃谦的情况，关切之情溢于言表。1989年年底，我去林斤澜先生家，先生不无遗憾地对我说："今年《北京文学》本来想重点推出刘恒、刘庆邦和刘震云，哎哎，结果什么也没有干成，哎哎——"1987年年末，我在大同的《云冈》发表了一篇题为《四季谣》的小说。这篇小说，《北京文学》的季恩寿老兄看了，本来想给我写篇评论，可考虑了半天，觉得我这篇小说应该找一位大腕儿来评才配，就建议我找林斤澜先生。找了先生，先生说："你这篇小说我没看过，哎哎，现在不好说。哎哎，你回去先给我寄一本杂志来，哎哎，等我看了再说，怎么样？哎哎——"之后不久，林斤澜先生果然给我这篇小说写了一篇评论，发表在了《文艺报》1988年5月14日二版《文学评论》专版上。这就是我一直珍藏在心间的《重复一例》。当然，我也始终忘不了先生对我的真诚鼓励。也还是在那次改稿班上。那天，虽然已经进入冬季，但阳光依然很明媚。编辑部派车拉着我们十几个人到琉璃厂中国书店购书。途中，在汽车上，先生当着所有人的面对我说："宋志强，你知道你和汪曾祺有多大的差距吗？哎哎——"我说："我不知道。"先生说："哎——你和汪曾祺就那么一纸之差！哎哎——你捅破了这层纸，哎——你就是第二个汪曾祺！哎哎——"我说："我也许一辈子也捅不破这层纸！"先生说："哎哎——那是，哎哎——那是……"

1988年夏天，我依照汪曾祺先生在大同函授时的精心指导，对一篇习作

《生命》做了比较大的改动。我寄给了林斤澜先生。先生告诉我："处理你这篇小说，哎哎，我是很慎重的。我不仅让编辑部的同志们看了，哎哎，还让汪曾祺、张洁、赵大年等人也看了，哎哎，然后才给你写信。"这使我不由又想起在1986年的改稿班上，先生说："宋志强，哎哎，你那个《黑旦》，哎哎，我们一开始，哎哎，弄不明白，哎哎，你到底写的什么，哎哎，我就让编辑部的同志们都看了一遍，哎哎，然后，哎哎，我们一起讨论了一下，哎哎，这才，哎哎，弄明白了，哎哎——"先生这种对文学严谨认真的态度让人难忘。

正当万物复苏、大地回春的时候，林斤澜先生却撒手人寰，永远离开了我们……

噢！就让我们永远记住这一天，这一时，这一刻吧！

公元2009年4月11日16时46分，一个让人难以忘怀的老人永远合上了他那敏锐的双眼。这个老人就是一代宗师林斤澜先生。

灵鬼灵山独此声

——缅怀林斤澜先生

黄土层

记得 1992 年 11 月在西安参加了一次文学笔会。其间，路遥病逝。这类会是生平第一次参加，一老头，授课风趣幽默，忽然点亮了少年的沉默和蒙钝。至今光焰犹存。他就是林斤澜先生。2009 年 4 月 11 日下午，有文坛"短篇圣手"之誉的林斤澜因肺功能衰竭在北京逝世，享年 86 岁，不禁心里一恸，不只是面授机宜的机会没有了，他的著作也不能再有更新了。林斤澜，1923 年生于浙江温州，当年授课时，已是 69 岁的老人了。

那天，先生讲课的题目是"短篇小说的写法"。尤其提到短篇小说就是关于开头和结尾的艺术。起头如春芽初长，发劲于不知不觉中。结尾如体操运动员最后一跳，从容落脚，神完气足，稳稳站住才好。至今想起先生说的平衡木一词，印象持久而深刻。那天，讲课中，一学员隔了好几排桌子向另一个学员索要钥匙，散漫学员也自有技术，"唉"飞镖一样，抛掷了过去，那个学员也深怀绝技，手向空中一抓，收了去，姿势潇洒优美，不露半丝惊险痕迹。正在讲课中的林先生目睹了这精彩的一幕，停讲一分钟。同学有些不安，以为先生生气了。主持人也有些不知所措，赶紧给讲台上的水杯里添水。林先生以出人意料的速度，发出那著名的"哈哈哈哈"声，情态有些失控，倒使大家又都捏一把汗，以为先生大笑之后要大骂了。

然而不。

等先生一长串的哈哈哈哈结束之后，先生说话了。你，还有你，抛掷的姿势很漂亮，接得好准啊。看来，你们两个是深得我今天讲课的精髓，这就是短篇小说的写法。

下课后，大家谈论，皆称他是好老头，奇人。这次授课，先生说道，他在 60 岁前写的东西皆是发昏。60 岁后，才形成一些真正属于自己的东西。当时，琢磨不透先生的意思，等若干年后，略微明白了些，我们都已经背叛了文学，被无情的生存问题、社会价值期许所左右，脱离了文字工作。

文学何为？在 1992 年，80 年代文化思潮的余热未散之时，人们也是并不怎么待见的。记得会后，我蹩进一家小吃店，和北京来的唐笑一起吃饭。一河南籍阿姨也在店里吃饭，随谈中，问起我们是干什么的，我们说出"文学"二字的时候，心里本来就忐忑。阿姨不无诚恳地说，"小伙子们，不是我打击你们的积极性，文学那不是好玩的，以我看不如学个什么技术，更有利于将来在社会上生存"。我们讪讪一笑，扒了几口饭，默默离开。

那次，还有几位老师令我印象深刻：诗人牛汉，评论家王愚、牛志强，诗歌理论家吴思敬，作家赵熙等。但是林斤澜老师的独异和率性，印象尤其深刻。

如今斯人去矣，想起这些往事，恍然如昨，韶光未冷。

2009 年 4 月 14 日

林斤澜：带走了另一片风景

古清生

大约是在 2003 年，我和温州作家程绍国先生坐在雁荡山之大龙湫边上喝雁荡云雾，说起林斤澜。程绍国先生当时正在写《林斤澜说》，一段时间，就去北京找林斤澜先生交谈，然后回到温州续写之。在中国文坛，以林斤澜先生与程绍国先生这样的友情，约好慢慢述说并写传，我以为程绍国先生挺有幸的。因为在北京的文学圈子，以短篇小说取胜的作家，莫过于汪曾祺与林斤澜了。汪曾祺先生已经过世，短篇大师里面，剩下林斤澜先生独自行走。

我较早读林斤澜先生的短篇，应是林斤澜先生创作巅峰时期写的《矮凳桥风情》，这个系列陆续发了许多篇，后来结集。林斤澜先生较少参加文学圈的活动，我去闯北京以前，他担任过《北京文学》主编，这方面已经有许多文章介绍，林斤澜先生借主编之位，发现了不少的青年作家，现在这些人都是中国文坛的中坚力量，比如余华、阿城、刘庆邦等。但是，我仍有机会在一些活动中遇到林斤澜先生。我了解林斤澜先生，还是在程绍国先生那里。

林斤澜先生一生都喜欢温州的鱼生，这鱼生，是温州人的专好，用小带鱼和萝卜丝混合盐腌，加红曲，是生的，外人难以吃出其妙处。据说温州人把它带往海外，欧美国家海关的检测警报响起，拿去检测，细菌超标 3000万倍，海关检查员问做什么用，温州人说是吃的，检查员就如见到外星人：这也能吃？温州人再带鱼生去海外，就包数层塑料袋，不让海关检测仪测到。

林斤澜爱吃鱼生，北京买不到，只有从温州带，程绍国先生就每每带着鱼生上路，到了北京，品着鱼生的林斤澜先生，就很高兴地跟程绍国先生谈，这么谈出一本《林斤澜说》，并已出版。也是因为这个缘故，我才知道林斤澜先生是温州人而不是北京人。

一个热爱乡土与美食的人，我感觉到林斤澜先生的可爱与可敬，唯其如此，其落笔于故乡之时，方有那般精细与独到。然而，想不到林斤澜先生就这么走了。他的走与汪曾祺先生不同，汪曾祺先生在辞世之前，有些个小小辉煌，在文坛颇为热闹。林斤澜先生则不同，他始终低调地生活，北京喧闹的文坛，鲜有他的身影。唯知"林系"作家子弟兵们，皆以文字精美为己任，不复有糙。如程绍国、瞿炜等温州作家，文字婉约清新，又都默默耕耘于世。作家终究还是要以文字传世，如此说，林斤澜倒是可以有些许慰藉，毕竟留下诸此精品短篇，未曾入糙。

林斤澜这老头儿

柳 萌

最近有本新书《林斤澜说》，读后让我想到林斤澜先生，他可真是个可爱的老头儿。

20年前刚认识那会儿，他骑着自行车，经常满街跑。当时我在出版社当编辑，有什么活动一叫他，他就骑着那辆旧自行车，笑哈哈地如时来到。如果把时间再往前推，就是50年前吧，在《人民文学》上读他的小说《台湾姑娘》时，他也就是30来岁。往近点说，我们一起去泰山，他还只是被称"老林"。可如今，林斤澜已是过八望九之人，被尊称"林老"。时间怎么过得这么快啊。

林斤澜唯一未变的就是平和的心态，从容的生活，当然，还有他那标志性的"哈哈"。他以哈哈笑代回答的方式，在京城老作家中独一无二。起初并未理会，听得多了才注意，这时我就想：这老林头儿，怎么会如此呢？凡事都打"哈哈"，大概是被过去政治运动整怕了，不然，对问题怎么不敢正面回答呢；要不就是经世太多吃过大亏，炼成了世故圆通性格，借哈哈打岔以保护自己。后来读过两篇文章，都是写北京文联"文革"的事，同样一件事两种说法截然不同，我就问林斤澜到底谁说得对，这次他真没有打哈哈，而是认真地说："某某说得对，别看他思想左，人是个诚实人，不会说瞎话。"看来，这老林头儿并非圆通之人，在大是大非上绝不含混，心中那笔账记得清清楚楚。

读了程绍国写的《林斤澜说》，对于老林头儿更为了解。原来他是个"外圆内方"的人。在这本林斤澜讲述、程绍国撰写的书中，既知道了林老的历史，又了解了他的性格，对人对事，他都有自己的看法，别看平时不怎么说，必要的时候——如在这本书中，他会一一谈论评说，而且毫不掩藏躲闪。他在这本书中谈论的作家，有相当一些是我熟悉的人，有的可谓作家中的"重量级"，有的还是中国文坛的头头脑脑。在谈论这些人时，林斤澜这老头儿简直毫未留情，总之，当代文人中的正邪清浊，都让林老头儿说了个透。

如果不是读这本《林斤澜说》，我还真不知道，这老林头儿是个抗日战士，先是在家乡温州参加抗日，后来又参加粟裕的抗日学校，还曾经在台湾做过地下工作，很有一番传奇革命经历，在当今作家中还真不多见。有如此显赫的经历，又有如此大的名气，这要是放在有的人身上，早就吹嘘得满世界晕乎了，而这老林头儿却很少对人言。由此可以想见，林斤澜处世一向低调，并非偶然。经过大磨难的人，看淡世事荣枯的人，为人处事往往平和，正如常言所说"远水无澜"。这话在林斤澜身上得到验证。因此，更增加了我对老林头儿的敬重。

（原载《温州晚报》2007 年 3 月 20 日）

从温州走出的"怪味"小说家

——缅怀林斤澜先生

孙良好

我很早就知道林斤澜先生，因为我的初中语文老师董葆昂与文学结缘颇深并和林先生有过交往。我至今依然清晰地记得董老师在作文课上以格外亲切的口吻讲解林先生如何创作短篇名作《竹》的情景。董老师在去年冬天因车祸与师母双双罹难，万万料不到的是，林先生在这个春天也离我们而去！

第一次见到林先生是在 1991 年，那时我的大学时代开始不久，但文学的自觉意识已经形成，所以当林先生率汪曾祺、刘心武、从维熙等一干作家进校开讲座时，内心异常激动。20 世纪 90 年代初期的大学校园，文学的影响力不及 80 年代的鼎盛时期，但余温犹在，讲座的热烈气氛似乎此刻还可以感觉得到，只是讲座的具体内容随时光流逝而沉入记忆的深渊，唯独林先生著名的"哈哈哈哈"在脑海中挥之不去。真正开始系统深入地阅读林先生的作品是在我研究生毕业之后，那时我已是中文系讲授中国现当代文学的专业教师，受导师吴秀明教授之邀参与他主持的浙江省社科规划重点项目——"振兴浙军：重塑新世纪的辉煌"。林先生是当代文学浙军的重要人物，又是导师指定我完成的研究对象，一时间，《矮凳桥风情》《十年十癔》等作品成了不离手的读物，研读的结果是写作了《置身于历史情境中的当代传说——林斤澜和他的"怪味小说"》，文章先是发表在《温州师范学院学报》1998 年第 5 期上，后又收入浙江文艺出版社出版的《文学浙军与吴越文化》一书。1999 年 10 月，我到北京师范大学参加教育部组织的中国现当代文学专业骨干教师培训，培训期间抽空登门拜谒林先生，得以和林先生面对面晤谈，谈他的小说，也谈 90 年代的中国小说界，但谈得更多的则是温州以及他在温州的朋友和学生。再次见面已是四年之后，我受中国当代文学研究会的委托在温州组织召开了"21 世纪中国现代诗第二届研讨会暨唐湜诗歌创作座谈会"，其时正在温州休养的林先生获悉后主动要求参加会议，他在座谈会上推心置腹的致辞不仅让病中的挚友唐湜先生感到温暖，而且也让所有与会者为之动容。2004 年，借第一届世界温州人大会召开的机会，林先生又回到温州小住，我带他和谢冕先生一起去探望住院的唐湜先生，三位先生在医院病房的合影可看作当代中国文坛宿将惺惺相惜的典范。也是在这一次小住期间，我约了温州电视台的倪维行，在林先生下榻的水心饭店对他做了近三个小时的访谈，关于他坎坷的人生、关于他"怪味"的创作，都在他随意而简洁的言语中一一呈现。去年秋天，我应邀出席首都师范大学文学院主办的"新文学高层论坛"，本拟再次登门拜谒林先生并作进一步的访谈，被告知先生刚刚出院不宜接待客人，不料就此错过与先生再见一面的机会，现在想来唏嘘不已。

斯人已逝，生者的缅怀当不止于交往。对于一个以写作安身立命的逝者而言，回味他留予后世的文字显得尤其重要。林先生在写作上称得上是多面手，剧本、散文、小说、文论，样样在行，但以小说最为著名，小说又以"怪味"著称。

早在 20 世纪 70 年代末期，先生就假托朋友之口道出自个小说的特别之处："这些东西，好比蔬菜里的芹菜香菜之类，喜欢的人就是喜欢这个味道，不喜欢的人也就是不喜欢这个味道。"几乎在同一时期，同行中有好心人给了他一个名堂，叫作"怪味小说"。事实上，这"怪味"在他五六十年代初试身手时就已显露，当时褒之者称其为"文体家"，贬之者则斥之为"形式主义"。他被评论家誉为"沉思的老树的精灵""寂寞深山的采石者"，总是能在不动声色中营造自己的另一天地，在这个天地里存在着的人事似乎正渐渐离我们远去，但又能使我们"恍若昨天"地置身其间。他曾经为了一个崭新时代的到来而饶有兴味地叙述着置身于新生活中的新人的故事，但更多的却是在经历了坎坷不平、大起大落的历史劫难之后，带着一份悲天悯人的情怀，以一种极其平静的语气和极其不同的方式，叙述着曾经发生过、正在发生着的故事，这些故事不少人也叙述过，但你会明显感觉到其中的不一样。他虽曾亲历其境却更让人觉得是一个旁观者，那些灾难、丑剧、闹剧、悲剧、喜剧一幕幕只是兀自展现着；他虽曾饱尝沧海桑田的种种滋味却显得不动声色，仿佛天下兴亡、民族灾难、个人命运都已成了过眼烟云。透过一连串的"怪味小说"，我们看到了一个深谙历史玄机又敏于当代脉搏的"怪味"的人。

统观先生的小说，我们会发现，那个看透世事的"怪味"的人所叙述的都是当代的故事，这些故事一般取材于当代农村和知识分子，而其中最引人注目的则是"文革"和"改革"情境中的人世生活的"虚拟"。所谓怪味小说之怪，其中一部分就怪在这种"虚拟"上，它不是空中楼阁，而是在一种新颖的角度和深刻的感悟透视下的另一种真实，这样一种"虚拟"的真实使平常的人世故事穿越了时空而成为一种"怪味"的事。在这些"怪味"的事中，让温州人倍觉亲切的无疑是《矮凳桥风情》。《矮凳桥风情》是先生对改革开放初期家乡诸多人事的一次成功的"虚拟"，这次"虚拟"的原动力来自家乡的巨变以及这次巨变引发的种种争议，但意蕴则隐含在那份独一无二的"风情"上。先生在《后语》里写道："四十多年没有在家乡生活，但这里有我的'血缘'，我的'基因'，我的'根'。只要一走而过，就好像没有离开过几天，坐下来不用问长问短，只要听听话头话尾，就好像这一家人的身世，全是心里有数的。"

在"怪味"的人和"怪味"的事之间，有一道必不可少的中间环节，那就是被先生视为"文学第一要素""文学作品的唯一工具"的语言。"怪味"的人和"怪味"的事最后依恃的正是一种"怪味"的语言，没有它，传达过程便要大打折扣，有时甚至无法进行。温州方言俗语的介入，是先生的小说语言显出"怪味"的一个重要原因。"文革"过后，先生回到阔别30年的故乡温州。在浓烈的乡情的驱遣下，他以书信的形式写作了中篇小说《竹》。在小说中，他糅进了不少地道的温州方言俗语。《竹》发表后，外地人读起来觉得怪别扭的，但先生不肯就此罢休，尽力在"瓯越文化"背景下寻找属于自己的语言。《矮凳桥风情》的《后语》道出了他的初衷："有人劝我不要把家乡土话搬上去，疙里疙瘩，别人也不好懂。我想若是疙瘩，是我把这团面没有揉匀，不是不应当揉进去。土地土人的土话，有的是不可代替的。我们大家都来揉的这团面，也应当在各人手里揉进些新东西，营养可能更好，发起来也可能更暄腾。"

"怪味"的人、"怪味"的事和"怪味"的语言，造就先生独具一格的"怪味小说"。就是这"怪味"，使先生在中国当代文坛无法尽领一时风骚；同样是这"怪味"，使先生在中国当代文坛有着他人无可替代的位置。如今，这位从温州走出的"怪味"小说家离开了他早已看透的人世，但我相信，还在人世存活的人们，会透过他留存的文字记住他的名字和他在人世曾经的探索。

2009 年 4 月 13—14 日

含泪忆斤澜

邓友梅

林斤澜大哥走了。永别之痛，万箭插心，哀伤之情，难以言表。

新中国成立之初，我俩在"北京人民艺术剧院"创作组工作，都还没发表过什么作品。1951年奉派参加"中央土改团"，分赴安徽和湖南参加土改。我们在外地期间，"北京人艺"进行改组，创作组取消了。我先回京，被调到了北京文联。过了些天，我上王府井大街，意外地见斤澜迎面走来。我问他何时回来的，现在要去哪里。他说刚回来三天，人艺要他自己寻找工作单位。他想请延边朋友帮忙在那里找个工作。我说："你这温州人到朝鲜族自治州搞写作，未必合适吧？我给你去游说一下看，要能叫你来北京文联，就不必去延边了。"他无可无不可地说："试试吧。"

我找到文联领导、老诗人王亚平，吹呼了一通林斤澜的人品和才能，提议把林调到文联来。他叫我写了份建议书，然后在上边批了"此人可用"四个字，决定了斤澜此后的人生旅程。

我二人以兄弟之交，结伴走过半个多世纪。他不仅在写作上给我启发，在生活上也给我帮助。

我母亲在世时对斤澜充满感激。我被定成"右派"后发配到外地改造，一些熟人为划清界限不再与我来往。斤澜当时上有老下有小，他母亲有严重的老年症，女儿是能闹哄的孩子，妻子谷叶天天上班。许多事都由他顶着。可每逢年节他必带着礼品来看望我母亲，劝解老人对我的担心，感动得老人热泪盈眶。老人去世前不久，还跟我说："你再忙也要去看看斤澜，忘了谁也不能忘了这个好人呀……"

人是好人，可他很长一段时间的境遇却用不上这个"好"字！

他是国统区的中共地下党员，抗战胜利后赴台湾从事地下工作，参加过二二八起义。后被叛徒出卖，被关进国民党军事监狱，性命难保。幸而叛徒的父亲还有良心，觉得儿子害出人命太损阴丧德，极力补救，花钱买通官员，保他出狱改为"狱外监管"。官员本打算收完钱过几天再把他抓进去，谁知斤澜的弟弟是海船上的大副，把哥哥和他的未婚妻谷叶藏进锅炉舱中连夜逃到上海。没想到新中国成立后这成了他的"重大历史问题"，他的交代虽清楚，但在大陆找不到证明人。不仅未能恢复党籍，而且政治上被定为怀疑、观察的对象。那时我很为他着急，他却笑哈哈地说："不急，台湾总会解放，台湾一解放就解决了。"

没等来台湾解放，却等来了反右派斗争。当时北京文联的一位领导心中预定了右派分子名单，他的名字排在我前边。"引蛇出洞"时一再动员他"解除顾虑，大鸣大放"。但他谨言慎行，自己不说话，别人说什么他也概不表态；他刚出生的女儿也帮了忙。在鸣放最激烈的那场会上，忽然医院来电话说：给他女儿布谷开的药拿错了，情况紧急，叫他赶快带着药抱孩子来诊断！这次会他侥幸缺了席，结果凡在这次会上发言的人，后来大部分划入了另册，包括我和汪曾祺。在批判我时，领导人提醒他："考验你的时候到了。跟邓友梅划不划清界限，对你有决定性的意义！"尽管如此，在批斗我时他仍然一语未发。

没抓到把柄，无法戴帽子，没戴帽也得算漏网右派！北京文联领导带头写文章批判他的作品；一有风吹草动就先审查这个漏网之鱼。"文化大革命"期间的险恶处境就更不必说了。他心绞痛反复发作还叫他下乡劳动。幸好碰上主治大夫李蕙薪也是作家，顶住风头，严格按医学规范证明他必须停止劳动，单位才把他从乡下召回。同时调出机关，"下放"到一个电影院去为观众领座。好在电影院的职工很友善，知道他的病情后，让他交了病假条就不用上班了。这样才保住一条命。

这漫长困苦的人生道路，林斤澜的政治理想和文学追求从未动摇。他以冷静、乐观的心态面对生活。多么无理的刁难、意外的苦恼，他都能哈哈一笑了之。他这不露锋芒、轻松而坚定的作风，对我起了劝导、示范、化解和鼓励作用。在我最悲观、消沉的时刻，只要和他喝喝酒聊聊天，听他哈哈一笑，立即轻松起来，增加了勇气和信心。

我也曾经怀疑他那哈哈的笑声是否盲目乐观、过于自信的体现。结果，历史证明了他的乐观自信是有科学根据的。虽然他没等到两岸统一，但十一届三中全会后，党组织根据他多年的实际表现，为他的历史问题做出结论，接收他重新入党。改革开放后，他以前的作品像出土文物般引起全国重视，而一篇篇新作潮涌般喷发不止，掀起一次次斤澜热。他被选为北京文联副主席，又当上了《北京文学》的主编。处境与从前虽有天地之差，他的为人却一成不变，不钻名利之网，只以雕文为乐，只求做闹市中散淡的人。

他在公开场合常常以笑代言，但好友之间交流则有话直说。"文革"结束后汪曾祺有一阵心情低落，放弃写作，他劝汪继续写小说，说要等他一起出选集；我倒霉时他劝我坚定信心，乐观等待；我复出后当选中国作协理事，调任作协书记处书记，在北京文联的欢送会上，庆贺声中唯有他直率地说："调他去当书记，对友梅和工作来说，都未见得是好事。是得是失很难说。恐怕还是失多得少……"像这样真诚的朋友一生能有几个？

对他的文学成就作评论，我没这个水平，谈点个人交往中的小零碎作为纪念。放心走吧，斤澜兄。

（原载《人民日报》2009 年 5 月 12 日）

怀念林斤澜

黄一鸾

上海一位老同学寄给我一张旧照片，那是在无锡惠山脚下一所革命学校——苏南新闻专科学校，我参加演出的一张剧照。

新中国成立初期，革命学校的文体活动十分活跃，文艺方面有各种社团：话剧团、歌咏团、舞蹈团等，体育方面有男女篮球队、乒乓球队、排球队等。我当时参加了话剧团和舞蹈团，林斤澜担任学生会主席，还兼任文工团团长。他那时已是共产党员，政治上、学识上、生活阅历上比我们这些毛头小伙、小姑娘都成熟、老练、能干得多，年龄也比我们大六七岁，称呼我们为"小鬼"。他曾在苏州国立社会教育学院学习过戏剧专业，理所当然地担当了文工团总团长兼话剧分团团长的重任。每次排戏，由老师担任总导演，均由他担任副导演，用现代话说就是执行导演，由他带领我们排戏。

我们排演的戏名叫《锁着的柜子》，剧情是革命者为逃避反动派追捕，躲进了我家，我正考虑如何掩护时，我的丈夫林斤澜敲门回家，情急之下，我将革命者藏在一个锁着的柜子里，剧情由此展开，剧终是革命者胜利逃走。

这是一个独幕话剧，我们这群小鬼都是普通大学（或高中）出来参加革命的，过去从未演过戏。如何念台词，如何表达剧中人的感情，如何走台步，我们几乎一窍不通，"林导演"可谓费尽心血，不厌其烦地一次次讲解，一次次示范。如果谁在表演上有进步，他就表扬；如果老是达不到要求，他也不说话，板着脸，坐在一边，示意再来一次。有一回，我领会不了他的意图，表演让他不满意，他半开玩笑半严肃地对我说："要加油，再演不好，可能要换人了！"我委屈得哭了起来，搞得他很尴尬，他无可奈何，只好哄到我破涕为笑。我们还共同参加了另一出独幕话剧的演出，剧名叫《魔城末日记》。

离开无锡母校后，他分到北京文联，日后成了著名的作家。每逢他发表小说，我都特别注意拜读，但由于分隔两地，我们很少联系。

"文革"结束后的70年代末，我常有到北京出差的机会，其中有三次抽空专程去看望他，受到他和他夫人的热情接待。

有一次，我们十几位当年的同学聚会，林斤澜也欣然赴约，他谈笑风生，两杯老酒下肚后，突然说要宣布一个几十年前的秘密："你们还记得 1950 年春天，我们在无锡一个公园的剧场里举行毕业演出的事情吧！那天的压轴戏就是《锁着的柜子》，小黄 (指我) 发挥得很好。谢幕时，观众报以热烈的掌声。散场后外面下着大雨，不知是谁叫了一辆黄包车 (只有一辆)，让小黄坐着回校，我心中有些不服气，心想我是导演，又是主角，为什么不让我坐车？于是心生一计，就为了捉弄一下这个小鬼，我把一个大道具硬塞到小黄的车座下，理由是怕道具淋坏。由于道具太大，车上的帘子就拉不起来，小黄回到惠山时，浑身湿透，像个落汤鸡，第二天还患了感冒。我听到此消息后，暗自为自己的恶作剧而哈哈大笑。"说完这个秘密，在座的老同学都为青春时代的趣闻轶事而哄堂大笑。

当我听到林大哥仙逝的消息时，当年他那得意的表情在我脑海中重现，朗朗的笑声，似乎又在耳边回响。

（原载《晚报文萃》2010 年第 22 期）

林斤澜先生的困惑

瞿 炜

手头刚好有一本《林斤澜小说经典》，人民文学出版社刚出炉的，还热着。翻开读作为代序的《小车不倒只管推》，林斤澜先生开篇便是"困惑"：

> 文学是什么？不过是"写什么""怎么写"。
> ……
> "我看了你几篇东西，不大懂。总要先叫人懂才好吧。"
> 我随口答道：
> "自己也不大懂，怎么好叫人懂。"
> "自己也不懂，写它干什么！"
> "自己也懂了，写它干什么！"

我随手抄录下来，是想说，林斤澜先生的困惑，不是一时的，而是他思索了一生的。因为他曾经不止一次地对我说过。他的困惑，是真正关系着文学、甚至所有的艺术的困惑。

2005 年 11 月 20 日，我跑到北京。没有别的事情，就是想去看望林斤澜先生。下午大约 4 点，在西便门找到林老的住处，推门，看见林老正坐在沙发上等我，夕阳刚好照到他的肩膀，留下一幅剪影般的画面，雪白的头发，映出岁月的沧桑。在我的印象里，林老似乎从来没有愁苦的样子，他乐呵呵的笑，是出了名的。但他对我说，他很是困惑。

"我的东西，人家都说，看不大懂，难懂。"

这恐怕是林老一生中唯一的困惑了。林老是何等的智者，洞悉人世。曾被人揪到台上批斗，唾骂，攻击，他竟面无表情。这不是谁都能够做到的。我们小辈，私底下戏说，林老的名字，若倒过来念，便是蓝精灵，他是成了精了。时代风云变幻，换来换去大王旗，林老都是淡然一笑，深藏着。人说他世故，他说这是涵养。这当然是涵养。他早已成"佛"，你奈他何？

但林老说了，他颇困惑。

我说，不要管他，这不是你的责任。时代造就了这样的困惑。先前是各种主义，各种真理，各种"图解"，于是推翻，都推倒重来；以后又是思潮云涌，生吞活剥，终于找不着北。这50年来，谁曾真正认识艺术，谁又曾真正懂得"世故"？

林老终于说，艺术的最高境界，恐怕就是抽象了。比如艺术的永恒主题，不外乎生与死，爱情。人为什么活，谁都说不清楚。但人总要问一个为什么。然而这个为了什么，答案往往是功利的，或者说是社会性的，离本质很远，是不真实的。

看来，其实林老心中并不困惑。那么，他的困惑，大约是，为什么人们老是纠缠这样的问题，懂，或不懂，对艺术，真那么重要吗？

我说，你不妨试试，放下这些困惑，也抽象一回。我是初生牛犊，后来想一想，这哪是我能够建议的？

林老说，其实沈从文先生，还有汪曾祺先生，也曾有一试的念头，但他们都是脚踩两只船，既要审美情感，又要社会效果。所以，在艺术的道路上都没有走到抽象的终点，或极致。林先生眯起眼，抬头思索，说，这社会效果是什么呢？这大约是中国文人自古的困惑：文以载道。"但艺术，就要做到极致。"林老说。

有幸与林老结识那年，我27岁，林老恰好72岁。林老回家乡，我们在温州将军桥下喝酒，林老精神很好，酒又不醉，而我，早已经颠三倒四。林老哈哈笑，乡音不改，说，差粒米，稻桶恁大。从此叫我记住了。如今林老83岁，我38了，林老喝酒，照样纹丝不动，而我却毫无长进。说起来还是那句话，差粒米，稻桶恁大呢。

林老爱收藏，收藏的都是酒瓶子，各种各样。在林老家里，我看到摆了满满一柜子，也没有什么名贵的，但柔和的线条倒是很像妇人一般美丽。古人有"醇酒妇人"的浪漫兴致，林老一生，醇酒是醇酒，妇人却恐怕只爱一位，就是他的夫人。以前林老每次回温州，都与夫人携手。几年前夫人故去，林老落寞了许多。那些酒瓶子，大约也寄托着林老对美的哀思。

林老对家乡，怀着深情，每每见了家乡的后生都要说起家乡的好。这次，林老又念叨起家乡了，说，人老了，总是想着回家。多年前他就想在家乡买间屋子，想回来住。无奈夫人患病而不能成行。如今，他又高龄。林老遗憾地说，医生总是告诫，不许出北京。爱他的女儿，只有禁锢他远行了。其实早在他30多岁的时候，就因为心脏的疾患，医生也是告诫，但他不管，我行我素。那时年轻，如今真是岁月不饶人了。但他的心，何曾不惦念着家乡。尤其对家乡的后学，总是鼓励，帮助，提携，尽其所能。这是我们后辈最不能忘怀的。他几次组织作家们，到他的家乡走走，每有赞誉，林老便有了骄傲的神情。他为家乡骄傲。我与绍国在温州晚报编辑副刊，林老每有文章，便寄来。他说，别的地方，就算了，但家乡的报纸，总要支持。又关心我们的工作，甚至相处的好坏。他担心我们在一起，总难免有些不同意见，倘若生出矛盾，一定是他不愿看见的。我们创办"池上楼"的时候，请他帮着请汪曾祺先生题字。林老与汪老是文坛一僧一道，友谊地久天长，汪老当然不会拂了他的拳拳之心，很快就寄来。后来我们又开出"春草池"，请林老题字。但他不答应，说是恐怕字体难看，又有些许顾虑。绍国说他不动，竟叫我打电话。其实，绍国与他，是有着深情厚谊的，而我要疏远许多。我对林老只好耍赖，说，要是不题，就从他的手稿中拼凑出来。林老大约怕我流氓，只好写了。我出了本《温州记忆》，央他写序，先生二话没说，就写了很长的一篇寄来。这次去京，见了他，林老认真地对我说，你的书，我全给看了，是认真写的。我知道林老并不轻易为人作序，但家乡的后辈，就有了例外的荣幸。

那天的阳光真好。北京的晚秋，有一种凄美，那是郁达夫笔下的境界。而我在林老的家里，真是觉着阳光般的温暖。可惜北方的白昼，却是短，很快就暮色四合了。林老要留我晚饭，我却不敢。几次去北京，林老都要请吃饭，那是大伙一起去看望他，相聚其乐融融。但我第一次独自看望他，生怕醉了，在北京醺醺夜行。而我，一定是会醉的。我想，倘若这是在家乡，与林老一起，喝一盅，醉了，也是幸福。回去的路上，我在想，不知林老是否还是困惑着。

2005 年 11 月

附记：此文最早刊载于 2005 年 12 月的《北京晚报》，具体日期我已经忘了。2009 年 4 月 11 日下午，林斤澜先生因心脏和肺衰竭，抢救无效而在同仁医院去世，享年 86 岁。

对林斤澜先生的身体健康状况，是早有耳闻的，他的心脏一直不太好，又是 80 多岁的老人了。但林先生的乐观的笑声，总是让人宽慰的，总觉得这位文学老人还能够走很久，他的内敛而智慧的人生，还没有到安息的时候。因此，当我 12 日早晨惊闻林斤澜先生已于 11 日下午去世的噩耗，心中仍不免涌上一阵悲戚。犹记得当年，林先生与我及绍国等几人在温州将军桥附近小排档宵夜，欢声笑语，林先生对我说，你今年 27 岁，我 72 岁，巧了，哈哈哈（林先生每语毕，都会哈哈一笑，笑声爽朗天真）。那情那景，至今仍历历在目。我很少去看望林先生，但他对我总是很关注，2005 年我出版散文集《温州记忆》，想来想去觉得，还是请林先生写一篇序言最好，因为他对故乡温州，是满怀了眷恋的，于是将样稿寄去，没想到他很快就寄来文章，标题《无题》，妙趣横生。想他 80 多岁高龄，还这样认真看我那些粗陋的文字，真有些过意不去。

林斤澜先生的一生可谓波澜壮阔，但他从来不向外界吹嘘自己曾经的革命生涯，所以很少人知道他文学之外的经历。

谨以此文作为对他的深切怀念。

2019 年 10 月

林斤澜作别"矮凳桥"

王永胜

当代著名小说家、有文坛"短篇圣手"之誉的林斤澜先生因心脏和肺衰竭抢救无效，于4月11日在北京同仁医院去世，享年86岁。据林斤澜女儿林布谷透露，林老一生乐观，不喜欢别人在他身边哭哭啼啼，他是笑着走的，后事一切从简。

王蒙、铁凝等著名作家到八宝山殡仪馆送林斤澜走完人生最后一程。告别厅内，"林斤澜先生一路走好"的条幅挂在正中，四周摆满了花圈，庄严肃穆。评论家白烨沉重地说："林老走了，中国短篇从此无大师。"

温州最著名的作家离我们而去了。

林斤澜，浙江温州人。1923年6月1日出生于温州市区百里坊八仙楼口——在儿童节出生，这多少和他著名的朗朗笑声相辉映。林斤澜的父亲林丙坤是沧河小学创办人。

1937年林斤澜追随刘英、粟裕，在粟裕任校长的闽浙边抗日干部学校学习，不久转入温台地区进行地下斗争。1941年到重庆，后入国立社会教育学院读书，师从郑君里、焦菊隐、张骏祥、史东山、许幸之、叶浅予等。1946年到台湾从事地下工作，经历二二八起义。每次说起这段早年的经历，林斤澜都是淡淡一笑，觉得那都是少年的激情，不值一提的样子。他1950年到北京后，先在北京人艺，次年转入北京市文联。曾出版剧本集《布谷》。此后开始小说创作，出版了《春雷》《山里红》《飞筐》等。《台湾姑娘》是林斤澜的成名作。1962年北京3次召开林斤澜作品讨论会，由老舍主持。冰心曾高度评价林斤澜及其创作，说林斤澜"有心作杰"。

老舍说："在北京的作家中，今后有两个人也许会写出一点东西，一个是汪曾祺，一个是林斤澜。"这是1962年的话，预言得到了印证。汪曾祺和林斤澜是当今文坛响当当的人物，其优秀作品堪称经典。不过，两人作品风格不同，汪曾祺拥有大量的读者，而读林斤澜作品的人相对就少多了。

林斤澜似乎是难以归类的小说家、散文家。他写于20世纪五六十年代的作品，如成名作《台湾姑娘》，颇具优雅，如果要把作品归类，不知道该把《台湾姑娘》摆在哪里；80年代他似乎又与伤痕文学、寻根文学、知青文学、先锋文学搭不上界。他能够站在潮流之外，又比潮流更持久；他既让评论心仪不已，又让评论左右为难。他说，要"唱自己的歌"，如果跟主流，就是唱别人的歌。他的作品多以散文笔法描述知识分子的遭际，风格冷峻，被称为"怪味小说"。林斤澜自以为，自己创作的制高点，是改革开放之后。《十年十癔》是其"得意之作"，但许多人说看不懂。

如作家铁凝所说，林斤澜在文学上有很大造诣，"一是他对艺术的探索和讲究是那样纯粹，二是他一生甘于寂寞，不跟风，不追赶潮流，他是用自己的心在写作。他身上那种清贫的读书人的气质也特别值得我们怀念"。

（原载《温州瞭望》2009年第9期）

关于林斤澜的记忆碎片

李庆西

我与上一代作家交往不多，比较熟悉的只是汪曾祺、林斤澜、茹志鹃、王蒙这几位。以前在浙江文艺出版社做编辑时，经手的多是理论书稿和现代作家文集，另外自己也做文学批评，故而来往多的是学者和评论家。不过，上边说到的几位前辈作家跟我也多少有些工作关系。20 世纪 80 年代中后期，我参加过三次由茹志鹃主持的文学会议（两次在杭州，一次在嘉定），其中两次作为参会单位人员，与茹先生有一些会务接触。汪、林、王三位，我有幸做过他们书稿的责任编辑或策划编辑。

最早是作为汪曾祺《晚翠文谈》的责任编辑。1987 年，我和黄育海打算做一套作家谈创作的丛书，第一个组稿对象就想到汪曾祺。那时候我们还不认识汪老，本想通过《读书》杂志的朋友们联系他。那天商量去北京出差的事情，社里分管我们工作的副总编老徐说，你们不妨去找找林斤澜，他跟汪曾祺很熟，让他帮着联系一下，我给你们写个条子……原来，林斤澜是老徐的连襟（两位的夫人是姐妹），他们都是温州人。我们想，正好也将林斤澜拉进这套丛书，让他帮着联系汪曾祺倒是一带两便。

到了北京，我们按照老徐给的地址直奔林斤澜府上。

西便门附近有几幢新盖的高层住宅，林老家就在其中一幢塔楼里。我还是第一次走入装电梯的住宅楼，那时北京住宅电梯配有专司操作的管理员，一进去问你去哪个楼层，不让你自己乱撳。

林斤澜长相俊朗，双眸清澈而热情，眉宇间很有电影演员赵丹和孙道临的神态。那时他已六十出头，微胖的面庞自是显得和善，说话带点京中文化人逗哏的幽默。这完全不是我想象中的模样，原来以为他是冷峻而不苟言笑的长者，大概是从他作品得来的印象。他的小说有一种奇崛、深邃的风格，而且行文惜墨如金。黄子平兄有一篇文章，题目叫"沉思的老树的精灵"，得自林斤澜小说《头像》描述的意象，子平兄出评论集时用它作了书名，我就是那本书的责任编辑，心想林老就应该是一副沉思者的面容。

林斤澜见到家乡出版社来人很高兴，老徐给他打过电话，他表示会尽力帮忙。于是约定了时间，他把汪曾祺请来，我们来他家里谈。他说你们来一趟不容易，不妨多见几位，问是否也请邓友梅、刘心武他们一起来。这当然求之不得，林老替我们想得很周到。

育海得寸进尺，还想请林老帮我们联系王蒙，若是将王蒙拉进来，这套书阵容就相当理想了。林斤澜笑笑说，人家现在是文化部长，还是别去打扰他了。倒是建议我们去找找刘绍棠，说着便将刘绍棠的地址电话写给我们，却没说为什么不也一块儿请来。我和育海不大喜欢刘绍棠的东西，林老见我们有些不情愿，便劝说一番。他说，绍棠的文学观念跟我们这些人好像是不大一样，但你们既然搞这么一套书，不妨尽可能容纳各种意见，再说绍棠的人生经历比较独特，他的许多想法还是值得重视……

林老这番话说得比较委婉，事后想来，对我们的编辑思路实有多方面的教益。

约定时间是午前，我们早早就到了。育海向林老打听附近有什么像样的餐馆，打算中午请饭。林老说就在家里吃，他带我们下楼到附近几家副食店，买了红肠、叉烧、酱肘子几样卤味，还有馒头、面包等主食。他说在家里吃聊天方便。他家人口简单，老两口只有一个女儿，女儿白天上班，家里很清静。我们采购完了回到楼上，汪曾祺和刘心武已经到了，坐在客厅沙发上，听林老夫人谷老师弹钢琴。那天邓友梅没有来，好像说是去外地了。

不全是冷餐，还现做了一大锅热汤。汪老下厨露了一手，是用西红柿、蘑菇做的牛肉汤，味道很好。几样卤味切片装盘，摆上桌看着挺像样。每人盛一大碗牛肉汤。客厅的茶几太矮，不便就餐，过道旁边屋子里有一张书桌，正好做了聚会的餐桌。林老拿出一瓶内部特供的二锅头，还有一瓶葡萄酒。他不知道我和育海能不能喝白酒，特意作了两手准备。其实育海酒量很好，跟汪、林二老杯觥交错，一杯接一杯地干。刘心武和我小口抿着葡萄酒。趁着说话间隙，我将组稿意图说了一番。林老说，老汪这儿肯定没问题。汪曾祺掸一下烟灰，醺醺然地点点头。林老又说，心武你怎么样？你不是也能喝几口嘛……刘心武说创作谈这类文章他是写过几篇，但还不够出一本书，要慢慢积攒。林老便说自己这类文章也写得不多，恐怕还得积攒几年。转而说起过去单位里某人积攒工业券买缝纫机的事儿，现在想不起那个笑话包袱抖在什么地方，好像是说那人到头来也没攒够工业券。

刘心武的书稿后来一直没有拿到，不知是始终没攒够文章，还是让别的出版社抢走了。那时出版社与作者之间没有出版合同一说，谈好的书稿往往会被别人捷足先登，就像麻将牌局中的"截和"，有些出版社专干这事儿。刘绍棠那本最后亦未兑现。遵从林老的意思，后几日我和育海去刘绍棠府上拜访，他住在西单府右街近旁一处四合院，室内室外摆满盆栽，恍然是"禅房花木深"的感觉。那天阳光明媚，刘绍棠兴致很好，他说自己正在研究唐传奇和明清小说艺术窍门，还真有许多想法。可惜那些想法后来也没有写出来。此番约稿，最顺利的就是汪曾祺那本书，我们回去不久就收到挂号寄来的书稿。林斤澜自己却是拖了好多年，他的书后边再说。

在那天的餐桌上，我第一次见识林老和汪老的酒量，他俩加上育海，一瓶二锅头很快就见底，接着又开一瓶。刘心武和我杯中的葡萄酒始终没下去多少。20世纪80年代市面上没有像样的葡萄酒，不会喝酒的人只能拿它应付事儿。林老说起当年在老舍家里吃饭的情形，老舍家里有上好的葡萄酒。说到老舍写《正红旗下》期间的逸闻。可惜那时候我不太留意文坛上的前尘往事，许多细节都没记在心里。我问汪老，他那篇题为《星期天》的小说写的是否真事，那个姓赵的校长和一干教员是否实有其人，汪老仄着脑袋看着我，似笑非笑地反问：你说呢？我马上意识到自己问得太傻。见我尴尬的样子，汪老大笑，说起当年他是在上海那样一个中学里教过书。刘心武将话头扯到林老的《矮凳桥风情》，那个系列短篇不久前刚由我们社出版，外界反响很不错。在我看来，这部作品无疑是林老创作的一个高峰。我对林老说，这就是现成的话题，您不妨多写几篇关于"矮凳桥"的创作谈，很快就能凑够一本书。林老摇头说，那没有多少可写的。以后我才明白，有些作家并不愿意就自己哪部作品来谈创作问题，倒不一定出于内心的谦虚，也许是不能或是不愿意像评论家那样去分析自己。林老大概就是这样的，他后来交稿的那部创作谈书名叫《短篇短见》，其中关于自己创作的，只收入三个小说集的序跋。

五个人这样吃着喝着聊着，很有些其乐融融的意思。80年代的文艺"轰趴"比较草根化，却更有实质性内容。除了交流文学，还谈论政治，像我们这样外省来京出差的都亟亟打探京中消息。那时候物质生活比较简单，内心倒也容易捕获生活的欣悦。我们餐叙这当儿，林夫人在客厅里断断续续地弹琴。林老用碟子盛了一些红肠、面包，让我倒了一杯葡萄酒，给她送过去。

她将食物搁在钢琴顶上，啜一口葡萄酒，又埋首琴键上。听不出弹的是什么。普契尼？《冰凉的小手》？又换了一首曲子，弹着弹着还引吭高唱几声。这下我听出了，是《茶花女》里边的一首歌——

"让东方美丽的朝霞透过花窗，照在那狂欢的宴会上……"

林斤澜在浙江文艺出版社出过三本书：《矮凳桥风情》《舞伎》《短篇短见》。其中《舞伎》那本是我担任责任编辑。我们向他约稿的创作谈尚未交稿，倒是先给了这本《舞伎》，这是一部很有特色的散文集。所谓"舞伎"，恐怕会让人想到日本的歌舞伎，其实完全没有关系，那是"五记"之谐音，集内按内容分作记情、记事、记地、记人、记文五辑。林老自己在前言中谦称，"舞"是舞文弄墨，"伎"是伎俩的意思。这样说来也有双关之义。汪曾祺在评论"矮凳桥"系列的文章里说过，"斤澜近年小说还有一个特点，是搞文字游戏"（《林斤澜的矮凳桥》）。当然，汪老所谓"文字游戏"，乃以文字作为运思契机，并非贬义。《舞伎》不是小说，却也有汪老说的那种特点，即利用汉字的音形义，或是词汇的多义性，生发出种种艺术联想。书里"记文"一辑有十几篇，都是关于文学创作的文字，当时我不明白他为什么要放在这本书里。其实加上这些篇什，他谈创作那本书早就攒够了。他不是没有这类文章，那时候在《读书》等杂志上读过他的《〈孔乙己〉和〈大泽乡〉》《回想〈奔月〉》诸篇，都是很有启悟的文字。林老对现代文学大师们有自己独到的认识。

后来我才明白，林老对于自己谈创作这本书有专门话题设计。他的书名叫《短篇短见》，即限定于探讨短篇小说创作。像他在《读书》发表的谈老舍戏剧创作的《思前想后》，是很有意思的一篇，碍于体例就没有收入这本书。林老一生经营短篇，其苦心孤诣皆凝聚于此。

谁知《短篇短见》竟延宕了8年才交稿，迟至1996年4月出版。遗憾的是我未能成为这书的责任编辑。之前育海已接替老徐担任副总编，不做编稿的案头工作了，按说应该落在我手里，但林老书稿交来时，我和编辑室同事们正身陷几套大部头文集中，一时腾不出手。结果是已经退休的老徐揽下这活儿（出版社找退休老同志编书亦是常例）。

我和育海策划这套作家创作谈丛书，历时八九载，到头来只出了汪曾祺《晚翠文谈》和林斤澜《短篇短见》这两本。作为丛书的策划思路很失败，仅出的这两种却很有价值。

那天，就是在林老家聚会那天，还有一个插曲。我们跟着林老下楼去采购食物，走过一座桥，对面相向过来一老者，林老迎上去打招呼。那人比林老更年长，面相有些憔悴，手里拎着带木制提攀的老式布袋，好像刚从菜市场回来。林老对这老头很恭敬，两人聊了好一会儿才分手。我和育海在旁看着，都不知这人是谁。走开了，林老又回头看一眼那人走远的背影，告诉我们，那是翻译家汝龙——你们读的契诃夫小说都是他翻译的！我和育海不时回过头去，直到那踽踽而行的身影消失在视线中。

契诃夫。短篇之王。我立刻想起汝龙翻译的平明版和新文艺版那些短篇集。在我们早年的阅读中，契诃夫占了不小的分量。以前能够找到的契诃夫短篇我都读过，这翻译家的名字直是如雷贯耳。林斤澜说起汝龙，话音里都带着一种敬意。

在《短篇短见》那本书里，林老扯"本行手艺"，拿来做例子的常是鲁迅、莫泊桑和契诃夫，当然还有汪曾祺。如今按刘心武的说法，林斤澜自己就是"短篇圣手"。

后来终于给王蒙的书做了一回责编，那是 90 年代初，王蒙已经不当部长了。那几年王蒙提倡"作家学者化"，在《读书》杂志开了一个"欲读书结"的专栏，我觉得那些文章很有意思，便想做一个集子。《读书》杂志的吴彬女士带我去东四南小街王蒙府上叩访，事情谈得很顺利，王蒙很快交了书稿。但我们社里发生了一些变化，社长调到深圳海天出版社担任总编辑，把我和育海策划的一些选题带到那边去了（包括王元化的《清园夜读》等）。结果，王蒙这本《欲读书结》1992 年在海天出版社出版，这书从组稿到案头是我一手落成，但责编署名是该社复审编辑（按现今通例，社外编辑可署"策划编辑"）。

后来又去过王蒙家里，有一次他留饭，聊的时间不短。他问我，至今还在写作的老作家里边，你喜欢的都有谁？我不假思索回答说：汪曾祺、林斤澜。还有呢？我支吾着不知怎么说（其实我关注的更多是同代作家）。王蒙说，你这口味也忒高了。他语重心长地劝导说：作为评论家，视野是否还可以更宽阔一些？在他看来我有些挑食。他说，局限在一个点上，不太容易把握整个潮流。我说，汪和林并不在一个点上。这种申辩当然可以说出许多理由，但王蒙不跟我讨论汪和林的分际。后来我认真想过王蒙说的这个问题，一个真正的评论家，大概应该是像他说的这样。只是我对自己不敢有更多的要求。

其实，我只写过一篇林斤澜的评论，就是《矮凳桥风情》出版不久，写了《说〈矮凳桥风情〉》，发在《当代作家评论》（1987 年第 6 期）。评论汪曾祺的好像也只写过一篇，就是发在《读书》上的《野凫眠岸有闲意》（1989 年第 9 期）。

喜欢是一回事，真要做评论和研究，我怕"喜欢"二字把自己拴住。

好像是 1988 年春天，林老来杭州住了几日。老徐叫上我和育海，陪他玩了一天，我们去了虎跑和六和塔等处。那次与林老聊得比较多，他看过我评论"矮凳桥"的文章，我吃不准自己对他作品理解是否有偏差（那时尚未流行"误读"这词儿），问过他几遍，他都没说什么。林老有一个本事，就是随时都能很轻松自然地将话题转移开去。他只是说，文章里对他和汪曾祺的比较有点意思。现在找出那篇评论，看到有这么一段话——

> 林斤澜跟汪曾祺算是老哥们了，但他俩写小说路子最不一样。汪曾祺写故人往事，态度平易恬淡，对旧事物的叙说中有古典的境界，更不乏指向未来的现代意识；而林斤澜则取材眼前的潮流，风格有些云谲波诡，写新生活却给人一种历史的纵深感、沧桑感。如果作一个粗率的概括，一者是从过去看今天，一者是从今天看过去。倘若将他俩作一番比较研究，一定很有意思。在他们目光相遇的地方，想必是人生最能彻悟之处，涅槃妙心，同归一揆。

我喜欢 1988 年。那年先后与林斤澜见过三次。夏天，我和育海策划编辑的"学术小品丛书"（第一辑）出版了，到北京搞活动，借欧美同学会大厅举办冷餐会。那回来了一两百人，老一辈学者有费孝通、金克木、冯亦代、陈原、龚育之等人，作家里边林斤澜是最年长的。那天我和林老坐在一处，座中还有法国文学专家郭宏安。桌上没有红酒和咖啡，大家呷着北冰洋汽水，就着面包、沙拉，谈论文学。郭宏安说起加缪一部什么作品，林老全神贯注地听着，看着就像一个小学生。

那一年，林斤澜出任《北京文学》主编，举办的第一个活动就是汪曾祺小说讨论会。林老知道我喜欢汪曾祺，来信把我叫去了。大概是初秋季节。与会者仅二十余人，会期只是一整天，记得是一个星期日，会场借用朝阳区一所中学的会议室。那天子平兄也在，还有季红真等人。中午吃盒饭的时候，汪老跟我说，你写斤澜那篇评论我看了，袁相舟那个人物分析有道理，不过你好像没敢往深里写……我说，不是不敢，我实在没有把握。汪老莞尔一笑，表示理解——说的也是，斤澜有些东西我也是琢磨不透。

汪曾祺1997年逝世，12年后林斤澜也走了，相继辞世的老人带走了一个时代。不过，二者身后的境况大相径庭。这些年汪老可谓声誉日隆，林老却不常为人谈及，多少显得有些寂寞。此中原因未是三言两语所能道尽。有人归咎于林斤澜没有长篇小说。汪曾祺也同样不著长篇，更何况鲁迅、博尔赫斯那样的大师亦以短篇行世。我想，恐怕还是阅读理解方面的障碍。

许多人都注意到林斤澜小说的怪异。那种怪异本身也怪，因为并非出于当时流行的各种现代派手法，好像不能用现成的理论去解释。

林老问起过评论界的一些情形。你跟上海那些评论家很熟吧？跟程德培也常有交流？我说，他们现在感兴趣的是马原和残雪。

其实，程德培兄早在80年代初就关注林斤澜的创作。早年他和吴亮编纂《探索小说集》（上海文艺出版社1986年），那里边就收入林老的"矮凳桥"系列三篇。德培自己有好几篇评论林斤澜的文章。他在文章里一方面强调林斤澜作品贴近生活的取材特点，一方面指出作者如何有意拉开"距离"，营造"冷色"效果。这种贴近生活的"距离"，又偏是从"冷色"中提取热度，自然是悖论，却也带来叙述的张力[1]。或许，这是解读林斤澜的一把密钥。

当然，一定还有其他门径。

德培还说，"曾有人预言：待若干年后人们冷静地回过头来，重新评价这段文学史时，林斤澜的小说将会受到重视"。这大概是德培自己的预言，但我相信他的眼光。

2018年7月6日记于杭州

（原载《上海文化》2019年第5期）

---

[1] 程德培：《此地无声胜有声》，《上海文学》1982年第6期。

道不尽的林斤澜

章德宁

遗憾

又是一度秋风萧瑟。

凉夜步月，星穹远旷，往事、故人依稀，突然惊觉，林老离去已近十年！

最后一次见面，是他离世前一天下午。接到林老独生女儿布谷的电话，匆匆赶到同仁医院，见大夫正给林老检查、治疗，身上插着各种管子，不能说话。他用眼神向我示意，目光是亮的。才片刻，大夫便要求探视者离开病房，只好随布谷退到楼道交谈。眼前的布谷连日照料林老，寝食难安，疲惫且憔悴。而两个月前，她笑靥如花。那是 2009 年 1 月 25 日，腊月三十，除夕夜晚，我和先生同去看望已经住院的林老，见布谷正忙着贴春联，挂福字，原本洁净、冷清的病房，瞬间喜气洋洋，有了过年的喜庆。那天，林老像孩子般快乐，瞪大眼睛，惊奇、惊喜地望着布谷变戏法般拿出各种美食，笑得合不拢嘴。布谷的丈夫（我们称他胡工），带来了理发箱，那是下乡在北大荒当知青时用的，简朴，未经油漆，深浅不同的木条钉成，裸露着岁月的本色和沧桑。胡工取出推子，布谷将围兜系在林老颈上，用女儿特有的娇嗔，指挥林老时而仰头低头，时而左转右转，又或者不许动弹。林老像个听话学生，睁着又大又亮的双眸，看看这个，望望那个，欣喜、慈爱地看着围绕身旁的我们。那时的欢快情景还历历在目，如今，林老病情急剧恶化。

听布谷详细介绍了林老病况，看着她心力交瘁的情形，知道她还要不断通知、接待一拨拨探病的亲朋，为避免过多打扰，我打算先回去，过两天再来看望。心中祈盼奇迹再次发生。2002 年冬天，也是这家医院，林老也被报过病危，还上了呼吸机。据说，上了呼吸机者，多会形成依赖，失去自主呼吸能力，难再取下，极少痊愈。然而，那次林老竟奇迹般地康复了。就在林老上呼吸机当晚，我和先生看望他后，发现停放在医院门口的电动自行车被盗。毕竟是几乎一个月工资买的，难免心疼。我俩互相安慰着，我说："破财消灾，但愿林老能好！"先生顿时热了眼眶，喃喃自语："真是这样就太值了！"

后来闲聊，林老闻听此事，沉吟良久，缓缓说道：

"这是只有亲人才会这么想的吧。"

这次，林老又被报了病危，我期盼再一次出现奇迹。

布谷送我走向电梯。我边走边忍不住回头向林老的病房张望，竟见林老慌慌地从病房出来，是治疗结束了吗？他急急地似在寻找什么。布谷也看见了，一边送我一边说："他是找你呢。"可此时，电梯门已打开，后面的人群簇拥上来，挡住了我欲回返的脚步。

电梯门关上了，我想着还有下一次再见……然而，奇迹不再发生，翌日，林老与世长辞。再见林老，已是告别会上，阴阳两隔。

此后，我时常想，生命最后时刻，林老想要对我说什么呢？

最初印象

我与林老的缘分，是在《北京文学》结下的。

初去林老家，是20世纪70年代末，小说组长周雁如带我一起去的。其时，林老被迫封笔整整12年后，又有权利写作了。从此，我作为林老在《北京文学》的责任编辑，开始了长达30多年的交往。林老先后在《北京文学》发表30余篇作品，包括获得全国优秀短篇小说奖的《头像》，最有代表性、人称林老最高艺术成就之一的小说《门》，以及唯一的中篇小说《满城飞花》，我大都是责任编辑。我喜欢林老的小说有嚼头，新锐且深刻，并以能认出他手稿中那些难认的"怪字"而自得。我曾说过，"在各个时期，林斤澜的短篇小说艺术，总是在中国作家前列"。今天，我仍会这么说。

最初的交往却不轻松。我年轻，又内向、羞怯，林老虽和善，毕竟是我敬畏的名家。每每组稿，临登门前，内心发怵，常提前写好谈话要点，到得林家，并不敲门，先掏出纸条默念一番。有时，明明是来找人，却又暗自希望对方不在。及至林老高声应答着开门，才又松下一口气。

林老数度搬家。我最初去时，是位于幸福大街一座三层的楼房，长长的楼道，上半截不封闭，看上去像简易楼。林老住住301室，是个两居室，林老和夫人住大间，不过十四五平方米，女儿布谷住小间，只九平方米。听说，原来住的是三居室，"文革"中被强行安排给区领导，后来一个楼住着，领导见面尴尬，表示歉意。林老只是淡淡说："已经过去了，不提了。"记忆中，他家门口始终有一捆半人高的上好木板，占去狭窄楼道半边，更显逼仄。一位名作家门前何以长年堆着木板？询问之下，却是东北亲戚艰辛运来，以备日后打家具之用。数年过去，林老乔迁西便门新居，那堆木板才物尽其用，蜕去陈年灰尘，变身崭新的写字台和衣柜。

一日，暮色低沉，我告别林老出来，无灯的楼道昏暗，为绕开那捆木板，一脚踏空，重重崴在地上，脚踝很快肿起，疼得不敢站立，没好意思向林老"呼救"，只好在黑暗中孤坐地上很久，才一拐一瘸下楼。这次意外，使我瘸了数月，以至曾有初识者记忆中我是瘸子。

去得多了，少不得要讨论作家、作品。那个时代，文学日新月异，引人注目的变化每天上演。林老说得多，也注意询问我的意见。谈及作家、作品，自然有褒有贬。他眼光雪亮，时而兴奋，时而不以为然，微微摇头。一次，正说到尽兴处，林老忽然罕见地严肃起来，正色道："你们做编辑的，接触人多，一定记住，不要传话，不要把作家之间的话互相传。"我自是唯唯。从此，将此番教诲谨记心中，成为做人、做编辑工作的座右铭，一生遵从。

林老历经数十年政治坎坷、文坛风波，当有太多切肤之痛。严谨、稳健，不仅是个人风格，更具宽厚、善良的品性。他与人为善，是大家的共同看法，当然，也有人说他机智，甚至说他世故、圆滑，听到这些，他从来宽厚地"哈哈哈"。

但后来，我逐渐对他有了新了解。程绍国《林斤澜说》问世时，他还在世，竟一反好好先生、不惹是生非的处事风格，不顾个别当事者的不快甚至诘难，不避记述者个别地方表述不尽准确的瑕疵，一概以"文责自负"应对之。其时，我作为《北京文学》杂志社社长，正主持《北京文学·中篇小说月报》编辑工作。该书出版前，曾由《当代》杂志陆续首发，林老亦嘱我看看这组文章。我们杂志连续多期选载其中文章，他是乐见的；书出版后，杂志社购买了数十册馈赠作家，他是高兴的。我们请他在书上签名，他以"又不是我写的"谢绝，但同意在扉页的下一页——印有他整幅照片的地方，盖上了有"林斤澜"三字的个人名章。至今，我悉心珍藏着这本由作者和传主联袂签名、盖章的书。我理解林老苦心，他爱护后生晚辈，也是为文学留下本真、本原的记忆，更是为留下独立观察、诚实、沉重、融当代史于其中的文学历史。为此，放下了个人毁誉、荣辱得失，包容瑕疵，甚至改变毕生秉持的不臧否之道。我想，在他看来，个人与历史，历史为大；损失个人羽毛和留下一段历史，留下一段历史为大。

主编任上

自 20 世纪 50 年代始，林老大半生为专业作家，可谓无职无权。除了曾任北京作协副主席，若论算得上职权的，也许莫过于《北京文学》主编。

《北京文学》（前身为《北京文艺》）创办之初，主编是老舍，在任 16 年，直至 1966 年不幸殒命，杂志停办。1971 年复刊，未设主编，著名诗人张志民、编辑家李清泉等，虽行主编实责，却无主编名分，只称"主要负责人"。直至 1981 年末，才有第二任主编——《青春之歌》作者杨沫。副主编是王蒙。1986 年 3 月，林斤澜走马上任，成为《北京文学》第三任主编。

明显感到林老不意仅仅挂名，每每过问编辑具体工作，亲与作者约稿、谈稿。刘庆邦等很多作家都曾得到他的提携。他希望在《北京文学》这方天地实施自己的文学祈望。

1986 年底，编辑部部分成员在林老家聚会，展望、谋划《北京文学》的新气象、新格局。吃着热气腾腾的涮羊肉，气氛也是热腾腾的。那次热议的结果，体现在 1987 年第一期开篇的《新年告白》上，虽未署名，《林斤澜文集》中也未见收入，但字里行间风格明晰，无疑出自林老手笔。

文中有这样一段话："'融洽和谐'，'活泼宽松'，是春光，是百花齐放必需的气氛。到哪里去讨这气氛去？原来这气氛是要自己创造出来的。"

希望《北京文学》更加百花齐放的热切溢于言表："不过是仰望春风拂面，有一些飘忽如柳丝的想法。"这想法包括准备开辟 5 个专栏、多发几千字的短篇、中篇小说不宜多、评论上也有些想法……未料，不久有了流言，该文遭到指责，据说错在只说"双百"，不提"二为"。我未听林老谈及此事，只是见他对杂志的热心和关注从无稍减。

上任伊始，他就重申了"出作者、出人才"的办刊路子。首先，他参与并组织了颐和园的清明踏青活动，聚拢作家队伍，牵手文学和友情。汪曾祺、王蒙、邓友梅、从维熙、刘绍棠、刘心武、冯骥才等当时最具创作实力的作家悉数莅临。恰逢时和气清，百象俱呈，满园春色关不住，昆明湖上红云欲燃，提议、争议、建议、高议，言笑晏晏，其乐融融，谈笑每添芳意，共恤小阳春。

林老任主编的短短几年，《北京文学》数次举办作家笔会、青年小说作者改稿班；连续发表了余华的《十八岁出门远行》《现实一种》《古典爱情》《往事与刑罚》，刘恒的《杀》《力气》《伏羲伏羲》《连环套》，刘震云的《单位》，朱晓平的《私刑》，王安忆的《神圣祭坛》，刘庆邦的《家属房》，王刚的《博格达童话》，李锐的《厚土》，曹乃谦的《到黑夜想你没办法》，以及参加颐和园踏青的那批著名作家，还有高晓声、莫言、马原、陈忠实、张承志、苏童、潘军、王祥夫等作家的小说。这些作品，经受了时间考验，至今艺术魅力不减。或可视作作为主编的林老又一思想、艺术践行。

林老还数次主持了"北京青年文学批评家座谈会"和作家笔会、作品研讨会，讨论文学现状，呼唤切近创作实践的批评。林老曾在文章中说，"上世纪八十年代，我利用主编刊物的方便，组织过两拨座谈，一拨是开放涌现的先进作家，一拨是改革蜂起的新潮评论家"。会上，他反复引导大家，都来讨论一个基本问题："作家是干什么的？"变着法儿提出问题：医生管看病，会计管钱财，作家管什么？但应者寥寥。多年后，他仍耿耿于此问遭到冷落，终于自己道出谜底："目的是套出这么个意思：归根结底，真情实感。只此一家，别无分号。"林老想用主编"职权"，吁请人们将过分纠缠于政治层面的注意力，向艺术规律上引。可惜，林老苦心，当时少有人领悟，用他的话说是"惨败"。但同时，他也肯定地说，小说家的追求，"共分两路：求真和求美。求真的求深刻，求美的求和谐"。并明确提出，汪曾祺是求和谐，而自己，是求真求深刻。在求真求深刻的路上，他义无反顾，步履坚定，一路踉跄，一路铿锵。

关于"真伪"现代派的争论，也发生在那一时期。20世纪80年代，西方现代主义哲学和现代派文学大量译介过来，中国文学开始广为借鉴现代主义技法，"现代派"成为中国文学的常见语汇。与此同时，关于"真伪"现代派的论争随之而起。《北京文学》是最早关注并介入这一讨论的，自1988年第2期始，分别在第4、6、8期开辟专栏，发表了黄子平、李陀、吴方等多人的文章。今天看来，这场讨论中的观点仍有价值。

林老其时 65 岁，虽已进入老年，但力主去因循以利创作，对新的思潮、流派、理论从来博纳广收，坚持多元、开放、民主，始终兀立文学潮头。他任主编时期，成为《北京文学》史上又一高峰。"百花齐放"之于林老，不仅是对艺术主张的宣示，更有对内的"艺术民主"作保障。作为主编，他从不一言九鼎，从不以职权压人，从不强迫我们发什么、不发什么。他亲自推荐的作品，就曾被时任小说组长的我退过多次，却从未心生芥蒂。即便他自己的小说，也是先让大家挑选。一次，他拿来了《十年十癔》中的三篇：《哆嗦》《黄瑶》《白儿》，最终《北京文学》只挑中了《哆嗦》，《黄瑶》和《白儿》，修改后在《上海文学》和《人民文学》发出。

记忆之中，有一件事感铭至今。那天，林老和我同乘编辑部的 212 吉普车外出，途中问我最近有什么重要稿子。我说有一名家的中篇小说，写得厚重，但有一点敏感，有些拿不准呢。林老坐在副驾驶座上，此时回过头来，面带笑容，却字字掷地有声："以后，你们有拿不准的稿子，就交给我，我来拍板，我来承担责任。如果因此主编当不成了，还可以当作家嘛！"

此言从此嵌入心底。彻底颠覆了世人眼中"随和"、遇事"哈哈哈"的好好先生形象。一个怀道义、藏风骨、有担当的良知文人，不动声色，稳稳站立，令我肃然起敬。

一语成谶。留给林老作为主编自由驰骋的时间不多了。80 年代末，夏秋之交的某一天，上头来人，到编辑部临时办公地点铁二中，宣布了任免决定：林老不再担任主编，浩然为新任主编。林老在主编任上仅有三年半，是《北京文学》史上卓有建树而又任期最短的主编。

林老语调平和地发表了离任讲话。他说，这些年，编辑部同志做了很多努力，刊物成绩是主要的。如果说有什么缺点错误，责任都在他，与别人无关，他承担全部责任。他揽下全部责任的同时，还要我们不要学他。我听之，声声含痛，字字泣血。会场气氛紧张、压抑、凝重，有编辑泪洒当场。绝非一时悲壮。担当，需要实实在在的付出。此后很长一段时间，林老不能在媒体露面。刊物与前主编，一度沉寂。

鼎力相扶

时与年去，倏忽到了 1996 年，没有任何先兆和思想准备，我被任命为社长兼执行副主编，主持《北京文学》工作。此时，主编仍是浩然，但已不再主动过问编辑工作。

世逢 90 年代，文学期刊日益萧条，杂志处境艰窘，编辑纷纷调离，十余人的杂志社，除去行政人员，文字编辑最少时，连我仅余四五人。

林老去职时，曾经叮嘱我们：不要学他。

我则无数次想过：有林老在前，办一本无愧于时代和未来的文学刊物，不仅应是我的职责所在，更应成为一种生命信仰。

我知道，一本好的文学刊物，应该密切关注并且把握文学脉息，永远置身文学第一现场，成为行进中的中国文学的策划者、参与者和推动者；我知道，文学刊物不仅是发表作品的园地，还是思想碰撞的媒介，同时更应是时代和文学的忠实史官——最好的见证者和记录者；我知道，作为大国首都的文学刊物，应有深厚的文化性、思想性、现代性，应有大格局、高格致，应有攀临精神高地的自期，应有担当文学天性的执着，应有各种风格、流派的自由空间，海纳百川，有容乃大，以确保多元、开放、独特、创造的意义。

于是，那几年的《北京文学》，有不少开风气之先的举动：

——开辟了"百家诤言"栏目，提出：

我们鼓励恪守健全的理性准则，在自由的学术空气中，展现自己广博的文化视野和思想领悟；在人格平等、坦荡宽容的前提下，进行率真、客观的对话与交流，以及敏锐而公正的学术评判。我们更提倡批评与被批评者的雅量、明达与博大。我们希望理论批评能为文学的繁荣和文化的发展提出一个富有建设性的参照系。

我们愿意提供一个开放的空间，让文学与文化的守望者在此展现他们的沉思与探险。如果说，"百家诤言"只是一片微不足道的绿叶，我们愿以此呼唤批评与思想的森林。

其后，发表于"百家诤言"栏目中的重要作品，有李陀的长篇思想文化随笔《丁玲不简单》，以及韩东、朱文的《断裂：一份问卷和五十六份答卷》，青年作家的居渊临险、睥睨一切，震动了文坛。

——《北京文学》在文坛首先提出："我们要好看的小说。"为了引起广泛讨论，两个月中，三次召开分别有陈建功、莫言、刘恒、余华、刘庆邦、阎连科、毕淑敏、周大新等著名小说家参加的讨论会，共同探讨何为"好看的小说"，并辟出专栏，刊出"好看的小说"。多年过去，"好看的小说"已经成为文学界的常用语，且引起持久关注与热议。事实上，我们当初提出"好看的小说"的初衷，旨在引起更多读者关注中国文学创作现实，诊断当下作品病症。

——举办"当代中国文学作品排行榜"活动，也是《北京文学》于1997年首创。身处信息爆炸时代，意在为读者提供最全面、最精华、最具文学价值的选本。如今，由各种文学机构主办的文学排行榜活动，已经成为中国年度好作品的风向标。

——《世纪观察》是《北京文学》的另一重头栏目，题材、体裁不拘一格。设立之初，是希望反映时代热点问题，以体现文学期刊"史"的价值。发表于这个栏目的重头文章，首推邹静之等人"忧思中国语文教育"的三组文章，国内数十家媒体转载，并引发了全国范围的教育改革大讨论，推动了考试制度、教育体制的改革，成为文学期刊干预现实的一次成功范例。刘再复的《百年诺贝尔文学奖和中国作家的缺席》等文章，也引起文学界热议。

——1999年，《北京文学》新增"今日写作""声音""思想""记忆""旧闻新读""参考"等栏目。顾名思义，便可读出刊物求新求变的锋芒。刊发于这些栏目的作家和文化学者的重要文章，更多有警醒之意。临近世纪之交，又新辟"世纪留言"栏目，刊发了巴金、季羡林、刘恒等50位作家专为本刊撰写的"世纪留言"，记录了他们对过去百年的铭心感受，及对新世纪的殷殷期许，今日读来，尤为发人深省，弥足珍贵。

《北京文学》求真求美，以对文学律动和现实问题的敏锐感知，敢于揭示时弊的勇气、责任感和担当意识，受到社会各界普遍赞赏，被誉为"最有良知的文学期刊"。

不知何时起，文坛竟也官场化，江湖风气日盛。在某些人眼里，文学期刊自是江湖圈子的工具。圣洁的文学殿堂，难免成为权谋的角斗场。远离帝阙，远离江湖，文以载道，不甘被器，祈望干净、纯粹，办一本对得起读者、文学、社会和历史的刊物，让我内心坚定。

林老最是内心坦荡、博大、宽仁、洁净，对一本曾深挚付出而又使他蒙屈的刊物，关注每一微小变化，由衷欣喜，对我这个晚辈后学，极尽关怀、爱护。他在多篇文章中提到："大家知道现在文学刊物难办，物质与精神的压力都不轻松。刊物（指《北京文学》）居然在两难之中，有了起色，岂可等闲！若不趁热打铁，岂非罪过！""纯文学刊物普遍生存艰难，但《北京文学》愿意拼其有限的人力物力，开阔'短篇小说公开赛'，从去年（指1996年）下半年开始，逐渐吸引读者注意，得到同行表扬，各种选刊的选载，报刊的评选……最有意义的，还是陆续出现新人。"林老不避高龄，不厌其烦，或频繁电话，或亲自出面，帮助我们"寻访作家、学者、教授，征求意见，邀请讨论，组织笔谈"。他甚至"游说"到汪曾祺面前："我知道这几年他不看《北京文学》，我说现在是小章主事。今年搞了个短篇小说大奖赛，出了些好作品，特别是出了新人，刊物有了起色。"林老请汪老挑个头，约几个人谈谈短篇小说。汪老当即答应，说："好吧，等从四川回来。"遗憾的是，四川回来不足半月，汪老遽然辞世。后来的短篇小说首次讨论会上，林老捧来了汪老50年前的文章《短篇小说的本质》，与会者无不肃然受教。钱理群先生则介绍了沈从文先生当年在西南联大的一次讲演，谈到短篇小说命运与作家的选择："一个长篇如安排得法，即可得到历史的意义，历史的价值，它且更容易从旧小说读者中吸取那个多数读者，它的成功伟大性是极显明的。……唯有短篇小说，费力而不容易讨好，……无出路是命定了的。"沈从文的这番描述，90年代乃至今天的读者并不陌生，仿佛在说今天的文坛现实。然而，沈从文同时认定，短篇小说的转机，也正存在于这"无出路"里，因为"从事此道的，既难成名，又难牟利，且绝不能讨个小官做做"，坚持下来的短篇小说作家，必是自觉的艺术探索者。此番识见，何尝不是林老执着短篇小说的写照。

在我的极力邀请下，林老以编者身份，为嗣后一组怀念汪曾祺、笔谈短篇小说的文章写了长长的"编者的话"，称这一组笔谈短篇小说的文字，是对汪老"不同一般的纪念"。后来，这篇"编者的话"，以《纪念》为题，收入林老文集。

半年时间，短篇小说研讨会共开了三次，林老三次都临场坐镇，呐喊助威。国内最重要的作家和批评家、学者悉数到场。参与者既有王蒙、莫言、刘恒、刘震云、余华、刘庆邦等实力作家，又有唐达成、叶廷芳、李陀、钱理群、李敬泽等著名学者和批评家。一年之内，笔谈短篇小说的论文发表了30余篇，撰稿者包括钱理群、雷达、谢冕、马原、李锐、刘庆邦、童道明、李洁非、何士光、蒋原伦、李敬泽等。更多的短篇小说，机趣盎然，各尽意势，各领其形其质、其妙其涵，可谓星辉璀璨，百象俱呈。短篇小说公开赛的一年半内，收到参赛作品数千，发表数百，作者几乎囊括国内所有名家，也有不少未名新人。其间，林老贡献了《短篇短篇》等三篇关于短篇小说的重要文论，探讨了短篇小说的独立性、现代形态等问题，还有他最具代表性的短篇小说《门》。《门》毫无悬念地成为这次短篇小说公开赛获奖作品。林老对中国短篇小说的贡献，无人能及，是为珍贵遗产。

《北京文学》锐意求新、求变的风貌，受到文坛瞩目；倡导短篇小说的努力，也产生了持续影响。20年后的今天，重新阅览，看着那些有内涵、有新意的栏目名，看着那些实力雄厚的作者阵容——国内文学界、文化界、思想界最响亮的名字，几乎尽在刊中；看着那一篇篇引起震荡的文章名录，仍会为当年的"壮举"激情澎湃。

操持起这一切，甘苦自知。而林老最是隔代知音，知我、懂我、疼惜我。他听我说，举办所有这些活动，没有分文拨款，全仗企业赞助。为短篇小说公开赛，靠朋友介绍，联系了一家外省乡镇企业。合同签了，新闻发布会开了，还上了报纸、电视，却又久不兑现。我已无退路，请了几家中央级媒体朋友，陪我前往助阵讨债。住在乡镇的招待所，到那家工厂，仅有一条小街，每日数度往返，街边闲坐晒太阳的老乡，对这几张外来面孔，从陌生、新奇，到见怪不怪，熟视无睹。反倒是我们互相看着狼狈、落拓的样子，自嘲到捧腹。泡了整整一周，各种办法想尽，对方终于兑现大部分赞助款，立即得胜回朝，喜滋滋地给各位获奖者发奖金、稿费。

林老听我既如抱怨又似得意炫耀的讲述，不时笑着咧嘴仰头。后来，见他谈编辑工作的一篇文章，有"不是烈士又是牺牲"的一段感叹。这种理解，可谓深极至骨。

锋芒引起不安，麻烦接踵而至。爆发是在1999年，距离林老离任恰有10年，因为一期刚刚印出、尚未发行的杂志，我被严责。批评逐级，层层上报，事态日益严重。此期刊物被严令销毁、重编，《北京文学》面临停刊整顿风险。

之前，即已预示汹汹来势，早使我将每期刊物都当最后一期来办。此时，不胜其扰、其烦，遂萌生辞职之意，亦想以此平息事态，减少杂志损失。我就此请教林老。林老沉吟，神色严峻，力主绝对不要辞职，字字句句，掷地有声而又语重心长："很多事情是需要时间来坚持的。时间不够会半途而废。"

林老早年革命，半世坎坷，人生阅历丰富，睿智过人，我极敬重、信服。

我听从了林老的话。

及至读到林老怀念自己父亲的文章，说他在一所学校任校长，长达35年，"三十五年也就是一生一世，一生一世只做了一件事，办一个学校，也属罕见"。此时，我才真正理解了他话的分量。

如今，我在文学编辑岗位整整42年，而从步出大学校门到退休，始终坚守在《北京文学》这一个岗位上，一待就是33年。风风雨雨，艰辛备尝，但我坚持了——一生一世，只做这一件事。我感铭林老，在我人生关键时刻予以的点拨和指引、勉励。

林老一生，与《北京文学》渊源甚深，故布谷希望，林老的几篇小说遗作能在《北京文学》发表。其时，我已从《北京文学》退休，转交后，作品没有发表。我再转给《收获》，全数刊发，《小说选刊》也转载数篇。

林老去世数年，我也离开《北京文学》之后，有位当年领导与我闲谈，问及那篇曾引起轩然大波的长篇文化随笔，浩然是否看过。我如实回答，浩然没有看过。这位当年"处理"此事的领导脱口而出：那浩然当时为什么说他全都看过啊！我愕然，震惊不已！浩然早已作古，更从未与我言及此事。如前略陈，浩然早已不过问《北京文学》具体编辑工作，而这期杂志刚刚印完，墨迹未干，尚在印刷厂，未及发行，即遭追责，并令全部销毁，专人监督执行，一时情境肃森。浩然确未看过该期文稿一字，追责时刻，却说"全都看过"，帮我担责，且至死未曾表明于我。尤值一说的是，我与浩然很多政治观点、办刊理念，大不一致啊！每念及此，我都感慨万千。

近20年了，借此机会，向世人昭示这一事情。

从此，我更相信，不要一味以"观点"识人，不要过分看重"政治正确"，人的善恶、品行高下，才是根本。

其实，该期《北京文学》销毁以后，那引起轩然大波的长篇文化随笔，内容一字未改，即在另一杂志发表，并获该刊年度奖，且不断纳入各种图书选本，影响至今。此乃后话。

天职

某年春节前夕，我们夫妇和作家潘军相约看望林老，聊得尽兴，又到附近小馆吃饭喝酒，话题说到那个特殊年代种种，林老突然垂下头来，一手扶额，一手推开酒杯，久久沉默不语，再抬头时，以杯击桌，迸出一句话来：

"那些年里，中国作家太屈辱了……"

林老一向温和的眼睛，此刻布满血丝，声音嘶哑得似在嘶吼，不顾酒水洒出，再又以杯击桌，不断嘶声重复此话。此情此景，与人们熟悉的林老——"哈哈哈"的笑面佛，判若两人。他的沉重，他的思考，都已流入笔尖，融进小说，融进《阳台》《头像》《问号》《十年十癔》《门》，以及大量其他作品。

还是 2002 年，林老报病危的那一晚，大夫为林老上呼吸机，我不忍且不敢看。等候的漫长时间里，有与布谷深入交谈的机会。我问布谷，林老对外人都亲切、和善，一定是慈父吧？布谷的回答，完全出乎意料，让我大吃一惊。她说，童年留在心中的父亲形象，永远是伏案的背影：之前是忙着伏案写小说，之后是天天伏案写检查和交代材料。很少见到正面。"文革"中，林老下放，她小小年纪就被送到亲戚家中；而这伏案却不能写作的时间，竟长达 12 年。林老曾在一篇文章中说，"文革"中，他"到了先前劳改地方，后来叫做团河农场"，再又被发配去平谷。估计，那一段时间，林老是连伏案枯坐也不能了。

个人、家庭、民族的惨痛经历，遂有了"天职"的想法。1998 年，我和几个同代人主编了一本书——《那个年代中的我们》，记述普通人在"文革"中的遭遇。我们请到了王蒙、林老为该书作序。我在《北京文学》时也做过王蒙作品的责任编辑。王蒙找出发表在《北京文学》的一篇旧作（1979 年第 10 期），以之代序，并附言说：

> 30 多年过去了，终于有这样几个年轻人，把我们民族和人民经
> 历的这段不堪回首的历史，用普通老百姓回忆的方式记录下来，用

这些真实故事串起的历史，来告诉未来，告诉后人；我们，中国人民再也不应当受这种摧残和磨难了。我们，中华民族再也不能犯这样的错误了。……这是一种诚挚善良的心，这是一种直面人生、直面历史的道德勇气，是一种爱护中华民族的行为。

找到林老时，他毫不推辞，痛快答应了。事后，林老告诉我，一位老友劝他不要再为别人作序，这么大年纪了，应该抓紧时间写自己的东西。说时，他笑着，微微摇头，表明并不认同。他的这篇序，题目为《天职》。文中有这样的话：

> 我们吃了大亏，常说一声交学费，就心安理得。如果交了费没有学到什么，并不打算真学，这交学费的话就是阿Q言语了。若真学，先要不忘记。忘记又分自然的和人为的抹、扔、瞒、骗。人血不是水，可也会当作水一样"逝者如斯夫"。
>
> 不可以等待的是先做记录，再做道理。录下那可能忘却的几句话来，可能消逝的一两件事来，立此存照。……有幸亲身经历的人们，这才是天职。
>
> 为了忘却的纪念。为了不再忘却。

林老将这视作写作者的天职，更当作自己的天职——

在他十卷本的文集中，不论是小说，还是随笔、杂感，具有反思意义的作品，占了他全部作品的大半。林老踩着刀尖前行——专事记忆、反思的系列小说《十年十癔》《续十癔》，字字如血滴，就连《九梦》《门》，都写满了那个年代生命的痛彻。他还写《逗人》，记述"红八月"中荀慧生、侯喜瑞的遭遇，含悲忍愤；他写《臭虫奇迹》，以臭虫与人作比，述说连臭虫虱子那样恶心肮脏的角色、众人鄙视的家伙，尚且不会自相残杀，不咬同类或同难。而在特殊年代，那些告密者、揭发者，残害同类的人，远不如臭虫、虱子这些吸血虫！这是何等触目惊心、振聋发聩的言说！他人眼中的衣食住行，林老可以洞察历史的衍化更迭；他人眼中习以为常、视而不见的寻常小事，林老皆可联想到大义微言！如此追求真实、深刻，如此探入个人、群体精神流变最丰厚、复杂、深隐部分，捕捉历史瞬间抑或久远，小中谋大，以微见著，融入富有洞见、智识、忧痛的思考而又不动声色，谁人可比，几人能及！

《北京文学》前主编老舍的死，是一个大事件。除林老《"红八月"的"八二三"》外，我不知还有哪篇文章记述过这个事件。这一篇，则始终以一冷静旁观者视角、小说意势，记录历史重要时点。深切体悟人情冷暖，工笔描摹细水微澜，由肢体动作，写到个性语言，并直抵人物灵魂特质，可谓形神兼具。一场人间惨剧，写得惊天地，泣鬼神，真真令人拍案叫绝，不知可否为国内非虚构作品之典范？

该作既有事件主角、翌日即沉尸太平湖的老舍；又有配角——"一整天都在人群里串"，"不张扬，只和这个那个交头接耳、微露笑容，神色也是'忍俊不禁的'的""一个红头红脑的工人作家"；还有事件的推波助澜者——揭发老舍拿美金的女作家——"身轻如燕，跃上花坛。声带亦单薄"；也有名为将老舍交给专政机关，暗为保护的"农民小说家"；更有"欢呼打倒，欢态可掬"的女红卫兵。

林老祖呈那天经过：老舍惨遭批斗，从国子监回来，脸上渗着血，头上包裹水袖，面色苍白，皮肉搭耷拉。在他自己的文联主席办公室里——

> 没有勒令，没有规定，他自己不去坐办公桌，也不坐沙发。在沙发前边，背靠沙发扶手蹲下，蹲到地上。腿脚不便，是先背靠再屁股出溜落地的蹲法。

林老笔下，还原当晚再次批斗老舍的情境，寥寥数语，更将细节推向极致——一场残酷施暴后，老舍"立刻铧下去，非跪，非蹲，成团堆在地上"。一个"铧"字，一个"堆"字，何等神来之笔，何等触目惊心，带着艺术的法力，将此惨不忍睹的历史场面，镂刻般地永远留给了后人！

这是一篇极为重要的文字，所以请允许我再摘录几句：

> 我们把鲜血和人命，也婉转叫作"学费"，我们人多，我们付得起。

这悲愤、椎心泣血之言，比之于"讲真话"，难道不更振聋发聩？！

2002 年那次病危又痊愈之后，林老见到我，说插呼吸机当晚，接到文联那位大大咧咧女同志的电话，说："听说你报病危了？我很高兴，你早就该死了！"他很困惑："对方为什么这么说？"我表示这绝不可能。那晚，他已是半昏迷状态，完全没有能力接听电话，再说病房没有电话，一定是幻觉。林老仍然半信半疑，重复问了两次。

我问林老，插呼吸机是不是特别难受。我自己是不忍目睹。他说，挺难受，但不一定有你想的难受，人已经迷迷糊糊了。

后来，林老将这种半昏迷状态下的潜意识，写入了小说《隧道》。

病危时刻，生死一线，潜意识的活动，可认作生命最深痛至切、最困惑莫解的刻痕。这是一位濒死复生的老人最心心念念的心结，是此生过不去的坎儿，是对这个世界的最后发问和最后忠告，可有多少人真正领悟了呢？

记得是我已过知天命之年，某一日，遇见林老，他问我，对于年龄的日长，可有恐慌？他告诉我，近日见到几位作家，有年老的，也有正值壮年的，都说感到了年岁的压迫。说到他自己的状态，我以为可用淡看日月、从容写作来概括。我欣然于他的心态年轻、健康。我相信他是可以写到最后的人。后来，"文坛双璧"的半边汪老去了。渐渐地，他的很多老朋友也去了。再见他时，看出了他的落寞。

林老是孤独的，不仅孤独于老友渐次离去，不仅孤独于艺术之路上缺少同行者，不是作为渺小的个体，不是对内心的恐惧。我窃以为，林老的孤独无从慰藉，久具蕴藏，自成一方天地，是独善其身，是使灵魂自由、干净、强大的特立独行，是直面精神、文化、社会、历史、艺术的一种孤危意识、孤独精神、孤往的透脱情怀，是追寻生命的价值意义，是不可战胜的意志力于深刻孤独中迸发出的艺术独创。这种独创，使林老笔致中暗藏机锋、笔势、玄外之妙，仅仅一篇《溪鳗》，穷其迷幻奇诡，涵远莫测，至今无人可及。《十年十癔》则将外在恐怖与心理疾患交集书写，都是机杼独出的现代手法；而语言的创新，更是一绝。世人不懂林老，而林老则情愿孤独到死，也绝不向平庸妥协。

我只想说，好好读林老吧，他的那些即使只有几千字的短文，都是捧着心、凝着血、滴着泪写下的，根植精神血肉、灵魂脉息，并以一种丰饶、生动、自然、深邃的诚实，还其予深爱的世界。林老生命的最后时刻，是想对我讲什么呢？我已无从猜测，成为终生遗憾。但他已用一寸一寸生命的坚持，用一寸一寸生命的时光，用一寸一寸生命的长度，给我留下了最宝贵的遗言。

林老生前少有鲜花，掌声零落，很多人为他抱憾，觉得他的文学成就被严重低估。对此，我是同意的。但我又想，何必要用别人来同林老作比呢？他与别人，完全没有可比性。在中国文坛，还有几人像他一样，毕其一生，只做一件事，就是写小说，写短篇小说。一顶"短篇小说圣手"的桂冠，根本不能概括林老对短篇小说的贡献；林老不仅有近200篇短篇小说存世，更撰写了大量谈短篇小说技巧的文论，是终生创作实践的经验总结。林老谈虚实，谈取舍，谈重复，谈情节，谈叙述……充满真知灼见，引人穷究，丰富了文学殿堂。

在中国文坛，还有几人像他一样，任沧桑变历，万壑风回，抑或时运无常，百难逆料，从未阿谀逢迎、损人牙眼、落井下石；无论文学人格如何弱化、痞化、腐化和畸化，林老始终一尘不染洁到骨，无论公义或私德，节高、守义、端方，心系博大爱愿。

尤其重要者——还有几人像他一样，以求真求深刻、反思民族劫难为文学自觉，为神圣天职，为大仁大义大美，不诱于欲，不恐于诽，不让于师。

时光似水，过客如云，人们终会读懂林老，进而明白，林老是最珍贵的唯一。

2018 年 10 月 28 日

（原载《天津文学》2019 年第 2 期）

附录一　林斤澜著作年表

林斤澜著作年表

董国和　程绍国　章德宁　整理

1950 年

《祖国在召唤》（独幕话剧），1950 年 12 月 28 日《苏南日报》，1951 年 2 月由华东人民出版社出版同名单行本，与林洁等共同署名。

1955 年

《孙实》，《人民文学》1955 年第 8 期。

1956 年

1. 《借支》，《北京文艺》1956 年第 1 期。

2. 《雪天》，《人民文学》1956 年第 4 期。

3. 《擂鼓的村庄》，《文艺学习》1956 年第 1 期。

4. 《白菜蝈蝈——访民间工艺家杨士惠》，《中国工人》1956 年第 5 期。

5. 《杨》，《新观察》1956 年第 5 期。

6. 《西红柿》（独幕话剧），《新港》1956 年 7 月创刊号。

7. 《螺丝钉》（独幕话剧），《人民文学》1956 年第 8 期。

8. 《春雷》，《北京文艺》1956 年 12 期。

9. 《落花生》（独幕话剧），北京出版社 1956 年出版。

10. 《在大转变的日子里》，北京大众出版社 1956 年 2 月出版，其中收有林斤澜和周全合作的特写《在大转变的日子里》。

11. 《1956 年剧本选》，作家出版社 1957 年 9 月出版，其中收有林斤澜的《螺丝钉》。

1957 年

1. 《台湾姑娘》，《人民文学》1957 年第 1 期。
2. 《家信》，《人民文学》1957 年第 4 期。
3. 《闲话小说》，《文艺报》1957 年第 5 期。
4. 《迎风户难开》，《北京日报》1957 年 5 月 5 日。
5. 《姐妹》，《人民文学》1957 年 5、6 期合期。
6. 《一瓢水》，《人民文学》1957 年 5、6 期合刊。
7. 《意识》，《新港》1957 年第 7 期。
8. 《草原》，《人民文学》1957 年第 10 期。
9. 《夜话》，《中国青年》1957 年第 12 期。
10. 《布谷》（剧本作品集），中国青年出版社 1957 年 11 月出版。

1958 年

1. 《采访》，《北京文艺》1958 年第 1 期。
2. 《发绳》，《火花》1958 年第 2 期。
3. 《容光焕发》（独幕话剧），《剧本》1958 年第 3 期。
4. 《母女》，《收获》1958 年第 5 期。
5. 《跃进》，《北京文艺》1958 年第 5 期。
6. 《喜事》，《解放军文艺》1958 年第 8 期。
7. 《赶天桥》，《人民文学》1958 年第 8 期。
8. 《送信》，《人民文学》1958 年第 11 期。
9. 《勤·俭·和睦》，《中国工人》1958 年第 4 期。
10. 《春雷》，作家出版社 1958 年 6 月出版。
11. 《十三陵水库的故事》，中国少年儿童出版社 1958 年 10 月出版，其中收有林斤澜的《五老》《老实》。

1959 年

1. 《婆媳俩》，《中国工人》1959 年第 6 期。
2、《人造棉》，《中国青年报》1959 年 1 月 9 日。
3. 《芦沟桥之夜》，《北京文艺》1959 年第 7 期。

4. 《八宝山之宝》，《北京文艺》1959 年第 8 期。

5. 《贝贝睡觉的时候》，《新港》1959 年第 9 期。

6. 《做饭的》，《北京文艺》1959 年第 10 期。

7. 《龙潭》，《人民文学》1959 年第 11 期。

8. 《飞筐》，作家出版社 1959 年 12 月出版。

9. 《惹祸》，中国少年儿童出版社 1959 年 3 月出版。

10. 《1958 年短篇小说选》，作家出版社 1959 年 9 月出版，其中收有林斤澜的《发绳》。

11. 《一代新人——青年社会主义建设积极分子特写选集》，中国青年出版社 1959 年 1 月出版，其中收有林斤澜的《模范投递员罗淑珍》。

1960 年

1. 《铁石山》，《北京文艺》1960 年第 2 期。

2. 《妈妈的心》(与人合作)，《北京文艺》1960 年第 10 期。

3. 《新生》，《人民文学》1960 年第 12 期。

4. 《天下无难事》，《北京文艺》1960 年 11 月号。

1961 年

1. 《钥匙》，《北京日报》1961 年 1 月 3 日。

2. 《绿荫岗》，《北京文艺》1961 年第 1 期。

3. 《千方百计的后勤兵》，《北京文艺》1961 年第 5 期。

4. 《山里红》，《人民文学》1961 年第 5 期。

5. 《家信》，《上海文学》1961 年第 6 期。

6. 《和事老》，《光明日报》1961 年 6 月 27 日。

7. 《云花锄板》，《北京文艺》1961 年第 7 期。

8. 《假小子》，《人民日报》1961 年 7 月 16 日。

9. 《有关题材的零星感想》，《北京文艺》1961 年第 9 期。

1962 年

1. 《魏文学》，《山花》1962 年第 4 期。

2. 《教学日记》，《东海》1962 年第 12 期。

3. 《糊窗户》《雪打灯》《春风》，《北京文艺》1962 年第 11 期。

4. 《石匠》，《广西文艺》1962 年第 4 期。

5. 《赶摆》，《北京文艺》1962 年第 5 期。

6. 《草》，《边疆文艺》1962 年第 2 期。

1963 年

1. 《限三天》，《解放军文艺》1963 年第 11 期。

2. 《惭愧》，《人民文学》1963 年第 3 期。

3. 《志气》，《北京文艺》1963 年第 8 期。

4. 《庙子——八角记事之一》，《北京文艺》1963 年第 9 期。

5. 《山里红》，北京出版社 1963 年 3 月出版。

1964 年

1. 《算账》，《新港》1964 年第 3 期。

2. 《衡量》，《北京文艺》1964 年第 8 期。

1965 年

《"背篓精神"开新花》，《北京文艺》1965 年第 10 期。

1978 年

1. 《膏药先生》，《十月》1978 年第 2 期。

2. 《悼》，《北京文艺》1978 年第 3 期。

3. 《小店姑娘》，《北京文艺》1978 年第 7 期。

4. 《竹》，《人民文学》1978 年第 7 期。

5. 《开锅饼》，《上海文学》1978 年 12 期。

6. 《建国以来短篇小说》，上海文艺出版社 1978 年 5 月出版，其中收有林斤澜的《新生》。

1979 年

1. 《一字师》，《花城》第一集（创刊号）。

2. 《拳头》，《上海文学》1979 年 4 期。

3. 《阳台》，《北京文艺》1979 年第 4 期。

4. 《短简》，《北京文艺》1979 年第 4 期。

5. 《拳头》，《上海文艺》1979 年第 4 期。

6. 《问号》，《北京文艺》1979 年第 9 期。

7. 《神经病》，《北方文学》1979 年第 11 期。

8. 《记录》，《人民文学》1979 年第 11 期。

9. 《神圣的使命》，上海文艺出版社 1979 年 9 月出版，其中收有林斤澜的小说《悼》。

10. 《北京短篇小说选（1949—1979）》，北京出版社 1979 年 11 月出版，其中收有林斤澜的《台湾姑娘》。

1980 年

1. 《问号》，《小说月报》1980 年第 1 期。

2. 《绝句》，《十月》1980 年第 1 期。

3. 《盆景》，《上海文学》1980 年第 4 期。

4. 《送下乡》，《文艺报》1980 年第 5 期。

5. 《肋巴条》，《北京文艺》1980 年第 8 期。

6. 《写在读〈蒲柳人家〉之后》，《文艺报》1980 年第 10 期。

7. 《火葬场的哥们》，《人民文学》1980 年第 11 期

8. 《寻》，《北京文学》1980 年第 11 期。

9. 《小说构思随感》，《北京文学》1980 年第 11 期。

10. 《林斤澜小说选》，北京出版社 1980 年 9 月出版。

11. 《〈北京文艺〉短篇小说选　1979》，北京出版社 1980 年出版，其中收有林斤澜的小说《阳台》。

1981 年

1. 《斩凌剑》，《文汇月刊》1981 年第 2 期。

2. 《小说构思随想（之二）》，《北京文学》1981 年第 3 期。

3. 《头像》，《北京文学》1981 年第 7 期，获第三届全国优秀短篇小说奖。

4. 《辘轳井》，《人民文学》1981 年第 9 期，《小说月报》1981 年第 11 期。

5. 《青石桥》，《上海文学》1981 年第 10 期。

6. 《酒言》，《人民日报》1981 年 11 月 7 日，入选《小说选刊》1981 年第 12 期。

1982 年

1. 《辘轳井》，《新华文摘》1982 年第 1 期。

2. 《杜爷爷》，《昆仑》1982 年第 1 期。

3. 《白果树》，《东方》1982 年第 1 期。

4. 《桃园》，《文艺》（天津日报增刊）1982 年 2 月。

5. 《卷栢》，《新港》1982 年第 3 期。

6. 《邪魔》，《人民文学》1982 年第 11 期。

7. 《腾身》，《北京文学》1982 年第 11 期。

8. 《长汽》，《春风》1982 年增刊终。

9. 《固执地走现实主义的道路》，《春风》1982 年增刊终。

10. 《"明天我就下乡"——读韩蔼丽的小说》，《文艺报》1983 年第 1 期。

11. 《石火》，湖南人民出版社 1982 年 2 月出版。

12. 《1981 年全国优秀短篇小说评选获奖作品集》，上海文艺出版社 1982 年 7 月出版，其中收有林斤澜的《头像》。

1983 年

1. 《留得青山在》，《滇池》1983 年第 1 期。

2. 《难得自知——我与文学》，《飞天》1983 年第 2 期。

3. 《对话一例》，《北京师范（社会科学版）》1983 年第 2 期。

4. 《紫藤小院》，《钟山》1983 年第 3 期。

5. 《谈魅力》，《钟山》1983 年第 3 期。

6. 《乡音》，《人民文学》1983 年第 3 期。

7. 《木雏》，《百花园》1983 年第 4 期，《小说选刊》1983 年第 6 期，《小说月报》1983 年第 7 期。

8. 《小说的结构问题》，《山西文学》1983 年第 8 期。

9. 《朝天椒》，《人民文学》1983 年第 9 期。

10. 《满城飞花》，《北京文学》1983 年第 10 期。

11. 《知难》，《山西文学》1983 年第 10 期。

12. 《谈小说的容量及其他》，《山东文学》1983 年第 10 期。

13. 《玻璃房梦》，《上海文学》1983 年第 11 期。

14. 《中国现代作家传略》，四川人民出版社 1983 年 3 月出版，其中收有林斤澜的《自传》。

15. 《北京作家五人谈》，《山西文学》1983 年第 6 期，其中收有林斤澜的《小说的结构问题》。

1984 年

1. 《三随，与青年朋友谈心》，《文学青年》1984 年第 2 期。

2. 《"自我非我"》，《青春》1984 年第 4 期。

3. 《丫头她妈——矮凳桥没有名字的人》，《收获》1984 年第 4 期。

4. 《二十多年前的座谈会》，《北京文学》1984 年第 5 期。

5. 《由〈鸡啄米〉想到的》，《北京文学》1984 年第 8 期。

6. 《方德贵——矮凳桥的顶头上司》，《雨花》1984 年第 8 期。

7. 《另外的感想——读〈三将军之墓〉》，《北京文学》1984 年第 10 期。

8. 《矮凳桥传奇》，《人民文学》1984 年第 10 期，选入《新华文摘》1984 年第 12 期；《矮凳桥传奇》含两篇小说《溪鳗》《车钻》。《溪鳗》选入《小说选刊》1984 年第 12 期。

9. 《矮凳桥小品三篇（姐弟、表妹、同学）》，《十月》1984 年第 6 期。

10. 《可爱的故乡》，浙江日报编辑部编，1984 年 10 月出版，其中收有林斤澜的《渡船》。

1985 年

1. 《章范和章小范》，《当代》文学杂志 1985 年第 1 期。

2. 《笑杉——矮凳桥的反对派》，《中国》1985 年第 2 期。

3. 《小贩们——矮凳桥的小辈们》，《中国作家》1985 年第 3 期。

4. 《木雏》，《小小说选刊》1985 年第 3 期。

5. 《楼本》，《芙蓉》1985 年第 4 期。

6. 《读三叶的〈未必佳集〉》，《读书》1985 年第 8 期。

7. 《门外球声》，《文汇月刊》1985 年第 10 期。

8. 《舴艋舟——矮凳桥的手艺人家》，《上海文学》1985 年第 12 期。

9. 《林中》，《山东文学》1985 年第 12 期。

10. 《小说说小》，春风文艺出版社 1985 年 12 月出版。

1986 年

1. 《李地——矮凳桥的女镇长》，《人民文学》1986 年第 1 期。

2. 《憨憨》，《收获》1986 年第 2 期。

3. 《短篇短见》，《文学自由谈》1986 年第 2 期。

4. 《〈孔乙己〉和〈大泽乡〉》，《读书》1986 年 2 期。

5. 《哆嗦》，《北京文学》1986 年第 11 期，选入《小说选刊》1987 年第 2 期，《小说月报》1987 年第 2 期。

6. 《小说技巧新编》，华中工学院出版社 1986 年 3 月出版，其中收有林斤澜的《小说构思随感（节选）》。

1987 年

1. 《黄瑶》，《上海文学》1987 年 2 期。

2. 《五分》，《中外文学》1987 年第 5 期。

3. 《社会性·小说技巧》，《人民文学》1987 年第 3 期。

4. 《别求新声》，《北京文学》1987 年第 4 期。

5. 《读书杂记之一，虚实》，《文学自由谈》1987 年第 5 期。

6. 《关于艺术描写中"虚"与"实"的对话》，《钟山》1987 年第 5 期。

7. 《揪人、打人》，《雨花》1987 年第 10 期，选入《小说选刊》1988 年第 6 期。

8. 《"杂取种种话"》，《文学自由谈》1987 年第 6 期。

9. 《玉簪》，《北京文学》1987 年第 8 期。

10. 《满城飞花》，花城出版社 1987 年 4 月出版。

11. 《矮凳桥风情》，浙江文艺出版社 1987 年 5 月出版。

1988 年

1. 《一点感想》，《北京文学》1988 年第 1 期。

2. 《回想〈奔月〉》，《文学自由谈》1988 年第 1 期。

3. 《催眠》（十年十癔之十），《钟山》1988 年第 1 期。

4. 《五分》，《小说选刊》1988 年第 2 期。

5. 《白儿》，《人民文学》1988 年第 2 期，《小说月报》1988 年第 4 期，《小说选刊》1988 年 4 期。

6. 《春节》，《北京文学》1988 年第 2 期。

7. 《梦鞋》，《上海文学》1988 年第 3 期。

8. 《读〈三三〉三稿》，《文学自由谈》1988 年第 2 期。

9. 《沈先生的寂寞》，《人民文学》1988 年第 7 期。

10. 《写在前面的话》，《北京文学》1988 年第 8 期。

11. 《有关出国二三事》，《青春》1988 年第 8 期，《小说选刊》1988 年第 12 期。

12. 《漫话作家的责任感》，《文学自由谈》1988 年第 5 期。

13. 《思前想后》，《读书》1988 年第 12 期。

14. 《舞伎》，浙江文艺出版社 1988 年 7 月出版。

15. 《草台竹地》，人民文学出版社 1988 年 10 月出版。

1989 年

1. 《外号》，《文汇月刊》1989 年 3 期。

2. 《氤氲》，《人民文学》1989 年第 3 期。

3. 《层次——续十癔之三》，《作家》1989 年 4 期。

4. 《万岁——续十癔之二》，《上海文学》1989 年 6 期。

5. 《句点年月》，香港天地图书有限公司 1989 年出版。

6. 《中国新文艺大系——1949—1976 短篇小说选集》，中国文联出版公司 1989 年 4 月出版，其中收有林斤澜的《新生》。

1990 年

1. 《散文闲话》，《北方文学》1990 年第 2 期。

2. 《举重若轻》，《读书》1990 年第 3 期。

3. 《初三读三声》，《长城》1990 年第 3 期。

4. 《最美好的墓志铭》，《北京文学》1990 年第 4 期。

5. 《衣食住行》，《钟山》1990 年第 6 期。

6. 《野人脚》，《现代作家》1990 年 7 期。

1991 年

1. 《读〈卡门〉杂感》，《读书》1991 年第 1 期。

2. 《我们叫他端木》，《北京文学》1991 年第 1 期。

3. 《老师三题》，《天津文学》1991 年第 2 期。

4. 《乡问》，《江南》1991 年第 4 期。

5. 《注一个"淡"字——读曾祺〈七十书怀〉》，《中国作家》1991 年第 5 期。

6. 《骆驼》，《天津文学》1991 年第 7 期。

7. 《神憩》，《北方文学》1991 年第 12 期。

1992 年

1. 《读"雁山"云影》，《厦门文学》1992 年第 1 期。

2. 《杨沫心态》，《当代作家评论》1992 年第 4 期。

3. 《我的戒烟》，《钟山》1992 年第 4 期。

4. 《小说的散文化和散文的小说化》，《文学自由谈》1992 年第 4 期。

5. 《花生米·豆腐干·火腿·稀粥》，《小说林》1992 年第 5 期。

6. 《散和文》，《中国校园文学》1992 年第 6 期。

7. 《人生怀抱》，广东旅游出版社 1992 年 5 月出版。

8. 《初识楠溪江》，中国旅游出版社 1992 年 10 月出版。

1993 年

1. 《念至诚》，《钟山》1993 年第 1 期。

2. 《再念至诚》，《文汇报》1993 年 1 月 8 日。

3. 《过客》，《花城》1993 年第 2 期。

4. 《三阿公》，《绿叶》1993 年第 2 期，《小小说选刊》1993 年第 3 期。

5. 《朱如》，《小说林》1993 年第 3 期。

6. 《书皮上一个大"禁"字》，《文学自由谈》1993 年第 3 期。

7. 《〈茶馆〉前后》，《读书》1993 年第 9 期。

8. 《山外青山》，中国华侨出版社 1993 年 9 月出版。

9. 《随缘随笔》，群众出版社 1993 年 11 月出版。

10.　《醉人的春夜》，中国文学出版社 1993 年 12 月出版，其中收有林斤澜的《陪酒》《木雏》《起名》。

11.　《当代名家随笔精品》，西安出版社 1993 年 9 月出版，其中收有林斤澜的《天籁》《灵感》《座右铭》《蓝色湖》等篇。

1994 年

1.　《世界》，《钟山》1994 年第 3 期。

2.　《鱼儿鱼儿》，《长城》1994 年第 1 期。

3.　《门》，《随笔》1994 年第 1 期。

4.　《母亲》，《收获》1994 年第 2 期。

5.　《立此存照》，陕西人民出版社 1994 年 1 月出版。

6.　《中国当代名人随笔（林斤澜卷）》，陕西人民出版社 1994 年 1 月出版。

7.　《水浒传》（施耐庵原著，林斤澜缩写），接力出版社 1994 年 12 月出版。

8.　《月夜有鱼》，中原农民出版社 1994 年 2 月出版。

1995 年

1.　《林斤澜短篇三题（毛手、经理、首长）》，《钟山》1995 年第 1 期。

2.　《各各自然》，《温州晚报》1995 年 5 月 18 日池上楼副刊。

3.　《电话》，《十月》1995 年第 4 期。

1996 年

1.　《样板》，《随笔》1996 年第 1 期。

2.　《九梦》，《十月》1996 年第 3 期。

3.　《仙姑洞零碎》，《钟山》1996 年第 5 期。

4.　《"连心桥"与"AA 制"》，《温州晚报》1996 年 11 月 5 日池上楼副刊。

5.　《门》，《北京文学》1996 年第 11 期。

6.　《十年十癔》，中国华侨出版社 1996 年 2 月出版。

7.　《短篇短见》，浙江文艺出版社 1996 年 4 月出版。

8.　《散花记散》，湖南文艺出版社 1996 年 10 月出版。

9.　《岁灯心草》，宁夏人民出版社 1996 年 12 月出版。

10.　《世界历史名人画传——曹雪芹》（林斤澜撰文，吴山明、尉晓榕绘画），江苏教育出版社 1996 年 12 月出版。

1997 年

1. 《小说的加法和减法》《门》，《小说选刊》1997 年第 1 期。
2. 《他坐在什么地方》，《北京文学》1997 年第 3 期。
3. 《纪终年》，《收获》1997 年第 4 期。
4. 《树（海外、山里、榕树）》（附创作谈《呼唤新艺术——在北京短篇小说讨论会上的发言》），《钟山》1997 年第 5 期。
5. 《呼唤新艺术》，《北京文学》1997 年第 8 期。
6. 《短篇短篇》，《北京文学》1997 年第 10 期。
7. 《独轮车轮》，中央编译出版社 1997 年 1 月出版。
8. 《儒林外史》（吴敬梓原著，林斤澜缩写），接力出版社 1997 年 1 月出版。
9. 《风情笔记》，安徽文艺出版社 1997 年 7 月出版。
10. 《门》，北京燕山出版社 1997 年 8 月出版。

1998 年

1. 《"若即若离""我行我素"——汪曾祺全集出版前言》（林斤澜整理），《北京文学》1998 年第 1 期。
2. 《以短为长》，《温州晚报》1998 年 2 月 15 日池上楼副刊。
3. 《随便要紧》，《温州晚报》1998 年 5 月 17 日池上楼副刊。
4. 《点评〈鞋〉》，《北京文学》1998 年第 2 期。
5. 《读〈心中永远的痛〉》，《文学自由谈》1998 年第 6 期。
6. 《〈纪终年〉补》，《随笔》1998 年 5 期。
7. 《天职》，《北京文学》1998 年第 8 期。
8. 《"老来难"》，《温州晚报》1998 年 11 月 29 日池上楼副刊。
9. 《山水之间》，东方出版社 1998 年 4 月出版。
10. 《随心所选本》，中国文联出版公司 1998 年 5 月出版。
11. 《杂花生树》（国风文丛·吴越卷），中国对外翻译出版公司 1998 年 1 月出版。

1999 年

1. 《轻重小驴车》，《北京文学》1999 年第 2 期，《小说选刊》1999 年第 5 期。

2. 《直感》，《温州晚报》1999 年 6 月 13 日池上楼副刊。

3. 《寻觅"新路"的伯永》，《文学自由谈》1999 年第 6 期。

4. 《螺蛳梦》，《北京文学》1999 年第 7 期。

5. 《出山》，浙江少年儿童出版社 1999 年 1 月出版。

6. 《林斤澜散文选集》，百花文艺出版社 1999 年出版。

2000 年

1. 《嘎姑》，《收获》2000 年第 2 期。

2. 《酒的汗》，《温州晚报》2000 年 6 月 2 日池上楼副刊。

3. 《灭顶事故》，《北京文学》2000 年第 9 期，为纪念《北京文学》创刊 50 周年而作。

4. 《"跳"》，《山花》2000 年第 9 期，《小说选刊》2000 年 11 期。

5. 《林斤澜文集》（六卷），北京师范大学出版社 2000 年 1 月出版。

6. 《流火流年》，大象出版社 2000 年 4 月出版。

7. 《中国现代文学名著故事》（27），海峡文艺出版社 2000 年出版，其中收有林斤澜的小说《草原》《山里红》。

8. 《日落红门》，大众文艺出版社 2000 年 5 月出版，其中收有林斤澜的《门》。

2001 年

1. 《短篇三树》，《十月》2001 年第 3 期。

2. 《短篇三痴》，《钟山》2001 年第 4 期，选入《小说月报》2001 年第 9 期。

3. 《青春——为瓯海中学文选题辞》，2001 年 7 月 3 日池上楼副刊。

4. 《吹响自己的唢呐》，《北京文学》2001 年第 7 期。

5. 《遁糖麻糍》，《温州晚报》2001 年 12 月 17 日池上楼副刊。

6. 《"自我感觉"》，《温州晚报》2001 年 12 月 16 日池上楼副刊。

7. 《十年矮凳（中国小说 50 强 1978—2000）》，时代文艺出版社 2001 年 1 月出版。

2002 年

1. 《豆腐》，《温州晚报》2002 年 5 月 5 日池上楼副刊。

2. 《温州人》，《温州晚报》2002 年 9 月 16 日池上楼副刊。

3. 《方舟》，《温州晚报》2002 年 11 月 4 日。

4. 《生命的夜里的河流——刘文起〈书眉山影〉序》，《温州晚报》2002 年 11 月 17 日池上楼副刊。

5. 《放胆方言》，《温州晚报》2002 年 12 月 15 日池上楼副刊。

6. 《多能钥匙》，《温州晚报》2002 年 12 月 29 日池上楼副刊。

7. 《事故故事》，中国工人出版社 2002 年 1 月出版。

2003 年

1. 《灯》，《温州晚报》2003 年 1 月 4 日池上楼副刊。

2. 《出生入死》，《随笔》2003 年第 1 期。

3. 《生命的夜里的河流》，《文学自由谈》2003 年第 1 期。

4. 《梅庄黑天》，《温州晚报》2003 年 4 月 26 日池上楼副刊，《北京文学·中篇小说月报》2003 年第 5 期。

5. 《蛙鸣凤吼》，《温州晚报》2003 年 5 月 5 日池上楼副刊，《北京文学·中篇小说月报》2003 年第 5 期。

6. 《荒诞和抒情》，《温州晚报》2003 年 5 月 24 日池上楼副刊，《北京文学·中篇小说月报》2003 年第 6 期。

7. 《电视的黑白》，《温州晚报》2003 年 5 月 31 日池上楼副刊，《北京文学·中篇小说月报》2003 年第 6 期。

8. 《嫩绿淡黄》，《温州晚报》2003 年 7 月 19 日池上楼副刊。

9. 《拳拳》，《随笔》2003 年第 6 期。

2004 年

1. 《林斤澜新作三篇》，《温州晚报》2004 年 2 月 22 日池上楼副刊。

2. 《杂拌——李文照随笔集序》，《温州晚报》2004 年 4 月 4 日池上楼副刊。

3. 《画意——沧河短草之五》，《温州晚报》2004 年 4 月 11 日池上楼副刊。

4. 《"重识楠溪江"序》，《温州晚报》2004 年 4 月 18 日池上楼副刊。

5.　《无巧不成书》，《温州晚报》2004 年 8 月 24 日池上楼副刊。

6.　《沧河短草》，《随笔》2004 年第 6 期。

7.　《去不回门》，《人民文学》2004 年第 10 期，获首届蒲松龄短篇小说奖。

8.　《呐喊——为沈氏父子研究"温州话"著作呐喊》，收录于沈克成、沈迦著《温州话，温州话特征词汇编》，宁波出版社 2004 年出版。

2005 年

1.　《陈小手》（林斤澜批注、评点），《北京文学·中篇小说月报》2005 年第 1 期。

2.　《与林斤澜谈汪曾祺》（对谈者：林斤澜，《北京文学》编辑），《北京文学·中篇小说月报》2005 年第 1 期。

3.　《嫩绿淡黄》，《北京文学·中篇小说月报》2005 年第 1 期。

4.　《过滤——曾荷绿〈美丽"人间"〉序》，《温州晚报》2005 年 9 月 6 日池上楼副刊。

5.　《上下》，《温州晚报》2005 年 9 月 13 日池上楼副刊。此篇为《北京文学》55 年纪念文集序言。

6.　《小车不倒只管推》，《温州晚报》2005 年 6 月 18 日池上楼副刊。

7.　《送唐湜》，《随笔》2005 年第 5 期。

8.　《题辞》，《文学自由谈》2005 年第 6 期。

9.　《林斤澜小说经典》，人民文学出版社 2005 年 8 月出版。

10.　《风筝飘带》（《北京文学》55 年典藏·短篇小说卷），同心出版社 2005 年 9 月出版，其中收有林斤澜的《哆嗦》《门》。

2006 年

1.　《天意》，《温州晚报》2006 年 9 月 9 日池上楼副刊。

2.　《鱼藻池上烂尾楼》，《温州晚报》2006 年 9 月 16 日池上楼副刊。

3.　《月光》，《温州晚报》2006 年 9 月 30 日池上楼副刊。

4.　《夹缝四色》，《十月》2006 年第 6 期。

2007 年

1.　《元戎·天意·月光》，《西部》2007 年第 1 期。

2.　《论短篇小说》，《当代作家评论》2007 年第 1 期。

3.　《惊心——混账记略》，《温州晚报》2007 年 7 月 21 日。

4.　《"八字"》，《温州晚报》2007 年 8 月 4 日池上楼副刊。

5.　《思念》，《温州晚报》2007 年 9 月 8 日池上楼副刊。

6.　《惊心——混账记略》，《随笔》2007 年第 6 期。

7.　《杂花生树》，辽宁人民出版社 2007 年 1 月出版。

8.　《林斤澜散文》，人民文学出版社 2007 年 3 月出版。

2008 年

《第三届北京文学节终身成就奖作家作品精选集·林斤澜卷》，同心出版社 2008 年 6 月出版。

2009 年

《林斤澜小说选》，人民文学出版社 2009 年 7 月出版。

2010 年

1.　《滴水不漏》，《收获》2010 年第 1 期。

2.　《矮凳桥上的风情，林斤澜小说经典》，中国工人出版社 2010 年 1 月出版。

3.　《矮凳桥下的时光，林斤澜散文经典》，中国工人出版社出版 2010 年 1 月出版。

2014 年

《怀念中的宁静》，中国盲文出版社 2014 年 1 月出版。

2015 年

《林斤澜文集》（全十册），人民文学出版社 2015 年 12 月出版。

2016 年

《李地》，花城出版社 2016 年 5 月出版。

2017 年

1. 《矮凳桥风情》，文化发展出版社 2017 年 1 月出版。
2. 《林斤澜谈汪曾祺》，广陵书社 2017 年 4 月出版。

（注：林斤澜生前不做年表，文章极少标示写作和发表时间，此年表或不完全。）

附录二　林斤澜研究资料索引

研究论著

1. 程绍国：《林斤澜说》，人民文学出版社，2006 年。
2. 孔范今，施战军主编：《林斤澜研究资料》，山东文艺出版社，2009 年。

报刊文章

1958 年

田家：《林斤澜小说的艺术倾向》，《北京文艺》1958 年第 3 期。

1960 年

冯牧：《谈林斤澜的〈飞筐〉及其他》，《北京文艺》1960 年第 3 期。

1962 年

1. 《促膝谈心——研究林斤澜作品小型座谈会》，《北京日报》1962 年 6 月 7 日。
2. 《赞许·商讨·期望——林斤澜创作座谈会侧记》，《北京文艺》1962 年第 8 期。
3. 张广桢：《漫谈林斤澜小说的语言特色》，《北京文艺》1962 年第 8 期。
4. 舒真：《浅谈〈新生〉》，《北京文艺》1962 年第 10 期。
5. 张钟：《林斤澜创作琐谈》，《北京文艺》1962 年第 11 期。

1963 年

陈言：《漫评林斤澜的创作及有关评论》，《文艺报》1963 年第 3 期。

1980 年

姜嘉镳：《"短"的技巧工力——读林斤澜同志的新作〈拳头〉》，《温州师专学报》1980 年第 1 期。

1981 年

孙犁：《读作品记（三）》，《北京文学》1981 年第 2 期。

1982 年

程德培：《此地无声胜有声——读林斤澜短篇近作的印象》，《上海文学》1982 年第 6 期。

1983 年

1. 黄子平：《"沉思的老树的精灵"——林斤澜近年小说初探》，《文学评论》1983 年第 2 期。

2. 杨续先：《短篇小说的新探索——试评林斤澜近几年的小说创作》，《北京师院学报（社会科学版）》1983 年第 2 期。

3. 道怡：《林斤澜（作家传）》，《作品与争鸣》1983 年第 3 期。

4. 高玉昆：《林斤澜作品小议》，《山东文学》1983 年第 3 期。

5. 谢冕、陈素琰：《采石者的欣慰——论林斤澜的创作》，《钟山》1983 年第 3 期。

6. 张丽妧：《深山老峪采石工——记当代作家林斤澜》，《北京文艺年鉴：1982 年》，工人出版社，1982 年。

1984 年

1. 赵成：《寂寞深山采石声：浅析林斤澜小说的美学追求》，《新文学论丛》1984 年第 1 期。

2. 方顺景：《新作短评：〈满城飞花〉》，《文艺报》1984 年第 4 期。

1985 年

姜嘉镳：《论"矮凳桥系列"的烘托艺术》，《温州师专学报》1985 年第 2 期。

1986 年

杨鸥、吴晔：《不倦的探索者：访作家林斤澜》，《人民日报·海外版》1986 年 5 月 16 日。

1987 年

1. 闻言：《林斤澜作品研讨会在京举行》，《光明日报》1987 年 1 月 1 日。
2. 谭湘、林大中：《对林斤澜作品的"破译"：林斤澜作品讨论会侧记》，《中国文化报》1987 年 1 月 11 日。
3. 谭湘：《林斤澜的谜和作为谜的林斤澜》，《文化报》1987 年 2 月 1 日。
4. 汪曾祺：《老作家林斤澜近作有创新》，《文艺报》1987 年 2 月 1 日。
5. 汪曾祺：《林斤澜的矮凳桥》，《文艺报》1987 年 1 月 31 日。
6. 姜嘉镳：《短篇小说自有"短"的规律——论林斤澜短篇小说的结构艺术》，《温州师范学院学报（社会科学版）》1987 年第 2 期。
7. 冯立三：《独特的构思和描写——读林斤澜矮凳桥系列小说》，《文艺学习》1987 年第 3 期。
8. 张志忠：《街谈巷语翻新篇——林斤澜〈矮凳桥〉系列小说论》，《北京文学》1987 年第 3 期。
9. 孟悦：《一个不可多得的寓言——〈矮凳桥风情〉试析》，《当代作家评论》1987 年第 6 期。
10. 罗强烈：《矮凳桥系列小说的叙事结构》，《当代作家评论》1987 年第 6 期。
11. 李庆西：《说〈矮凳桥风情〉》，《当代作家评论》1987 年第 6 期。
12. 李洁非、张陵：《矮凳桥文体》，《当代作家评论》1987 年第 6 期。
13. 贺绍俊、潘凯雄：《矮凳桥作雾中看——〈矮凳桥风情〉的别一种读法》，《当代作家评论》1987 年第 6 期。

1988 年

1. 李国涛：《林斤澜小说文体描述》，《文学评论》1988 年第 3 期。
2. 李国涛：《人生滋味，纸上乡音——林斤澜的〈乡音〉》，《名作欣赏》1988 年第 3 期。
3. 李以建：《鱼非鱼的破译——析〈溪鳗〉》，《当代作家评论》1988 年第 3 期。

4. 刘绪源：《无爱的人生与潜在的抗争——〈黄瑶〉读后》，《上海文论》1988 年第 4 期。

1989 年

1. 韩石山：《明日来寻都是诗——评林斤澜的近作》，《当代作家评论》1989 年第 4 期。

2. 刘瑞坤：《林斤澜与温州》，《人民日报》1989 年 4 月 15 日。

3. 杨守森：《中国当代文坛上的南北二怪——林斤澜、祖慰小说比较谈》，《文学评论家》1989 年第 5 期。

4. 孟悦：《读林斤澜的〈十年十癔〉》，《北京文学》1989 年第 7 期。

5. 陈惠方：《栊翠庵的暖色——评林斤澜系列小说〈矮凳桥风情〉》，《文学报》1989 年 7 月 21 日。

1990 年

1. 薛毅：《小说时空观的演变和隐喻——兼论苏童、林斤澜、余华》，《艺术广角》1990 年第 2 期。

2. 朱伟：《林斤澜先生散记》，《中国作家》1990 年第 6 期。

3. 朱金晨：《难以言传的感情——访林斤澜》，《文学报》1990 年第 27 期。

1991 年

1. 姜嘉镳：《方言思维和小说思路——林斤澜〈矮凳桥风情〉的构思艺术》，《温州师范学院学报（哲学社会科学版）》1991 年第 2 期。

2. 石明辉、纪素青：《艰辛探索的路——林斤澜和他的小说创作》，《扬州师院学报（社会科学版）》1991 年第 4 期。

1992 年

1. 张卫中：《林斤澜创作的审美情趣》，《文学评论》1992 年第 2 期。

1995 年

1. 何莲芳：《慢里人生——散谈林斤澜〈矮凳桥风情〉集的独特表现形式》，《乌鲁木齐成人教育学院学报》1995 年第 1 期。

2. 张洪德：《林斤澜小说叙事的新策略》，《当代文坛》1995 年第 6 期。

1996 年

杜全伟：《随缘人生——林斤澜先生印象》，《北京观察》1996 年第 3 期。

1997 年

1. 汪曾祺：《林斤澜！哈哈哈哈……》，《时代文学》1997 年第 2 期。
2. 叶兆言：《闲话林斤澜》，《时代文学》1997 年第 2 期。
3. 何镇邦：《常青的老树——老作家林斤澜二三事》，《时代文学》1997 年第 2 期。
4. 唐达成：《林斤澜，其人其文》，《北京文学》1997 年第 2 期。

1998 年

1. 孙郁：《林斤澜片议》，《当代作家评论》1998 年第 5 期。
2. 孙凯风：《置身于历史情境中的当代传说——林斤澜和他的"怪味小说"》，《温州师范学院学报》1998 年第 5 期。

1999 年

丁安仪：《试说大幅度强化——林斤澜小说语言特色之一》，《修辞学习》1999 年第 6 期。

2000 年

柳萌：《好一尊"笑佛"林斤澜》，《光明日报》2000 年 4 月 27 日。

2002 年

柴福善：《闲话林斤澜》，《山花》2002 年第 10 期。

2003 年

乌尔沁：《笑容可掬的林斤澜》，《人民日报·海外版》2003 年 12 月 24 日。

2004 年

徐漫：《文学和哲学的接壤之处》，《河南师范大学学报》2004 年第 5 期。

2005 年

1. 程绍国：《文坛双璧——林斤澜与汪曾祺》，《当代作家评论》2005 年第 3 期。

2. 程绍国：《天堂水寒——林斤澜和高晓声、叶至诚、林昭》，《当代》2005 年第 5 期。

3. 陶大钊：《林斤澜先生的毅力》，《温州晚报》2005 年 5 月 28 日。

4. 程绍国：《雁山云影——林斤澜与马骅（莫洛）、唐湜、赵瑞蕻》，《当代》2005 年第 6 期。

5. 柴福善、邓友梅：《清新隽永的林斤澜》，《文化艺术报》2005 年 7 月 6 日。

6. 涂光群：《短篇名家林斤澜》，《北京文学·精彩阅读》2005 年第 8 期。

2006 年

1. 孙绍振：《春天的两种不同的散文美——读朱自清的〈春〉和林斤澜的〈春风〉》，《语文学习》2006 年第 1 期。

2. 程绍国：《潮兮鱼兮——林斤澜和端木蕻良、骆宾基、萧军、杨沫、浩然、刘绍棠》，《当代》2006 年第 1 期。

3. 程绍国：《南国"就食"——林斤澜与沙汀、艾芜、刘真》，《当代》2006 年第 3 期。

4. 程绍国：《圣杯盈盈——林斤澜之我"记"》，《当代》2006 年第 4 期。

5. 程绍国：《天可怜见——林斤澜和"右派"擦肩而过》，《当代》2006 年第 5 期。

6. 程绍国：《行歌如梦——林斤澜的"革命"及其抗日战友》，《江南》2006 年第 6 期。

7. 刘晓南：《林斤澜论》，《山花》2006 年第 7 期。

2007 年

1. 程绍国：《上下求索——林斤澜的文学之旅》，《当代作家评论》2007 年第 1 期。

2. 肖敏、张志忠：《林斤澜论》，《天府新论》2007 年第 3 期。

3. 张直心、朱琳佳：《〈矮凳桥风情〉的文化蕴涵》，《社会科学战线》

2007 年第 5 期。

4. 唐功杰：《走出一道人生的风景：林斤澜》，《语文世界（高中版）》2007 年第 11 期。

2008 年

1. 席建彬：《林斤澜论——一种独特的感受美学》，《文艺争鸣》2008 年第 4 期。

2. 程绍国：《林斤澜说沈从文》，《文苑》2008 年第 5 期。

2. 肖敏、张志忠：《试论林斤澜小说的文体意识》，《湖北社会科学》2008 年第 6 期。

3. 段崇轩：《打一眼深井——读林斤澜〈头像〉》，《名作欣赏·鉴赏版》2008 年第 10 期。

2009 年 *

1. 梁秉堃：《缅怀林斤澜先生》，《海内与海外》2009 年第 4 期。

2. 李斌、李英姿：《冷峻奇崛的"怪味"风格——论林斤澜新时期小说的艺术风格》，《艺术教育》2009 年第 5 期。

3. 林伟光：《读林斤澜》，《潮州日报》2009 年 6 月 3 日。

4. 李敏：《林斤澜新论——从"创伤叙事"的角度看》，《文艺争鸣》2009 年第 6 期。

5. 赵大年：《跟林斤澜聊天》，《北京文学·精彩阅读》2009 年第 6 期。

6. 刘孝存：《跟林老学艺：怀念师长林斤澜》，《北京文学·精彩阅读》2009 年第 6 期。

7. 孙良好：《"怪味"小说家林斤澜》，《中国作家（文学版）》2009 年第 12 期。

2010 年

1. 林晶：《瓯越文化与林斤澜的小说创作》，《北京工业职业技术学院学报》2010 年第 3 期。

2. 林晶、王欢：《林斤澜"矮凳桥"系列小说方言特色探析》，《作家》

---

① 注：2009 年 4 月林斤澜先生逝世，亲友的悼念文章见本书追思一章，在此不再赘录。

2010 年第 22 期。

2011 年

1. 段崇轩：《现实主义短篇小说的"裂变"——林斤澜创作综论》，《文学评论丛刊》2011 年第 2 期。

2. 林晶、王家平：《评林斤澜矮凳桥系列小说》，《文艺争鸣》2011 年第 3 期。

3. 耿艳艳：《世变缘常——试论林斤澜 80 年代小城镇小说》，《枣庄学院学报》2011 年第 3 期。

4. 颜坤琰：《林斤澜和他的老师们》，《人民政协报》2011 年 3 月 31 日。

5. 赵大年：《良师益友》，《北京文学》2010 年第 5 期。

6. 王银环：《论〈矮凳桥风情〉情节的中断和淡化》，《名作欣赏》2011 年第 6 期。

7. 古超强：《〈溪鳗〉——女权主义面纱下的男权意淫》，《牡丹江大学学报》2011 年第 9 期。

8. 赵冬梅：《在两岸文学史中读林斤澜的〈台湾姑娘〉》，《第十五届世界华文文学国际学术研讨会论文集》2011 年 12 月。

9. 廖用碎：《对〈春风〉的两点探索》，《语文学刊》2011 年第 14 期。

10. 张舟子：《在困惑中蜕变——林斤澜对现实主义文学观念的突破》，《名作欣赏》2011 年第 27 期。

2012 年

1. 陈力君：《蛮荒与先潮——林斤澜笔下当代温州形象》，《当代作家评论》2012 年第 2 期。

2. 程绍国：《龙有龙道——林斤澜与邵燕祥、唐达成、王蒙》，《当代》2012 年第 3 期。

3. 汪朝：《四月的怀念》，《当代》2012 年第 5 期。

4. 董国和：《林斤澜的〈发绳〉》，《温州都市报》2012 年 5 月 25 日。

5. 散木：《翁文灏、林斤澜，沉默是金》，《晚晴》2012 年第 5 期。

6. 邱桃：《对林斤澜〈溪鳗〉的多义性解读》，《西江月》2012 年第 9 期。

2013 年

1. 解玺璋：《林斤澜的矮凳桥》，《渤海早报》2013 年 1 月 28 日。

2. 李丽：《林斤澜的语言风格探源》，《宁夏师范学院学报》2013 年第 8 期。

3. 李丽：《浅析林斤澜汉语写作的现代性》，《中国校外教育》（下旬刊）2013 年第 8 期。

4. 李丽：《独成一家的语言风格——林斤澜作品中幽深孤峭与冲淡平和之美探源》，《读与写》2013 年第 23 期。

5. 李丽：《浅析林斤澜汉语写作的现代性》，《中国校外教育》2013 年第 24 期。

2014 年

1. 赵宽宏：《林斤澜的酒事》，《忻州晚报》2014 年 3 月 14 日。

2. 耿艳艳：《林斤澜与汪曾祺小城小说的生态女性主义解读》，《湖北第二师范学院学报》2014 年第 5 期。

3. 耿艳艳：《生态女性主义视域下的〈丫头她妈〉》，《安康学院学报》2014 年第 8 期。

4. 耿艳艳：《生态女性主义视域下的林斤澜创作——以〈矮凳桥风情〉为例》，《宁波教育学院学报》2014 年第 10 期。

5. 张夏露：《从"人性"到"猫性"：论林斤澜文革系列作品中主人公人性的变异》，《科学导报》2014 年第 20 期。

6. 王崇风：《林斤澜的"笑"话》，《做人与处世》2014 年第 24 期。

2015 年

1. 郭青松、王雨：《有心作杰，奇巧多变：常考名家·林斤澜》，《满分阅读（高中版）》2015 年第 2 期。

2. 刘庆邦：《北京作家"终身成就奖"评浩然还是评林斤澜》，《作家》2015 年第 4 期。

3. 高妍：《雾里看花才最美：浅析〈溪鳗〉的朦胧美》，《智富时代》2015 年第 4 期。

4. 谭秀芝：《林斤澜的散文创作浅论》，《文学教育（上）》2015 年第 6 期。

5. 蒋传红：《〈溪鳗〉和溪鳗形象分析》，《中学语文教学参考》2015 年第 21 期。

2016 年

1. 刘晰：《独特的林式美感——评林斤澜"矮凳桥"系列小说艺术表现》，《湖北经济学院学报》2016 年第 2 期。

2. 张学昕：《一个人不明白的一生——林斤澜的几个短篇小说》，《长城》2016 年第 6 期。

3. 康馨：《〈矮凳桥风情〉的民间文化意蕴》，《湖北函授大学学报》2016 年第 7 期。

4. 安东：《"食美家"林斤澜》，《饮食科学》2016 年第 7 期。

2017 年

1. 杨剑龙：《论林斤澜的短篇小说艺术谈》，《福建论坛·人文社会科学版》2017 年第 1、2 期。

2. 梁淑雯：《创伤、"文革"记忆及疾病修辞：论林斤澜〈十年十癔·五分〉及余华〈一九八六年〉中的疯癫书写》，《人文中国学报》2017 年第 2 期。

3. 张祥：《〈溪鳗〉的"怪味"》，《七彩语文（中学语文论坛）》2017 年第 2 期。

4. 朱明伟：《暧昧的文学史风景——七八十年代之交的林斤澜》，《东吴学术》2017 年第 3 期。

5. 马晓兵：《看林斤澜以"癔症"写"创伤"》，《博览群书》2017 年第 4 期。

6. 陈宁静：《地域风情造就"怪味"书写——论林斤澜〈矮凳桥风情〉》，《宁波职业技术学院学报》2017 年第 4 期。

7. 王手：《关于短篇小说的自言自语》，《文学教育（上）》2017 年第 5 期。

8. 何镇邦：《汪曾祺、林斤澜的福建之行》，《闽南风》2017 年第 5 期。

9. 金宜：《〈溪鳗〉、〈李地系列〉的性和道德主题思考》，《山海经（故事）》2017 年第 5 期。

10. 金宜：《矮凳桥系列小说主题的表现手法》，《山海经（故事）》2017 年第 6 期。

11. 晓木：《林斤澜的最后遗文》，《海内与海外》2017 年第 9 期。

2018 年

1. 李云侠：《"唐传奇"怎么来到了新时期——读林斤澜〈矮凳桥风情〉兼谈 80 年代"寻根"思潮中的古典传统》，《华中师范大学研究生学报》2018 年第 3 期。

2. 姜嘉镳：《追思林斤公》，《温州人》2018 年第 15 期。

2019 年

1. 章德宁：《道不尽的林斤澜》，《天津文学》2019 年第 2 期，收入花城出版社《2019 中国随笔年选》。

2. 刘庆邦：《林斤澜的看法》，《文汇报》2019 年 4 月 12 日。

3. 解玺璋：《怀念林斤澜先生》，《北京日报》2019 年 4 月 12 日。

4. 《北京纪念林斤澜逝世十周年》，《文艺报》2019 年 4 月 15 日。

5. 肖进：《茅盾佚简佚札中的林斤澜》，《文汇读书周报》2019 年 5 月 6 日。

6. 黄子平：《汪曾祺林斤澜论小说》，《上海文化》2019 年第 5 期。

7. 汪广松：《苦心经营的随便——林斤澜小说的结构》，《上海文化》2019 年第 5 期。

8. 李庆西：《关于林斤澜的记忆碎片》，《上海文化》2019 年第 5 期。

9. 王淑芹：《林斤澜达观宽容写人生》，《铜都晨刊》2019 年 7 月 30 日。

学位论文

1. 左玮：《和谐与深刻皆为美》，中南大学，2008 年。

2. 李丽：《林斤澜与现代汉语写作》，宁夏大学，2009 年。

3. 王银环：《〈矮凳桥风情〉文体研究》，天津师范大学，2009 年。

4. 吴秋玥：《论林斤澜新时期以来的小说》，上海外国语大学，2010 年。

5. 林郁娃：《"无话则长，有话则短"——林斤澜〈矮凳桥风情〉（系列小说）重复叙述与空白叙述探究》，华南师范大学，2010 年。

6. 曾淑芬：《短篇圣手文学精魂——林斤澜创作论》，江西师范大学，2010 年。

7. 赵茜琦：《新时期林斤澜小说创作透析》，西北师范大学，2011 年。

8. 章芳青：《林斤澜"新笔记小说"文体初探》，杭州师范大学，2011 年。

9.　章武：《从矮凳桥到信河街——论温籍作家林斤澜和哲贵的小说创作》，温州大学，2012 年。

10.　董月超：《从"若即若离"到"我行我素"——林斤澜小说创作探析》，杭州师范大学，2012 年。

11.　韦丽华：《云山雾罩　介然独秀——论林斤澜新时期的小说创作》，安徽大学，2014 年。

12.　童可：《1980 年代新笔记小说创作研究——以孙犁、汪曾祺和林斤澜为考察中心》，南京大学，2014 年。

13.　王金思：《林斤澜短篇小说艺术论》，陕西师范大学，2015 年。

14.　刘晓晓：《林斤澜小说创作论》，曲阜师范大学，2016 年。

15.　陈宁静：《林斤澜的"怪味"与"风情"——以〈矮凳桥风情〉为中心的分析》，宁波大学，2017 年。

16.　刘乐琴：《地域文化视野下的林斤澜小说》，广东技术师范学院，2018 年。

附录三 林斤澜短篇小说奖

2012 年，为了表彰当代汉语短篇小说的创作成就，重申短篇小说写作的文化价值和短篇小说写作对于民族语言与生活的责任，人民文学杂志社与温州市政府共同设立"林斤澜短篇小说奖"。"林斤澜短篇小说奖"以温籍当代重要短篇小说家林斤澜命名，以此纪念林斤澜先生，向他在短篇小说方面的艺术成就致敬，向他富于公共承担和社会历史批判的文学精神致敬。"林斤澜短篇小说奖"颁奖地永久设于温州，每两年评选一次，迄今已评选四届。

第一届林斤澜短篇小说奖颁奖词

杰出作家奖：

刘庆邦

刘庆邦对短篇小说的长久偏爱几近忠诚，他的努力为这种文体做出了重要而积极的贡献。刘庆邦就像老实本分的手艺人，我们从他的短篇小说中看到不受喧嚣干扰的专注、耐心和沉迷，看到那唯有保持在笨拙里的诚恳，以及唯有这种诚恳才能达至的精湛技艺。有鉴于此，特授予刘庆邦首届"林斤澜短篇小说奖"杰出作家奖。

邓一光

作为已然功成名就的作家，邓一光并不为固定的题材和风格所束缚，他持续爆发着惊人的文学能量。他近年来的一系列短篇新作，如同昆虫羽化的奇迹：今天由每个昨天的自己积累而成，又将酝酿崭新而陌生的明天。他的汹涌的创作激情和自由无疆的想象力，使得他的作品沉郁老到又鲜活年轻。有鉴于此，特授予邓一光首届"林斤澜短篇小说奖"杰出作家奖。

优秀作家奖：

蒋一谈

　　蒋一谈的短篇小说，风格凝练素简，既有中国现代小说传统的遗传，也有近世国外简约派小说的神韵，语式独特，题材多样，尤其在对当下中产阶层精神的困惑和求索方面，呈现出卓异的表达。有鉴于此，特授予蒋一谈首届"林斤澜短篇小说奖"优秀作家奖。

阿乙

　　阿乙的短篇小说关注人的困境，触目惊心的题材，像是一颗颗穿越真实与荒谬的子弹：体量不大，却具备不可小觑的杀伤力。而穿过靶心的叙述，却保持着某种超然事外的冷静。他的作品与侦探、推理等类型化写作又截然不同，展现出了一个更深远、更隐蔽但更真实的现实精神图景。有鉴于此，特授予阿乙首届"林斤澜短篇小说奖"优秀作家奖。

张楚

　　张楚的短篇小说写作诚实真挚，以从容、低伏的姿态专注于小城人物幽暗、深沉的生活和内心世界：在他步步为营的勘察中，普通人的生存困境和精神焦虑在简短的篇幅里得以徐缓、节制地呈现，文字背后有他柔软的悲悯之心。有鉴于此，特授予张楚首届"林斤澜短篇小说奖"优秀作家奖。

第二届林斤澜短篇小说奖颁奖词

杰出作家奖：

王蒙

　　王蒙的短篇小说题材丰富，形式多样，轻盈温暖和调侃幽默并行不悖。理解中的质疑，讽刺中的豁达，构成了王蒙短篇小说的高辨识度和张力。他的短篇小说，敏锐捕捉世相人生和现实社会的细微变化，经过艺术夸张变形后获得直击人心的力量。王蒙以他跨越半个世纪的短篇小说创作，成功地为国家、民族和社会造像，在举重若轻之间，隐喻着一个时代的悲喜。有鉴于此，特授予王蒙第二届"林斤澜短篇小说奖"杰出作家奖。

范小青

　　范小青是一位对短篇小说写作情有独钟的作家。短篇小说是她认识世界、把握世界、创造世界的有效方式。她以对现实世界的敏锐触角，诚实、勤奋、耐心地劳动，持续发现日常生活中的诗意和哲理，积累成了一座高高的、闪闪发光的短篇小说的矿山。有鉴于此，特授予范小青第二届"林斤澜短篇小说奖"杰出作家奖。

优秀作家奖：

金仁顺

　　金仁顺是一位感性与智性兼备的女作家。她的短篇小说，以纯净、内敛、平和和从容的笔调，向读者展现了生活表现之下潜藏的暗流波涛、陷落与挣扎，叙事充满张力。她在小说中对男女两性关系的探讨，既有女性立场，又有客观思考，超越了性别视域和局限。她的古典题材小说，把朝鲜民族的历史文化传奇与当代生活经验融合为一体，结构精妙，张弛有度，如流水繁花摇曳多姿。有鉴于此，特授予金仁顺第二届"林斤澜短篇小说奖"优秀作家奖。

薛忆沩

薛忆沩的短篇小说写作，是当代小说中的新收获和所达到的新边界。他剑走偏锋地沿着一种叙述绝境行走，以想象的甜蜜和对现实的描摹与批判，显示了他的短篇小说写作的精湛技艺。

他出版的多部短篇小说集，着眼于揭示灵魂的秘密，以智力和情感的高度默契，将对个人生存困境和智慧洞察和深切同情完美结合，而对语言的精细呈现，对结构和语调的娴熟把握、对人物和故事的独特设定，既是他受过数学训练的表现，也是他融汇了智力和感性特点的新方向。有鉴于此，特授予薛忆沩第二届"林斤澜短篇小说奖"优秀作家奖。

晓苏

晓苏一直致力于短篇小说创作，发表短篇小说近两百篇。晓苏的短篇小说，既注重继承传统艺术，又注重吸纳现代技巧；既强调可读性，又强调耐读性；既追求有意义，又追求有意思，形成了其鲜明的短篇小说特色。更难能可贵的是，晓苏还具有清醒的短篇小说文体意识，努力探索短篇小说叙事的多种可能性。有鉴于此，特授予晓苏第二届"林斤澜短篇小说奖"优秀作家奖。

第三届林斤澜短篇小说奖颁奖词

杰出作家奖:

苏童

苏童是短篇小说圣手,短篇小说一直是他最为钟爱也最为得心应手的文体,特殊的江南文化韵味、感伤的审美气息、自觉的文体意识、诗意而抒情的风格构成了其短篇小说独特而韵味绵长的魅力。他善于从历史的幽暗、生活的细节、人性的隐蔽、善恶的交界入手,去营构一个个唯美、忧郁、令人心痛的故事,并能将对特定历史时期人心和人性深远而沧桑的呈现与挖掘延伸到整个历史、民族、文化层面,极大地拓展了短篇小说的文体功能和语义空间。

王祥夫

"怎么说呢?"是王祥夫短篇小说叙事的口头禅,也是他的语言标记。其实他反复强调的是短篇小说怎么写的问题。在创作实践中,他自问自答,自圆其说,以悲悯情怀关照人生百态,以审美眼光升华世俗生活,以才子笔墨描绘心灵世界,持续收获了丰富而厚重的创作成果,并形成了独特的王祥夫短篇小说道场。

优秀作家奖:

邱华栋

邱华栋的短篇小说集《十一种想象》,以丰沛的想象、天马行空的虚构能力,充分地展开了对历史的文学书写。在穿越时间和历史记载中,历史人物翩然而至,构成了另一时空的人间万象和戏剧性奇观。在短篇小说集《十三种情态》中,他继续探究都市人的情感秘密和生活真相,将都市男女的爱恨情仇、沉溺挣扎等,演绎成当代都市生活的青春画卷。他是短篇小说在这一题材写作的高手和变色龙。

黄咏梅

黄咏梅的小说充满了迷人的南方气息，并有着强烈的当下性。她把叙事当作抒情来使用，借此赞美普通人和他们的日常生活。但她笔下的日常生活是小说家的创造，尽管也包含了当代文化的基本矛盾，比如城市与乡村的矛盾、物质生活与精神生活的矛盾，但最后总是美的和善的成为最终的胜利者。黄咏梅的小说语言细腻优美，同时有着一种罕见的精神力量。

万玛才旦

万玛才旦的小说与他的电影一样迷人。他的才情从影像中溢出，涌进了他的小说。安静的边地生活的深处，涌动着生命的激流，有点神秘，但十分亲切。爱、忧伤、痛苦和幸福这样一些人类全体的情绪和情感，既有藏地的特殊性，又超越了地域融进了所有人的心中。万玛才旦的小说短小精悍，但精神容量巨大。他在用短小篇幅处理重大题材方面，为当代汉语小说提供了有益的艺术经验。

第四届林斤澜短篇小说奖颁奖词

杰出作家奖：

莫言

睽违五年，莫言归来，不负期待。他是我们熟悉的莫言，2017年以来的新短篇依然奇幻、深刻、有力，直抵中国社会的深处；当然，这也是陌生与新鲜的莫言，他的短篇作品越来越放松、通达、苍劲，更具中国气质。从《枯河》《月光斩》到《天下太平》《故乡人事》，莫言以一系列优秀短篇小说，写下了改革开放四十年中国社会的巨大变革与人心变迁，也以独属于莫言的方式，刻下了令人念念不忘的中国故事与中国情感。作为我们时代最优秀的"讲故事者"，莫言无愧于"杰出短篇小说作家"的称号。

毕飞宇

毕飞宇是当代小说家中的"魔法师"。他拥有敏锐卓越的洞察力和精微抵达的表现力。即使最为日常的生活细节，他也能辨认出深藏于内部的"风生水起"；即使最为普泛的人群，他也能画下丰饶而繁复的心灵世界。毕飞宇的短篇小说举重若轻，有趣而沛然，节制而丰盈，深刻而有力，凝练而致远。从《哺乳期的女人》《地球上的王家庄》《相爱的日子》到《两瓶酒》，日臻完善，篇篇不凡，毕飞宇无愧于"杰出短篇小说作家"的称号。

优秀作家奖：

邵丽

邵丽的小说是切肤的、感人的。从日常生活与日常情感出发，她写出了当代人的爱、恨与苦恼，也写出了他们内心的困顿、不安、游移。从《明惠的圣诞》《李夏的夏天》到《春暖花开》，邵丽以细腻的观察方式和表现方式，将人与人之间的情感生活演绎得淋漓尽致、发人深省，曲折、辗转、好看，邵丽的短篇小说深具迷人的世情小说气息。

李浩

李浩是当代中国少有的一直秉承先锋精神的新一代作家。他擅长以丰沛的想象力和虚构力展开对历史及现实的双重探寻。从《会飞的父亲》到《自我，镜子与图书馆》，他的小说脱胎于现实，但又超脱于现实，深具象征意味，简洁、凝练而有多重意味，这些作品已经生成了李浩式短篇小说的个性风格。

斯继东

斯继东是新一代令人钦佩的小说家之一。他的短篇作品一改当代城市书写中的陈词滥调而别开路径，他能穿透表象而与都市人最为隐秘、最为复杂的生存经验"短兵相接"，从《西凉》《你为何心虚》到《白牙》，斯继东写下了当代中国人丰饶、斑驳、孤独而又隐秘的内心世界。由此，他不仅构建了独属于个我的短篇小说文本，也为当代城市生活书写提供了诸多宝贵经验。

图书在版编目（CIP）数据

冷的光：林斤澜逝世十年纪念文集 / 孙良好，程绍国
主编. — 杭州 ：浙江大学出版社，2020.4
ISBN 978-7-308-20022-6

Ⅰ．①冷… Ⅱ．①孙… ②程… Ⅲ．①林斤澜（1923-2009）
—纪念文集 Ⅳ．①K825.6-53

中国版本图书馆CIP数据核字（2020）第025825号

冷的光——林斤澜逝世十年纪念文集

孙良好　程绍国　主编

责任编辑	牟琳琳
特约编辑	郭　垚
责任校对	杨利军　夏斯斯
装帧设计	周　灵
出版发行	浙江大学出版社
	（杭州市天目山路148号　　邮政编码　310007）
	（网址：http：//www.zjupress.com）
排　　版	杭州林智广告有限公司
印　　刷	杭州高腾印务有限公司
开　　本	710mm×1000mm　1/16
印　　张	25.25
插　　页	2
字　　数	400千
版 印 次	2020年4月第1版　2020年4月第1次印刷
书　　号	ISBN 978-7-308-20022-6
定　　价	118.00元